U0934122

MARKETING

互联网视角下的市场营销：

原理、趋势与热点

主　编　郑文坚

副主编　黄　辉　连智华　刘韵竹

厦门大学出版社 XIAMEN UNIVERSITY PRESS

国家一级出版社

全国百佳图书出版单位

图书在版编目(CIP)数据

互联网视角下的市场营销：原理、趋势与热点/郑文坚主编.—厦门：厦门大学出版社，2019.12

ISBN 978-7-5615-7273-3

Ⅰ.①互… Ⅱ.①郑… Ⅲ.①互联网络—应用—市场营销学—高等学校—教材 Ⅳ.①F713.50-39

中国版本图书馆 CIP 数据核字(2019)第 291527 号

出 版 人 郑文礼
责任编辑 江珏玙
封面设计 李嘉彬
技术编辑 许克华

出版发行 厦门大学出版社
社　　址 厦门市软件园二期望海路 39 号
邮政编码 361008
总　　机 0592-2181111　0592-2181406(传真)
营销中心 0592-2184458　0592-2181365
网　　址 http://www.xmupress.com
邮　　箱 xmup@xmupress.com
印　　刷 厦门市金凯龙印刷有限公司

开本 787 mm×1 092 mm　1/16
印张 23.25
字数 538 千字
版次 2019 年 12 月第 1 版
印次 2019 年 12 月第 1 次印刷
定价 48.00 元

厦门大学出版社
微信二维码

厦门大学出版社
微博二维码

前 言

在互联网尤其是移动互联网迅猛发展的当下，市场营销很重要是共识；但也有很多观点认为市场营销学的那些基本理论和知识只是正确的废话，已经过时了，诸如新零售、新媒体、微营销、社群营销、直播营销、短视频营销等各种新名词层出不穷。人们你追我赶，唯恐落后半步。

置身快速变化的时代，我们既要看到个中变化，更要看到不变的东西。变化的东西就在于互联网尤其是移动互联网给营销实践带来了很多新的手段和玩法，无法跟上这种变化，很难在当下做好营销工作。而不变的则是营销的本质、逻辑与策略框架。当下形形色色的营销手法目前也都可以在经典营销学理论中找到相应的位置。

基于这样的背景和思考，本书尝试将营销学原理的内容与互联网环境中营销手段的演进进行结合与贯通。一方面强调基本理论与核心知识的准确呈现和完整表达，另一方面保持对趋势与热点的敏感，理论与应用相结合，经典与潮流相融合。

本书是面向本科与高职院校学生的工商管理学科基础教材。作为一门管理学科的核心专业基础课，本书系统介绍了市场营销学的相关概念、基本原理与方法，同时结合互联网环境对营销原理的应用作了适当的延伸和拓展。本书包含四大模块：一是营销与营销学的综述（第一章），二是营销分析（第二、三、四、五章），三是营销战略（第六章，也包含部分第四章的内容），四是营销策略（第七、八、九、十章）。

本书在编排上有两个主要特点：

一是紧跟趋势与热点，各章内容都尝试从互联网视角诠释市场营销原理的应用，并在主要章节增加“趋势与热点”，梳理了市场营销基础理论与方法在当前的演变与热点。同时，在案例选择上尽量选择经典案例或鲜活案例，确保案例的代表性和生动性。

二是侧重应用性，各章节编写中采用“核心知识＋拓展阅读＋案例解析”的形式，精简核心理论表达，通过案例与拓展增加可读性，方便理解；并在各章设计案例分析与实训专题，引导学生学以致用，增强实用性。

本书由郑文坚副教授担任主编，黄辉、连智华、刘韵竹四位老师担任副主编，参加编写的人员及分工为：第一章（郑文坚、刘韵竹）、第二章（郑文坚）、第三章（黄辉、王静）、第四章（郭鹏飞、连智华）、第五章（连智华、郭鹏飞）、第六章（刘韵竹、黄辉）、第七章（黄辉）、第八章（王静、黄辉）、第九章（黄辉、周功建）、第十章（邱碧珍、周功建）。全书由郑文坚总撰稿。

本书的编写还借鉴了国内外营销学者的研究成果，限于体例未能一一列出。本书在编写过程中，还得到了厦门大学出版社的支持。在此，向众多市场营销学者、老师和出版单位表示衷心的谢意！由于能力与水平所限，书中难免会有不妥甚至错误之处，敬请读者批评指正。

本书编写组

2019 年 11 月

目　录

第一章　市场营销概论

学习目标

1.理解和掌握市场营销的含义,能够有效区别营销与推销(促销);
2.理解市场营销的延伸概念,尤其是需要、欲望、需求、市场、价值、交换等;
3.理解市场营销观念演进的逻辑,能够区别不同观念的内涵和局限;
4.理解市场营销组合的含义与演进逻辑;
5.掌握 4P 与 4C 理论,了解 4P 理论的相关扩展,区别 4P、4C 与 4R;
6.了解战略营销过程,掌握营销计划书的基本组成;
7.了解市场营销学的产生与发展,理解市场营销学的性质与研究对象。

引导案例

王永庆卖米的故事

中国台湾地区的"经营之神"王永庆是台塑集团创始人。作为台湾著名企业家,他的第一桶金来自米店的生意。

那年,王永庆 15 岁,小学毕业后到一家小米店当学徒。第二年,他用父亲借来的 200 元钱自己开了一家小米店,开始卖米挣钱。

米店开张后,任凭永庆喊破嗓子,也没卖出去多少,过了几天生意更加冷清。

经过观察,王永庆发现大部分顾客都习惯在一家店买米,而且总是选最近的那一家;他还发现每家的米里面都有很多糠、沙砾和小石头等杂物。这样他们兄弟三人就分了一下工,三弟外向善交际,就照顾客人和店面,二弟内向就专挑杂物,他自己则去走街串巷搞推销。不久他们挑过的米开始走俏,三兄弟要晚上加班加点才能供应得上白天的需求。

如此虽然米的质量是提高了,但米的分量却减少了,要想弥补损失,只有增加销售量。为此王永庆又在冥思苦想。有一天,一位主妇慕名来米店,一下子要买三斗,但因为太重拎不动又改要一斗,王永庆灵机一动主动提出帮顾客把米送回家。

在送米的过程中,有认识王永庆的人就问:"阿庆仔,怎么送米上门吗?"这样问了几次,把王永庆问醒悟了,为什么不送米上门?就这样,米送到后王永庆还主动问人家三斗米大概能吃多久,下次直接送过来就可以,不用去店里跑了。

这件事后，王永庆把送米上门提到米店经营的日程上来，他开始添置一些运输工具，这样就可以同时送很多家，减少路上消耗的时间。同时他又作了一些精心的统计，比如这家有几口人，每天用米量是多少，需要多长时间送一次，每次送多少都一一列在本子上。送米的时候他会细心地为顾客擦洗米缸，记下米缸的容量，并把新米放在下面，陈米放在上面。同时还了解一下顾客家发工资的日子，并记录下来，在他们发了工资一两天内去讨米钱。就这样，王永庆米店最多一天可以卖出一百多斗的米，其良好的口碑在嘉义广为流传，同行开始争相效仿，王永庆在米店行业的地位也就提高了。

引导问题：

1.王永庆的米店生意从开始的冷清到起色再到红火，他所做的哪件事是根本原因？

2.王永庆是用哪种观念在经营市场？

3.王永庆在市场经营中应用了哪些手段和策略组合？

第一节　认识市场营销

一、市场的含义

“市场”最早指的是场所，即买方和卖方在一起进行交换的聚集地。经济学中所研究的市场包括了买卖双方以及双方交易过程中的秩序和规则。而市场营销学所指的市场侧重于买方角度的表达。所谓市场，是某种产品的实际购买者和潜在购买者的集合。这些购买者具有共同的需要和欲望，愿意并能够通过特定的交换得到满足。买方集合构成市场，卖方集合构成行业，如图 1-1 所示。

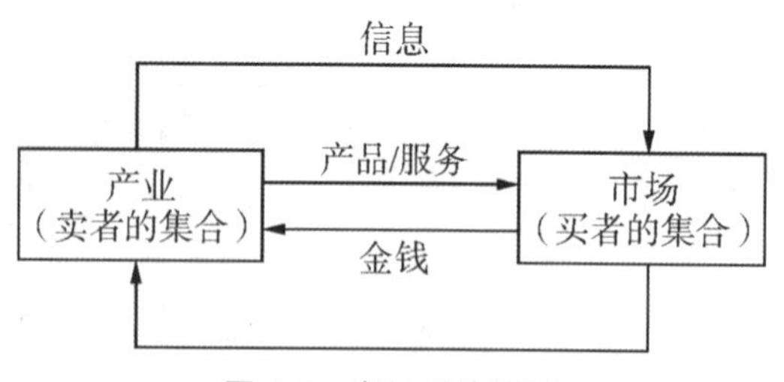

图 1-1　市场系统简图

基于市场的这一界定，我们可以看到，市场包含三个基本要素：有某种需要的人、为满足这种需要的购买能力、为满足这种需要的购买欲望，如图 1-2 所示。市场的这三个因素相互制约、互为条件，缺一不可。市场规模大小就取决于这三个基本因素。需要的人越多，购买能力越强，购买欲望越强烈，市场就越大。在这三个基本因素中，购买欲望是核心，如何有效刺激和调动购买欲望是营销的重要工作。

市场＝人口＋购买能力＋购买欲望

图 1-2 市场三要素

通常，我们可以按照购买动机把市场划为四种：一是消费者市场，即为了个人消费而购买产品及服务的个人或家族；二是组织市场，即为了将来或现阶段生产或服务过程需要而购买产品和服务的组织；三是中间商市场，即为了再次销售而购买产品和服务的各类中间商；四是政府市场，即为了公共服务或将产品、服务转移到需要的人手里而购买产品、服务的政府机构。不同的市场有不同的需求和购买行为，这就要求企业认真地研究市场。

二、市场营销与推销或促销

市场营销容易被等同于推销、销售、促销这样的活动。事实上，这些活动只是营销的一个环节或一种活动，甚至不是重要的部分，市场营销的内容和活动更加丰富。现在企业的市场营销活动包括了市场研究、市场需求预测、产品开发和设计、产品组合管理、品牌化、服务、定价、分销与物流、广告、公共关系、人员推销、销售促进、直复营销、售后服务等众多手段和活动。

拓展阅读 1-1　**学者与企业家论营销与推销**

1.营销学之父菲利普·科特勒："营销最重要的内容并非是推销，推销只不过是营销冰山上的顶点……，如果营销者把认识消费者的各种需求，开发适合的产品，以及定价、分销和促销等工作做得很好，这些产品就会很容易地销售出去。"

2.管理学大师彼得·德鲁克："可以设想，某些推销工作总是需要的，然而营销的目的就是要使推销成为多余，营销的目的在于深刻地认识和了解顾客，从而使产品或服务完全地适合它的需要而形成产品自我销售，理想的营销会产生一个已经准备来购买的顾客，剩下的事就是如何便于顾客得到产品或服务……"

3.海尔集团董事局主席、首席执行官张瑞敏："促销只是一种手段，但营销却是一种真正的战略。""从本质上讲，营销不是卖出东西而是买。买进来的是用户的意见，然后根据用户意见改进，达到用户的满意，最后才能得到用户的忠诚度，企业也才能获得成功。"

三、市场营销的含义

对于市场营销的定义，中外学者各有差异，具有代表性的有以下几种，如表 1-1 所示。

表 1-1　关于市场营销的若干定义

学者或机构	主要观点
美国市场营销协会(AMA)	市场营销是在创造、沟通、传播和交换产品中,为顾客、客户、合作伙伴以及整个社会带来价值的一系列活动、过程和体系。(该定义于 2013 年 7 月通过美国市场营销协会董事会一致审核)
杰罗姆·麦卡锡(E.Jerome McCarthy)	市场营销是引导物品及劳务从生产者到消费者或使用者的企业活动,以满足顾客并实现企业的目标。
克里斯琴·格罗路斯(Christian Gronroos)	市场营销,就是在变化的市场环境中,旨在满足消费需要、实现企业目标的商务活动过程,包括市场调研、选择目标市场、产品开发、产品促销等一系列与市场有关的企业业务经营活动。
史坦顿(W.J.Stanton)	市场营销是一个完整的企业活动,即以计划、产品、定价、推广与分销来满足现在与未来顾客的需求。
菲利普·科特勒(Philip Kotler)	市场营销是企业为了从顾客身上获得利益回报,为顾客创造价值并与之建立稳固顾客关系的过程。

在本书中,我们采用菲利普·科特勒的定义,以顾客价值导向来理解营销。为此,我们可以简单地勾勒出市场营销的价值发现、创造、传递、满足、转化过程。当然,这个过程不是一成不变的,而是不断循环不断迭代的。如图 1-3 所示。

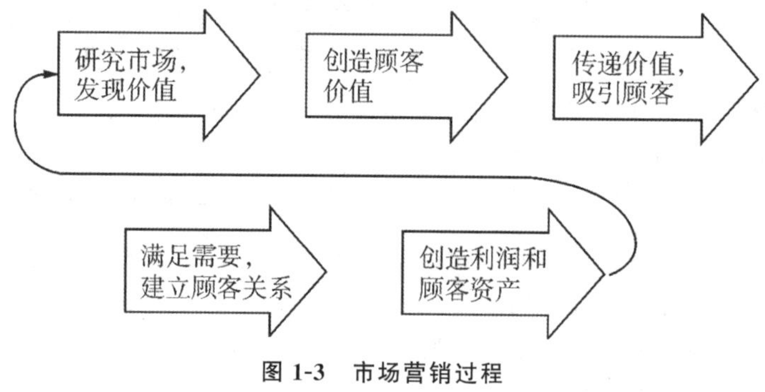

图 1-3　市场营销过程

四、市场营销的相关概念

为了更好地理解市场营销的内涵和外延,我们需要进一步阐明相关的核心概念。

(一)需要、欲望和需求

人的需要和欲望是市场营销活动的出发点。需要是指人们没有得到某些基本满足的感受状态。欲望是指人们想要得到满足某种基本需要的具体供给物的愿望。如人渴了,需要喝的东西,这是人的共性需要,存在于人类自身的生理结构中,不是营销者所能创造的;而渴了之后,有的人想喝水,有的人想喝牛奶,有的人想喝果汁,有的人想喝可乐,或者有的人直接就想喝可口可乐,这是不同人的不同欲望。企业和营销者要让自己的产品和服务成为消费者欲望中优先考虑的品类和品牌,甚至通过营销活动刺激这种欲望的产生;当消费者有欲望并有购买力作后盾时,需求就产生了。所以需要是想买又能买得起的欲望,企业和营销者同样需要考虑消费者的购买力或通过各种手段提高消费者的购买力(如信贷)。

五种需要模型

有学者总结了五种需要模型，让我们去从中分析和研究：

(1)明确表述的需要，比如说顾客想要一辆不是很贵的汽车。

(2)真正的需要，顾客想要一辆使用成本很低的汽车，而不只是初始价格很低。

(3)没有明确表达的需要，顾客期盼能购买到优质的服务。

(4)令人愉悦的需要，顾客希望获赠车载导航系统。

(5)秘密需要，顾客希望朋友把自己当作内行。

从这五种需要模型中分析，我们可以知道，如果仅仅是对消费者明确表达的需要做出反应，可能是不够的。还需要从这五个维度去分析顾客到底想要什么？这样我们才能用更合适的方法去营销，去满足他们的需求，从而创造出利润、价值。

区分需要、欲望和需求的意义在于：营销人员不能创造需要，因为它已先于营销活动而存在，但营销者可以通过自己的工作来刺激欲望、创造需求或影响需求。

需求洞察与挖掘：老太太买水果的故事

一位老太太每天去菜市场买菜买水果。一天早晨，她来到菜市场，遇到第一个卖水果的小贩，问她："你要买水果吗？"老太太说："你有什么水果？"小贩说："我这里有李子、桃子、苹果、香蕉，你要买哪种呢？"老太太说："我正要买李子。"小贩赶忙介绍他的李子又红又甜又大，特好吃。老太太仔细一看，果然如此。但老太太却摇摇头，没有买，走了。

老太太继续在菜市场里逛。遇到第二个卖水果的小贩。这个小贩也像第一个一样，问老太太买什么水果，老太太说买李子。小贩接着问，我这里有很多李子，有大的，有小的，有酸的，有甜的，你要什么样的呢？老太太说要买酸李子，小贩说我这堆李子特别酸，你尝尝看。老太太一咬，果然很酸，满口的酸水。老太太受不了了，但越酸越高兴，马上买了一斤李子。

但老太太没有回家，继续在市场转。遇到第三个卖水果的小贩，同样问老太太买什么，老太太还是说买李子。小贩接着问买什么李子，老太太说要买酸李子。但他很好奇，又接着问："别人都买又甜又大的李子，你为什么要买酸李子？"老太太说："我儿媳妇怀孕了，想吃酸的。"小贩马上说："老太太，你对儿媳妇真好！"小贩又问老太太知道不知道孕妇最需要什么样的营养，老太太说不知道。小贩说："其实孕妇最需要的维生素，因为她需要供给胎儿维生素，所以光吃酸的还不够，还要多补充维生素，而在水果之中，猕猴桃含维生素最丰富，所以你要经常给儿媳妇买猕猴桃才行！这样的话，确保你儿媳妇生出一个漂亮健康的宝宝。"老太太一听很高兴，马上买了一斤猕猴桃。当老太太要离开的时候，小贩又说："我天天在这里摆摊，每天进的水果都是最新鲜的，下次来就到我这里来买，还能给你优惠。"从此以后，这个老太太每天在他这里买水果。

(二)营销供给物

任何需要的满足必须依靠适当的供给物。这是用来满足人类某种需要或欲望的任何东西。它可以是有形的物品也可以无形的服务或创意,或者是以上的综合体。如人们买洗衣机不是为了得到多大体积的大箱子,而是为了得到洗涤服务。再如,当我们看到某消费者在市场上寻找钻头时,以一般人的眼光来看,这个人的需要似乎就是"钻头"。但若以市场营销者的眼光去看,这个人的需要并不是"钻头",而是要打一个"洞",那么企业也许就能创造出一种比钻头打得更快、更好、更便宜的打洞工具,这种创意从而使企业生产出更具竞争力的产品。

(三)价值和满意

供给物必须为顾客带来价值。由于各方面条件的差异,同一产品对不同的人来说会带来不同的价值。可见,价值是指人们对营销供给物满足各种需要的能力的评估与感知。顾客通常不能准确或客观判断价值。价值大小依赖于顾客感知。

作为购买者,一方面希望获得营销供给物所带来的价值,一方面要支付相应的成本,两者的差额影响了顾客的价值感知,我们称之为顾客让渡价值。如图 1-4 所示。

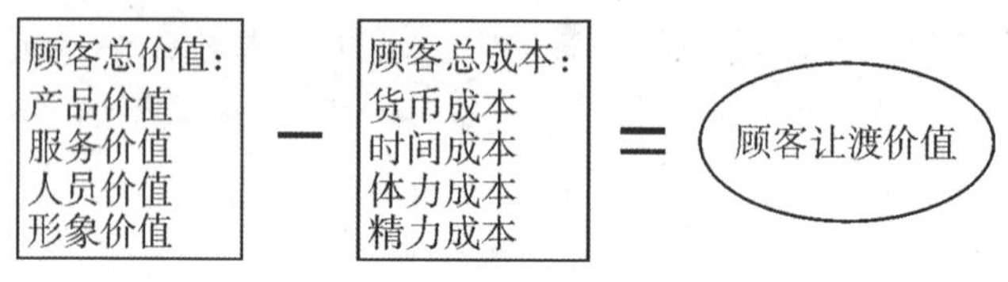

图 1-4 顾客让渡价值

顾客满意取决于消费者所感知的产品和服务价值与期望相符合的程度。如果感知价值低于期望,购买者就会不满,落差越大,越不满意;如果感知价值与期望一致,顾客就会基本满意;如果感知价值超出顾客期望,顾客就会比较满意,超出越多,顾客满意度越高。

为什么这样促销?——集中损失与分散利益

我们经常会看到这样的广告:

"买 4 988 元电脑,送蓝牙耳机、高游戏键盘",而不是"4 988 元买耳机+键盘+电脑"?

"买 2 280 手机,送小巧移动电源一个",而不是说"2 280 元买手机+移动电源"?

为什么这些活动促销或者广告文案要把这些产品的某些部分说成是免费送的呢?

这是因为人对损失和收益的感知是完全不一样的,有先后缓急之说。人们对损失的感受比对收益的感受强烈得多。

那么,如果把所有的成本加到一起,给消费者一个总价,让消费者一次支出 2 280,而不是感觉到是在多次支出,为手机支出 2 200 元,为移动电源支出 80 元……消费者就觉得付出这些金钱没有那么痛苦。

每次都收钱或者每个东西都收一遍钱,会让用户感觉很不痛快的,而且"免费"出来的东西本身也可以作为优惠政策让用户"得到",更愿意购买。

这就是所谓的集中损失。

而同样,分散利益就是尽可能地把利益都列出来,进行放大,让消费者感知到的"利益”在增加。

比如说上面的电脑，用下面两种说法，你看哪一种好：

(1)买 4 988 元电脑，送蓝牙耳机、高游戏键盘、无线鼠标、3 年保修。

(2)买 4 988 元电脑，送蓝牙耳机等套装。

所以说，在促销的时候，你得千方百计地集中损失，不要让用户觉得他不断在损失，损失一次就够了，而随之而来的不断分散利益，让他觉得好处接踵而至，而且还有超预期的东西。

当然，还有凸显“限时”、“限量”，以及“倒计时”的方法，营造一种紧张感。这也是用得非常多的方法，像双十一主要就是营造出一种“抢”的紧张氛围，减少用户犹豫，赶紧下决定。

(四)交换、交易和关系

供给物需要在市场上通过交换才能实现其价值。通常，人们通过四种方式获得所需要的东西：自行生产、强行取得、乞求、交换。前三者都不是市场营销，只有通过交换，买卖双方获得彼此所需，才产生市场营销。可见，交换是市场营销的核心概念。

所谓交换是指通过提供某种东西作回馈，从别人那里取得所需物品的行为。交换的发生必须具备五个条件：(1)交换的主体至少有两个；(2)双方都认为对方的东西或服务对自己有价值；(3)彼此间能进行信息沟通和货物传送；(4)双方都有接受或拒绝对方产品的自由；(5)双方都认为这种交换是合理的或者是称心如意的。

交换是一个过程而不是一个事件，当一个具体的交换事件发生时，就是发生了交换行为，即交易。由于企业在交易营销中会出现品牌忠诚度不稳、回头客少等不足，便产生了关系营销。关系营销是指营销主体与服务对象之间创造更亲密的工作关系和相互依赖的伙伴关系，使有关各方实现各自目的。

第二节　市场营销哲学

一、市场营销哲学概述

市场营销哲学是企业市场行为的指导思想，即企业在开展市场营销管理的过程中，处理企业、顾客和社会三者利益方面所持的态度、思想和观念。从 19 世纪到现在，企业的市场营销哲学可分为五种：生产观念、产品观念、推销观念、市场营销观念和社会营销观念。

二战结束之前，即约 20 世纪 50 年代前，市场物资紧缺，供不应求，企业在市场上居于主动地位，企业的营销观念是以企业为中心的，相继出现了生产观念、产品观念和推销观念，这三个观念也统称为传统营销观念；到了 20 世纪 50 年代中期，二战之后世界进入和平发展时期，科技进步大大推动生产效率的提高，市场由卖方市场逐步转向买方市场，同时,伴随着西方20世纪60年代出现的消费者主权运动的兴起,以顾客为中心的营销观念逐渐成为主流;到了近代,尤其是20世纪70年代以来,西方国家的能源短缺、通货膨胀、失业增加、环境污染等社会问题迫使企业的营销活动不仅要考虑企业利益和顾客利益,也要考虑社会长远利益,于是,社会营销观念出现了,这是对市场营销观念的补充与提升。这两种观念也被统称为现代营销观念,这些观念的演进过程如图1-5所示。

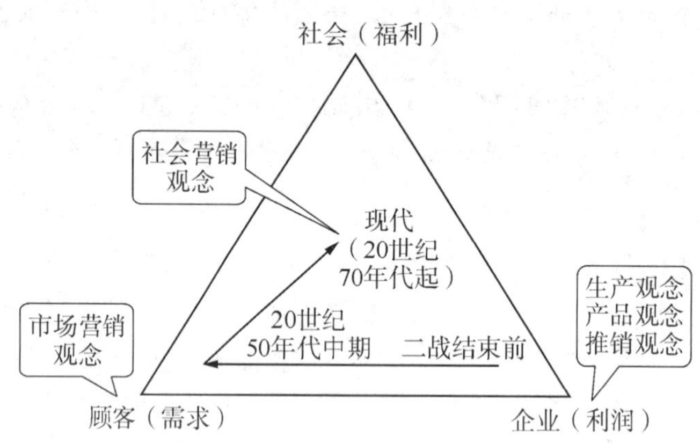

图1-5 市场营销观念的演进

二、传统营销观念

(一)生产观念

生产观念是一种古老的商业观念。生产观念认为,生产是最重要的,只要生产出有用的产品,就一定有人要。顾客关心的主要是产品价格低廉和可以随处购得等。以此观念为指导,企业应把注意力集中在追求生产率和建立广阔的销售网络上。

生产观念是一种重生产、轻市场的商业哲学。

福特的T型车

福特T型车(英文:Ford Model T;俗称:Tin Lizzie或Flivver)是美国亨利·福特创办的福特汽车公司于1908—1927年推出的一款汽车产品。T型车是世界上第一种以大量通用零部件进行大规模流水线装配作业的汽车,它的目标市场是美国社会的中产阶级。T型车一出来,供不应求,到1921年,福特T型车在美国汽车市场上的占有率达到56%。

福特公司生产的大多数T型车都是黑色的,亨利·福特曾傲慢地宣称:“不管顾客需要什么颜色的汽车,我只有一种黑色的。”事实上,在1908年至1914年间,福特公司也曾生产过其他不同颜色的汽车,但在1915年至1925年间,为了提高生产速率,福特公司只使用价格低廉、干燥迅速的日本黑涂料(后替换为低氮硝化纤维素亮漆)。亨利·福特这种极端的做法使其市场份额逐渐为竞争对手所蚕食,1926年至1927年不得不重新生产不同颜色涂装的汽车。

(二)产品观念

产品观念认为,产品是最重要的因素,消费者总是欢迎质量最优、性能最好的产品,只要物美价廉,顾客必然会找上门。以此观念为指导,企业应致力于制造优质产品,并经常改进,不断提高产品质量。

产品观念容易掉入“营销近视症”的陷阱,即过分关注产品本身,而忽略市场的真正需要。最好的产品不一定是适销对路的产品,同时,市场需求不断变化,只关注当下的产品,容易自以为是,陷入经营困境。

从四楼扔下也不会坏的公文柜

有一家办公用公文柜生产商抱怨他的公文柜不好销,他认为这种公文柜“货真价实、质量很好”,应该是很好销的,因为它是世界上最好的,好就好在“把他们从四楼扔下去也不会损坏”,而他的市场营销部经理回答说:“的确是这样,但是我们的顾客并不打算把他们从四楼扔下去。”

(三)推销观念

推销观念产生于20世纪20年代末到20世纪50年代前。当时社会生产力有了巨大发展,市场处在卖方市场向买方市场的过渡阶段,尤其是1929开始的资本主义经济危机中,大量产品积压,迫使企业重视推销工作以缓解压力。

推销观念认为消费者通常有购买迟钝或抗拒购买的表现,如果听其自然,消费者不会购买本企业太多的产品。以此观念为指导,企业必须大力开展推销和促销活动,刺激消费者购买更多的产品。

推销观念实质上是以生产为中心的,它所倡导的哲学是消费者请注意,而不是注意消费者,难免脱离市场需求,掉入以自我为中心的强推强卖的陷阱。

美国皮尔斯堡面粉公司:从制造面粉到推销面粉

美国皮尔斯堡面粉公司,于1869年成立,从成立到20世纪20年代以前,这家公司提出“本公司旨在制造面粉”的口号。因为在那个年代,人们的消费水平很低,面粉公司无须太多宣传,只要保持面粉质量、降低成本与售价,销量就会大增,利润也会增加,而不必研究市场需求特点和推销方法。1930年左右,美国皮尔斯堡公司发现,竞争加剧,销量开始下降。公司为扭转这一局面,第一次在公司内部成立商情调研部门,并选派大量推销员,扩大销售量，同时把口号变为“本公司旨在推销面粉”，更加注意推销技巧，进行大量广告宣传，甚至开始硬性兜售。然而随着人们生活水平的提高，各种强力推销未能满足顾客变化的新需求，公司面临成长困境。

三、现代营销观念

（一）市场营销观念

市场营销观念在思想上古已有之，但直到20世纪50年代中期才相对定型。在这一时期，生产力快速提升，买方市场逐渐成为趋势，顾客中心论也逐渐成为共识。

市场营销观念认为，要达到企业目标，关键在于断定目标市场的需要和欲望，并且比竞争者更有效地满足顾客，并使顾客感到满意。以此观念为指导，企业必须认真分析和研究市场，通过协调的市场营销来不断满足消费者的需要。

市场营销观念摆脱了传统营销观念以企业为中心的思维定式，确立了以顾客中心的理念，成为一种新型的商业哲学，是市场营销观念的一次根本性变化，影响深远。

西奥多·莱维特（Theodore Levitt）对市场营销观念和推销观念做了深刻比较，如表1-2所示。

表1-2　市场营销观念与推销观念的主要区别

观念	出发点	重点	手段	目的
推销观念	企业	产品	推销与促销	通过销售获利
市场营销观念	市场	顾客需求	协调和整合的营销	通过顾客满意获利

市场营销观念同样存在一定的陷阱：

第一个可能的陷阱是，市场营销观念可能导致过分强调满足顾客需求，而忽略了创造需求。实际上，很多时候顾客可能并不知道自己想要什么，一味满足顾客需求往往容易陷入被动的局面。以创新的产品和创新的推广来引导顾客需求是可能做到的。

第二个可能的陷阱是，市场营销观念可能局限于满足顾客需求，忽视其他利益相关者的需求。企业在让顾客满意、让企业盈利的同时，如果损害了利益相关者的利益，是社会责任缺失的表现，最终势必损害自身品牌和长远发展。

美国皮尔斯堡面粉公司：从推销到营销

从制造面粉到推销面粉的发展历程中，美国皮尔斯堡面粉公司意识到必须审视市场，从满足顾客心理实际需求的角度出发，对市场进行分析研究。20世纪50年代前后，美国皮尔斯堡面粉公司经过调查，了解到战后美国人民的生活方式已发生了变化，家庭妇女采购食品时，日益要求多种多样的半成品或成品（如各式饼干、点心、面包等等）来代替购买面粉回家做饭。针对消费者需求的这种变化，这家公司主动采取措施，开始生产和推销多种成品或半成品的食品，使销售量迅速上升，1958年，这家公司又进一步成立了皮尔斯堡销售公司，着眼于长期占领食品市场，着重研究今后 3 年至 30 年的消费趋势，不断设计和制造新产品，培训新的销售人员。

(二)社会营销观念

正是由于市场营销观念存在的可能忽略利益相关者利益的陷阱，社会营销观念出现了。社会营销观念产生于 20 世纪 70 年代，这一时期西方世界出现了各种社会问题，如能源危机、失业问题、通货膨胀、环境污染等，这些问题向企业经营和市场营销提出了社会责任的要求。

拓展阅读 1-3

利益相关者理论

"利益相关者(stakeholder)"这一词的提出最早可以追溯到 1984 年，弗里曼出版了《战略管理：利益相关者管理的分析方法》一书，明确提出了利益相关者管理理论。利益相关者管理理论是指企业的经营管理者为综合平衡各个利益相关者的利益要求而进行的管理活动。与传统的股东至上主义相比较，该理论认为任何一个公司的发展都离不开各利益相关者的投入或参与，企业追求的是利益相关者的整体利益，而不仅仅是某些主体的利益。

利益相关者包括企业的股东、债权人、雇员、消费者、供应商等交易伙伴，也包括政府部门、本地居民、本地社区、媒体、环保主义等压力集团，甚至包括自然环境、人类后代等受到企业经营活动直接或间接影响的客体。这些利益相关者与企业的生存和发展密切相关，他们有的分担了企业的经营风险，有的为企业的经营活动付出了代价，有的对企业进行监督和制约，企业的经营决策必须要考虑他们的利益或接受他们的约束。

社会营销观念认为，企业向市场提供的产品和劳务，不仅要满足消费者的个别的、眼前的需要，而且要符合消费者总体和整个社会的长远利益，求得企业、消费者和社会三者利益的平衡。以此观念为指导，企业必须确定诸目标市场的需要、欲望和利益，并以保护或提高消费者和社会福利的方式，比竞争者更有效、更有利地向目标市场提供所期待的满足。

1-7

大众"开车别看手机"公益广告

如今，手机已经完全侵入了我们的生活，因为开车看手机酿成的交通事故数量也在逐年递增。如何有效地向人们强调"开车看手机的危害"，大众的互动广告让人印象深刻。

香港大众汽车为了宣传"开车别看手机"这一公益主题，包下了电影院影片开播前的广告位，播放了一段第一视觉的汽车前进画面，再用 LBS 技术推送短信给现场观众。当观众听到短信提示音后，都纷纷拿起手机查看，而这时电影屏幕中的汽车也发生了事故。在最后的画面中，大家看到提示："玩手机是当前交通事故的主要发生原因，珍惜生命，勿玩手机。"这种广告方式让大家不再是以旁观者的视角来观看影片，而是作为第一人物深刻体会到，效果特别震撼。

四、数字时代的营销导向

营销理论把市场营销的导向分为生产阶段、产品阶段、推销阶段、销售阶段、营销阶段和社会营销阶段。菲利普·科特勒从战略性营销导向的角度，将其分为产品导向、客户导向、品牌导向、价值导向，以及价值观与共创导向。

营销1.0就是工业化时代以产品为中心的营销，营销1.0始于工业革命时期的生产技术开发。当时的营销就是把工厂生产的产品全部卖给有支付能力的人。这些产品通常都比较初级，其生产目的就是满足大众市场需求。在这种情况下，企业尽可能地扩大规模、标准化产品，不断降低成本以形成低价格来吸引顾客，最典型的例子莫过于当年只有一种颜色的福特T型车——“无论你需要什么颜色的汽车，福特只有黑色的”。

营销2.0是以消费者为导向的营销，其核心技术是信息科技，企业向消费者诉求情感与形象。20世纪70年代，西方发达国家信息技术的逐步普及使产品和服务信息更易为消费者所获得，消费者可以更加方便地对相似的产品进行对比。营销2.0的目标是满足并维护消费者，企业获得成功的黄金法则就是“客户即上帝”。这个时代里，企业眼中的市场已经变成有思想和选择能力的聪明消费者，企业需要通过满足消费者特定的需求来吸引消费者，正如宝洁、联合利华等快速消费品企业开发出几千种不同档次的日化产品来满足不同人的需求。

营销3.0就是合作性、文化性和精神性的营销，也是价值驱动的营销。和以消费者为中心的2.0营销时代一样，3.0营销也致力于满足消费者的需求。但是，3.0营销时代的企业必须具备更远大的，服务整个世界的使命、远景和价值观，它们必须努力解决当今社会存在的各种问题。换句话说，3.0营销已经把营销理念提升到了一个关注人类期望、价值和精神的新高度，它认为消费者是具有独立意识和感情的完整的人，他们的任何需求和希望都不能忽视。3.0营销把情感营销和人类精神营销很好地结合到了一起。在全球化经济震荡发生时，3.0营销和消费者的生活更加密切相关，这是因为快速出现的社会、经济和环境变化与动荡对消费者的影响正在加剧。3.0营销时代的企业努力为应对这些问题的人寻求答案并带来希望，因此它们也就更容易和消费者形成内心共鸣。在3.0营销时代，企业之间靠彼此不同的价值观来区分定位。在经济形势动荡的年代，这种差异化定位方式对企业来说是非常有效的。因此，科特勒也把营销3.0称为“价值观驱动的营销（values-driven marketing）”。

营销4.0是菲利普科特勒提出的进一步升级——实现自我价值的营销。在当今社会，马斯洛需求下面生理、安全、归属、尊重的四层需求相对容易被满足，于是客户的自我实现变成了一个很大的诉求，营销4.0正是要解决这一问题。随着移动互联网以及新的传播技术的出现，客户能够更加容易地接触到所需要的产品和服务，也更加容易和与自己有相同需求的人进行交流，于是出现了社交媒体，出现了客户社群。企业将营销的中心转移到如何与消费者积极互动、尊重消费者作为“主体”的价值观，让消费者更多地参与到营销价值的创造中来。而在客户与客户、客户与企业不断交流的过程中，由于移动互联网、物联网所造成的“连接红利”，大量的消费者行为、轨迹都留有痕迹，产生了大量的行为数据,我们将其称为"消费者比特化"。这些行为数据的背后实际上代表着无数与客户接触的连接点。如何洞察与满足这些连接点所代表的需求,帮助客户实现自我价值,就是营销4.0所需要面对和解决的问题,它是以价值观、连接、大数据、社区、新一代分析技术为基础来造就的。

第三节　市场营销组合

企业从事市场营销活动,需要综合利用自身可以控制的因素,与外部环境因素相协调,从而有效地影响市场,实现企业的目标。这些因素和手段的总称,我们称之为市场营销组合。市场营销组合这一概念是由美国哈佛大学教授尼尔·鲍顿(N.H.Borden)于1953年最早提出的。市场营销组合随着企业实践的发展和学者研究的深入,出现了不同的内容,包括4P组合、6P组合、7P组合、11P组合、4C组合、4R组合等。

一、4P组合

1960年,麦卡锡(E.J.Mclarthy)教授提出了著名的4P组合。麦卡锡认为,企业从事市场营销活动,一方面要考虑企业的各种外部环境,另一方面要制定市场营销组合策略,通过策略的实施,适应环境,满足目标市场的需要,实现企业的目标。4P组合至今依然是影响最为深远、最为基础的策略组合。

这一策略组合分别是产品(product)、价格(price)、地点(place)、促销(promotion),主要内容见表1-3。

表1-3　4P营销组合

产品(product)	它是指企业提供给目标市场的货物、服务的集合,主要包括产品的实体、服务、品牌、包装、服务和保证等。
价格(price)	它是指企业出售产品所追求的经济回报,主要包括基本价格、折扣价格、付款时间、借贷条件等。
地点(place)	它代表企业为使其产品进入和达到目标市场所组织实施的各种活动,主要包括分销渠道、储存设施、运输设施、存货控制。
促销(promotion)	它是指企业利用各种信息载体与目标市场进行沟通的传播活动,主要包括广告、人员推销、营业推广与公共关系等等。

从4P的组合来看,它具有四个主要特点:

(1)可控性。构成市场营销组合的各种手段是企业可以调节、控制和运用的因素,如企业根据目标市场情况,能够自主决定生产什么产品,制定什么价格,选择什么销售渠道,采用什么促销方式。

(2)复合性：市场营销组合每个组合变量中又有一些子变量。如促销手段就包含了广告、公共关系、销售促进、人员推销等不同的子手段，它们共同构成了促销组合。

(3)动态性：市场营销组合不是固定不变的静态组合，而是变化无穷的动态组合。企业受到内部条件、外部环境变化的影响必须能动地做出相应的反应。

(4)整体性：市场营销组合的各种手段及组成因素不是简单的相加或拼凑集合，而应成为一个有机的整体。在统一目标指导下，彼此配合，相互补充，能够求得大于局部功能之和的整体效应。

4P 的缺陷也是比较明显的，它是以企业为中心的，以追求利润最大化为原则，努力采用各种手段让消费者了解他的产品，从而有机会购买其产品。这势必会产生企业与顾客之间的矛盾，最终影响企业市场目标的实现。

二、4P 的拓展：6P、11P、7P 组合

(一)6P 组合

20 世纪 80 年代以来，世界经济走向滞缓发展，在国际国内市场竞争都日趋激烈、各种形式的政府干预和贸易保护主义再度兴起的新形势下，政治和社会因素对市场营销的影响和制约越来越大。一般市场营销理论只看到外部环境对市场营销活动的影响和制约，而忽视了企业经营活动也可以影响外部环境。1984 年，菲利普·科特勒(Philip Kotler)提出要运用政治力量和公共关系，打破国际或国内市场上的贸易壁垒，为企业的市场营销开辟道路。大市场营销策略，即 6P 组合应运而生，如图 1-6 所示。

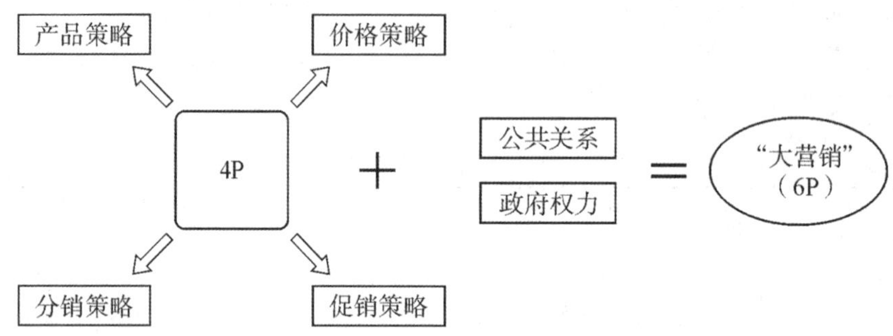

图 1-6　大市场营销策略组合(6P)

(二)11P 组合

20 世纪 90 年代，营销学者们认为，包括产品、价格、销售渠道、促销、政治力量和公共关系的 6P 组合是战术性组合，企业要有效地开展营销活动，首先要有为人们(people)服务的正确的指导思想，又要有正确的战略性营销组合(市场调研 probing、市场细分 partitioning、市场择优 prioritizing、市场定位 positioning)的指导。这种战略的 4P 营销组合与正确的指导思想(people)和战术性的 6P 组合就形成了市场营销的 11P 组合，如图 1-7 所示。

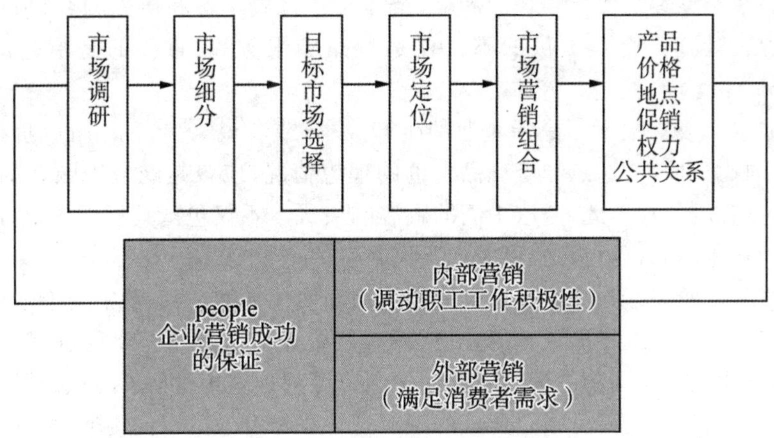

图 1-7　11P 组合

（三）7P 组合

20 世纪 70 年代以来，服务业发展迅速，服务市场营销要素与产品市场营销要素显示出越来越多的差异。1981 年，布姆斯（Booms）和比特纳（Bitner）在原有的 4P（产品、价格、促销、渠道）营销组合中增加三个要素，形成了包括产品、价格、渠道、促销、人员（people）、有形展示（physical evidence）和服务过程（process）等七个要素的组合，如表 1-4 所示。

表 1-4　服务营销组合（7P）

要素	内　容
产品	质量、水准、品牌、服务项目、保证、售后服务
价格	折扣、付款条件、顾客认知价值、质量价格比、差异化
分销	所在地、可及性、分销渠道、分销范围
促销	广告、人员推销、宣传、公关、形象促销、营业推广
人	态度与行为、可靠性、负责、沟通、顾客参与
有形展示	环境设计、设备设施
过程	员工决断权、活动流程、顾客参与度

三、4C 组合

20 世纪 90 年代初，世界进入了一个全新的电子商务时代，消费个性化和感性化更加突出，企业为了了解消费者的需求和欲望，迫切需要与消费者进行双向信息沟通。1990 年美国市场营销专家罗伯特·劳特朋教授（R.F.Lauterborn）提出了 4C 理论，即 customer（顾客）、cost（成本）、convenience（便利）和 communication（沟通）。

第一,顾客。顾客主要指顾客的需求,企业必须首先了解和研究顾客,根据顾客的需求来提供产品。同时,企业提供的不仅仅是产品和服务,更重要的是由此产生的客户价值。

第二,成本。成本主要不是指企业的生产成本,或者说 4P 中的 price(价格),它主要指的是顾客的购买成本,这意味着产品定价的理想情况,应该是既低于顾客的心理价格,亦能够让企业有所盈利。此外,这中间的顾客购买成本不仅包括其货币支出,还包括其为此耗费的时间、体力和精力消耗,以及购买风险。

第三,便利。便利即为顾客提供最大的购物和使用便利。4C 营销理论强调企业在制定分销策略时,要更多地考虑顾客的方便,而不是企业自己方便。要通过好的售前、售中和售后服务来让顾客在购物的同时享受到便利。便利是客户价值不可或缺的一部分。

第四,沟通。沟通主要是指企业应与顾客进行积极有效的双向沟通,建立基于共同利益的新型企业/顾客关系。这不再是企业单向的促销和劝导顾客,而是在双方的沟通中找到能同时实现各自目标的通途。

相对于 4Ps 理论,4C 就是“4 忘掉,4 考虑”:忘掉产品,考虑消费者的需要和欲求(consumer wants and needs);忘掉定价,考虑消费者为满足其需求愿意付出多少(cost);忘掉渠道,考虑如何让消费者方便(convenience);忘掉促销,考虑如何同消费者进行双向沟通(communication)。

4C 理论坚持以顾客为导向,始终围绕“顾客需要什么”、“如何才能更好地满足顾客”两大主题,进行持续的改进活动,以追求顾客满意为目标。它是一种由外而内的拉动型营销模式,它宣传的是“请消费者注意”,而非“消费者请注意”。

4C 克服了 4P 策略只从企业考虑的局限,但是,从企业的营销实践和市场发展的趋势来看,4C 策略也有一些不足。首先,它立足于顾客导向而不是竞争导向,而在市场竞争中,要取得成功既要考虑到客户,也要考虑到竞争对手。另外,4C 策略在强调以顾客需求为导向的时候却没有结合企业的实际情况。最后,4C 策略仍然没有体现既赢得客户,又长期地拥有客户的关系营销思想,被动适应顾客需求的色彩较浓,没有解决满足顾客需求的操作性问题。

四、4R 组合

2001 年,美国学者艾略特·艾登伯格和唐·舒尔茨在 4C 营销理论的基础上提出了 4R 理论:关联(relevancy)、反应(reaction)、关系(relationship)和回报(return)。

第一,关联,即认为企业与顾客是一个命运共同体。建立并发展与顾客之间的长期关系是企业经营的核心理念和最重要的内容。

第二,反应,在相互影响的市场中,对经营者来说最难实现的问题不在于如何控制、制订和实施计划,而在于如何转变为高度回应需求的商业模式。

第三,关系,在企业与客户的关系发生了本质性变化的市场环境中,抢占市场的关键已转变为与顾客建立长期而稳固的关系。与此相适应产生了 5 个转向:从一次性交易转向强调建立长期友好合作关系;从着眼于短期利益转向重视长期利益;从顾客被动适应企业单一销售转向顾客主动参与到生产过程中来;从相互的利益冲突转向共同的和谐发展;从管理营销组合转向管理企业与顾客的互动关系。

第四,回报,任何交易与合作关系的巩固和发展,都是经济利益问题。因此,一定的合理回报既是正确处理营销活动中各种矛盾的出发点,也是营销的落脚点。

4R 营销策略的最大特点是以竞争为导向,弥补了 4C 策略的不足,主动地创造需求、运用优化和系统的思想去整合营销,通过关联、关系、反应等形式与客户形成独特的关系,把企业与客户联系在一起,形成竞争优势。其追求回报,企业必然实施低成本战略,充分考虑顾客愿意付出的成本,实现成本的最小化,并在此基础上获得更多的市场份额,形成规模效益。这样,企业为顾客提供价值和追求回报相辅相成、相互促进,客观上达到的是一种双赢的效果。当然 4R 策略也有缺陷,它要求同顾客建立关联,需要实力基础或某些特殊条件,并不是所有的企业可以轻易做到的。

五、4S 组合

随着互联网在人们生活中所扮演的角色越来越重要,网络营销成为网络时代营销发展的全新领域,网络营销成为最有活力的现代营销理论并在营销组合理论中得到反映。

2002 年康斯汀奈德斯(E.Con-stantinides)提出了网络营销组合理论的 4S 组合理论,即范围(scope)、网站(site)、协同(syner-gy)、和系统(system)。

范围主要指确定网络营销的战略目标,进行市场和企业内部网络营销准备情况的分析,确定网络营销在企业总的战略中所承担的角色。网站是企业与顾客交流的交互界面,是交流的工具和场所,其基本的使命是吸引顾客、树立企业网络形象等。协同是指对各网络流程的整合。系统是指对网络营销中的技术和网站服务问题的解决。4S 是针对网络营销而言的,反映了网络营销中必须关注和解决的问题。

第四节　战略营销过程

一、战略营销过程概述

战略是公司前进的方向,是公司经营的蓝图,公司依此建立其对客户的忠诚度,赢得一个相对其竞争对手持续的竞争优势。战略的目的在于建立公司在市场中的地位,成功地同竞争对手进行竞争,满足客户的需求,获得卓越的公司业绩。

所有的营销决策都是战略性的。每个公司都必须根据自己在行业中的市场地位以及它的市场目标、市场机会和可利用资源确定一个最有意义的营销战略。营销战略和营销计划是整个公司总体战略制定和规划的核心所在。正如通用电气公司的战略计划经理所说:“营销经理在战略制定的过程中至关重要,他在确定企业任务中负有领导的责任:分析环境、竞争和企业形势；制定目标、方向和策略；拟定产品、市场、分销渠道和质量计划，从而执行企业战略。他还要进一步参与同战略密切相关的方案制订和计划实施活动。”

战略营销过程可分为三个阶段：营销战略规划、营销计划制订和营销管理，见图 1-8。

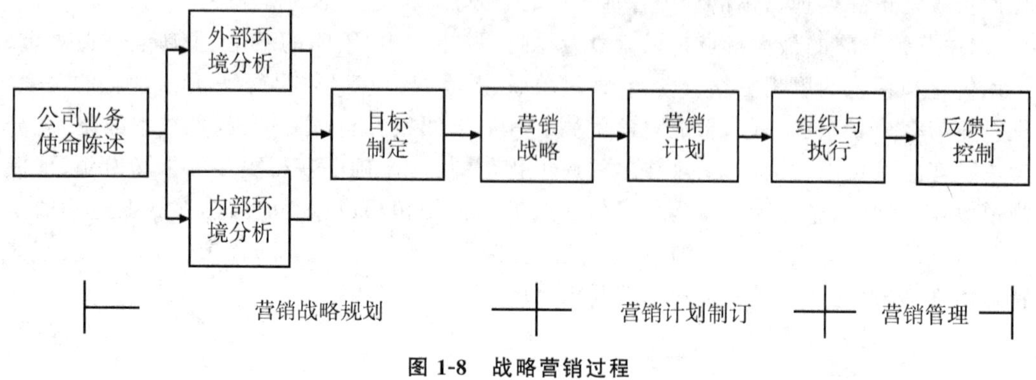

图 1-8　战略营销过程

二、营销战略规划

营销战略规划就是营销战略制定的过程，通常包括：

(一)公司业务使命陈述

任何营销计划的基础都与业务使命相关，业务使命回答了“我们公司从事什么业务”这一问题。使命陈述应坚持市场导向的原则，即按照目标顾客的需要来规定和表达，而不是局限于当下提供的产品。

(二)公司外部环境分析

外部环境分析的目的是让公司发现营销机会和所面临的威胁及挑战，通常包括宏观环境因素与微观环境因素，这些我们将在第三章展开阐述。

(三)内部环境分析

内部环境分析的目的是通过对公司的资源、竞争能力、企业文化和决策者的风格等进行客观的评估，找出相对竞争对手的优势和劣势。

(4)目标制定

基于公司业务定位和内外环境的分析，制定出具体的战略目标，诸如利润率、销售增长额、市场份额的提高、创新和声誉等。目标必须是定时的、量化的和可实现的，它可以衡量并转化为具体的计划加以实施、控制和评估。目标是跟踪公司业绩和进度的标尺，所以它制定得越清晰越好。

(五)战略制定

目标说明公司欲向何处发展，战略则说明如何达到目标。战略包括公司总体战略和营销战略的制定。战略制定要解决下列几个问题：如何完成公司目标？如何打败竞争对手？如何获取持续的竞争优势？如何加强公司长期的市场地位？

三、营销计划制订

通过战略规划，公司确定它将对每个业务单元做些什么。营销计划制订是将营销战略转化成具体可执行的营销方案，这需要在营销预算、营销组合和营销资源分配上做出基本决策。

每一种业务、产品或品牌都需要一份详细的营销计划。表1-5列出了一份典型的产品或品牌计划的主要组成部分。

表1-5　营销计划的组成

组成部分	目　标
行政总结	主要目标和建议，帮助管理层快速发现计划的要点。
目前的营销努力	描述目标市场和公司在其中所处的位置，包括： • 市场描述：定义市场和主要细分市场，了解顾客需求和影响顾客购买的环境因素； • 产品状况：显示销售额、价格、产品线上主要产品的毛利润； • 竞争状况：评估主要竞争者的市场地位、产品质量、价格、渠道和促销战略； • 渠道状况：评估现有的销售趋势和主要分销渠道的发展。
威胁和机会分析	评估产品面临的主要威胁和机会，帮助管理者预见可能会对公司和公司战略产生影响的趋势。
目标	指明公司的长期发展目标以及影响公司发展的因素。
市场战略	指明业务部门达到目标的方式、目标市场、市场定位和市场预算；指明营销组合战略以及营销组合的每一个部分是如何规避风险和抓住机会的。
行动方案	明确营销方案如何转换成具体的行动方案。需要回答：将要做什么？什么时候做？谁对此负责？成本是多少？
预算	制定详细的利润表，指明期望收入和期望成本。
控制	给出可以用来监控进程和允许高层审阅实施效果的工具，包括评估市场投资回报。

四、营销管理

制定好的战略和计划是成功营销的开始。如果没有后续强力的落地执行，再好的营销规划与计划都流于空谈。营销管理就是具体组织、执行、控制和评估营销计划的过程，并通过市场信息的反馈不断对营销计划和营销战略进行调整，以便公司更加灵活有效地参与市场竞争。

（一）组织与执行

营销组织与执行就是为了实现营销战略目标，把营销战略和计划变为营销行动的过程。营销计划主要强调的是营销活动的为什么和是什么，实施则侧重于由谁、在哪儿、在什么时候做以及如何做。

一个好的营销计划，如果执行不当，就会使整个计划受损。有效的营销执行要求建立一个有很强执行能力的组织，将资源分配给对营销计划起关键作用的活动，制定出相关的营销政策，建立起完善的运作程序和有效的监控评估体系，使得计划执行过程中的任何问题都能快速得到解决，任何偏离行为都能得到及时纠正和改善。在计划执行过程中，对内要特别注意营销部门和其他部门之间的协调配合，对外要动员经销商、零售商、广告代理商等提供有力的配合和支持。

（二）反馈与控制

在实施营销方案时，会出现很多意外，营销部门必须采取营销控制。营销控制指度量和评价市场营销战略和计划的结果，采取修正行动以保证目标的达成。营销控制采取四个步骤：(1)管理部门首先设定特定目标；(2)评估市场表现；(3)分析现实表现和期望表现存在差距的原因；(4)管理者采取矫正措施来缩小现实表现与期望表现之间的差距。这可能会需要企业改变其行动方案甚至改变目标。

第五节　关于市场营销学

一、市场营销学的性质与研究对象

市场营销学于 20 世纪初脱胎于经济学，是一门建立在经济科学、行为科学、管理科学和现代科学技术基础之上的应用科学，属于管理学的范畴。

市场营销学的研究对象是以满足消费者需求为中心的企业市场营销活动过程及其规律性，即在特定的市场营销环境中，企业以市场调研分析为基础，为满足现实和潜在的市场需求，所实施的以产品(product)、定价(price)、地点(place)、促销(promotion)为主要决策内容的市场营销管理过程及其客观规律性。市场营销学的研究内容具有综合性、实践性、应用性的特点。

二、市场营销学的产生与发展

市场营销学于 20 世纪初期产生于美国，自 20 世纪初诞生以来，其发展经历了六个阶段。

（一）萌芽阶段(1900—1920 年)

这一时期，各主要资本主义国家经过工业革命，生产力迅速提高，城市经济迅猛发展，商品需求量亦迅速增多，出现了需过于供的卖方市场，企业产品价值实现不成问题。与此相适应，市场营销学开始创立。早在 1902 年，美国密执安大学、加州大学和伊利诺大学的经济系开设了市场学课程。以后相继在宾夕法尼亚大学、匹茨堡大学、威斯康星大学开设此课。

在这一时期，出现了一些市场营销研究的先驱者，其中最著名的有阿切·W.肖(Arch.W.Shaw)、巴特勒(Ralph Star.Bulter)、约翰·B.斯威尼(John B.Swirniy)及赫杰特齐(J.E.Hagerty)。哈佛大学教授赫杰特齐走访了大企业主，了解他们如何进行市场营销活动，于1912年出版了第一本销售学教科书，它是市场营销学作为一门独立学科出现的里程碑。阿切·W.肖于1915年出版了《关于分销的若干问题》一书，率先把商业活动从生产活动中分离出来，并从整体上考察分销的职能。但当时他尚未能使用"市场营销"一词，而是把分销与市场营销视为一回事。韦尔达、巴特勒和威尼斯在美国最早使用"市场营销"术语。韦尔达提出："经济学家通常把经济活动划分为三大类：生产、分配、消费……生产被认为是效用的创造。""市场营销应当定义为生产的一个组成部分"，"生产是创造形态效用，营销则是创造时间、场所和占有效用"，并认为"市场营销开始于制造过程结束之时"。

这一阶段的市场营销理论同企业经营哲学相适应，即同生产观念相适应，其依据是传统的经济学是以供给为中心的。

(二)功能研究阶段(1921—1945年)

这一阶段以营销功能研究为其特点。此阶段最著名的代表者有：克拉克(F.E.Clerk)、韦尔达(L.D.H.Weld)、亚历山大(Alexander)、瑟菲斯(Sarfare)、埃尔德(Ilder)及奥尔德逊(Alderson)。1932年，克拉克和韦尔达出版了《美国农产品营销》一书，对美国农产品营销进行了全面的论述，指出市场营销的目的是"使产品从种植者那儿顺利地转到使用者手中。这一过程包括三个重要又相互有关的内容：集中(购买剩余农产品)、平衡(调节供需)、分散(把农产品化整为零)"。这一过程包括七种市场营销功能：集中、储藏、财务、承担风险、标准化、推销和运输。1942年，克拉克出版的《市场营销学原理》一书，在功能研究上有创新，把功能归结为交换功能、实体分配功能、辅助功能等，并提出了推销是创造需求的观点，实际上是市场营销的雏形。

(三)形成和巩固时期(1946—1955年)

这一时期的代表人物有范利(Vaile)、格雷特(Grether)、考克斯(Cox)、梅纳德(Maynard)及贝克曼(Beckman)。1952年，范利、格雷斯和考克斯合作出版了《美国经济中的市场营销》一书，全面阐述了市场营销如何分配资源、指导资源的使用，尤其是指导稀缺资源的使用；市场营销如何影响个人分配，而个人收入又如何制约营销；市场营销还包括为市场提供适销对路的产品。同年，梅纳德和贝克曼在出版的《市场营销学原理》一书中，提出了市场营销的定义，认为它是"影响商品交换或商品所有权转移，以及为商品实体分配服务的一切必要的企业活动"。梅纳德归纳了研究市场营销学的五种方法，即商品研究法、机构研究法、历史研究法、成本研究法及功能研究法。由此可见，这一时期已形成市场营销的原理及研究方法，传统市场营销学已形成。

(四)市场营销管理导向时期(1956—1965年)

这一时期的代表人物主要有：罗·奥尔德逊(Wraoe Alderson)，约翰·霍华德(John A.Howard)及麦卡锡(E.J.Mclarthy)。奥尔德逊在1957年出版的《市场营销活动和经济行动》一书中，提出了"功能主义"。霍华德在出版的《市场营销管理：分析和决策》一书中，率先提出从营销管理角度论述市场营销理论和应用,从企业环境与营销策略二者关系来研究营销管理问题,强调企业必须适应外部环境。麦卡锡在1960年出版的《基础市场营销学》一书中,对市场营销管理提出了新的见解。他把消费者视为一个特定的群体,即目标市场;企业制定市场营销组合策略,适应外部环境,满足目标顾客的需求,实现企业经营目标。

(五)协同和发展时期(1966—1980年)

这一时期,市场营销学逐渐从经济学中独立出来,同管理科学、行为科学、心理学、社会心理学等理论相结合,使市场营销学理论更加成熟。

在此时期,乔治·道宁(George S.Downing)于1971年出版的《基础市场营销:系统研究法》一书,提出了系统研究法,认为公司就是一个市场营销系统,"企业活动的总体系统,通过定价、促销、分配活动,并通过各种渠道把产品和服务供给现实的和潜在的顾客"。他还指出,公司作为一个系统,同时又存在于一个由市场、资源和各种社会组织等组成的大系统之中,它将受到大系统的影响,同时又反作用于大系统。

1967年,美国著名市场营销学教授菲利浦·科特勒(Philip Kotler)出版了《市场营销管理:分析、计划与控制》一书,该著作更全面、系统地发展了现代市场营销理论。他对营销管理下了定义:营销管理就是通过创造、建立和保持与目标市场之间的有益交换和联系,以达到组织的各种目标而进行的分析、计划、执行和控制过程,并提出,市场营销管理过程包括分析市场营销机会,进行营销调研,选择目标市场,制定营销战略和战术,制定、执行及调控市场营销计划。

菲利浦·科特勒突破了传统市场营销学认为营销管理的任务只是刺激消费者需求的观点,进一步提出了营销管理任务还影响需求的水平、时机和构成,因而提出营销管理的实质是需求管理,还提出了市场营销是与市场有关的人类活动,既适用于营利性组织,也适用于非营利组织,扩大了市场营销学的范围。

(六)分化和扩展时期(1981—)

在此期间,市场营销领域又出现了大量丰富的新概念,使得市场营销这门学科出现了变形和分化的趋势,其应用范围也在不断地扩展。

1981年,莱维·辛格和菲利普·科特勒对"市场营销战"这一概念以及军事理论在市场营销战中的应用进行了研究,几年后,列斯和特罗出版了《市场营销战》一书。1981年,瑞典经济学院的克里斯琴·格罗路斯发表了论述"内部市场营销"的论文,科特勒也提出要在企业内部创造一种市场营销文化,即使企业市场营销化的观点。1983年,西奥多·莱维特对"全球市场营销"问题进行了研究,提出过于强调对各个当地市场的适应性,将导致生产、分销和广告方面规模经济的损失,从而使成本增加。因此,他呼吁多国公司向全世界提供一种统一的产品,并采用统一的沟通手段。1985年,巴巴拉·本德·杰克逊提出了"关系营销"、"协商推销"等新观点。1986年,科特勒提出了"大市场营销"这一概念,提出了企业如何打进被保护市场的问题。在此期间,"直接市场营销"也是一个引人注目的新问题,其实质是以数据资料为基础的市场营销,由于事先获得大量信息和电视通信技术的发展,才使直接市场营销成为可能。

进入20世纪90年代以后,关于市场营销、市场营销网络、政治市场营销、市场营销决策支持系统、市场营销专家系统等新的理论与实践问题开始引起学术界和企业界的关注。进入 21 世纪,互联网的发展和应用,基于互联网的网络营销得到迅猛发展。

本章小结

在营销学中,市场是客户的集合,包括了实际购买者和潜在购买者。营销也不等同于推销或促销,市场营销是一个为顾客创造价值并与之建立稳固顾客关系的过程。需要、欲望和需求是市场研究的起点,交换是营销的核心概念,而顾客价值和顾客满意则是客户关系管理的关键。

市场营销哲学是处理顾客、企业、社会三者利益关系的思想与观念,经历了以生产观念、产品观念和推销观念为代表的传统营销观念,到以市场营销观念与社会营销观念为代表的现代营销观念;市场营销组合是企业从事市场活动的手段和策略的总称,4P 是影响最为深远至今仍然经典的营销组合,6P、7P、11P 都是 4P 的拓展,而 4C 和 4R 则是 4P 的迭代和演进,4P 是企业导向的,4C 则是消费者导向的,4R 则是竞争导向的,4S 则是针对网络营销的一个策略组合。它们各有侧重各有不足;营销战略和营销计划是整个公司总体战略制定和规划的核心所在。这一过程可分为三个阶段:营销战略规划、营销计划制定和营销管理。

市场营销学是一门建立在经济科学、行为科学、管理科学和现代科学技术基础之上的应用科学,起源于 20 世纪初的美国。研究对象是以满足消费者需求为中心的企业市场营销活动过程及其规律性,其内容具有综合性、实践性、应用性的特点。

重要名词

市场　消费者市场　组织市场　市场营销　需要　欲望　需求价值　顾客让渡价值　交换　生产观念　产品观念　推销观念　市场营销观念　社会营销观念　营销 3.0　营销 4.0　市场营销组合　4P　4C　4R　营销计划　营销管理

案例评析

锤子手机:情怀能走多远

2018 年 5 月 15 日,是锤子科技成立 6 周年的纪念日,也是罗永浩和他的锤子科技疯狂预热要“改变世界”的日子。这一天,罗永浩走进了梦想中的鸟巢。

此次的营销活动做得非常成功。发布会开始之前,不管是媒体还是用户,都非常期待并且关注这场发布会,老罗和锤子科技也顺理成章地成为万众瞩目的焦点。

在鸟巢,老罗发布坚果手机 R1 和 TNT 工作站,号称重新定义下一个 10 年的 PC 电脑，那么我们来分别来聊一聊这两款产品：

坚果R1：采用6.17寸18.7∶9显示屏，分辨率为2 242×1 080，屏占比为84%，对比度为1 500∶1，覆盖100%P3色域，支持压感屏特性，集成了多个功能，并且支持自定义，锁屏快捷，支持微信和支付宝支付，“大爆炸”的体验性更佳。

配置方面，坚果R1搭载高通骁龙845处理器，配备最高8GB+1TB的存储组合，性能不需要多言，室温下安兔兔跑分高达275 866分。不过老罗表示，跑分其实是一件很无聊的事情。

拍照方面，坚果R1后置1 200万+2 000万像素双摄像头，支持光学防抖+电子防抖，传感器为索尼IMX363，拍夜景更清晰；前置2 400万像素摄像头，支持AI实时美颜。

其他方面，坚果R1配备了3 600mAh电池，支持10W无线快充，支持18W QC4+有线快充，28分钟即可充满一半电量。另外，坚果R1还支持人脸解锁、线性马达全局振动、AI智能降噪算法，音频方面首次采用双降噪扬声器，视频方面支持4K HDR和DP1.4，这是只有三星和锤子的旗舰手机才支持的功能。

坚果R1被锤子科技官方称为“次世代旗舰手机，内藏来自未来的‘电脑’”，那么其内藏的、来自未来的“电脑”到底是什么呢？意料之中，却又在预期之外，老罗在发布坚果R1之后，带来了其口中“改变世界”的产品——坚果TNT工作站(Smartisan TNT Station)。

坚果TNT工作站的外观跟微软Surface Studio有些相似，支持十指触控、十大快捷按键(本地搜索、截图工具和创建闪念胶囊等)、人脸识别等技术。

对于坚果TNT工作站来说，“改变世界”的方式并不在于硬件，而是在于全新的软件交互方式。坚果TNT工作站发布之后引发了广泛讨论，虽然老罗宣称其将大幅提升我们的工作效率，但是他在发布会现场演示坚果TNT工作站的软件和特性所展现出的整体效率和体验并不能完全让我们信服，甚至还暴露出了一些潜在的问题。

虽然锤子手机一直在网络上进行话题营销，设置了诸多的悬念，但此次发布会真的给锤粉们带来惊艳和颠覆了吗？如果要说一定有的话，就是全屏设计方面只留下了摄像头部分，其他地方都是整块显示屏，抛弃了苹果的刘海设计风格。此次锤子坚果手机定价可谓在向高端机冲击，能够支持其高价格定位的就是不惜重金砸硬件配置。

与此前火爆的营销相比，坚果R1旗舰手机让很多消费者有很大的落差。堪称顶级旗舰的坚果R1手机，其突破之处在于，引入8G的大内存，并将手机存储拉升到了1TB的高度。不过，对于消费者而言，1TB的存储空间并没有太大的实际意义，更像是一个噱头。目前，大多数电脑和笔记本的硬盘不过1TB，手机上配一个如此大的存储显得多余。要知道，现在一部安卓手机的寿命最长不过两年，存储空间过大不仅会增加用户的成本，还显得没有意义。

锤粉的情怀正在被透支！

不可否认，锤子手机有一大批忠实的粉丝，发布现场的情况足以印证这一点。众所周知，锤子手机发布会的门票需要购买，锤粉们花钱买着门票，还要冒着雨看老罗讲单口相声，由此不难看出锤子手机的品牌魅力。需要说明的一点是，老罗的情怀的确有一定影响力，但情怀也有可能被消耗光。

惨淡的销量，是锤子情怀被透支的一个最好证明。在坚果R1发布会后的采访环节，锤子科技 COO 吴德周在接受媒体采访时表示：未来锤子科技的重心还是会在手机上。他还表示，锤子在手机上的创新与目前的销量是不匹配的，但锤子会聚焦做好产品，未来的知名度自然会得到提升。

从锤子历代手机的销量来看，锤子的品牌影响力并不大，有很多消费者并没有为情怀买单。尽管一些人冒着大雨看锤子的发布会，但这些人或许不会执着到掏钱买锤子手机。在千元机销量突破百万后，锤子再次推出旗舰产品，并且将售价拉升到了一个新的高点。坦白说，老罗这一招是险棋。

从 OS 到手机，老罗的个性和探索精神让人钦佩。不过，智能手机市场竞争靠的是产品，是销量，而不是情怀，更不是营销。总的来说，坚果 R1 这款旗舰手机的表现还不错，但并未形成差异化的优势。缺乏创新的坚果旗舰，或许会再次透支锤粉们的情怀。

资料来源：http://www.sohu.com/a/232064140_340910

问题：

1.请了解更多锤子手机的资料，试评价罗永浩与锤子手机的市场营销观念。

2.请试着从手机顾客的角度给这两家手机企业提出相应的营销建议(不超过 3 条)。

实训专题

任选一个消费类产品，并尝试分别以产品观念、推销观念、营销观念与社会营销观念为指导为该产品设计一份广告词。

第二章 市场营销环境

学习目标

1.理解营销活动与营销环境的关系;

2.掌握营销环境的构成,区别宏观环境与微观环境;

3.理解并掌握宏观环境与微观环境的构成要素;

4.理解不同环境因素对营销活动的影响;

5.理解并掌握PEST分析法、五力模型、3C分析法、价值链分析、SWOT分析法的分析思路与适用情景;

6.理解并区别环境威胁与市场机会,掌握机会与威胁应对策略。

引导案例

拼多多背后的中国到底是什么样的?

拼多多从成立之初至2018年7月在美上市,一方面陆续被媒体曝出平台上山寨产品多,另一方面它的用户量却呈几何式增长。究其原因,除了巧妙借助微信的巨大流量与社交红利,以及主打"团购+低价"的竞争策略之外,还有更为深层次的社会现实原因。

创新工场联合创始人汪华曾表示,拼多多的成长,是移动互联网第三波人口红利的必然结果。第三波人群主要来自三四五线城镇人口,数量有五六亿之多。

拼多多上市招股说明书亦显示,拼多多的活跃用户多达3亿人,57%用户来自于三线及以下城市。三线及以下城市,这就是拼多多的成功秘诀。

拼多多CEO黄峥在接受媒体采访时也曾提到,拼多多服务于"五环外人群"(中国三四线城市人群)。而这一人群总量是数以亿计的,因收入有限,对他们而言,用得起就行,是不是名牌、质量好不好,并不重要。

改革开放40多年来,中国取得的成就举世瞩目,但还应看到,中国人远没有那么富裕。在拼多多狂飙突进背后,或可看到一个更为真实的中国。

不是人人都在消费升级

近些年,"消费升级"一词在中国颇为流行,拼多多却逆流而行,主打低价,杀出了一条血路。在拼多多野蛮生长的背后,或可以看到一个更为真实的中国。

综合新浪科技、微信公号"正解局"报道,不可否认,中国的消费升级正在真真切切地发生着:从消费总量上看,居民消费支出占国民经济比重有了明显提高;从消费结构上看,中国居民衣食类消费比重持续减少,服务类消费比重在不断提升;从出行来看,高铁爆满、五星级酒店客房入住率上升、境外人均购物消费额领先全球等剧情,不断在人们身边上演。

然而,在中国看似风光的消费升级背后,却有着不为人知的另一面。消费升级的前提是收入攀升。虽然中国居民的整体收入水平一直稳步增长,但是对于不同收入群体来说,其收入的提升幅度与速度却有明显差异,而"贫者更贫,富者更富"这一规律也如同自然法则一般客观存在着。

按照《中国统计年鉴》的统计口径,依据收入水平的不同,对全国居民人数进行五等份分组来加以考察。中国收入水平最高的前20%数量的居民,2016年的人均可支配收入为5.92万元(人民币,下同),遥遥领先其他80%的人群;即便是位于第二梯队的中等偏上收入群体,2016年的人均可支配收入也只有3.19万元,刚刚超过高收入群体的一半。而收入最低的20%人群,2016年人均可支配收入仅仅为5 528.7元(不到高收入人群的1/10)。平均下来,每月收入不到500元。5 528元,还真谈不上贫困。中国的贫困标准是每人每年2 300元,以这个标准计算,2017年年末,中国农村贫困人口为3 046万人。当你花8 000元买一台iPhone的时候,你可能不会想到,中国有3 000万人,每年收入不足2 300元。

收入的悬殊,造就了人们截然不同的购买力水平与消费意愿。而真正意义上的消费升级,恐怕只会发生在收入水平最高的前20%人群身上——要知道,中国总人口的20%意味着这一群体的人口规模可与美国总人口量级相当,从这个角度看,当中国拥有一个人口堪比美国的强购买力群体时,各种消费升级剧情的上演也就不足为奇了。

受益于"长尾用户"

改革开放40年,中国经济发展取得了巨大的进步,也造成了一种错觉,海外扫货,卖煎饼月入10万元,让很多人以为中国人都很有钱。

据新浪科技报道,在中国,逾8亿人月收入不超过3 500元。大学扩招,大学生找不到工作,让很多人以为中国的大学毕业生很多,殊不知,逾九成的中国人,学历都在本科以下。

北上广深、海淘、出境游……近年来兴起的这些热点,犹如冰山一角,因为处在高地,更容易受到关注。而水面之下,隐藏着一个真实的中国:经济体量高居世界第二,整体收入水平不高、教育水平不高。理解了这些,或许就能理解,为什么主打低价的拼多多能够迅速崛起。

对中国大多数家庭而言,所谓的生活常态应该是:能在家做饭绝不去下馆子,能骑自行车尽量不打车,为了十元二十元优惠券去下载各种App……

也正因为如此,那些绝对低价的商品有着极为广阔的市场需求。根据长尾理论,对于商家来说,最赚钱的并不是服务于那些身处头部地位的"高净值"消费者,而是那些占人口总规模比例极大的、相对普通的、收入水平一般的、能够带来巨大流量的人群。拼多多的迅速崛起,正是由于敏锐地抓住了这一大部分"长尾用户"的需求。

为何在一二线城市难火?

受困于家庭财务吃紧,在一二线城市一些家庭也出现了消费"降级",为何这类人对走低价路线的拼多多不太“感冒”?

综合《中国证券报》、新浪科技的报道,虽然中国一二线城市居民的收入水平往往较高,消费升级现象也更为明显,但他们中的大多数人,还要面对三线以下城市几乎无须考虑的难题——高企的房价。特别是那些三四线城市出身、在一二线城市奋斗的年轻人,他们刚参加工作不久,不少人只有几千元的月薪,却要承受动辄每平方米两三万元的房价,咬牙买了房就需要承受巨额负债。

根据波士顿咨询的报告描述,从负债率这个变量来看,三线以下城市的中产负债率最低;二线城市的中产负债率其次,但负债率在较快地上升;一线城市的中产发生了显著的分化,资产差距迅速拉开,一方面是富裕和非常富裕阶层的出现,另一方面是“高负债中产”阶层的出现。

而不同的负债率导致了不同的可支配收入,这也让一二线城市的消费市场出现了“两极化”的特点:不仅有消费升级,还有消费降级。既然一二线城市也有消费降级,为什么拼多多没有在一二线城市火起来呢?

究其原因,相比于一二线城市的居民,三四五线居民的闲暇时间相对较多。根据北京大学社会调查研究中心联合智联招聘推出的《中国职场人平衡指数调研报告》,31～40小时是三线以下城市居民一周工作时间占比最高的时间长度(占比35%),低于一线城市(56%)和二线城市(47%);在工作时间大于41小时的区间,三线以下城市同样低于一二线城市;相反,三线以下城市居民工作时间在21～30小时的占比,高于一二线城市。

如此一来,相比一二线城市,大多数三线以下城市居民有充足的时间去砍价,当然也有足够的时间为了几元钱的差价而周旋。而拼多多的商业模式,恰恰是在时间维度上迎合了这部分人群的特点。

值得关注的是,当前,随着新零售的不断发展,“一切以消费者为中心”的理念也越来越深入人心。不管是消费升级还是消费降级,都是以消费者需求为主导。同时也需注意到:虽然中国经济发展迅猛,但同样存在着发展的不均衡,消费需求的层次性与不均衡性依旧在那里。

因此,作为商家应该充分意识到:中国居民的消费演进步伐并不一致,而针对不同阶层不同类型消费群体的消费习惯、心理偏好,商家需进一步深刻洞察,并基于不同的策略来实现消费者的差异化满足。只有这样方可从高手如云的竞争赛道中脱颖而出。

最后,不能不提的一点是:有相当一部分的三四五线城市拼多多用户,他们热衷于通过拼团方式购买的商品都是在当地难以买到的。以水果为例,越南进口高乐蜜杧果、四川眉山脐橙、陕西高原红富士苹果等,都是拼多多极其畅销的商品。

回到新零售本身来看,其发展趋势必然是从一二线城市向着三四五线城市下沉。倘若在不久的将来,越来越多物美价廉的商品陆续出现在三四五线城市居民身边,人们对品类日益丰富的高性价比商品触手可及之时,拼多多是否还会保持当前的增长势头呢?一切还有待时间去检验。

拼多多的成功,是否折射了中国经济的萧条?

拼多多虽然因为山寨假货等问题备受指责,但这并没有阻碍其在商业上的成功,由此折射出来的一个现实是,中国经济虽然已经看似非常强大,但其实还存在大量被遗忘的底层人群，这些低收入群体对价格极其敏感，而对商品品质并没有太高的要求，由此成就了拼多多的成功。和拼多多面临的山寨假货、商业伦理等争议相比，一个更加严肃的问题是，通过收割低收入人群而大获成功，是否意味着中国经济即将迎来萧条？

北京《三联生活周刊》报道，经济学上有个名词叫作口红效应。20世纪30年代，美国经济大萧条时期，大部分商品都乏人问津，而口红的销量却逆势增长，口红效应由此诞生。后来美国经济学家观察到，不仅是那次大萧条，每当美国经济陷入困境时，口红的销量总是大幅上升，经济越是不景气，口红的销量越高。背后的原因在于，经济萧条到来后，人们收入下降，无力消费高价商品，而口红这种商品不仅廉价，还能给人提供一定程度的心理安慰和满足感。拼多多提供的大量廉价商品，对于低收入人群就具有很强的口红效应，一方面价格低廉，同时消费者通过拼团成功享受更低的价格，也可以在心理上带来极大的快感。

中美贸易战和中兴事件的爆发，让很多人认识到中国的经济实力并没有想象中那么强大，而拼多多的意外成功，也让人们意识到，中国人远没有想象中那么富裕。少数人海外血拼固然体现了真实的中国，但是大量低收入人群的存在，同样也是另外一个真实的中国，拼多多的成功，其实在一定程度上拉开了中国底层社会的一层帷幕。

从中国消费的整体来看，民众的消费能力可能并没有想象中那么强劲，在部分高收入人群消费升级的同时，更多的中低收入人群可能正在消费降级。

不妨看看社会消费品零售总额这个指标，最近几年的增速逐年下降，2010年，中国社会消费品零售总额的实际增速为15%，到了今年上半年，增速已经跌破了10%。

决定民众消费能力的，首先是民众的收入水平，其次还需要一个完备的社保体系。最近几年，中国居民的收入增长逐年放缓，2013年，全国居民人均可支配收入同比增长8.1%，今年上半年只有6.6%，低于同期GDP增速。不仅是工资收入增速放缓，民众的财产性收入增长也并不乐观，A股市场牛短熊长，大多数投资者无法获得稳定回报，楼市虽然看似涨幅巨大，但更多只是纸面财富，除了少数拥有多套住房的居民，对于大多数房奴而言，高额的房贷严重挤占了其消费能力。

而从社保体系来看，中国的社保体系并不健全，养老金替代率（也就是退休后每月领取养老金和退休前每月工资的比例）很低，大概只有40%，按照世界银行的建议，养老金替代率应该在70%左右，才能维持退休后的生活水平不出现明显下降。

而更让人心惊的是，黑龙江近期更是曝出多地延迟发放养老金的消息，如果这样的事件继续蔓延，还何谈消费升级，恐怕未来只会有更多的人流落至拼多多，成为这个平台的忠实用户。唯有祈祷这一天不会真的到来。

资料来源：纽约侨报网，2018-08-05。

思考题：

1.从目前来看拼多多是成功的，请问拼多多成功背后主要的驱动因素有哪些？

2.结合案例思考，面对环境变化，企业如何进行有效的环境管理。

第一节　营销环境概述

一、营销环境的含义与构成

任何企业的营销活动都离不开不断变化的外部环境。市场营销环境是影响企业营销活动及其目标实现的各种因素和力量。

营销环境的内容比较广泛，可以根据不同标志加以分类。营销环境按其对企业营销活动的影响，也可分为威胁环境与机会环境，前者指对企业市场营销不利的各项因素的总和，后者指对企业市场营销有利的各项因素的总和。营销环境按其对企业营销活动影响时间的长短，还可分为企业的长期环境与短期环境，前者持续时间较长或相当长，后者对企业市场营销的影响则比较短暂。

菲利普·科特勒则采用划分为微观环境和宏观环境的方法。微观环境指与企业紧密相连，直接影响企业营销能力的各种参与者，包括企业本身、市场营销中间商、顾客、竞争者以及社会公众。宏观环境指影响微观环境的一系列巨大的社会力量，主要是人口、经济、政治法律、科学技术、社会文化及自然生态等因素。如图 2-1 所示。

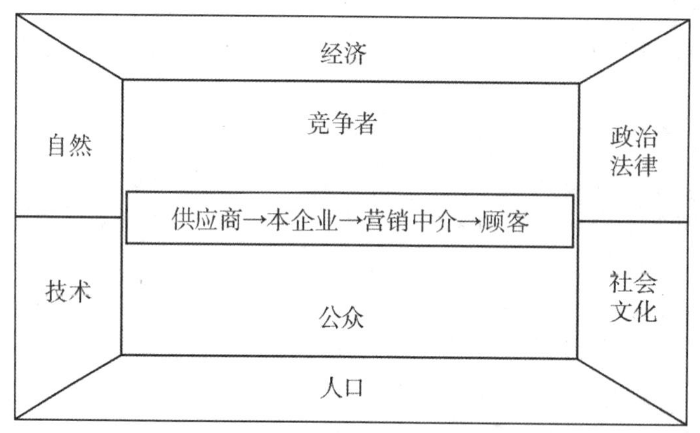

图 2-1　市场营销环境

微观环境与宏观环境之间不是并列关系，而是主从关系。微观环境通常直接影响与制约企业的营销活动，多半与企业具有或多或少的经济联系，也称直接营销环境，又称行业环境。宏观环境一般以微观环境为媒介去影响和制约企业的营销活动，在特定场合，也可直接影响企业的营销活动。宏观环境被称作间接营销环境。宏观环境因素与微观环境因素共同构成多因素、多层次、多变的企业市场营销环境的综合体。

二、营销环境的特点

(一)客观性

环境作为营销部门外在的不以营销者意志为转移的因素,对企业营销活动的影响具有强制性和不可控性的特点。一般说来,营销部门无法摆脱和控制营销环境,特别是宏观环境,企业难以按自身的要求和意愿随意改变它。

(二)差异性

不同的国家或地区之间,宏观环境存在着广泛的差异,不同的企业,微观环境也千差万别。正因为营销环境的差异,企业为适应不同的环境及其变化,必须采用各有特点和针对性的营销策略。环境的差异性也表现为同一环境的变化对不同企业的影响不同。

(三)多变性

市场营销环境是一个动态系统。构成营销环境的诸因素都受众多因素的影响,每一环境因素都随着社会经济的发展而不断变化。营销环境的变化,既会给企业提供机会,也会给企业带来威胁。

(四)相关性

营销环境诸因素间相互影响、相互制约,某一因素的变化会带动其他因素的变化,形成新的营销环境。例如,竞争者是企业重要的微观环境因素之一,而宏观环境中的政治法律因素或经济政策的变动,均能影响一个行业竞争者加入的多少,从而形成不同的竞争格局。又如,市场需求不仅受消费者收入水平、爱好以及社会文化等方面因素的影响,政治、法律因素的变化往往也会对其产生决定性的影响。

三、营销活动与营销环境的关系

市场营销环境通过内容的不断扩大及其自身各因素的不断变化,对企业营销活动发生影响。首先,市场营销环境的内容随着市场经济的发展而不断变化。21 世纪初,西方企业仅将销售市场作为营销环境。其次,市场环境因素处于不断变化之中。环境的变化既有环境因素主次地位的互换,也有可控性质的变化,还有矛盾关系的协调。随着我国社会主义市场经济体制的建立与完善,市场营销宏观环境的变化也将日益显著。

营销环境是企业营销活动的制约因素,营销活动依赖于这些环境才得以正常进行。这表现在:营销管理者虽可控制企业的大部分营销活动,但必须注意环境对营销决策的影响,不得超越环境的限制;营销管理者虽能分析、认识营销环境提供的机会,但无法控制所有有利因素的变化,更无法有效地控制竞争对手;由于营销决策与环境之间的关系复杂多变,营销管理者无法直接把握企业营销决策实施的最终结果。此外,企业营销活动所需的各种资源,需要从环境许可的条件下取得,企业生产与经营的各种产品,也需要获得消费者或用户的认可与接纳。

虽然企业营销活动必须与其所处的外部和内部环境相适应,但营销活动决非只能被动地接受环境的影响,营销管理者应采取积极、主动的态度能动地去适应营销环境。就宏观环境而言,企业可以以不同的方式增强适应环境的能力,避免来自环境的威胁,有效地把握市场机会。在一定条件下,也可运用自身的资源,积极影响和改变环境因素,创造更有利于企业营销活动的空间。

第二节　市场营销宏观环境

宏观营销环境指对企业营销活动造成市场机会和环境威胁的主要社会力量,包括人口、经济、政治、自然、技术、文化等因素。企业及其微观环境的参与者,无不处于宏观环境之中。

一、人口环境

人口是构成市场的第一位因素。市场是由有购买欲望同时又有支付能力的人构成的,人口的多少直接影响市场的潜在容量。从影响消费需求的角度,对人口因素可作如下分析:

(一)人口总量

一个国家或地区的总人口数量多少,是衡量市场潜在容量的重要因素。人口越多,对衣食住用行各方面的需求自然会增多,那么市场机会也会更多。对企业而言,应该掌握目标市场的人口规模以帮助企业评估和判断现有市场规模及未来市场潜力。

(二)人口结构

人口结构主要包括人口的年龄结构、性别结构、家族结构及民族结构等。

1.年龄结构

随着社会经济的发展、科学技术的进步、生活条件和医疗条件的改善,人们的平均寿命大大延长。同时,许多国家人口老龄化加速、出生率下降引起市场需求变化。相应的,这些变化对不同行业带来不同程度的机会和威胁。

2.性别结构

性别差异给消费需求带来差异,购买习惯与购买行为也有差别。一般说来,在一个国家或地区,男、女人口总数相差并不大。但在一个较小的地区,如矿区、林区、较大的工地,往往是男性占较大比重;而在某些女职工占极大比重的行业集中区,则女性人口又可能较多。

3.家庭结构

家族是购买和消费的基本单位。一个市场拥有家族单位和家族平均成员的多少以及家族组成状况等,对市场消费需求都有十分重要的影响。同时,以一个以家长为代表的家庭生活的全过程,即家庭生命周期在不同阶段也会形成不同的需求和消费行为。

4.民族结构

民族不同,其生活习性、文化传统也不尽相同。企业在营销活动中也要考虑民族市场的这些差异,才能保证营销活动的有效性。

(三)地理分布

地理分布指人口在不同地区上的密集程度。居住在不同地区的人群,由于地理环境、气候条件、自然资源、风俗习惯的不同,消费需求的内容和数量也存在差异。

(四)人口流动

人口流动包括国家之间、地区之间、城市之间以及城市与农村之间的人口流动。研究表明,发达国家人口流动有一个突出的现象就是城市人口向农村流动,而在发展中国家则是农村人口向城市流动。对于人口流入较多的地方而言,一方面由于劳动力增加,就业问题突出,从而加剧行业竞争;另一方面,人口增多也使当地基本需求量增加,消费结构也发生一定的变化,从而给当地企业带来较多的市场机会。

二胎政策与市场机会

2015 年 10 月,十八届五中全会提出全面实施一对夫妇可生育两个孩子政策,全面二孩于 2016 年 1 月 1 日起正式实施。全面二胎政策的实施,对婴幼儿产品以及儿童相关行业的影响相对直接。每一个婴儿的出生以及成长涉及多个行业,如教育、医疗、食品等,每一个家庭在新生婴儿身上的消费与其乘数效应,将会增加市场活力,实际放开的是一个共 3 000 亿元的母婴市场。目前每年 1 700 万左右的出生人口,按照“单独二孩”第一年的申请比例和最终实际出生人口来判断,“全面二孩”后新增年出生人口在 300 万～800 万之间,每年这些婴儿可贡献消费 750 亿元,民间和政府年额外投资 2 250 亿元,总共 3 000 亿元。

资料来源:育儿网报告,转载自 http://www.meihua.info/a/65727(梅花网),有文字调整。

二、经济环境

经济环境一般指影响企业市场营销方式与规模的经济条件及运行状况和发展趋势,如消费者收入与支出状况、经济发展状况等。

(一)经济发展状况

企业的市场营销活动要受到一个国家或地区经济发展状况的制约,在经济全球化的条件下,国际经济形势也是企业营销活动的重要影响因素。

1.经济发展周期

经济发展具有周期性,完整的周期通常由危机、停滞、复苏和高潮四个阶段组成。危机阶段,市场行情恶化,产品销售困难,库存增加,价格下跌,工商业大量倒闭。停滞阶段,市场低迷,销售不旺,整个经济处于不景气状态,产品库存逐步消散,价格相对稳定于低水平。复苏阶段,整个经济开始活跃,企业利用危机时期形成的低价格水平恢复生产,提高产量,进而是新产品的开发和生产,带来对初级产品和固定资产的需求,商业开始活跃,价格开始回升。高潮阶段,生产指数越过危机前的最高点继续攀升,市场逐渐兴旺,导致大量投资建设新厂,价格也同时攀升,经济又到了新的危急关头。二战以来,随着政府对经济干预的增加,经济危机的周期变长了,波动幅度也减少了。

2.经济形势

国际、国内经济形势,国家、地区乃至全球的经济繁荣与萧条,对企业市场营销都有重要的影响。问题还在于,国际或国内经济形势都是复杂多变的,机遇与挑战并存,企业必须认真研究,力求正确认识与判断,相应制定营销战略和计划。

(二)收入与支出状况

1.消费者收入

市场消费需求指人们有支付能力的需求。仅仅有消费欲望,或仅仅有绝对消费力,并不能创造市场;只有既有消费欲望,又有购买力,才具有现实意义。

拓展阅读 2-2 **相关收入指标简介**

(1)人均国内生产总值:一般指价值形态的人均 GDP,将一个国家核算期内(通常是一年)实现的国内生产总值与这个国家的常住人口(或户籍人口)相比进行计算,得到人均国内生产总值。常作为发展经济学中衡量经济发展状况的指标,是人们了解和把握一个国家或地区的宏观经济运行状况的有效工具,是衡量各国人民生活水平的一个标准。

(2)人均国民收入:一国在一定时期内(通常为一年)按人口平均的国民收入占有量,反映国民收入总量与人口数量的对比关系,是衡量一国的经济实力和人民富裕程度的一个重要指标。

(3)名义收入:人们以货币形式获得的收入量,就是名义货币收入量,它是在没有考虑市场因素的情况下的收入。

(4)实际收入:名义收入的购买力。它是与前期相比名义收入能够购买的商品和服务。

(5)个人可支配收入。从个人收入中,减除缴纳税收和其他经常性转移支出后,所余下的实际收入,即能够用以作为个人消费或储蓄的数额。

(6)可任意支配收入。只有在可支配收入中减去这部分维持生活的必需支出,才是个人可任意支配收入,这是影响消费需求变化的最活跃的因素。

2.消费者支出

消费者支出主要指消费者支出模式和消费结构。收入在很大程度上影响着消费者支出模式与消费结构。随着消费者收入的变化,支出模式与消费结构也会发生相应变化。

研究表明,消费者支出模式与消费结构,不仅与消费者收入有关,而且受以下因素影响:(1)家庭生命周期所处的阶段;(2)家庭所在地址与消费品生产、供应状况;(3)城市化水平;(4)商品化水平;(5)劳务社会化水平;(6)食物价格指数与消费品价格指数变动是否一致等。

恩格尔系数

恩格尔系数是根据恩格尔定律而得出的比例数。19世纪中期，德国统计学家和经济学家恩格尔对比利时不同收入的家庭的消费情况进行了调查，研究了收入增加对消费需求支出构成的影响，提出了带有规律性的原理，由此被命名为恩格尔定律。

恩格尔定律主要内容是指一个家庭或个人收入越少，用于购买生存性的食物的支出在家庭或个人收入中所占的比重就越大。对一个国家而言，一个国家越穷，每个国民的平均支出中用来购买食物的费用所占比例就越大。恩格尔系数则由食物支出金额在总支出金额中所占的比重来最后决定。恩格尔系数达59%以上为贫困，50%～59%为温饱，40%～50%为小康，30%～40%为富裕，低于30%为最富裕。

3.消费者的储蓄与信贷

(1)储蓄，指城乡居民将可任意支配收入的一部分储存待用。储蓄的形式，可以是银行存款，可以是购买债券，也可以是手持现金。较高储蓄率会推迟现实的消费支出，加大潜在的购买力。

(2)信贷，指金融或商业机构向有一定支付能力的消费者融通资金的行为。信贷的主要形式有短期赊销、分期付款、消费贷款等。消费信贷的规模与期限在一定程度上影响着某一时限内现实购买力的大小，也影响着提供信贷的商品的销售量。如购买住宅、汽车及其他昂贵消费品，消费信贷可提前实现这些商品的销售。

三、自然环境

自然环境主要指营销者所需要或受营销活动所影响的自然资源。营销活动要受自然环境的影响，也对自然环境的变化负有责任。营销管理者当前应注意自然环境面临的难题和趋势，如资源短缺、环境污染严重、能源成本上升等。因此，从长期的观点来看，自然环境应包括资源状况、生态环境和环境保护等方面，许多国家政府对自然资源管理的干预也日益加强。人类只有一个地球，自然环境的破坏往往是不可弥补的，企业营销战略中实行生态营销、绿色营销等，都是维护全社会的长期福利所必然要求的。

自然环境与绿色营销

英国威尔斯大学肯·毕提(Kenpeattie)教授在其所著的《绿色营销——化危机为商机的经营趋势》一书中指出："绿色营销是一种能辨识、预期及符合消费的社会需求，并且可带来利润及永续经营的管理过程。"绿色营销观念认为，企业在营销活动中，要顺应时代可持续发展战略的要求，注重地球生态环境保护，促进经济与生态环境协调发展，以实现企业利益、消费者利益、社会利益及生态环境利益的协调统一。从这些界定中可知，绿色营销是以满足社会和企业的共同利益为目的的社会绿色需求管理，以保护生态环境为宗旨的绿色市场营销模式。经济发达国家的绿色营销发展过程已经基本上形成了绿色需求—绿色研发—绿色生产—绿色产品—绿色价格—绿色市场开发—绿色消费为主线的消费链条。

四、政治法律环境

(一)政治环境

政治环境主要指企业市场营销的外部政治形势，包括：

(1)国内政治环境，包括党和政府的各项方针、路线、政策的制定和调整对企业市场营销的影响。企业要认真进行研究，领会其实质，了解和接受国家的宏观管理，而且还要随时了解和研究各个不同阶段的各项具体的方针和政策及其变化的趋势。

(2)国际市场营销政治环境，一般分为“政治权力”和“政治冲突”两部分。随着经济的全球化发展，国际营销环境越来越重要。政治权力指一国政府通过正式手段对外来企业权利予以约束，包括进口限制、外汇控制、劳工限制、国有化等方面。政治冲突主要指国际上重大事件和突发性事件对企业营销活动的影响，内容包括直接冲突与间接冲突两类。

(二)法律环境

法律环境指国家或地方政府颁布的各项法规、法令和条例等。法律环境对市场消费需求的形成和实现，具有一定的调节作用。企业研究并熟悉法律环境，既保证自身严格依法管理和经营，也可运用法律手段保障自身的权益。

各个国家的社会制度不同、经济发展阶段和国情不同，体现统治阶级意志的法制也不同，从事国际市场营销的企业，必须熟悉有关国家的法律制度和有关的国际法规、国际惯例。

拓展阅读 2-5　美国首次将华为列入“实体清单”：到底谁更受伤？

2019 年 5 月 16 日，美国商务部正式将华为列入“实体清单”，禁止美企向华为出售相关技术和产品。

路透社指出，美方此举旨在切断华为供应链，令其“无货可卖”。可当昨天美方透露“封杀华为”这一计划后，美方供应商股价闻讯大跌。部分业务对华为依赖度较高的公司，股价甚至暴跌逾两成。

反观 A 股，今日开盘华为概念股、国产芯片等均走强，力源信息、兆日科技、北京君正开盘即涨停。

值得一提，虽然华为有约三分之一的核心供应商为美企，但华为产品很少回卖给美国市场——去年整个美洲市场对华为营收贡献率仅 6.6%。

当天暴跌 20.63%的 NeoPhotonic 创下近 4 年来最大单日跌幅，该公司是华为的光学元件供应商。《巴伦周刊》曾指出，前者 40%的业绩与华为捆绑。

而另一家华为光学元件供应商 Lumentum 跳空低开，深跌 11.54%，报 50.2 美元/股，创 6 个月来最低跌幅。

《福布斯》数据显示，作为美国光学元件领域巨头，来自华为的订单去年为上述公司创造了11%的营收。

虽然Lumentum的客户还包括苹果，并曾为iPhone面部识别解锁系统供应元件。但上述报道指出，由于最新一代iPhone销量萎靡，Lumentum正加大对其他客户的供应。

不得不提的还有高通。

当天，高通股价大跌4%，报82.81美元/股。华为曾采用高通MSM8917骁龙425四核处理器。如今通过对内加大海思的投入，手机领域已经可以达到70%的芯片自给率。但高通目前依旧是华为调制解调器芯片的主要供货商。

需要指出的是，目前高通正在和华为展开专利和解谈判。而据路透社透露，两者的和解方案中，华为和高通可在5G技术领域进行交叉专利授权。

除此以外，华为通讯芯片供应商思佳讯(Skyworks)、科沃(Qorvo)、赛灵思(Xilinx)股票分别收跌6.06%、7.14%、7.27%。

彭博社数据显示，华为对这三家公司业绩的贡献率依次是12%、8%、10%。其中，高盛数据显示，思佳讯和科沃公司业绩对大中华地区依赖度分别高达84%、71%。

整体来看，特朗普政府宣布计划将华为列入"实体清单"后，昨晚美国科技股普跌。费城半导体跌1.68%，凌云半导体跌超3%，博通跌2.33%，英特尔微跌0.2%。

北京时间17日凌晨，路透社透露，美国商务部工业与安全局正式将华为以及来自20多个国家和地区的68家分支机构列入"实体清单"，具体清单将于21日公布。该媒体于昨天分析认为，鉴于华为在美国的供应体系，"实体清单"很有可能让华为"没货可卖"。

复旦大学国际政治系副教授沈逸接受观察者网采访时表示：如今美国在处理中美经贸磋商问题上，总体采取一种短期内极限施压的手段。美方试图将"中兴事件"复制在华为身上，从而让华为妥协，并消除这家中企对其造成的战略威胁，"但华为不是中兴"。

昨晚华为也再次回应，反对美国商务部工业与安全局的决定，这不符合任何一方的利益，会对与华为合作的美国公司造成巨大的经济损失，影响美国数以万计的就业岗位，也破坏了全球供应链的合作和互信。华为将尽快就此事寻求救济和解决方案，采取积极措施，降低此事件的影响。

资料来源：徐乾昂，观察者网，2019-05-17

五、科学技术环境

科学技术是第一生产力，科技的发展对经济发展有巨大的影响，不仅直接影响企业内部的生产和经营，还同时与其他环境因素互相依赖、互相作用，给企业营销活动带来有利与不利的影响。例如，一种新技术的应用，可以为企业创造一个明星产品，产生巨大的经济效益；也可以迫使企业的一种成功的传统产品，不得不退出市场。新技术的应用，会引起企业市场营销策略的变化，也会引起企业经营管理的变化，还会改变零售商业业态结构和消费者购物习惯。

人造肉“横空出世”

2019年，真正的人造肉在美国横空出世，由马克·波斯特发明，但波斯特本人也表示，人造肉虽然比真肉环保，但造价成本太高，实在是难以惠众。据了解，这款人造肉与牛肉的口味相似，这种肉是把动物的干细胞转化为胶质，随后使用工具做成了肉跳。世界首富比尔·盖茨也对人造肉赞不绝口，并且已经在美国投资了三家人造肉公司。

另外我国的李嘉诚也是对人造肉不吝赞美之词，对人造肉表示支持。如此来看的话，人造肉的市场确实很大，还没有全面上市销售，便已经得到亿万富翁的追捧。那么为什么人造肉能够收到亿万富翁的追捧呢？除了环保之外，很负责任地讲，人造肉是广大女同胞们的福音，因为人造肉，不论是数量还是质量都能被控制，肉中含有的脂肪也不例外，这对于广大想要减肥的女同胞来说，是一件好事，不用为了身材而刻意地去控制食量，不用担心因贪吃而发胖。

人造肉在细胞结构上与正常的肉没有任何差别，口味上也没有太大差异，同时能够为人体补充足够的能量，也能满足口腹之欲。自然生长的牛会得疯牛病，自然生长的猪会得瘟疫什么的，但人造肉却不会，所以从理论上来看，人造肉更安全、健康，所以才会得到亿万富翁的支持吧。

人造肉“横空出世”，那么全世界上千万的猪农，该何去何从？

资料来源：今日新农人，2019-5-18。

科学技术是社会生产力的新的和最活跃的因素。科技环境不仅直接影响企业内部的生产与经营，还同时与其他环境因素互相依赖、相互作用。企业在进行科技环境分析研究时应注意：

(1)新技术的出现，可能对本企业的营销活动造成的直接和间接的冲击；

(2)了解和学习新技术，掌握新的发展动向，以便采用新技术、开发新产品或转入新行业，以求生存和发展；

(3)利用新技术改善服务，提高企业的服务质量和效率；

(4)利用新技术对企业管理，提高管理水平和企业营销活动效率；

(5)新技术的出现对人民生活方式带来的变化及其由此对企业营销活动可能造成的影响；

(6)新技术的出现引起商品实体流动的变化；

(7)国际营销活动中要对目标市场的技术环境进行考察，以明确其技术上的可接受性。

移动技术与营销

很多时候我们划分一个时代，是以科技的突破作为节点。从农业时代到工业时代这样的大时代跨度是如此，而对于领域发展的划分也是如此，在营销领域中，总是习惯性地将营销划分为传统营销、互联网营销、移动营销。

尤其是进入移动营销时代后，营销更为碎片化，营销技术门槛也更低，这些都推动技术革新的加快，对整个营销行业的影响也更大。LBS、DSP、RTB 等营销技术对于整个移动营销的影响力都非常大。移动营销新技术包括以下几项。

1.内容营销：HTML5

HTML5 是万维网的核心语言、标准通用标记语言下的一个应用超文本标记语言(HTML)的第五次重大修改。简单的理解就是一种新的编程方式。

HTML5 这种编程方式，因为全民“神经猫”之后，其便捷性以及传播性都得到了充分的肯定。HTML5 具有几点特性：通用的网络标准、适用多设备跨平台、自适应网页设计以及即时更新性。尤其是在现在移动营销领域纷纷提出“去 APP”化后，这种更适用于移动端的形成，变成了更多营销策划中会选择的互动形式。

实际的营销案例中，也出现了像“红牛夏促语音互动广告”这类，通过运用 HTML5 的语音识别的互动形式，形成品牌与消费者之间的链接纽带。

2.精准营销：SDK 移动广告的开发包

这种新的开发包主要是根据智能手机上的陀螺仪、运动传感器等装备，采集、分析用户当时的具体动作，并将这些分析结果以开发包的形式提供给广告行业。

通过对手机设备的信息收集，推断出手机使用者的相关状态以及所处环境等，最后引导更为精准的广告投放形式和内容，从而达到更为“以人为本”的营销目的。

精准营销的概念其实在互联网营销时就提出过，主要的区分在于从性别、年龄到收入、地域等更为准确的人群细分。而到了移动时代，显示屏幕的变小，对广告的吸引力以及内容的及时性都有了更高的要求，这也就带来了更高的人群精准性区分，甚至是同一个人不同状态下的区分。

3.移动搜索：“应用索引”

另外一个移动端的技术革新是搜索引擎。前不久出现的“应用索引”是可以为移动应用的不同板块赋予独一无二的地址，模式类似于网页地址。应用链接看起来与网页链接类似，但点击后，却会将用户引入应用，而非网页。

对于搜索，无论是百度还是谷歌在互联网 PC 端已经做到精益求精，但是移植到移动端却没有得到相应的效果。PC 端都是以网站为内容源，而在移动端，APP 以及其他单独的应用程序才是信息存储的根据地。

这也就使得，传统适用于网站的爬虫软件在移动端显得内容欠缺。在手机上，指向应用的链接通常比指向网页的链接更加有用。

4.移动营销趋势：简单、简单再简单

现在的形式是技术的发展牵引着营销方式的不断提升，而从趋势的角度出发，上述几个技术的发展都指向一个共同的点——简单。

简单的原则是从用户角度出发，菲利普·科特勒其实也提出“以人为核心”的营销。他认为在营销 3.0 时代，营销就是为了解决人的问题，为人们生活中遇到的问题提供解决方案。企业是否能关心这个世界，是否对世界做出贡献是评判企业“人本主义”的重要衡量指标。

资料来源：李嘉薇，http://www.meihua.info/a/49658(梅花网)。

六、社会文化环境

社会文化主要指一个国家、地区的民族特征、价值观念、生活方式、风俗习惯、宗教信仰、伦理道德、教育水平、语言文字等的总和。主体文化是占据支配地位的、起凝聚整个国家和民族的作用，由千百年的历史所形成的文化，包括价值观、人生观等；次级文化是在主体文化支配下所形成的文化分支，包括种族、地域、宗教等。文化对所有营销的参与者的影响是多层次、全方位、渗透性的，它不仅影响企业营销组合，而且影响消费心理、消费习惯等。这些影响多半是通过间接的、潜移默化的方式来进行的。这里择要分析以下几方面：

(1)教育水平。教育程度不仅影响劳动者收入水平，而且影响着消费者对商品的鉴别力，影响消费者心理、购买的理性程度和消费结构，从而影响着企业营销策略的制定和实施。

(2)宗教信仰。宗教对营销活动的影响可以从宗教分布状况、宗教要求与禁忌、宗教组织与宗教派别三个方面来分析。

(3)价值观念。价值观念指人们对社会生活中各种事物的态度和看法。不同的文化背景下，人们的价值观念差异很大，消费需求和购买行为也有所不同。对于不同的价值观念，营销管理者应研究并采取不同的营销策略。

(4)消费习俗。消费习俗指历代传递下来的一种消费方式，是风俗习惯的一项重要内容。消费习俗在饮食、服饰、居住、婚丧、节日、人情往来等方面都表现出独特的心理特征和行为方式。

(5)消费流行。由于社会文化多方面的影响，消费者产生共同的审美观念、生活方式和情趣爱好，从而出现社会需求的一致性，这就是消费流行。消费流行在服饰、家电以及某些保健品方面表现最为突出。

(6)亚文化群。亚文化群可以按地域、宗教的、种族、年龄、兴趣爱好等特征划分。企业在用亚文化群来分析需求时，可以把每一个亚文化群视为一个细分市场，分别制订不同的营销方案。

第三节　市场营销微观环境

企业的微观营销环境包括即企业、供应商、营销中介、目标顾客、竞争者和公众，如图2-2所示。营销活动能否成功，除营销部门本身的因素外，还要受这些因素的直接影响。

一、企业

企业本身包括市场营销管理的相关部门、其他职能部门和最高管理层。市场营销部

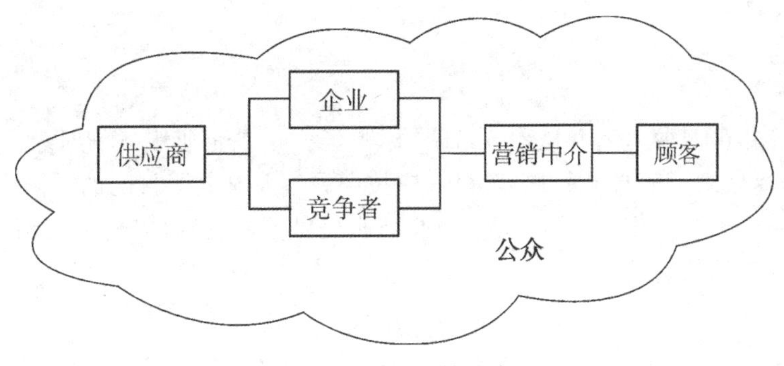

图 2-2 微观环境要素

门一般由市场营销副总裁、销售经理、推销人员、广告经理、营销研究与计划以及定价专家等组成。营销部门在制定和实施营销目标与计划时，不仅要考虑企业外部环境力量，还必须注意企业其他业务部门的协调与配合，如生产、采购、研发、财务等，而且要充分考虑企业内部环境力量，争取高层管理部门和其他职能部门的理解和支持。

二、供应商

供应商是向企业及其竞争者提供生产经营所需资源的企业或个人，包括提供原材料、零配件、设备、能源、劳务及其他用品等。供应商对企业营销业务有实质性的影响，其所供应的原材料数量和质量将直接影响产品的数量和质量；所提供的资源价格会直接影响产品成本、价格和利润。在物资供应紧张时，供应商更起着决定性的作用。

三、营销中介

营销中介主要指协助企业促销、销售和经销其产品给最终购买者的机构，包括中间商、物流公司、营销服务机构和财务中介机构。

(1)中间商，包括商人中间商和代理中间商。

(2)物流公司，主要职能是协助厂商储存并把货物运送至目的地的仓储公司。实体分配的要素包括包装、运输、仓储、装卸、搬运、库存控制和订单处理六个方面，其基本功能是调节生产与消费之间的矛盾，弥合产销时空上的背离，提供商品的时间效用和空间效用，以利适时、适地和适量地把商品提供给消费者。

(3)营销服务机构，如广告公司、传播公司等。企业可自设营销服务机构，也可委托外部营销服务机构代理有关业务，并定期评估其绩效，促进提高创造力、质量和服务水平。

(4)财务中介机构。协助厂商融资或分担货物购销储运风险的机构，如银行、保险公司等。财务中介机构不直接从事商业活动，但对工商企业的经营发展至关重要。

四、顾客

微观环境的第四种力量就是顾客，即目标市场。这是企业服务的对象，是企业的“上帝”。企业需要仔细了解自己的顾客市场，应按照顾客及其购买目的的不同来细分目标市场。市场上顾客不断变化的消费需求，要求企业提供不断更新的产品。我们将在第三章重点探讨顾客市场的购买行为。

五、竞争者

企业微观环境中的第五种力量是企业面对着的一系列竞争者。每个企业的产品在市场上都存在数量不等的业内产品竞争者。企业的营销活动时刻处于业内竞争者的干扰和影响的环境之下。因此，任何企业在市场竞争中，主要是研究如何加强对竞争对手的辨认与抗争，采取适当而高明的战略与策略谋取胜利，以不断巩固和扩大市场。我们将在第四章展开竞争者分析与竞争策略的探讨。

六、公众

公司是指对本组织实现其营销目的的能力具有实际的或潜在影响力的群体。

(1)融资公众：指影响企业融资能力的金融机构，如银行、投资公司、证券经纪公司、保险公司等。

(2)媒介公众：主要是报纸、杂志、广播电台和电视台等大众传播媒体。

(3)政府公众：指负责管理企业营销业务的有关政府机构。企业的发展战略与营销计划，必须和政府的发展计划、产业政策、法律法规保持一致，注意咨询有关产品安全卫生、广告真实性等法律问题，倡导同业者遵纪守法，向有关部门反映行业的实情，争取立法有利于产业的发展。

(4)社团公众：包括保护消费者权益的组织、环保组织及其他群众团体等。

(5)社区公众：指企业所在地邻近的居民和社区组织。

(6)一般公众：指上述各种关系公众之外的社会公众。一般公众虽未有组织地对企业采取行动，但企业形象会影响他们的惠顾。

(7)内部公众：企业的员工，包括高层管理人员和一般职工，都属于内部公众。企业的营销计划，需要全体职工的充分理解、支持和具体执行。经常向员工通报有关情况，介绍企业发展计划，发动员工出谋献策，关心职工福利，奖励有功人员，从而增强内部凝聚力，提升员工的责任感和满意度，必然传播并影响外部公众，从而有利于塑造良好的企业形象。

第四节　环境分析与管理

一、宏观环境分析方法:PEST 分析法

PEST 分析法是战略外部环境分析的基本工具,适合于外部的宏观环境分析。它通过政治的(politics)、经济的(economic)、社会的(society)和技术的(technology)角度或四个方面的因素分析从总体上把握宏观环境,并评价这些因素对企业战略目标和战略制定的影响。

与我们第二节中宏观环境的六个因素相比,PEST 分析法把六因素中的人口、自然和社会文化环境都放在 S 这个因素中,其他因素则相同。PEST 分析法的四大因素展开来看,主要由以下一些子因素构成,如表 2-1 所示。企业需要根据行业与自身情况,有所侧重地把握宏观环境中的这些因素,从而为企业营销战略制定提供基本的依据。

表 2-1　PEST 分析法主要因素

政治(包括法律)	经济	社会	技术
环保制度	经济增长	收入分布	政府研究开支
税收政策	利率与货币政策	人口统计、人口增长率与年龄分布	产业技术关注
国际贸易章程与限制	政府开支	劳动力与社会流动性	新型发明与技术发展
合同执行法 消费者保护法	失业政策	生活方式变革	技术转让率
雇用法律	征税	职业与休闲态度 企业家精神	技术更新速度与生命周期
政府组织/态度	汇率	教育	能源利用与成本
竞争规则	通货膨胀率	潮流与风尚	信息技术变革
政治稳定性	商业周期的所处阶段	健康意识、社会福利及安全感	互联网的变革
安全规定	消费者信心	生活条件	移动技术变革

有时,宏观环境分析中也会用到 PEST 分析的扩展变形形式,如 SLEPT 分析、STEEPLE 分析,STEEPLE 是以下因素英文单词的缩写:社会/人口(social/demographic)、技术(technological)、经济(economic)、环境/自然(environmental/natural)、政治(political)、法律(legal)、道德(ethical)。

二、微观环境分析方法:五力模型与3C分析法

(一)五力模型

五力模型是由美国哈佛大学教授迈克尔·波特(Michael Porter)于20世纪80年代初提出的。波特认为行业中存在着决定竞争规模和程度的五种力量,这五种力量综合起来影响着产业的吸引力以及现有企业的竞争战略决策。五种力量分别为同行业内现有竞争者的竞争能力、潜在竞争者进入的能力、替代品的替代能力、供应商的讨价还价能力、购买者的讨价还价能力,如图2-3所示。相较微观环境要素图,我们可以明白,五力模型所提及的五种力量实际上包含了微观环境的要素,除了公众因素。

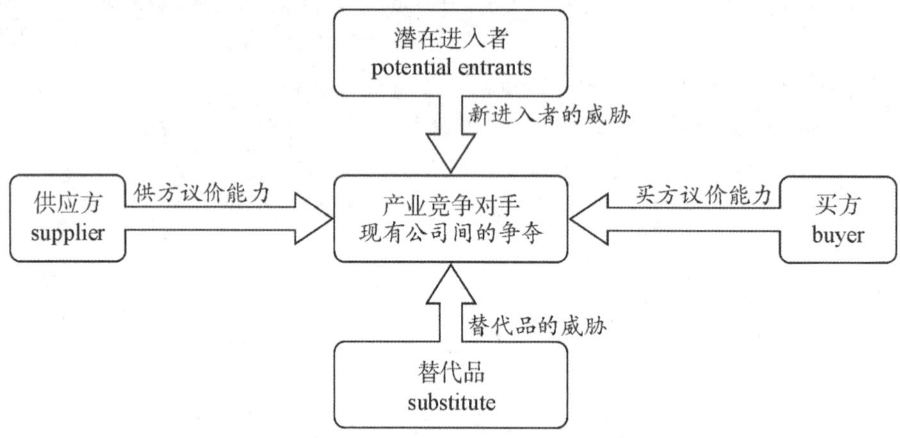

图2-3 迈克尔·波特的五力模型

竞争战略从一定意义上讲是源于企业对决定产业吸引力的竞争规律的深刻理解。任何产业,无论是国内的还是国际的,无论是生产产品的还是提供服务的,竞争规律都将体现在这五种竞争的作用力上。因此,波特五力模型是企业制定竞争战略时经常利用的战略分析工具。对此,我们将在本书第四章中展开进行说明,在此不再重复。

(二)价值链

价值链概念也是迈克尔·波特于1985年提出来的。作为一种强有力的战略分析框架,其在战略管理、环境分析中有着极为广泛的应用。根据价值链分析的范围和目的不同,可以将其分为产业价值链分析和公司价值链分析。前者着眼于企业外部资源,分析较宏观;后者侧重于企业内部资源,分析较微观。

产业价值链是随着产业内分工不断向纵深发展的,传统产业内部不同类型的价值创造活动逐步由以一个企业为主导分离为多个企业的活动,这些企业相互构成上下游关系,共同创造价值。围绕服务于某种特定需求或进行特定产品生产(及提供服务)所涉及的一系列互为基础、相互依存的上下游链条关系构成了产业链,如图2-4所示。

企业价值链是以企业内部价值活动为核心所形成的价值链体系。企业的价值活动可以分为两类活动,即基本活动和辅助活动,共计九项一般的活动类型。基本活动是指涉及

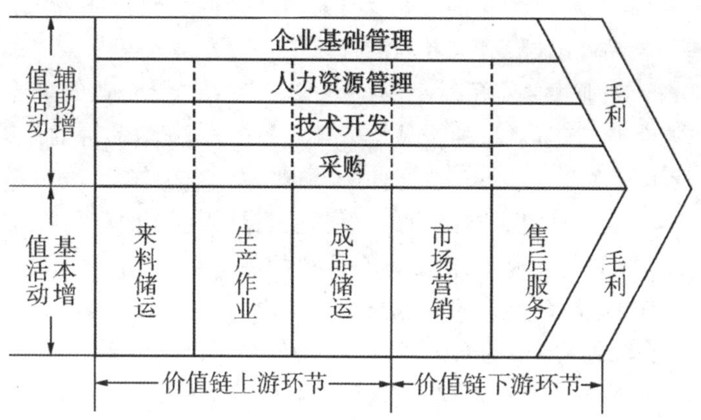

图 2-4　不同行业的产业价值链简图(示例)

产品实物形态的生产、营销和向买方的支付，以及产品支持和售后服务等。辅助活动指的是那些对企业基本活动有辅助作用的投入和基础设施。不同行业的企业价值链如图 2-5 所示。

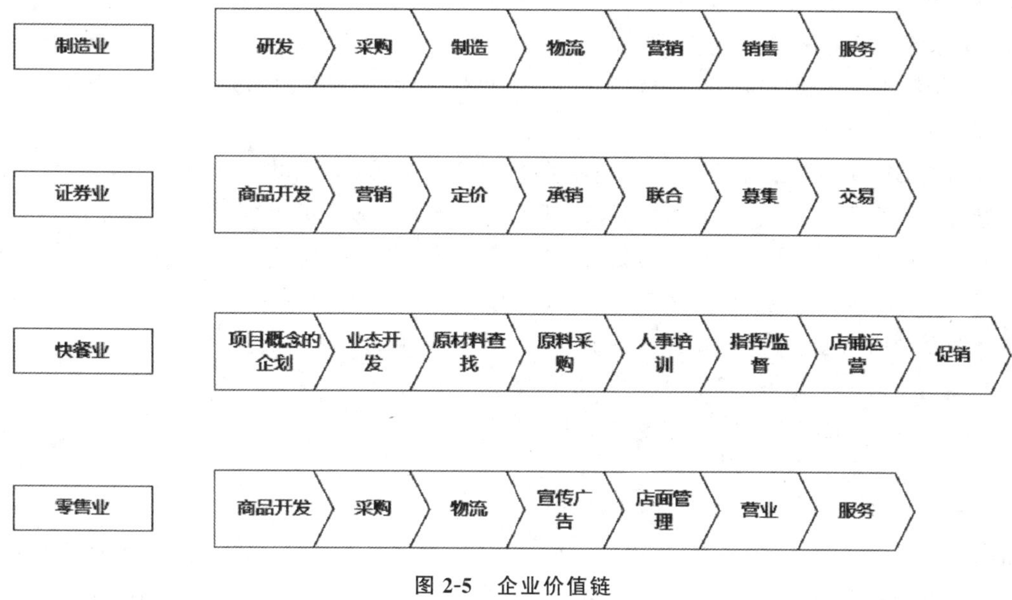

图 2-5　企业价值链

产业价值链分析有助于我们系统地认识产业价值创造过程中的核心环节及企业在产业中的位置，进而发现有利的产业位置或产业机会，采取相应的发展战略；企业价值链分析有助于我们系统地考察企业内部各项活动和相互关系，从而寻找具有竞争优势的资源。

(三)3C 分析法

3C 分析法是指针对企业所处的微观环境——消费者(customer)、竞争者(competitor)、企业自身(corporation)三大方面进行全面的营销扫描。

(1)消费者分析：企业目标消费群体的需求与消费行为，主要包括消费者的人口统计特征(包括年龄、性别、职业、收入、教育程度等)、消费者的个性特征、消费者的生活方式、消费者的品牌偏好与品牌忠诚、消费者的消费习惯与行为模式等内容。

(2)竞争者分析:企业主要竞争对手的竞争策略,主要包括企业的主要竞争对手、企业在竞争中的优势与劣势、竞争对手的产品特征与业务模式、竞争品牌的品牌定位与品牌形象、竞争对手的营销策略等。

(3)企业分析:企业自身资源与能力的评估,主要包括企业的产品特征、企业现有的目标市场、企业在市场中的竞争现状、消费者心目中的品牌认知、企业现有的商业模式与营销策略、企业进行市场运作可整合的资源与能力等。

3C 分析法撇开微观环境中的众多要素,抓住了企业市场活动的三个核心主体,简单直接地把握企业所处的市场与行业现实,从而提高了分析的效率。

三、内外部环境的综合分析方法:SOWT 分析法

SWOT 分析法(也称 TOWS 分析法、道斯矩阵)即态势分析法,于 20 世纪 80 年代初由美国旧金山大学的管理学教授韦里克提出,经常被用于企业战略制定、竞争对手分析等场合。其中,"S"指企业内部的能力优势(strengths),"W"指企业的薄弱点(weaknesses),"O"表示来自企业外部的机会(opportunities),"T"表示企业面临外部的威胁(threats)。SW 分析侧重于内部,OT 分析侧重于外部。所以从整体上,SWOT 分析法是内外部环境综合分析的有效方法。

运用 SWOT 方法,不仅可以分析本企业的实力与弱点,还可以分析主要竞争对手。通过企业与竞争对手在人力、物力、财力以及管理能力等方面的比较,做出企业的实力和弱点的对照表,结合机会和威胁的分析,最后确定企业的营销战略。为了更有效地运用好 SWOT 分析法,在研究企业的战略性营销规划的发展时,要强调寻找四个方面中与企业战略性营销密切相关的主要因素,而不是把所有企业能力、薄弱点、外部机会与威胁相关的内容逐项列出和汇集。

SWOT 分析法在应用中一般包括以下内容:

(一)分析环境因素

运用各种调查研究方法,分析出公司所处的各种环境因素,即外部环境因素和内部环境因素。外部环境因素包括机会因素和威胁因素,它们是外部环境对公司的发展直接有影响的有利和不利因素,属于客观因素。内部环境因素包括优势因素和弱势因素,它们是公司在其发展中自身存在的积极和消极因素,属主动因素。在调查分析这些因素时,不仅要考虑到历史与现状,还要考虑未来发展问题。

(二)构造 SWOT 矩阵

将调查得出的各种因素根据轻重缓急或影响程度等排序方式,构造 SWOT 矩阵,如图 2-6 所示。在此过程中,将那些对公司发展有直接的、重要的、大量的、迫切的、久远的影响因素优先排列出来,而将那些间接的、次要的、少许的、不急的、短暂的影响因素排列在后面。

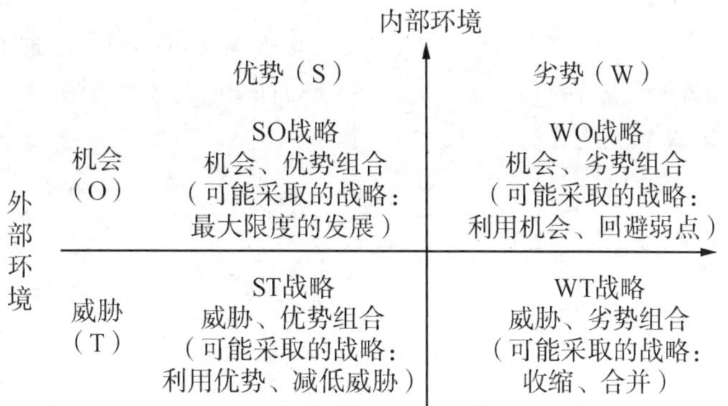

图 2-6 SWOT 矩阵分析

（三）制订行动计划

在完成环境因素分析和 SWOT 矩阵的构造后，便可以制订出相应的行动计划。制订计划的基本思路是：发挥优势因素，克服弱点因素，利用机会因素，化解威胁因素；考虑过去，立足当前，着眼未来。运用系统分析的综合分析方法，将排列与考虑的各种环境因素相互匹配起来加以组合，得出一系列公司可选择或采取的营销对策。

四、环境评估与管理方法：机会威胁分析矩阵

市场营销环境通过对企业构成威胁或提供机会而影响营销活动。市场机会指对企业营销活动富有吸引力的领域，在这些领域，企业拥有竞争优势。环境威胁是指环境中不利于企业营销的因素的发展趋势，对企业形成挑战，对企业的市场地位构成威胁。

企业面对威胁程度不同和市场机会吸引力不同的营销环境，需要通过环境分析来评估环境机会与环境威胁。企业最高管理层可采用“威胁分析矩阵图”和“机会分析矩阵图”来分析、评价营销环境。

（一）威胁分析矩阵

对环境威胁的分析，一般着眼于两个方面：一是分析威胁的潜在严重性，即影响程度；二是分析威胁出现的可能性，即出现概率。假设某企业的某项业务在环境威胁中有 8 个动向，通过严重性和可能性的分析可得出其威胁分析矩阵，如图 2-7 所示。

影响程度			
	大	3　　5	1　　6
	小	2　4　8	7

图 2-7 威胁分析矩阵图

在上图中，处于 3、5 位置的威胁出现的概率和影响程度都大，必须特别重视，制定因应对策；处于 7 位置的威胁出现的概率和影响程度均小，企业不必过于担心，但应注意其发展变化；处于 1、6 位置的威胁出现概率虽小，但影响程度较大，必须密切注意监视其出现与发展；处于 2、4、8 位置的威胁影响程度较小，但出现的概率大，也必须充分重视。

（二）机会分析矩阵

机会分析主要考虑其潜在的吸引力（营利性）和成功的可能性（企业优势）大小。同样，假设某企业的某项业务在市场机会中有 8 个动向，通过吸引吸引力和可能性的分析，其机会分析矩阵如图 2-8 所示。

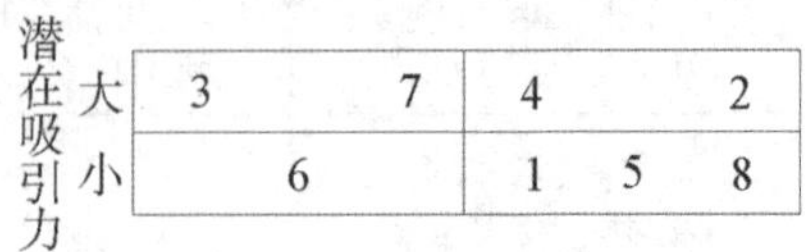

潜在吸引力		
大	3　　7	4　　2
小	6	1　5　8

图 2-8　机会分析矩阵图

在上图中，处于 3、7 位置的机会，潜在的吸引力和威胁的可能性都大，有极大可能为企业带来巨额利润，企业应把握战机，全力发展；而处于 1、5、8 位置的机会，不仅潜在利益小，成功的概率也小，企业应改善自身条件，注意机会的发展变化，审慎而适时地开展营销活动。

（三）分析结果与对策

用上述矩阵法分析、评价营销环境，可能出现四种不同的结果，综合如图 2-9 所示。

机会水平		
大	理想业务	冒险业务
小	成熟业务	困难业务

图 2-9　环境分析综合评价图

在环境分析与评价的基础上，企业对威胁与机会水平不等的各种营销业务，要分别采取不同的对策。

对理想业务，应看到机会难得，甚至转瞬即逝，必须抓住机遇，迅速行动；否则丧失战机，将追悔莫及。

对冒险业务，面对高利润与高风险，既不宜盲目冒进，也不应迟疑不决、坐失良机，应全面分析自身的优势与劣势，扬长避短，创造条件，争取突破性的发展。

对成熟业务，机会与威胁处于较低水平，可作为企业的常规业务，用以维持企业的正常运转，并为开展理想业务和冒险业务准备必要的条件。

对困难业务，要么是努力改变环境，走出困境或减轻威胁，要么是立即转移，摆脱无法扭转的困境。

（四）对机会的反应

对企业业务所面临的主要机会，还必须深入分析机会的性质，以便企业寻找对自身发展最有利的市场机会。

（1）环境市场机会与企业市场机会。市场机会实质上是“未满足的需求”。伴随着需求的变化和产品生命周期的演变，会不断出现新的市场机会。但对不同企业而言，环境机会并非都是最佳机会，只有理想业务和成熟业务才是最适宜的机会。

（2）行业市场机会与边缘市场机会。企业通常都有其特定的经营领域，出现在本企业经营领域内的市场机会，即行业市场机会，出现于不同行业之间的交叉与结合部分的市场机会，则称为边缘市场机会。一般说来，边缘市场机会的业务，进入难度要大于行业市场机会的业务，但行业与行业之间的边缘地带，有时会存在市场空隙，企业在发展中也可用以发挥自身的优势。

(3)目前市场机会与未来市场机会。从环境变化的动态性来分析，企业既要注意发现目前环境变化中的市场机会，也要面对未来，预测未来可能出现的大量需求或大多数人的消费倾向，发现和把握未来的市场机会。

(四)对威胁的反应

面对环境对企业可能造成的威胁，企业常用的方法有三种：

(1)对抗策略，也称抗争策略，即试图通过自己的努力限制或扭转环境中不利因素的发展。如通过各种方式促使(或阻止)政府通过某种法令或有关权威组织达成某种协议、努力促使某项政策或协议的形成以抵销不利因素的影响。

(2)减轻策略，也称削弱策略，即企业力图通过改变自己的某些策略，达到降低环境变化威胁对企业的负面影响程度。

(3)转移策略，也称转变或回避策略，即指企业通过改变自己受到威胁的主要产品的现有市场或转移投资方向来避免环境变化对企业的威胁。转移策略包含以下不同的“转移”：①企业原有销售市场的转移；②企业往往不仅仅限于目标市场的改变，而常常是做自身行业方面的调整；③企业依据营销环境的变化，放弃自己原有的主营产品或服务，将主要力量转移到另一个新的行业中。

本章小结

任何企业的营销活动都离不开不断变化的外部环境。营销环境是影响企业营销活动及其目标实现的各种因素和力量。环境具有客观性、差异性、多变性和相关性的特点。一般的，我们把营销环境分为宏观环境与微观环境，宏观环境通常由人口、经济、政治、自然、社会和技术等六个主要因素构成，PEST 分析法是宏观环境扫描的常用分析框架；微观环境也称行业环境，通常由供应商、营销中介、竞争者、顾客、公众和企业自身构成，五力模型、价值链和 3C 分析法是常用的分析工具。这些因素在不同程度上直接或间接地影响着企业的战略选择与营销活动。企业要积极地适合环境变化采取相应的对策。SWOT 分析法和机会威胁分析矩阵能够帮助企业梳理环境因素、评估环境影响并给出相应的策略思路。

重要名词

营销环境　宏观环境　微观环境　PEST 分析法　五力模型　产业价值链　企业价值链　3C　SWOT 分析法　环境威胁　市场机会　机会威胁矩阵

案例评析

中国鞋王集体沦陷:富贵鸟破产,百丽退市,达芙妮市值蒸发97%

时至今日,在福建省石狮市官网上挂了有八个月的富贵鸟鸿山镇厂区招租信息,仍无人问津。旧主衰落后,这个面积达2.8万平方米的厂区十分萧条。招租联系人接到电话深感意外,他告诉AI财经社,工厂已经空置了好几年,几年前就抵押给了当地政府。

没落的不仅仅是这一个厂区,而是整个富贵鸟。2019年8月26日,一代鞋王富贵鸟最终折戟,正式褪去港股上市公司的身份;当日晚间,富贵鸟的重整还遭法院驳回,正式宣告破产。

富贵鸟作为曾经的"县城男鞋杠把子",曾被评为"首届中国鞋王",即便在鞋企遍地的石狮,也一度是当地的骄傲。可惜的是,富贵鸟2013年年末登陆香港主板的高光时刻最终却成了失速的起点,此后三年净利润降了近三分之二,2017年上半年净亏损超1 000万元,当年中期报告显示负债总额近30亿元,此后再未披露过财务数据。

上市的六年时间里,富贵鸟被外界熟知的是长时间停牌,破产前停牌了近三年的时间。并且,因债务过多,富贵鸟创始人林国强的子女甚至直接放弃继承父亲遗产。

富贵鸟不是第一家被报道失速陨落的鞋王,此前先后上榜的品牌还有百丽、达芙妮等,前者业绩低迷从港股退市,后者遭遇了大面积关店。乌云则一直笼罩在中国皮鞋企业的头上,大皮鞋企业不如意,更别提小皮鞋企业,他们大多活得步履维艰,与国外皮鞋企业靠手工定制传承几百年形成鲜明对比。

不可否认,每一家失速的鞋王都有自身的问题,但也离不开行业大环境的影响,百货商场的没落,使得皮鞋失去了渠道优势,而休闲运动鞋业的兴起,则侵占了皮鞋的日常使用场景,最终形成如今中国皮鞋企业没落的局面。

被抛弃的皮鞋

在接吻猫做了七八年销售的张云霞,发现皮鞋越来越不好卖,刚入行时日销售过万很正常,去年降到五六千元,今年已经过了大半,平均下来每天只能卖出四千多元。

张云霞所在的接吻猫店位于北京四环一家百货店内,几天前,门店还在装修,一位顾客买了七双鞋,让她感到喜出望外,直言:"摸黑儿卖了一万多。"

与接吻猫柜台相距不远的是百丽,170平方米的门店陈列了男鞋、女鞋,还有越来越多的运动休闲鞋。在普通的大众百货商场里,各个皮鞋品牌之间有一条脉络清晰的鄙视链,百丽作为集团军,统领十几个不同品牌,通常占据鞋类区域的半壁江山,当之无愧在鄙视链顶端;其次是星期六、接吻猫等品牌,品牌门店可以与百丽比邻,但位置和面积稍逊一筹;链条底端则是一些绿叶,他们虽有品牌,但是没有知名度和影响力,多是一些注重性价比的中老年鞋子,只能出现在楼层的中岛位置。

销售额方面,链条顶端比中下端的强不少。比如,张云霞所在的接吻猫平均每月销售一二十万,同在一个楼层的百丽平均每月能卖到二三十万,但百丽的焦虑并不比接吻猫要少。

在百丽做销售的五年里，王丽达经历过不同类型的门店，MALL 店、商场店、map 品牌集合店、单一品牌店。百丽在北京约有 120 家门店，成熟商圈、业绩好的门店一个月营收能过百万元，远郊区差一点的门店每月只有几万元。王丽达目前所在的店月均收入二三十万元，虽比同楼层其他品牌高出不少，但只是以往水平的一半。

张易是这家百货负责皮鞋的运营人员，他见证了皮鞋在商场里的抛物线，“2011 年前，尤其是 2008—2011 年间，销售额大概是现在的 0.8～1.2 倍”。这与王慧的记忆几乎一致，她在北京双安商场皮具销售部做了十年运营，觉得 2013 年是个分水岭，此前客流量大，鞋子好卖，顾客一次买三四双皮鞋很正常，一些品牌年销售额有 1 000 多万元，但现在很难达到这个规模。

如今，距离皮鞋销售的好时光很遥远了。

2007 年 5 月，百丽国际以 510 亿港元的发行市值登陆港交所，成为中国女鞋行业里市值最大的个股。百丽 CEO 盛百椒十分自信，声称“凡是有女人经过的地方，都要有百丽”，此后五年里百丽大辟疆土，门店数从 6 000 多家增加到超 1.7 万家，并在 2013 年 2 月达到巅峰，市值突破 1 500 亿港元。

但此后，随着渠道为王时代逐渐终结，产品研发成为核心竞争力，加上电商的崛起，鞋企受到冲击，沿袭以往打法的百丽，业绩逐渐下滑。盛百椒把责任揽到自己身上，“自己不会开电脑，连微信都没有，对市场变化没做出很好的预判，没找到转型路径，主要责任在我”。

不得已，2017 年 7 月，百丽以 531 亿港元的估值退市，比高峰期市值缩水三分之二。而百丽的两位创始人——邓耀和盛百椒均选择清空股份，黯然离场。

相比退市的百丽，达芙妮国际还在挣扎中，股价长期低迷，已经连续两年多在 1 港元以下徘徊，8 月 30 日收盘跌 14.29%，每股报收 0.3 港元。虽然达芙妮门店从 2002 年到 2012 年的十年间增长了近十倍，达近 7 000 家，但也因此埋下了隐患，问题很快显露——销售费用疯狂飙升、需求饱和存货周转天数延长，2015 年后达芙妮的业绩加速下滑，2019 年上半年股东应占亏损近 4 亿港元。

在此背景下，达芙妮不得不启动业务转型，其中一条是优化门店结构，关闭表现不好的门店。从 2015 到 2018 年间，达芙妮核心品牌共关店 3 700 多家，集团员工缩减了三成多，从 1.3 万人精简到 8 700 人左右。但这些措施收效甚微，资本仍然不太买账，如今达芙妮国际4.95亿港元的市值，不足 2012 年高峰期时市值 170 亿港元的 3%。

其他几家皮鞋品牌的市场表现也不乐观。2012 年 4 月上市的奥康国际，股价在 2015 年年中飙升到 53.43 元/股，市值超过 200 亿元，但 2015 年后一路下滑，如今不足 10 元/股，市值也不足 40 亿元，缩水了五分之一。

因新聘用 Angelababy 为代言人而广告费大增的红蜻蜓，2015 年 6 月才上市，很快便达到 34.44 元/股的高峰期，然而此后股价一泻千里，四年后只维持在 7.16 元/股左右，与高峰期相比缩水了近八成，市值仅剩约 41 亿元。

接吻猫品牌的母公司天创时尚也不例外，股价走势也呈向下滑梯状，两年前高峰期的 22.16 元/股已跌落到如今的 6.29 元/股，骤减七成多，市值仅有 27 亿元。

回忆过往，百丽、达芙妮、接吻猫都曾出现在张易所在的百货商场里，但面积有限，十几年间销售不佳的品牌多次被清退，目前皮鞋区域只保留了十几个品牌，达芙妮在很多年前就已经退出，专门的男鞋品牌几乎消失。

如今，张易所在的商场中，鞋子品类对商场的贡献也由巅峰期的每年四五千万元，减少到目前的两千多万元。王丽达和张云霞的感受是，顾客买皮鞋更谨慎了，不好卖了。

休闲运动鞋上位

皮鞋不好卖与消费习惯的变迁不无关系，人们越来越偏爱休闲运动鞋。

在百丽门店，有两个货架陈列着运动鞋，从外形来看，有时下最热门的老爹鞋、前两年火爆的椰子鞋、小白鞋，看起来都似曾相识。王丽达指着老爹鞋说，到了春秋季，这个款走得相当好。王丽达称，老爹鞋是2017年上的款，厚底舒适，显得脚小，39码和36码的鞋子看起来差别不大，显高，显腿细，好搭衣服，二三十岁的年轻人能穿，四五十岁的人也能穿。

这样一款"完美"的鞋子当然要占据C位，陈列在门口显眼的位置。不过这个秘密并不是只有百丽知道，在这一楼层随便逛逛，几乎每家都有热门的运动鞋款式，老爹鞋只是其中之一。

皮鞋企业想抓住这个新趋势，从大众平价品牌到中高端品牌纷纷上马休闲运动鞋。2016年开始，王慧注意到，在她所管理的鞋子区域，各家都开始增加了休闲风格的鞋子，比如GEOX，"配合顾客需求，大家都按照这个风格去做，没人想错过流行趋势"。

今年三八妇女节，双安商场特意针对小白鞋做了促销活动，起码有十家皮鞋品牌参与进来。除去男鞋品牌，这意味着至少有三分之一的女鞋品牌推出了小白鞋。"虽然在皮鞋品牌里，休闲运动款的销售占比不多，但是增长快，比如，以前可能只有1%的销售占比，现在已经增长到5%了。"

色彩斑斓的运动鞋和皮鞋出现在同一个货架上，看起来非常违和，但这正是皮鞋抛物线向下的一个重要因素，越来越多的人不爱穿皮鞋了，而替代品正是运动休闲鞋。

数据见证了这一切。

百丽国际2015—2017年，营收增速一路从8.7%下滑到2.2%。2016/2017财年上半年是关键节点，在这一时段，运动、服饰业务占比突破半壁江山，由上年的49.2%提高到56.0%，首次超过鞋类业务的销售规模。

退市前的百丽财报显示，截至2016年8月31日的六个月内，与上年同期相比，百丽鞋类业务销售收入下降12.7%，连续三年下滑，而运动、服饰业务销售收入增长14.9%。其中代理的一线运动品牌阿迪达斯和耐克增长13.4%，二线运动品牌puma和converse增长21.2%。在零售网点方面，同期鞋类自营网点减少378家，与之相反，运动、服饰自营网点净增加105家。

百丽业务多元，可以"失之东隅，收之桑榆"，其他皮鞋品牌的日子就没这么好过了。2016—2018年三年间，达芙妮的营收增幅从－22.41%艰难地收窄到－20.08%。红蜻蜓的营收增速从－3.20%降低至－6.29%，奥康国际营收增速从－2.07%下滑到－6.70%。

2018年，5家皮鞋上市公司中，奥康国际、红蜻蜓虽然没有出现亏损，但是营收、净利润都处于下降态势，达芙妮、千百度则出现亏损，唯一有向好迹象的是星期六，出现了微弱的上升趋势，但营收同比也仅增1.9%。

不同于皮鞋企业的困境重重，运动鞋企业则是欣欣向荣。

先看各个百货商场和购物中心不可缺少的阿迪达斯和耐克。2018财年，阿迪达斯的营收同比增长8%，其中大中华区增速高达23%，不仅高于整体水平，也超越北美和亚太地区各自15%的增速。截至2019年第二季度，阿迪达斯连续21个季度在大中华区实现双位数业绩增长。这也意味着，这个增长持续了五年时间。

耐克也是如此，2018财年营收超过360亿美元，同比增长约6%，在汇率不变的基础上，大中华区的增速达到18%，是整体增速的三倍。2019年春季订货会上，斯凯奇首次公布了在华发展10年的业绩，零售总额平均年增长达73%。

不仅如此，国产运动休闲品牌也不逊色。在营收方面，2016年—2018年，安踏增速从20.0%攀升至44.4%；而李宁集团则从13.1%稳步上升到18.4%，特步则是从1.9%大涨到25%。

这一现象有其合理性。一般而言，在比较发达成熟的国家，鞋子市场以运动、休闲为主，正装鞋所占比例有限。随着中国消费者的迅速成长、日渐成熟，多样化的场景需求和个性化的审美要求，对运动休闲鞋的需求也会增加。

除了与流行趋势变化有关外，运动鞋企业的境遇好转则离不开自身的积极转型。2012年后，以渠道带动销量的时代结束，运动企业纷纷遭遇上市急剧扩张后的滞销困境，不得不正视用户尤其是年轻用户的需求，比如安踏推出潮流运动系列吸引年轻受众，李宁投身新国潮运动重新定义品牌。

这启发了皮鞋业的自我变革，皮鞋业逐渐面向受众而非自卖自夸。王丽达透露，现在的皮鞋后跟高度普遍比以前低，鞋垫也更软，因为用户更加追求鞋的舒适度而非好看显高，“这两年小跟鞋基本是5厘米左右，不比以往七八厘米的，跟鞋也多是小粗跟，承重性比较好”。

福建鞋企老板陈天告诉AI财经社，除追求舒服外，年轻客户群还偏爱原创设计、高档自主的小品牌，毕竟小品牌对工艺质量要求高，量小品质也容易把控，此外也迎合了年轻一代张扬个性的需要。

但皮鞋自身的严肃属性，一定程度上限制了其转型的空间，即便一些皮鞋企业拓展休闲运动鞋业务，却依然难以抗衡主打休闲风的鞋企，转型的道路并不顺畅。

在北京久隆百货酒店仙桥店，一楼大厅布满了方方正正的各品牌鞋柜，店内百丽的工作人员透露，目前今年的新款只上了七八种，达芙妮工作人员则表示新款还没有上来，展台上都是去年和前年的旧款，两家的展台有两三百双鞋子，来逛的人以中年妇女为主，几百米外的阿迪达斯、特步、鸿星尔克鞋柜处倒聚集了不少年轻人。

一位北京女白领透露，读书时还觉得百丽的鞋子很高档，但工作后就不想买了，觉得设计比较呆板，而且同样的价钱可以选择款式新颖又小众的国际品牌。

在陈天看来，与国际一二线品牌相比，国产皮鞋在设计、材料、工艺上都有差距，年轻的主流消费者对国际品牌的认知度高，自然不去看国产皮鞋。“主要还是品牌自己的问题，低成本，高售价，材料和工艺质量不高。”

树倒猢狲散

作为一家老百货的经营者，赵涛对于皮鞋的现状并不意外，他自己最近一次在国内买皮鞋是在三年多前。“皮鞋本身盘子比较小,整个市场规模也就千亿元,跟服装不能比,而且主要集中在百货商场销售,现在百货都不太行了,要不关门要不转购物中心,皮鞋当然也不好卖了。”

皮鞋发展的曲线,一方面和运动鞋互相反证,一下一上;一方面和百货业的发展紧密相关,同上同下。大部分皮鞋品牌在 2013 年以后直线向下,和百货的发展非常契合。统计数据显示,知名传统百货企业 2013 年进入关店潮,2013 年关店 24 家;2014 年关店 23 家;2015 年,关店已达 63 家。

取代百货的是购物中心和奥特莱斯,但这并不是皮鞋的主要阵地。杭州一家购物中心的招商副总经理安捷向 AI 财经社介绍,购物中心一般拿的位置都比较大,租金贵,装修成本也高,所以一些皮鞋品牌不愿意进来。

相反,运动品牌主攻购物中心,他们喜欢开大店,形象和爆发力更强。安捷所在的购物中心,皮鞋的品牌引入了十家,运动鞋品牌有八家,但是后者的面积更大、坪效更高,同时承租能力也更强。

有人将皮鞋和百货业的关系形容为“树倒猢狲散”,但更惨的是,树倒之后还遭到了电商的碾压。王丽达最近几年的工作内容多了一项,尽量说服顾客在线下买,“以前人们买鞋挺痛快的,现在要问有没有折扣啊,比较犹豫,先试穿,然后翻手机,肯定是要跟电商比啊”。

2017 年百丽开始融合线上线下,公开数据显示,2017 年双 11,百丽全渠道销售 4.5 亿元,对于线下店来说,不得不跟随线上去进行各种促销,“如果不同步做的话,线下肯定卖不过线上”。王丽达掰着指头数了数,“三八是大节,然后是 618,明年可能 818 也要做起来,接着就是双十一双十二,中间还要配合做各种主题营销活动,店庆什么的”。

在她看来,现在的消费者已经变得非常精明,抓准了什么时候有活动。相应的,鞋子的价格也随着不间断的促销往下走。“不断地会有小活动,所以现在价格会比以前便宜一些,正价不打折的鞋子现在不多了,会员直接就八八折。”

在中高端皮鞋方面,消费者对价格的敏感度没有那么高,但也被带进了价格漩涡。王慧观察发现,鞋子的交易量少了,但商家非常敏感地开始自我降价,价位不高才能满足顾客需求,现在的正价相当于以前的八折,挽回交易量的后果是,“销售额不像以前高”。

零售网点减少、售卖价格下降,皮鞋进入了量价齐跌的局面,而租金和人工成本却逐年上涨,由此带来了盈利水平的持续走低。奥康国际 2017 年的净利润只有 2.26 亿元,同比下滑 25.8%,2018 年虽然继续精简销售和管理费用,但是净利依然下滑,而且更加严重,下滑 39.53%。

从 2015 年到 2018 年,达芙妮平均每年要关掉差不多一千家门店,员工也大幅缩减,但净利润却毫无起色,2017 年净亏损为 7.34 亿港元,同比下降 10.4%,2018 年净利润降幅变本加厉,达到了 35.4%。

更多的鞋子品牌还在下降的过程中苦苦挣扎,希望能抓到一根救命稻草。赵涛认为,皮鞋品牌集中度比较高,一旦这些品牌出现下滑,行业的整体情况都不太乐观。这个情况从一线到四五线城市都是这样的,没有办法改善。

事实上,皮鞋行业并非完全没有出路。国际上有不少知名的皮鞋企业,比如郎丹泽、芬迪、菲格拉慕等,它们大多走高大上的奢侈品路线,依靠手工定制确保品质,卖的是身份认同感,其中不少品牌还是全品类运营,并不局限在皮鞋上。但中国的皮鞋企业几乎走的是大众路线,靠价格取胜,在多年的发展中,尤其是顶峰时期,并没有在产品品质上下功夫,没有在定位上走出差异化、走高端路线去满足商务人群对皮鞋的需求,使得供给和需求之间出现了错位。造成这一局面的原因是,中国皮鞋企业并没有将做皮鞋当作传承百年的事业去做,很多企业在发展中盲目多元化,最终影响了主业的发展。

以富贵鸟为例,这家公司在 2015 年资产负债率达 45.18%的情况下,还涉足自身并不熟悉的金融领域,5 月拿出 1 000 万美元投资 P2P 平台共赢社,10 月又入股叮咚钱包,成为后者最大股东,只看到了短期的投资收益,并未看到风险。如今共赢社早已停止运营;叮咚钱包则因逾期无法提现暴雷,8 月 24 日其 4 名实际控制人已被警方控制。

资料来源:邵蓝洁、刘雪儿撰文,AI 财经社,2019-9-4。

问题:

1.搜集相关资料,试指出哪些宏观和微观环境因素变化冲击了皮鞋行业,你认为最主要的因素有哪些(不超过 3 个)?

2.从富贵鸟的发展历史看,如何评价富贵鸟过去的成功与现在的失败。

3.了解更多达芙妮鞋业资料,结合外部环境,为达芙妮进行 SWOT 分析并为其梳理相应的发展策略建议。

实训专题

选择一个行业,分析互联网尤其是移动互联网对这个行业带来的机会和威胁,并提出该行业顺应环境变化的应对策略。

第三章　购买行为分析

学习目标

1.熟悉消费者购买行为模式；
2.掌握影响消费者购买的因素；
3.掌握消费者购买的决策过程；
4.理解和掌握组织市场的含义、特点和构成；
5.了解产业市场和中间商市场购买的决策过程；
6.掌握政府采购行为的决策过程；
7.理解和掌握网络消费者的类型和特征；
8.掌握网络消费者需求的特征；
9.理解网络消费者购买行为模式。

引导案例

欧莱雅在“你时代”拥抱消费者

欧莱雅是全球及中国第一大美妆集团，而中国也是欧莱雅全球的第二大市场。2018年，欧莱雅在中国获得了突破性的双位数增长，为近14年来增速之最。更为重要的是，中国已经成为欧莱雅全球创新和数字化的枢纽。欧莱雅取得如此卓越成效的核心原因是什么？总结起来就是始终以消费者为核心的“欧莱雅中国五力模型”：令人向往的品牌和产品、卓越创新、新营销、新零售、社会价值。始终提供给消费者令他们向往的品牌和产品；始终探索卓越有效的产品创新；一直不停地去思考怎么样能够提供给消费者颠覆性的新营销和互动方式；提供给他们线上线下融合的新零售体验，在消费路径的每个环节为消费者提供便利；不断积极为社会发展做贡献。欧莱雅中国的所有战略构想和业务工作，都是从洞察消费者需求开始的。

立足购物者的身份，欧莱雅会主动去了解消费者是怎样选择购物途径或者购物渠道的，有没有一些选择的动机，购物路径是怎样的，动因是什么，他们对购物体验的要求是什么。欧莱雅每天会在网站上抓取超过3万个消费者关于美的话题、对于品牌和产品的反馈和评价，也会应用大数据分析或者人工智能分析方法去识别。现在这些讨论当中，有些趋势可能有机会成为下一个主流趋势。欧莱雅根据大数据也构建了KOL（关键意见领袖)管理的工具去了解KOL,包括每个KOL的受众、受欢迎程度、合作投入产出比,及合作之后的绩效跟踪等等。

消费者的新向往在中国具体表现在越来越多元化、精细化,甚至是定制化。而且消费者在和品牌互动的过程中,其实希望能够占据越来越多的主动性,希望所有的美,不论是品牌沟通也好,产品也好,都是为他们自己创造的。欧莱雅把这样的时代称作美的“你时代”。在这样的“你时代”,对消费者的洞察显得前所未有的重要。

今天,整个欧莱雅集团正在进行面向全球首个“美妆科技公司”的转型,其目的还是想通过科技的力量进一步提升消费者洞察的能力,并在此基础上,通过科技的赋能为消费者带来更加个性化,甚至定制化的产品、服务和体验,为他们创造更大的价值,让更多人拥有美,更拥有专属自己的美。

资料来源:中国第一大美妆集团欧莱雅,如何在“你时代”拥抱消费者?,搜狐网,2019-05-01。

引导问题:

1.在中国市场,欧莱雅怎样获取消费者需求洞察?

2.欧莱雅如何激发中国消费者的购买动机?

管理学大师彼得·德鲁克说:“关于企业的目的,只有一个正确而有效的定义:创造顾客。”“社会将财富资源托付给企业,也是为了满足顾客的需求。”市场是由购买者组成的,认识和理解市场中的购买者是市场营销中最为基础的部分,因此企业要以购买者为中心,分析购买者的行为,才能够有效开发针对购买者的有价值的产品,并运用有效的策略将产品呈现给购买者。

市场的购买者按照购买的目的或用途的不同可以分为消费者市场的购买者和组织市场的购买者。消费者市场购买者是指个人或家庭购买者,这些购买者购买产品或服务是为了满足个人或家庭的生活消费。而组织市场购买者一般包括工商企业、政府部门和非营利性组织等。工商企业是为了从事生产、销售等业务活动而购买所构成的市场,一般称之为营利性组织市场。政府部门和非营利性组织是为了履行职责而购买所形成的市场,一般称之为非营利性市场。无论是哪一种购买者,我们都要深入了解其购买行为的影响因素及其购买的决策过程,这对于开展有效的市场营销活动至关重要。

第一节 消费者购买行为分析

消费者市场的购买者是由个人和家庭构成,其主体是人。人的行为受人的心理支配,不同的人,其心理也不同,其行为也不同。因为人是复杂的,我们要分析消费者的购买行为就要分析人的心理,所以消费者的购买行为就变得尤为复杂。

一、消费者购买行为概述

从开篇的案例中我们就可以看出消费者购买行为的复杂性,如果我们在不了解消费者的情况下盲目应用营销策略,必然导致企业的失败。作为企业的营销工作者,要深入了解消费者,了解消费者购买行为背后复杂的影响因素,掌握消费购买决策的流程,才能制定合理的营销组合。

(一)消费者市场的含义与特点

消费者市场是指所有为了满足个人消费而购买产品或服务的个人和家庭所构成的市场,又称为消费市场或生活资料市场。产品或服务流通的终点就是消费者市场,故消费者市场也被称为最终产品市场。

一般的,消费者市场呈现出以下这些特点:

(1)分散性。消费者市场的主体是个人和家庭,个人和家庭的分布和地理区域是分不开的。像我们国家幅员辽阔,各个区域的人口分布也是不同,东部人口分布和西部人口分布、城镇人口和农村人口分布都存在较大差异。由于消费者分布的分散性,因此面向消费者市场的企业要特别注意分销渠道的选择、设计以及管理。

(2)差异性。消费者购买行为受到年龄、性别、身体状况、性格、习惯、文化、职业、受教育程度、社会地位、收入水平等各种因素的影响,从而形成了不同的消费需求和消费行为。随着消费者生活水平的不断提高,消费者的购买选择会更加个性化,需求的差异性有不断扩大的趋势。作为企业的营销人员,要对消费者市场进行准确的市场细分,针对所选择的细分市场开展有效的营销活动,满足消费者的差异性的需求。

(3)易变性。无论是个体消费者还是家庭消费者,其购买行为都不是一成不变的。一方面社会生产力的提高、科技的发展进步,使得新的产品和服务层出不穷,消费者面临更多的选择。另一方面,消费者自身的消费水平、消费观念等也是发展变化的,对产品和服务的需求也是发展变化的。作为企业的营销人员要密切关注消费者市场的变化,把握消费者市场变化的趋势,通过不断变化的营销活动满足消费者变化的需求。

(4)替代性。由于消费者的购买力是有限的,所以消费者在购买时必然要进行慎重的选择。一方面不同的厂家提供不同品牌选择,另一方面在不同品种之间也可以实现功能替代,所以消费者的购买选择会根据购买力的情况做出调整。作为企业的营销人员要注重客户关系管理,把自己的客户发展成忠诚客户,同时积极争取新的客户。

(5)非专业性。消费者市场主体是个人和家庭,其知识面的有限性导致对相关产品或服务的质量、性能、维修、保管以及市场行情等都不太理解,只能根据个人偏好来做出购买选择,因此其购买行为属于非专业性购买。另一方面,消费者市场购买决策属于个人决策,一般具有自发性、感情冲动的特点,这也是非专业性购买的特点。作为企业的营销人员,要做好宣传广告,明晰产品定位、产品特征,努力做好消费者的参谋,积极引导消费者的购买行为。

(二)消费者购买行为研究的内容

消费者购买行为是指消费者为了满足自身需要和欲望而寻找、选择、购买、使用、评价及处置产品、服务时介入的过程活动，包括消费者的主观心理活动和客观物质活动两个方面(菲利普·科特勒，2000)。消费者的购买活动涉及很多方面的问题，企业营销人员可以通过观察消费者的行为得到部分答案，但是想要深入了解消费者为什么购买却是不容易的，需要我们积极进行探索。

一般而言，企业营销人员只要能够分析清楚7个方面的问题(5W2H)，就能针对消费者的实际情况，设计具体的营销策略。如图3-1所示。

图3-1　消费者购买行为的研究框架

(1)谁来购买(who)？谁构成该市场？谁购买？谁参与购买？谁决定购买？谁使用该产品？谁影响购买？

(2)购买什么(what)？消费者需要什么样的产品或服务？对消费者而言最有价值的是什么？消费者追求的核心利益是什么？

(3)为何购买(why)？消费者购买的目的是什么？为什么喜欢？为什么讨厌？为什么喜欢买这不买那？

(4)何时购买(when)？什么季节购买？何时需要？何时使用？何时换代？

(5)何地购买(where)？在超市购买还是在商场购买？是就近购买还是到商业中心购买？

(6)如何购买(how)？以什么方式购买(现场购买、网络购买、邮购、电视购物等)？按什么程序购买？

(7)购买多少(how many)？每次购买的数量是多少？一定时期购买次数是多少？人均购买量是多少？

以上七个问题的英文首个字母组合为5W2H，因此称之为5W2H分析模型。

(三)消费者购买行为的研究模式(刺激—反应模式)

在对消费者购买行为的研究中，不同的学者从不同角度进行研究，形成了不同的研究模式。如英国经济学家马歇尔的经济学模式、维布雷宁的心理学模式、巴甫洛夫的学习模式，当然最典型的莫过于菲利普科特勒提出的刺激—反应模式。刺激—反应模式认为消费者的行为是消费者的一种内在心理过程，是在消费者内部自我完成的。外部的刺激经过消费者的内在心理过程产生反应，从而才引发消费者的购买行为。这一模式包括三个变量：内外部刺激因素、消费者心理活动过程和消费者的行为反应，如图 3-2 所示。

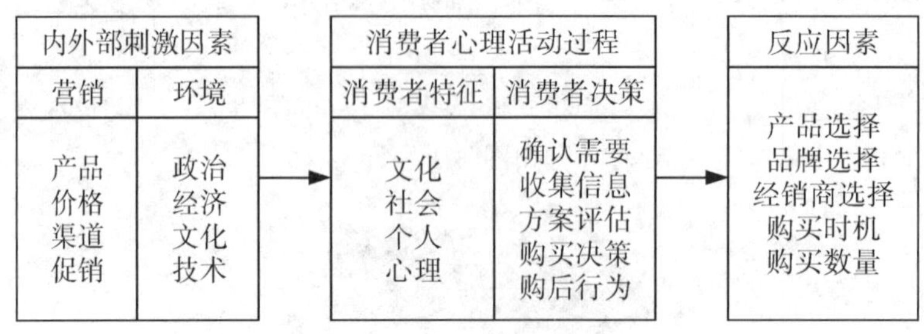

图 3-2　消费者行为模型

(1)内外部刺激因素。刺激—反应模式表明，所有消费者的购买行为都是刺激所引起的，这种刺激包括消费者内部自身的生理和心理因素，也包括消费者外部的刺激。内部刺激一般包括消费者自身的生理需要、动机、个性、观念、习惯等。外部刺激一方面指企业的营销刺激，一般包括产品、价格、渠道和促销四个因素；另一方面指企业之外的环境刺激，一般包括经济、政治、技术和文化。

(2)反应因素。刺激—反应模式的反应因素指消费者的购买行为，包括产品的选择、品牌的选择、经销商的选择、购买时间、购买地点、购买方式等。它是对一次具体购买行为的评价。

(3)消费者的心理活动过程。在刺激因素和反应因素之间是消费者内在的心理活动过程，由于是消费者内部自我完成的，看不见摸不着，心理学上称之为暗箱或黑箱。这个黑箱包括两个方面：一方面是购买者的特性，包括购买者的文化、社会、个人和心理的特征。不同特征的消费者会对同一刺激产生不同的理解和反应。比如，同一部手机，价格较贵但是配置较高、款式新颖，追求时尚潮流且经济能力较强的消费者就可能感觉可以接受，会做出相应的购买行为；而收入水平较低的消费者可能更注重商品的实用价值，他们可能会放弃购买。这就是不同的心理特性的消费者对同一刺激的不同反应。另一方面是指消费者购买的决策过程，决策过程中的每一步骤都可能对消费者的最终选择产生影响。

消费者在种种刺激因素作用下，经过复杂的心理活动过程产生购买动机，在动机的驱使下做出购买决策，然后采取购买行动，在消费中或消费后对购买活动进行评价，由此完成一次完整的购买活动。

二、消费者购买行为的影响因素分析

研究刺激—反应模式中的消费者心理活动过程，首先要研究的是消费者自身的特征，它在很大程度上影响着消费者购买的决策。消费者自身的特性我们一般从文化、社会、个人和心理四个方面入手(见图 3-3)，虽然大部分的特性是营销人员无法控制的，但是我们也要深入学习，了解和掌握这四个因素对于我们制定正确的营销策略也是有很大帮助的。

文化因素	社会因素	个人因素	心理因素
文　化	参照群体	生理因素	动机
亚文化	家　庭	经济因素	知觉
		生活方式	学习
社会阶层	角色和地位	个　性	信念和态度

图 3-3　消费者购买行为的影响因素

(一)文化因素

文化因素对消费者的行为具有最广泛和最深远的影响。一般而言文化因素体现在文化、亚文化和社会阶层三个方面。

一阵风看一世界

据说,夏威夷流传一个笑话。在一个大风骤起的海边,站了三个不同国籍的女孩。强劲的暴风下,只见三个女孩尽管都是身穿美丽的裙子、头戴鲜艳的帽子,然而,她们的姿态却各不相同。双手按住帽子的是美国女孩;双手紧按裙子的是日本女孩;一手按住帽子、一手按着裙子的是中国女孩。后来,心理学家对此现象分析,得出结论,这叫“一阵风看一世界”。一个小小细节,东西方文化差异可见一斑。美国女孩新潮大胆,春光外泄没关系,帽子要钱买啊;日本女孩作风保守,帽子掉了可以再买,裙子飘扬羞死人了;中国女孩嘛,帽子吹掉太可惜,裙内风景露不得!综上所述,可见,同是妙龄少女,由于文化的差异,其行为也产生差异。

(1)文化。文化是人类在长期的生活实践中所建立的价值观念、道德、理想和其他有意义的象征体。人类的行为大多数都是通过学习形成的,人类在其成长过程中通过不断学习建立起自身的价值观念、理想、道德等,而这些内在的因素又影响和制约人类的行为。文化是引发人类愿望和行为的最根本原因。

(2)亚文化。在一个国家的大文化中,包括若干个亚文化群。亚文化群体中的人对整体的大文化持相同观点,但是也具有该群体所独有的文化成分,同一亚文化群内的消费相似度更高。由于不同亚文化群的差异,同一社会可以进一步形成不同的风俗习惯、道德观念,并对消费者的购买行为产生直接或间接的影响。

亚文化群主要包括:

①民族亚文化群。世界上许多国家都存在不同的民族,每个民族都在漫长的历史发展过程中形成了独特的风俗习惯和文化传统。民族亚文化是预测消费者购买习惯、消费偏好时非常重要的参考依据。

②宗教亚文化群。不同的宗教有不同的教规和戒律,从而形成对商品的不同偏好和禁忌。营销人员应该充分了解消费者的宗教信仰,制定适合其特点的营销策略满足其消

费需求。

③种族亚文化群：不同种族有自己独特的生活习惯和文化传统，其购买行为各不相同。

④区域亚文化群：我国是幅员辽阔的国家，南方和北方、城市和农村、沿海和内地、山区和平原等不同区域的地理环境、风俗习惯和经济发展水平的差异，人们具有不同的生活方式、兴趣爱好，这也会影响他们的购买行为。

“指南针地毯”的启示

比利时一个地毯商把脑筋动到了穆斯林身上。这个名叫范德维格的商人，聪明地将扁平的指南针嵌入祈祷地毯。这种特殊的指南针，不是指南或指北，而是直指圣城麦加。这样，伊斯兰教徒不管走到哪里，只要把地毯往地上一铺，顷刻之间就能准确找到麦加方向。这种地毯一推出，在穆斯林居住区立即成了抢手货，几个月内，范德维格在中东和非洲一下子就卖掉了25000多张地毯，赚了大钱。

(3)社会阶层。所有社会都有社会阶层，即在一个社会中具有相对的同质和持久性的群体，他们是按等级排列的，每一个阶层成员具有相似的价值观、兴趣爱好和行为方式。由于处于不同的社会阶层的消费者的社会地位、经济基础、价值观念和生活方式等有所不同，他们反映出不同的消费需求和购买行为。社会阶层的划分是综合衡量职业、收入、教育和财富等变量而形成的，其分层不是那么固定和严格，相邻阶层间的界限是比较模糊的。人们既可能升到更高的层次，也可能降到更低的层次。

拓展阅读 3-1

中国社会科学院：当代中国社会十大阶层

社会的复杂性，决定了社会成员的社会地位往往取决于多个指标。而职业之所以成为社会地位最直接的标志，是因为其往往与一个人所占有的资源品种和数量具有高关联度。多年来，我国的经济社会生活发生了很大变化，但是，十个阶层的排列位序仍然成立，符合现实条件下人们的普遍感受。下面对各社会阶层的变化情况进行描述和分析。

第一个阶层是国家和社会管理者阶层。他们是体制内核心部门的管理者或领导者。这个群体掌握最稀缺、在社会资源配置中处于优势的组织资源。整体看，我国公职人员队伍特别是进入中高管理层级的公职人员总体学历高，再学习能力强，拥有相对较高的文化资源。从未来趋势上看，这个群体无论数量还是占比，增加都将较为缓慢，未来竞争会更为激烈。

第二个阶层是经理人员阶层，也是社会优势阶层，即在各类型企业中，虽然是非业主身份，但从事管理岗位、具有管理权力的高中层管理人员，包括国有企业、私营企业、外资企业的职业经理人员等。他们大多受过高等教育，很多还是某一领域的权威和专家，对于行业发展和企业管理具有很强的判断力和敏感性。这个阶层近年来的经济社会地位不断提升，社会影响力扩大。

第三个阶层是私营企业主阶层。他们是社会投资的重要力量,极大地带动了社会就业,也为底层人群提供了向上流动的空间、机会和希望。在信息业、房产、钢铁、化工、食品、零售等许多行业,出现了一大批体量巨大、在全国乃至全球具有相当影响的企业。未来一个时期这个群体仍然会呈现快速增长的局面。

第四个阶层是专业技术人员阶层。目前知识分子主要是指从事专业性工作和科学技术工作、具有中高级职业技术水平的人员。他们不占有生产资料,具有一定自主性,是体制内外的非体力劳动者。专业技术人员阶层在社会等级结构中属于俗称的"白领",是中产阶层的重要来源。

第五个阶层是办事人员阶层。他们是协助单位和部门负责人处理日常行政事务的专职办公人员,是体制内外不占有生产资料的较低层非体力劳动者,主要包括党政机关低层公务员、企事业单位基层管理人员和非专业性文职人员等。这个阶层在我国增长较慢。在国外,这个阶层也是中产阶层的一个重要来源。

第六个阶层是个体工商户阶层。他们虽然不比私营企业主那样有实力,但在解决就业、增加财政收入、方便人民生活、促进社会稳定等方面也发挥着重要作用。这个阶层是私营企业主后备力量,目前是城乡底层向上流动的重要阶梯,对我国经济社会发展和贡献不断增强。

第七个阶层是商业服务业员工阶层。他们是商业和服务业中从事非专业性的、体力的或非体力的工作人员,包括体制内外第三产业中的受雇者和自雇者。近年来,随着一些新技术、新产业、新业态的兴起,这个群体数量开始增长。比如,短短几年内,快递行业从业人员数量从几万增加到上百万。据中国快递协会预测,到 2020 年,全国快递从业人员总数将达到 630 万人。

第八个阶层是产业工人阶层。这个阶层的一个变化是数量的变化。随着我国工业化和城镇化的持续,未来工人阶层占比仍处数量上升期。另一个变化是体制内产业工人规模减小,社会经济地位总体下降,主人翁地位和风光不再。同期,体制外产业工人大增,出现了"农民工"阶层,人数达到 2.6 亿。农民工群体内部也在发生分化,出现了私营企业主、个体户、务工人员、无业或失业农民工等。

第九个阶层是农业劳动者阶层。在工业化、城镇化的进程中,农民阶层内部发生剧烈分化,出现了农业劳动者、乡镇企业工人、外出农民工、农村个体工商业者、乡镇企业管理者、农村管理干部等。从未来走向看,随着城镇化的推进,农业生产方式的改变,特别是农村年轻一代思想观念和生活方式的改变,其规模将来仍会进一步缩小。

第十个阶层是城乡无业失业半失业者阶层,包括生活处于贫困状况并缺乏就业保障的工人、农民和无业、失业、半失业人员。由于种种原因,他们沦为社会底层,基本不占有组织资源、文化资源和经济资源。

资料来源:节选修改自中国社会科学网——"中国社会科学院:当代中国社会十大阶层",2015.4.21

(二)社会因素

消费者的购买行为也经常受到一系列社会因素的影响。影响消费者购买行为的社会因素主要包括消费者的相关群体、家庭、角色与地位等。

1.相关群体

相关群体又称参照群体，是指能够直接或间接影响消费者的消费态度、价值观念和购买行为的个人或集体。一个人的消费习惯、生活方式、对产品品牌的选择，都在不同程度上受相关群体的影响。相关群体可分为直接相关群体和间接相关群体，如表 3-1 所示。

表 3-1　相关群体的划分

<table>
<tr><td rowspan="4">相关群体</td><td rowspan="2">直接相关群体</td><td>首要群体</td></tr>
<tr><td>次要群体</td></tr>
<tr><td rowspan="2">间接相关群体</td><td>向往群体</td></tr>
<tr><td>厌恶群体</td></tr>
</table>

直接相关群体又称为成员群体，即某人所属的群体或与其有直接关系的群体。成员群体可以进一步细分为首要群体和次要群体两种。首要群体是指与某人直接和经常接触的一群人，一般都是非正式样体，如家庭成员、亲戚朋友、同事、邻居等。次要群体是对其成员影响并不频繁但一般都较为正式的群体，如宗教组织、职业协会等。

间接相关群体是指某人的非成员群体，即此人不属于其中的成员，但又受其影响的一群人。这种间接相关群体又分为向往群体和厌恶群体。向往群体是指某人推崇的一些人或希望加入的集团，例如体育明星、影视明星就是其崇拜的向往群体。厌恶群体是指某人讨厌或反对的一群人。一个人总是不愿意与厌恶群体发生任何联系的，在各方面都希望与其保持一定距离。

3-3　明星代言乳业，繁华过后的绚丽与梦幻

在传统广告盛行、快消行业大发展的时代，明星代言是企业实现鲤鱼跳龙门、快速崛起的捷径之一。明星不仅能让用户更青睐选择自己的产品，也能赋予品牌形象更多的含义，带来新鲜的品牌价值，最终产生爱屋及乌的品牌忠诚度。选择口碑良好的明星家庭或明星个人，能利用明星的号召力和影响力，迅速扩大品牌影响力、知名度，在扩大销量和市场占有率方面也起着重要作用，在无形中增加产品的竞争力。

2019 年 4 月 28 日，澳优旗下有机奶粉品牌 Neolac 悠蓝重磅出击，正式签约林志颖先生为全球首位“有机甄选大使”，以期架起与消费者的桥梁，同时将悠蓝一贯坚持的有机育儿理念带入更多消费者心中！

林志颖先生作为知名演员、歌手，出道以来发表多张唱片并出演多部影视剧作品，活跃于各个领域，实力超群。在家庭生活中，他宠妻爱子，让孩子释放天性、茁壮成长，是广大消费者心目中“好爸爸”、“好丈夫”的形象典范；在自我要求上，他形象气质阳光，不断挑战自我，追逐梦想，崇尚有机生活理念！这一切与 Neolac 悠蓝所推崇的理念不谋而合，而林志颖先生也对 Neolac 悠蓝作为荷兰 20 年专业有机奶粉品牌的品质充满信心！

如今，奶粉市场持续利好，而消费者需求持续增高，签约林志颖先生作为全球首位“有机甄选大使”是 Neolac 悠蓝 2019 年品牌战略的重要环节，之后，Neolac 悠蓝将借助“有机甄选大使”与消费者加强互动，结合更多渠道资源推广有机奶粉，引领有机品质生活新理念！

资料来源：节选自中国营销传播网，冯启，“明星代言乳业，繁华过后的绚丽与梦幻”，2019.8.10

相关群体主要通过以下方式对消费者购买行为产生影响：

(1)示范性影响。相关群体的成员为其他群体成员展示新的生活方式和行为模式，比如意见领袖。意见领袖凭借特殊技能、学识、个性或其他特征，在群体中有较大的影响力和号召力。

(2)仿效性影响。仿效性影响包括仿效和反对两个方面，消费者有仿效或反对其相关群体的倾向，如向往群体中的明星。消费者的消费行为也会仿效相关群体成员的行为，可能反对群体成员而抵制某种行为。

(3)一致性影响。一旦群体的价值观和行为方式形成一致性的规范，会促使群体成员的行为趋于一致，从而影响消费者对产品的选择。

作为企业的营销人员要充分研究相关群体对消费者购买行为的影响，即要利用相关群体的正面影响，减少其负面影响，扩大产品的销售。

2.家庭

家庭是由居住在一起的，彼此有血缘、婚姻或抚养关系的人群组成。家庭给成员以种种倾向性的影响，这种影响能伴随其一生。家庭又是一个消费单位和购买决策单位，是社会中最重要的购买决策单位。家庭的生活方式、文化程度、价值观念、购买习惯及家庭成员对消费者购买行为影响很大，这种影响既是直接的，也是一种潜意识。

(1)“家庭权威中心点”的差异。由于各种家庭的特点不同，购买决策的权威中心点也就不同。有社会学家把现实社会中的家庭分为四种不同的类型：“各自做主型”——每个家庭成员都有权利相对独立地做出自己的决策；“丈夫支配型”——家庭最终决策权在丈夫手中；“妻子支配型”——家庭最终决策权在妻子手中；“共同决策型”——大部分决策权由家庭各成员共同协商做出。世界上许多国家都同时存在这四种类型的家庭，但是随着社会政治经济情况的变化，“家庭权威中心”也会转移。如由于社会教育水平的提高，妇女就业机会增多，越来越多的家庭从“丈夫支配型”变为“共同支配型”，有的甚至变为“妻子支配型”。

(2)家庭寿命周期的差异。家庭寿命周期是指一个家庭从产生到消亡的整个过程。根据家庭成员的数量和年龄结构的变化状况，市场营销学家将家庭寿命周期大体分为以下七个阶段(见表 3-2)。在家庭生命周期阶段中，家庭所处的不同阶段对商品的需求和兴趣会有明显的差别。所以，家庭处于不同的阶段，家庭组织的购买行为也有明显的区别。

表 3-2 家庭生命周期的七个阶段

家庭生命周期阶段	购买和行为模式
单身阶段：年轻、不住在家里	几乎没有经济负担、新观念的带头人，娱乐导向。
新婚阶段：年轻、无子女	经济比下一阶段要好，购买力最强、耐用品购买力高。

续表

家庭生命周期阶段	购买和行为模式
满巢阶段Ⅰ:最年幼的子女不到6岁	家庭用品采购的高峰期,不满足现有经济状态。储蓄部分钱,喜欢新产品。
满巢阶段Ⅱ:最年幼的子女超过6岁	经济状况较好,开始增加教育投资,对广告不敏感,购买大包装商品。
满巢阶段Ⅲ:年长的夫妇和尚未独立的子女同住	经济状况仍然较好,教育投资增加。
空巢阶段Ⅰ:年长的夫妇,无子女同住,户主仍在工作	大量拥有自己的住宅,经济富裕有储蓄,对旅游、娱乐感兴趣。
空巢阶段Ⅱ:年老的夫妇,无子女同住,已退休	收入锐减,购买有助于健康、睡眠和消化的保健品。

3.社会角色与地位

一个人在一生之中会参加许多群体——家庭、俱乐部和各类其他的组织。每个人在各群体中的位置可以用角色和地位来确定。角色由一个人应该进行的各项活动组成。每个角色都伴随着一种地位。消费者在购买商品时,往往结合自己在社会中所处的角色和地位来考虑,购买符合自己角色和社会地位的商品。大型公司的高级经理人员坐豪华汽车、入住高档酒店、穿昂贵的服装;而普通职员搭公共汽车、在小饭馆用餐、穿普通的职业装,这都符合他们的角色和社会地位。企业将自己的产品或品牌塑造成某种身份或地位的象征,会吸引来符合该身份和地位的顾客。

(三)个人因素

消费者的购买行为也受到其自身的特征的影响,特别是受其年龄和生命周期阶段、职业和经济状况、个性与自我观念、生活方式和价值观的影响。作为企业营销人员,必须认真研究这些个人因素,因为这些因素直接影响了消费者的购买行为。

(1)年龄及生命周期阶段。消费者的年龄通常是决定其需求的重要因素。不同年龄阶段的消费者对商品和服务的需求是不断变化的。儿童消费者偏爱糖果和玩具等消费品,需要看护、幼儿教育等服务,中年消费者则是住房、汽车等商品的追随者,保健品的购买者或使用者主要是老年人。

(2)职业和经济状况。消费者的职业对其购买决策和购买行为也有较大影响。不同职业有不同的价值观和职业准则,对商品的需求和兴趣也各不相同。娱乐明星需要大量购买服装和化妆品以保持他们的光鲜形象,而蓝领工人一般穿工作服。消费者的经济状况对其产品的选择和购买也具有重要的影响,它包括消费者的可支配收入、储蓄与个人资产、举债能力和对花钱和储蓄的态度等。作为企业的营销人员,不仅要关注消费者的职业状况,还要注意其收入、支出、利息和储蓄等的变化,并通过调整或重新设计产品方案、营销方案等来适应这些变化。

(3)个性和自我观念。每个人的独特个性对其购买行为的影响也是不容忽视的。个性是指个人独特的心理结构,以及这种结构如何长期、稳定地影响个人对环境做出反应的方式。它具体表现在一个人的气质、性格、能力和兴趣方面,如外向与内向、乐观与悲观、温柔与坚毅、活泼与安静、自信心的高与低等。消费者千差万别的购买行为往往是与他们独特的个性心理特征有关的。如外向的人爱穿浅色的和时髦的衣服,而内向的人爱穿深色的和庄重的衣服;自信心强的人往往是新产品的早期购买者。消费者在进行品牌选择时,个性是一个重要的变量。很多品牌都有一定的个性特征,消费者在选择和使用品牌时,往往会选样和使用那些自身个性相一致的品牌,避免选择和使用那些与自身个性相抵触的产品。

自我观念是指一个人所持有的关于自身特征的信念,以及他(她)对于这些特征的评价。但自我观念是比较复杂的,现实自我观念是指我们对自己所拥有的和缺乏的特性做的更加真实的评价,理想自我观念是指一个人希望自身所成为的人的概念,他人自我观念是指自我认为别人是如何看待和评价自身的。在我国,他人自我观念对消费者的影响较大。我国消费者强调"面子"的重要性,即他人眼中的自我以及在他人眼中保持自己所渴望的地位。我国消费者往往会为了维护面子而去购买一项产品或服务。

(4)生活方式。生活方式是指一个人在他的活动、兴趣和看法中表现出来的生活模式。简而言之,就是人们生活、花费时间和金钱的方式的统称。企业的营销人员应研究具有不同生活方式的各群体的不同需要,从而推出适合不同生活方式的产品或服务来满足这些需要。另外一个人或一个群体的生活方式是在不断变化的,但这种变化是比较缓慢的。科技的进步和不同文化的冲击正在不断地改变着人们的生活方式,营销者应该把握这种大趋势。

生活方式对消费行为的主要影响取决于消费者是比较在乎金钱还是比较在乎时间。对于比较在乎金钱的消费者,营销者可以为其提供低价格的产品和服务。对于比较在乎时间的消费者,营销者应该为其提供便利的产品和服务。

(四)心理因素

消费的购买行为受到动机、知觉、学习以及信念与态度等主要的心理因素的影响。心理因素的影响涉及消费者购买活动的各个方面和全过程。企业营销人员需要研究这些心理因素。

1.动机

动机是引起个体活动,维持已引起的活动,并促使活动朝向某一目标进行的内在作用。动机是一种驱动力,它能够产生足够的推动力去驱使人行动。当消费者希望满足的需要被激活时,动机就产生了。一旦一种需要被激活,就有一种紧张的状态驱使消费者试图减轻或除去这种需要。消费者当前的状态和理想的状态之间总是存在差距的,而这种差距造成了一种紧张状态,紧张的轻重程度决定了消费者缓解紧张的迫切程度。一旦紧张状态被消除或减轻,动机就会消退。总之,动机是产生行动的直接原因,研究消费者购买行为就必须研究动机。动机是由需要引发的,要研究动机可以从研究需要入手。

小案例 3-4　速途新营销:猎奇式营销,没有设计不了的"无巧不成书"

"凡战者,以正胜,以奇合。"《孙子兵法》中的奇正之用,已成为中国式谋略的一个重要手段,在当下的商业社会中同样备受推崇。比如屡屡刷屏、制造病毒式传播的猎奇心理营销,便是充分利用人们对未知事物的好奇心理及求新购买动机,用最小的成本带来最大的传播效果。

崂山白花蛇草水,常年雄踞“中国最难喝饮料”TOP5 的榜首,被称为饮料界的灵魂之水。这款沉寂已久的灵魂饮料因响应一带一路召唤出口非洲而再度爆红,被称为朋友圈最受追捧的网红。网友们纷纷表示未曾喝过崂山白花蛇草水的人,不足以谈论人生。此次事件也得到了包括明星、达人、媒体等舆论领袖的高度关注及参与,短短两周时间创造了上亿次的阅读量。随后,知乎热帖《崂山白花蛇草水究竟有多难喝》更是将此次猎奇营销推向了高潮,各种论坛的试喝体验、朋友圈上传的各种照片一时间铺天盖地,每天都有上万个订单,直接导致断货。

不过,与丧茶比起来,崂山白花蛇草水的玩法只能算小巫见大巫。一事无成奶绿、碌碌无为红茶、依旧单身绿茶、想死没勇气马奇朵、没钱整容奶昔、瘦不下去果茶、前男友越活越好奶茶、加班到死也没钱咖啡、公司都是比你年轻的女大学生果汁……充满各种负能量、让人听了眼前一黑的丧茶,不仅在取名上“丧心病狂”,甚至连杯子上的标语都是——“喝完请勿在店内自杀”。

与此同时,丧茶还直接将门店开在了喜茶对面,一喜一丧形成了强烈的反差,让人忍不住想去尝一尝。别的不用多说,单单从猎奇心理营销这一点就足够抓住这些群体的心理,很独特、很怪异,当第一批客户进店之后就会形成自动转播,每个客户都是一个独立媒体。可以想象得到,如果你去了这家店会不会把菜单照相发布朋友圈?会不会录个小视频发布朋友圈?回答:“一定会的。”因为包括店名、菜单都是足以让人去与朋友分享的,这种免费的广告会裂变式地传播到每个人的朋友圈。

……

丧茶这起案例的巧妙之处在于,在前端策划设计的时候,就已经把营销内容做了定位,对面的喜茶的客户就是丧茶的首批客户,形成个人媒体传播。此外,丧茶以其强烈的话题属性,能够刺激用户在体验之后主动在交际圈分享扩散,最终形成病毒式传播。

猎奇式营销精髓:以正胜,以奇合。作为一种能够以小博大、迅速聚集关注与热度的营销手段,猎奇式营销的策划一般需要分为三步走。首先便是要制造噱头,构建话题,比如“最难喝的饮料”、“让人喝了想自杀的茶”等等;其次,要借助平台或者 KOL 进行传播,这是拔高产品影响力中不可或缺的一环;最后,要能充分引起人们的好奇心和社交表现欲,唯有如此才能以点带面,让产品的影响力形成燎原之势。此外,需要注意的是,猎奇式营销中猎奇的元素只是为了添加一个有意思的噱头,吸引大众的注意,如果一味地刻意追求猎奇或是为了猎奇而猎奇,罔顾与品牌产品的适配度、逻辑性,以及大众的接受程度,往往就会显得尴尬与庸俗,反而会给品牌带来不好的影响。

总而言之,猎奇式营销归根结底还是要做到“以正胜,以奇合”,唯有如此才能触达更大范围的人群,形成真正的病毒式传播。

资料来源:节选改编自中国营销传播网,王翔,“速途新营销:猎奇式营销,没有设计不了的‘无巧不成书’”,2019.8.21

美国心理学家亚伯拉罕·马斯洛认为,人类的需要可按层次排列,先满足最迫切的需要，然后再满足其他需要。将人类的需要按重要程度从低到高排列，分别为生理需要、安全需要、社会需要、尊重需要和自我实现需要，如图 3-4 所示。

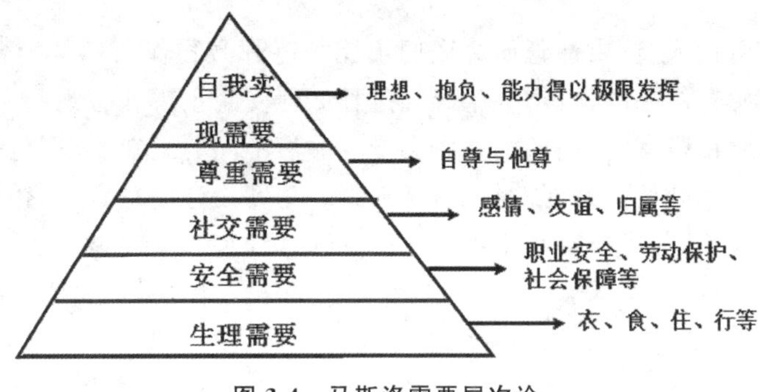

图 3-4 马斯洛需要层次论

(1)生理需要，是指人们对生存不可或缺的吃、喝、睡眠等的需要。这是人类最基本的需要。

(2)安全需要，是指人们对于人身安全、财产安全、社会秩序和稳定生活等的需要。

(3)社会需要，是指人们为了被群体接受而对于归属感、友谊和爱情等的需要。

(4)尊重需要，是指人们对于实现自尊和赢得他人赏识、尊重等的需要。

(5)自我实现需要，是指人们对于发挥个人才能，实现理想和抱负，获得成功的需要。这是人类的最高需要。

马斯洛认为，一个人同时存在多种需要，但在某一特定时期每种需要的重要性并不相同。一般而言，一个人总是首先满足其基础的需要，当他满足了基础的需要之后，就转向满足下一个重要的需要。在低层次需要得到满足后，高层次需要才会出现，但也有例外情况。同时，任何一种需要都不会由于高层次需要的产生而结束，只是对行为的影响力有所降低。作为企业的营销人员，要分析消费者的需要，并应用营销因素刺激消费者，将消费者需要转化为动机并产生消费行为。

2.感知

一个被刺激的人随时准备行动。然而，他如何行动则受其对信息的感知程度的影响。由于个体感知的差异，即使处于相同的刺激状态和目标情况下的两个人，其行为也大不一样。感知首先源自于感觉，所谓感觉是指通过视、听、嗅、味、触五种感官对刺激物的反应，收集来自于外部的刺激信息。随着感觉的深入，人们将感觉收集到的材料通过大脑进行整理、分析和解释，从而形成有意义的世界观的过程，从而得到知觉。人们之所以对同一刺激物产生不同的感知，是因为人们要经历三种感知过程。

(1)选择性注意。选择性注意是指人们在收集外界信息过程中，在面对外界诸多刺激中仅仅注意到某些刺激或刺激的某些方面，而忽略了其他刺激。选择性注意使得人能够把注意力集中到重要的刺激或刺激的重要方面，排除次要刺激的干扰，更有效地感知和适应外界环境。

(2)选择性扭曲。选择性扭曲是指人们在整理、分析收集来的信息时，有选择地将某些信息加以扭曲，使之符合自己的认识或意愿的倾向。在消费品购买中，受选择性扭曲的影响,人们往往会忽视所喜爱品牌的缺点和其他品牌的优点。

(3)选择性保留。选择性保留是指人们倾向于保留那些与其态度和信念相符合的信息。

作为企业的营销人员,要注意研究人们选择哪些刺激物作为感知对象以及对刺激物的感知过程和对感知结果的保留,整个感知过程如何受到主观和客观两方面同时的影响。企业提供同样的营销刺激,不同的消费者会产生截然不同的感知反应,与企业的预期可能并不一致。企业应当分析消费者的特点,从消费者角度设计信息,使本企业的营销信息被选择成为其感知对象,并形成有利于本企业的感知过程和知觉效果。

盲人摸象

很久很久以前,印度有一位国王,他心地善良,很乐意帮助别人,对臣民们也是如此。有一次,几个盲人相携来到王宫求见国王。国王问他们说:“有什么事我可以帮你们的吗?”盲人们答道:“感谢国王陛下的仁慈。我们天生就什么也看不见,听人家说,大象是一种个头巨大的动物,可是我们从来没有见过,很是好奇,求陛下让我们亲手摸一摸象,也好知道象究竟是什么样子的。”

国王欣然应允,就命令手下的大臣说:“你去牵一头大象来让他们摸一摸,也好了结了他们的心愿。”大臣遵命去了。

不一会儿,大臣便牵着大象回来了,“象来了,象来了,你们快过来摸吧”!

于是,几个盲人高高兴兴地各自向大象走了过去。大象实在太大了,他们几个人有的摸到了大象的鼻子,有的摸到了大象的耳朵,有的摸到了大象的牙齿,有的碰到了大象的身子,有的触到了大象的腿,还有的抓住了大象的尾巴。他们都以为自己摸到的就是大象,仔仔细细地摸索和思量起来。

过了好一会儿,他们都摸得差不多了。国王问道:“现在你们明白大象是什么样子的了吗?”盲人们齐声回答:“明白了!”国王说:“那你们都说说看。”

摸到象鼻子的人说:“大象又粗又长,就像一根管子。”摸到象耳朵的人忙说:“不对不对,大象又宽又大又扁,像一把扇子。”摸到象牙的人驳斥说:“哪里,大象像一根大萝卜!”摸到象身的人也说:“大象明明又厚又大,就像一堵墙一样嘛。”摸到象腿的人也发表意见道:“我认为大象就像一根柱子。”最后,抓到象尾巴的人慢条斯理地说:“你们都错了!依我看,大象又细又长,活像一条绳子。”

盲人们谁也不服谁,都认为自己一定没错,就这样吵个没完。

我们对事物的感知,首先都是根据自己所感觉到外部的刺激物的信息,经过自己头脑的加工再创造出符合自己意愿或认识的主观产物,这就是人们的感知过程。

3.学习

人类行为大都来源于学习。学习是指由于经验而引起的个人行为的改变。学习过程是驱使力、刺激物、提示物、反应和强化诸因素相互影响和相互作用的过程,如图 3-5 所示。假设某消费者具有提高外语听说能力的驱使力,当这种驱使力被引向一种可减弱它的刺激物，如外语培训时，就成为一种动机。在这种动机的推动下，他将做出报名参加培训班的反应。但是，他何时、何地和怎样做出反应，常常取决于周围的一些较小的或较次要的刺激，即提示物，如亲属的鼓励，参加过培训班同学的介绍，看到有关的广告、文章、优惠价格等信息。他报名参加这个外语培训班，如果感到满意，他就会强化这一反应，以后若遇到同样的情况，他会做出相同的反应，甚至在相似的刺激物上推广他的反应——报名该机构或开办其他培训班。反之如果他参加培训班后感到失望，那他以后就不会做出相似的反应。因此，作为企业的营销人员，为了扩大某种商品的销售，可以反复提供诱发购买该商品的提示物，尽量使消费者购买后感到满意从而强化积极的反应。

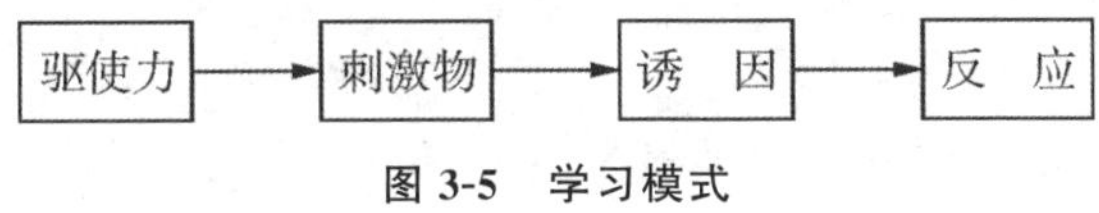

图 3-5 学习模式

由于营销环境不断变化，新产品、新品牌不断涌现，消费者必须经过多方收集有关信息之后，才能做出购买决策，这本身就是一个学习过程。

4.信念和态度

通过实践和学习，人们形成了自身稳定的信念和态度，而信念和态度又反过来影响人们的购买行为。所谓信念是指一个人对某些事物所持有的描述性思想。企业应关注人们头脑中对其产品或服务所持有的确定性思想。企业应关注人们头脑中对其产品或服务所持有的信念，即对本企业产品和品牌的总体形象。所谓态度是指一个人对某些事物或观念长期持有的好与坏的认识上的评价、情感上的感受和行动倾向。态度的基本特性是持久性和广泛性。持久性是指一种态度会在相当长的时间内保持不变。广泛性是指一种态度适用于所有同类事物，而不仅仅适用于单一事物。企业的营销人员要深入了解消费者的信念和态度，一方面可尽量使企业的产品或品牌能够迎合消费者的信念和态度；另一方面也可以通过沟通努力，尽力修正消费者的信念和态度，使之和企业的信念和态度保持一致。

综上所述，消费者的购买行为是文化、社会、个人和心理因素之间相互影响和相互作用的结果。其中很多因素是企业及其市场营销活动无法改变的，但对这些因素的识别能够帮助企业对市场进行细分，也为制定正确的营销策略提供依据。

三、消费者购买行为的决策过程分析

消费者购买决策过程是消费者将购买动机转化为购买活动的过程。不同消费者的购买决策过程既有特殊性，也有一般性，研究消费者购买行为的决策过程能够帮助决策者更有针对性地制定营销组合策略，从而满足消费者需求、扩大销售。

(一)消费者购买行为的参与角色

在消费者的购买行为的决策过程中，可能有不同的人参与到购买决策中。通常我们把人们在购买决策过程中参与人按不同角色进行划分。这些角色包括：

(1)发起者。提出购买想法和需求的人。

(2)影响者。其意见或想法对最终的购买决策具有某些直接的或间接的影响的人。

(3)决策者。对是否买、为何买、如何买、何处买等购买决策做出完全或部分最后决定的人。

(4)购买者。实际进行购买的人。

(5)使用者。直接使用或消费所购买商品的人。

在消费者购买行为中,可能由不同的人担任不同的角色,也可能由一个人担任所有角色。企业的营销人员需要了解和确定每次购买活动中扮演不同购买角色的成员,针对不同的角色采取不同的营销活动。

(二)消费者购买行为的类型

消费者购买行为的类型会因为购买产品的不同而变化。消费者购买行为的多样化受到诸多因素影响,其中最主要的两大因素是消费者的参与程度与品牌差异的大小。美国营销学者阿塞尔(1987)根据消费者的介入程度和品牌间的差异程度,对消费者的购买行为进行了分类,如表 3-3 所示。消费者的介入度可以定义为消费者在购买过程中对于一些营销刺激的反应和参与程度。一般来说,介入度的水平可能受个人特征、购物情境和购买对象这三个因素中一个或多个的影响,并可能发生个人特征、购物情境和购买对象间的相互影响。如果要购买的产品价格昂贵,消费者又缺乏产品知识和购买经验,这类购买行为存在着较大的风险,消费者需要对产品进行深入的了解和仔细的选择,这属于高介入度的购买行为;如果要购买的产品价格低廉或消费者对所购买的产品非常熟悉,这类购买行为没有什么风险,属于低介入度的购买行为。同类产品的不同品牌之间的差异也是决定消费者购买行为类型的重要参数,差异大,消费者需要花费较多的心思去选择,购买行为复杂;差异小,消费者选择起来比较简单,购买行为简单。

表 3-3　消费者购买行为类型表

介入程度 品牌差异	高度介入	低度介入
品牌差异大	复杂的购买行为	寻求变化的购买行为
品牌差异小	寻求平衡的购买行为	习惯性的行为

1.复杂的购买行为

当消费者购买一件贵重的、不经常购买的、有风险而且意义重大的产品时,由于产品品牌差异较大,消费者对产品缺乏了解,因而需要一个介入程度较高的学习过程,来广泛了解产品性能和特点,从而对产品产生某种信念,然后逐步形成态度,接着对产品产生喜好,最后做出慎重的购买选择,这就是复杂的购买行为。复杂的购买行为指消费者购买决策过程完整,要经历大量的信息收集、全面的产品评估、慎重的购买决策和认真的购后评价等各个阶段。例如,某消费者想要购买家用电脑,由于家用电脑价格昂贵、不同品牌间差异大,且该消费者对电脑的内存、中央处理器、主板等专业知识不熟悉,如果贸然购买会带来极大的风险,因此该消费者需要大量搜集资料,树立对产品的信念,才会做出购买决策。

对于复杂的购买行为,营销者必须了解消费者进行信息收集并加以评价的行为;营销者应采取有效措施帮助消费者了解产品的各种属性、各种属性的相对重要程度以及本企业品牌的比较重要属性的声望；营销者还必须注意运用多种信息沟通手段来突出本企业品牌的这些特征，介绍产品的优势及其能给购买者带来的利益，从而影响消费者的最终选择。

2.寻求平衡的购买行为

有些产品品牌差异不大，价格相对较高，消费者并不经常购买，购买要冒一定的风险，使消费者参与购买的决策程度较高，如购买家用电器。当消费者对产品进行比较时，由于产品品牌间差异不明显，购买决策过程迅速而简单，但是在购买之后会认为自己所买产品具有某些缺陷或其他同类产品有更多的优点，进而产生失调感，怀疑原先购买决策的正确性。

对于这类购买行为，营销者要提供完善的售后服务并通过各种途径经常提供有利于本企业的产品信息，使顾客相信自己的购买决定是正确的。

3.寻求变化的购买行为

这是指消费者对产品品牌间差异大、功效近似的产品会表现出很大的随意性，他们并不深入收集信息和评估比较就决定购买某一品牌。这种购买行为在消费时才对产品加以评估，但是在下次购买时可能转换其他品牌。转换的原因是厌倦原口味或想试试新口味，是寻求产品的多样性而不一定是有不满意之处。比如，消费者今天选择美汁源果粒奶优，明天可能就选择椰树椰汁。

对于寻求多样性的购买行为，市场领导者和挑战者的营销策略是不同的。市场领导者通过占有货架、避免脱销和提醒购买的广告来鼓励消费者形成习惯性购买行为。而挑战者则以较低的价格、折扣、赠券、免费赠送样品和强调试用新品牌的广告来鼓励消费者改变原习惯性购买行为。

4.习惯性的购买行为

如果消费者对所购买的产品是低度介入，并且认为各品牌之间没有什么显著的差异，就会产生习惯性购买行为。习惯性购买行为是指消费者并没有深入地收集信息、评价品牌，对决定购买什么品牌并不重视，他们只会被动地接受信息，不会真正形成对某一品牌的态度，之所以选择某一品牌，仅仅是因为熟悉，在购买行为完成后，可能会评价产品，也可能不评价产品。消费者对大多数价格低廉、经常购买的产品的购买行为就是习惯性购买行为，如购买食盐、洁面乳、洗洁精等便利品。

对于习惯性的购买行为的主要营销策略有：(1)如果消费者还未曾购买本企业的产品，则营销者应该采用各种策略提高企业或品牌的知名度，加深消费者对其产品的熟悉程度。在习惯性购买行为中，消费者不主动收集信息，也不评估品牌，他们被动接受信息，然后根据这些信息所建立的对品牌的熟悉程度做出购买决策，因此企业必须采用持续的广告、显著的广告牌、积极的公关手段来增加消费者对该品牌的熟悉程度，促成消费者的购买行为。(2)如果消费者已经购买本企业的产品，则企业营销者应该努力巩固消费者的购买习惯，如开展大量重复性广告，加深消费者印象，也可以通过营销活动增加消费者的介入程度和品牌差异。

(三)消费者购买行为的决策过程

消费者购买决策是指消费者为了满足某种需求，在一定的购买动机的支配下，在可供选择的两个或者两个以上的购买方案中，经过分析、评价、选择并且实施最佳的购买方案，以及购后评价的活动过程。

消费者在做出购买决策时,由于产品性质和重要程度的不同,在不同产品购买上所花的时间和精力也是不同的。有时几秒钟、几分钟就可决定购买,有时却要花几个月甚至几年的时间,消费者的购买过程也是随之而变化的。但是消费者的购买过程也有其共同性或一般性,西方营销学者对消费者购买决策的一般过程作了深入研究,提出若干模式,采用较多的是五阶段模式(见图3-6)。

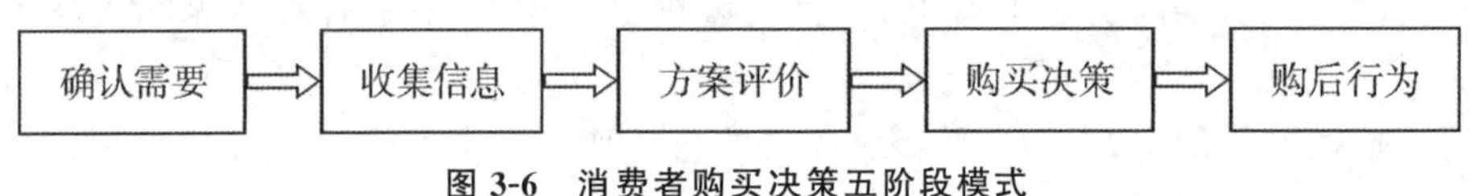

图3-6 消费者购买决策五阶段模式

1.确认需要

消费者认识到自身有某种需要时,是其购买决策的起点。这种需要,可能是由内部刺激引起的,一个人的正常需要,如饥饿、口渴等达到一定程度就成为一个人的动机。需要的产生也可能来源于外界的某种刺激,或是内、外刺激两方面的共同作用,这一需要会驱使消费者寻找合适的购买对象以使这一需要得到满足。

企业营销人员在这个阶段的任务是:(1)了解与本企业产品有关的现实和潜在的需要。在价格和质量等因素既定的条件下,一种产品如果能够满足消费者现实和潜在的需要就能吸引其购买。(2)设计诱因,增强刺激,唤起并强化消费者的需要,最终促成消费者采取购买行动。

2.收集信息

消费者的某些需要能够通过常规购买行为随时得到满足。如日常生活需要的日用品的购买即是如此。但如果消费者还不知道或不确切知道哪些商品或哪些服务能够满足自己的特定需要。为增进对有关商品的了解,他们需要收集满足与其需要有关的各种信息,并依此做出购买决策。根据经验,消费者的信息来源主要有以下四个方面:一是经验来源,来自于消费者自身购买、试用和使用产品的经验。二是个人来源,即从家庭、朋友、邻居、同事和其他熟人处得到的信息。三是公共来源,从消费者权益组织、政府部门、新媒介、消费者、大众传播等处得到信息。四是商业性来源,从广告、售货员介绍、商品展览、包装、经销商等途径得到的信息。

企业的营销人员在这一阶段的任务是:(1)营销人员要了解消费者从何处以及如何收集信息。(2)了解不同信息来源对消费者的影响程度。一般而言,消费者有关产品的信息大部分来自商业性来源,亦即营销者所能控制的来源,其次是公众来源和个人来源,经验来源的信息相对要少。然而,在消费者购买决策中,商业来源的信息更多地扮演传达和告知的角色。个人来源与经验来源却发挥权衡和鉴定的作用。而消费者对经验来源的信息最为相信,其次是个人来源,最后才是商业来源。营销人员应通过市场调查了解消费者的信息来源以及何种来源的信息最有影响力。(3)设计有效的信息传播策略,要综合利用多种来源设计信息传播策略,以增加信息沟通的影响力或有效性。

3.方案评价

消费者收集了相关产品的信息后,不可能把收集到的产品都买下来,这就有一个比较评价的筛选过程。顾客会对自己所要购买的产品列出一系列自己认为重要的属性,并就这些属性对备选产品进行评价,然后做出购买选择。消费者对于备选方案的评价一般涉及以下几个问题。

(1)产品属性,即产品能够满足消费者需要的特性。

(2)属性权重,即消费者对产品的有关属性所赋予的不同的重要性权数。

(3)品牌信念,即消费者对某种品牌优劣程度的总的看法。

(4)效用函数,即描述消费者所期望的产品满足感随产品属性的不同而有所变化的函数关系。

(5)评价模型,即消费者对不同的品牌进行评价和选择的程序和方法。

企业的营销人员在本阶段的任务是:(1)了解不同的消费者分别对那些属性感兴趣,对不同需求的消费者提供具有不同属性的产品;(2)关心消费者在评价中的属性权重和品牌信念,使本企业提供的产品符合消费者的要求;(3)掌握消费者效用函数和评价模型有利于我们制定相应的营销策略去影响消费者的评价和选择。

4.购买决策

做出购买决定和实现购买,是购买决策过程的中心环节。消费者对商品信息进行比较和评价后,已经形成购买意图,然而从购买意图到实际购买,还要受两个因素的影响:第一个因素是他人的态度。如果他人持反对意见,可能就会影响购买者的购买意图,反对意见越强烈,或持反对意见者与购买者的关系越密切,购买者修改购买意图的可能性就越大。第二个因素是意外的情况。购买意图的形成是在预期家庭收入、预期价格和预期获益的基础上形成的,如果发生了意外的情况,如失业、产品涨价、新出现的有关该产品令人失望的信息等等,都可能导致购买意图的修改。

消费者修改、推迟或取消某个购买决定,往往受已察觉的风险的影响。因此,企业的营销人员在本阶段的任务,是设法使消费者所承担的风险降到最低,促使消费者做出购买决定并付诸行动。

5.购后行为

消费者完成购买后,并不是购买过程的结束,消费者在消费产品的过程中或消费之后产生不同的感受。这种感受将影响消费者以后的行动,并对相关群体产生影响。有研究表明,消费者的购后满意度是其对产品的期望和其对该产品的认知绩效之间的函数。如果认知绩效不符合期望,消费者就会不满意;如果认知绩效符合期望,消费者就会满意;如果认知绩效超过期望,消费者就会欣喜。可用函数公式表示为:$S=f(E,P)$其中,S 表示消费者的满意程度,E 表示消费者对产品的期望,P 表示消费者的认知绩效。如果 $P=E$,则消费者满意;如果 $P<E$,则消费者不满意,感知绩效同期望之间的差距越大,消费者的不满意度就越大;如果 $P>E$,则消费者欣喜。

消费者对产品的满意度会影响到消费者以后的购买行为。如果消费者对产品满意,甚至非常满意的话,在下次购买时极有可能仍然继续购买该产品,而且这些消费者会向其亲朋好友宣传该产品。如果消费者对产品不满意,他们可以寻求各种途径减少或消除心理的失调感。消费者消除失调感的途径可以通过寻找能够表明该产品具有高价值的信息或避免能够表明该产品具有低价值的信息,以证实自己当初的选择是正确的。也可能通过讨回或补偿损失,例如要求企业退货、维修产品,补偿在购买过程中造成的损失等。

企业的营销人员在本阶段的任务,是采取有效的措施来减少和消除消费者的购后失调感。例如通过完善的售后服务,通过与顾客的长期联系来维持顾客关系;建立良好的渠道来维护和补偿消费者因产品问题而产生的故障和损失等。

“小顽童”变“科蒙”

消费者胡女士在某宝网上花了320元给孩子购买了三套小顽童品牌的科学实验玩具,到货后发现和网上的商品照片不一样,品牌也不一样。而且通过某宝全网搜索发现,寄过来的品牌为科蒙的玩具,价格比小顽童的要便宜100元左右。于是,胡女士找到卖家,卖家却说如果不想要可以退货退款,东西没问题。胡女士认为,卖家的行为已经涉嫌欺诈。

胡女士向某宝客户服务部门投诉,但某宝方面回复说,胡女士遇到的情况叫“与货物描述不符”,而不是假货。他们也劝说胡女士退货退款。某宝客户服务人员的判定直接影响了卖家的态度。卖家说,只能给胡女士退货退款。于是,胡女士向某宝客户服务人员提出了披露卖家信息的要求,想要自己去维权,但也被某宝客户服务人员拒绝了。

最终,某宝的客户服务人员告诉胡女士,他们并不能认定卖家是不是欺诈,胡女士只有退货才能减少自己的损失。胡女士对于这样的处理决定不能认同。另外,胡女士还注意到一个细节,就是按照快递单上发货人的手机号打过去,对方说自己就是科蒙玩具厂家。所以胡女士肯定某宝的卖家肯定不是无意中发错货了。

胡女士最终的诉求是,要求卖家退一赔三,同时,希望某宝能够完善售后服务机制。卖家把钱退给了胡女士,商品也不用再退回商家了。某宝客户服务人员表示,从2017年的4月份开始,某宝运行了一套新的假货处理机制,将对消费者维权更有帮助。

资料来源:中华网,消费者在淘宝购小顽童玩具 到货后“小顽童”变“科蒙”,2017-5-31。

总之,研究和了解消费者的购买决策过程是市场营销成功的基础。市场营销人员通过了解消费者如何经历认识需要、收集信息、方案评价、购买决策和购后行为的全过程,就可以获得许多有助于满足消费者需求的有用线索;通过了解购买过程的各种参与者及其购买行为的影响,就可以为目标市场设计有效的市场营销计划。

第二节　组织购买行为分析

对产品和服务有需求的顾客不仅仅是指以个人及家庭为代表的个人消费者,还有大量的工商企业、政府和各类组织,它们往往出于生产、再销售、资本设备的维修、研究与发展及为公众提供服务等目的而购买,并构成了组织市场。与消费者市场的购买者相比,组织市场的顾客在购买目的及购买的产品等方面也存在显著的差别。对于很多企业来说，其主要市场可能是组织类顾客，了解它们的购买特点及行为特征是非常必要的。

一、组织购买行为概述

(一)组织市场的含义与特点

组织市场是指企业为从事生产、销售等业务活动，以及政府部门和非营利性组织为履行职责而购买产品和服务所构成的市场。与以个人和家庭为购买主体的消费者市场相比，组织市场有如下特点。

(1)组织市场的需求后引发需求(亦称派生需求)。组织机构购买商品是为了满足其顾客的需求，也就是说，组织机构对产品和服务的需求是由消费者对消费品的需求引致的。组织市场渴求的品种、数量、时间最终由消费者市场的需求品种、数量及时间决定。

(2)购买者数量少，但单次购买数量大。组织市场购买是组织行为，数量比个体消费者明显要少，但每次购买量却明显要大，因而，许多供应商往往将组织市场作为主要用户，而将个体消费者作为次要用户。

(3)更多的购买参与者，购买过程持续时间较长。组织机构购买的商品由于批量大、价值或其总额高，购买决策受更多人影响，参与者众多。如大多数企业设置采购中心，即采购中心做出决策，对重要购买决策还要由技术专家和高级管理者共同做出;除了慎重决策外，还要求提供详尽的产品说明书甚至寄送样品，当采取招、投采购方式时，还需要寄送标书、评标、开标、正式批准等环节，整个购买过程持续时间较长，尤其对那些大型、价高、技术性能的设备。调查显示，工业销售从报价到产品发送通常以年为单位。

(4)专业采购，对服务的要求较高。组织市场上的采购是理性的，采购人员大都经过专业训练，具有丰富的专业知识，对所要采购的产品事先做了较详细的调查，掌握相关产品的性能、技术参数、规格与价格、主要生产者及其产品的特色与价格等等，再加上参与购买决策者多，所以比消费者市场的购买要理性得多。同时，专业的采购者往往更熟悉设备等产品的服务要求，因而，除了注重产品本身的性能外，还对技术支持、人员培训、零配件供应、安装维修与调试、信贷优惠、按时交货等提出较为严格的要求。

(5)重视建立互惠互利的长期关系。由于组织机构的购买行为具有较强的连续性和重复性，买卖双方往往建立较长期的互惠互利关系。

(二)组织市场的构成

(1)生产者市场，是指购买产品或服务用于制造其他产品或劳务，然后销售或租赁给他人以获取利润的单位和个人。组成生产者市场的主要行业是工业、农业、林业、渔业、采矿业、制造业、建筑业、运输业、通讯业、公共事业、金融业、服务业。

(2)中间商市场，是指那些通过购买商品和劳务以转售或出租给他人，以获取利润为目的的个人和组织，包括批发商和零售商。

(3)非营利组织市场，指所有不以营利为目的、不从事营利性活动的组织。我国通常把非营利性组织称为“机关团体、事业单位”。非营利性组织市场是指为了维持正常运作和履行职能而购买产品和服务的各类非营利组织所构成的市场。

(4)政府市场，是指那些为执行政府的主要职能而采购或租用商品的各级政府单位。政府通过税收、财政预算掌握了相当部分的国民收入，形成了潜力极大的政府采购市场。

二、营利性组织购买行为分析

(一)生产者购买行为分析

在组织市场中，生产者市场的购买行为有典型意义，它与消费者市场的购买行为有相似性，又有较大差异性，特别是在市场结构与需求、购买单位性质、购买行为类型与购买决策过程等方面。

1.生产者购买行为的主要类型

企业购买决策过程的复杂性取决于购买类型。生产者购买的类型可分为三种：直接重购、修正重购和新购。

(1)直接重购。这是一种在供应者、购买对象、购买方式都不变的情况下而购买以前曾经购买过的产品的购买类型。这种购买类型所购买的多是低值易耗品，花费的人力较少，无须联合采购。面对这种采购类型，原有的供应商不必重复推销，而应努力使产品的质量和服务保持一定的水平，减少购买者花费的时间，争取稳定的关系。未列入名单的供应商要努力提供新产品或者更优质服务，同时设法先争取一部分订单。

(2)修正重购。这是指购买者想改变产品的规格、价格、交货条件等，需要调整或修订采购方案，包括增加或调整决策人数。对于这样的购买类型，原有的供应商要清醒认识面临的挑战，积极改进产品规格和服务质量，大力提高生产率，降低成本，以保持现有的客户；新的供应商要抓住机遇，积极开拓，争取更多的业务。

(3)新购。这是指生产者首次购买某种产品或服务。由于是第一次购买，买方对新购产品心中无数，因而在购买决策前要收集大量的信息，因而，制定决策所花时间也就越长。首次购买的成本越大，风险就越大，参加购买决策人员就越多。“新购”是营销人员的机会，他们要采取措施，影响决策的中心人物；要通过实事求是的广告宣传，使购买者了解本产品。为了达到这一目标，企业应挑选最优秀的推销人员组成一支庞大的营销队伍，以赢得采购者信任和采取行动。

2.生产者购买决策的参与者

产业用品供货企业不仅要了解谁在市场上购买和产业市场的特点，而且要了解谁参与产业购买者的购买决策过程，他们在购买决策过程中充当什么角色，起什么作用，也就是说要了解其顾客的采购组织。

各企业采购组织有所不同。小企业只有几个采购人员，大公司有很大的采购部门，由一位副总裁主管。有些公司的采购经理有权决定采购什么规格的产品、由谁供应；有些采购经理只负责把订货单交给供应商。通常，采购经理只对小产业用品有决策权，至于主要设备的采购，采购经理只能按照决策者的意图办事。在任何一个企业中，除了专职的采购人员之外，还有一些其他人员也参与购买决策过程。所有参与购买决策过程的人员构成采购组织的决策单位，市场营销学称之为采购中心。企业的“采购中心”一般由下列五种人组成：

(1)使用者。这是具体使用欲购买的某种产业用品的人员。公司要购买实验室用的电脑,其使用者是实验室的技术人员;要购买打字机,其使用者是办公室的秘书。使用者往往是最初提出购买某种产业用品意见的人,他们在计划购买产品的品种、规格中起着重要作用。

(2)影响者。这是从企业的内部和外部直接或间接影响购买决策的人。他们常协助企业确定产品规格。在众多的影响者中,企业外部的咨询机构和企业内部的技术人员影响最大。

(3)采购者。这是企业中具体执行采购决定的人。他们是企业里有组织采购工作的人员,其主要任务是交易谈判和选择供应者。在较复杂的采购工作中,采购者还包括企业的高层管理人员。

(4)决定者。这是企业里有权决定购买产品和供应者的人。在通常的采购中,采购者就是决定者。而在复杂的采购中,决定者通常是公司的主管。

(5)信息控制者。这是控制企业外界信息流向的人,诸如采购代理商、技术人员、秘书等,他们可以阻止供应商的营销人员与使用者和决定者见面。

应该指出的是,并不是所有的企业采购任何产品都必有上述五种人员参加决策。一个企业的采购中心的规模和参加的人员,会因欲购产品种类的不同和企业自身规模的大小及企业组织结构的不同而有所区别。在一些企业,采购的中心成员只有一人或几人,而另一些企业则由数人或数十人组成,有的企业还设有专管采购的副总裁。

对生产资料供应者的营销人员来说,关键是了解一个企业的采购中心的组成人员,他们各自所具有的相对决定权,以及采购中心的决策方式,以便采取富有针对性的营销措施。供货企业的市场营销人员必须了解谁是主要的决策参与者,以便影响最有影响力的重要人物。对采购中心成员较多的企业,营销人员可以只针对几个主要成员做工作,如果本企业的实力较强,则可采取分层次、分轻重、层层推进、步步深入的营销方针。

3.影响生产者购买决策的主要因素

同消费者购买行为一样,生产者的购买行为也同样会受到各种因素的影响。美国的韦伯斯特和温德将影响生产者购买行为的各种因素概括为四个主要因素,即环境因素、组织因素、人际因素和个人因素。

(1)环境因素

在影响生产者购买行为的诸多因素中,经济环境是主要的。生产资料购买者受当前经济状况和预期经济状况的严重影响,当经济不景气或前景不佳时,生产者就会缩减投资,减少采购,压缩原材料的库存和采购。此外,生产资料购买者也受科技、政治和竞争发展的影响。营销者要密切注视这些环境因素的作用,力争将问题变成机遇。

(2)组织因素

每个企业的采购部门都会有自己的目标、政策、工作程序和组织结构。产业市场营销者应了解并掌握购买者企业内部的采购部门在它的企业里处于什么地位——是一般的参谋部门,还是专业职能部门;它们的购买决策权是集中决定还是分散决定;在决定购买的过程中,哪些参与最后的决策等等。只有对这些问题做到心中有数,才能使自己的营销有的放矢。

(3)人际因素

这是企业内部的人事关系的因素。生产资料购买的决定,是由公司各个部门和各个不同层次的人员组成的“采购中心”做出的。“采购中心”的成员由质量管理者、采购申请者、财务主管者、工程技术人员等组成。这些成员的地位不同、权力有异,说服力有区别,他们之间的关系亦有所不同,而且对生产资料的采购决定所起的作用也不同,因而在购买决定上呈现较纷繁复杂的人际关系。生产资料营销人员必须了解用户购买决策的主要人员、他们的决策方式和评价标准、决策中心成员间相互影响的程度等,以便采取有效的营销措施,获得用户的青睐。

(4)个人因素。产业市场的购买行为虽为理性活动,但参加采购决策的仍然是一个一个具体的人,而每个人在做出决定和采取行动时,都不可避免地受其年龄、收入、所受教育、职位和个人特性以及对风险态度的影响。因此,市场营销人员应了解产业市场采购员的个人情况,以便采取“因人而异”的营销措施。

4.生产者购买决策过程

生产资料的购买者和消费资料的购买者一样,也有决策过程,供货企业的最高管理层和市场营销人员还要了解其顾客购买过程的各个阶段的情况,并采取适当措施,以适应顾客在各个阶段的需要。产业购买者购买过程的阶段如何,也取决于产业购买者购买情况的复杂程度。在直接重购这种最简单的购买情况下,产业购买者的购买过程的阶段最少;在修正重购情况下,购买过程的阶段多一些;而在新购这种最复杂的情况下,购买过程的阶段最多,要经过八个步骤,如表3-4所示。

表3-4　产业购买者购买过程的主要阶段

购买类型 购买阶段	直接重购	修正重购	新购
1.认识需要	不需要	可能需要	需要
2.确定需要	不需要	可能需要	需要
3.说明需要	需要	需要	需要
6.物色供应商	不需要	可能需要	需要
5.征求供应建议书	不需要	可能需要	需要
6.选择供应商	不需要	可能需要	需要
7.签订合约	不需要	可能需要	需要
8.绩效评价	需要	需要	需要

(1)提出需要(问题识别)。提出需求是生产者购买决策过程的起点。需求的提出,既可以是内部的刺激,也可以是外部的刺激。如内部的刺激,或因企业决定生产新产品,需要新的设备和原材料;或因存货水平开始下降,需要购进生产资料;或因发现过去采购的原料质量不好,需更换供应者。外部刺激诸如商品广告、营销人员的上门推销等,使采购人员发现了质量更好、价格更低的产品,促使他们提出采购需求。

(2)确定需要(总需要说明)。确定所需产品的数量和规格。简单的采购由采购人员直接决定，而复杂的采购，则须由企业内部的使用者和工程技术人员共同决定，包括：①对设备的确认需求。为生产某新产品，提高某种老产品的质量、产量或降低消耗，经工艺研究需购置某种设备，并已被厂务会批准购置若干台。②对原材料、标准件的确认需求。根据企业计划产量和定额资料可以确定某种原材料、标准件的需要量，再查阅该物资的库存量，进而确定需购买的数量。

企业的采购组织确定需要以后，要指定专家小组对所需品种进行价值分析，做出详细的技术说明。价值分析是美国通用电器公司采购经理迈尔斯于1947年发明的。1954年美国国防部开始采用价值分析技术，并改称为价值工程。价值分析中所说的"价值"，是指某种产品的"功能"与这种产品所耗费的资源(即成本或费用)之间的比例关系，也就是经营效益(或经营效果)。其公式为：V(价值)$=F/C$。公式中的F(功能)是指产品的用途、效用、作用，也就是产品的使用价值；C为成本或费用。

迈尔斯看到，人们购买某种产品，实际上要购买的是这种产品的功能。价值分析的目的是：耗费最少的资源，生产出或取得最大的功能，提高经营效益。产业购买者在采购工作中要进行价值分析，调查研究本企业要采购的产品是否具备必要的功能。

(3)说明需要(明确产品规格)。由专业技术人员对所需产品的规格、型号、功能等技术指标作具体分析，并做出详细的说明，供采购人员做参考。

(4)物色供应商。为了选购满意的产品，采购人员要通过工商企业名录等途径，物色服务周到、产品质量高、声誉好的供应商。生产者对所需原材料、标准件及外协件的供应者，必须作深入的调查、了解、分析和比较后才能确定。对原材料、标准件供应商，主要从产品的质量、价格、信誉及售后服务方面进行分析、比较。对大批量外协件的供应商了解内容，除上述的几个方面外，还必须深入提供外协件的各企业内部，调查了解该企业的生产技术检验水平及企业管理的能力，经分析、比较后再确定。供货企业应通过广告等方式，努力提高企业在市场上的知名度。

(5)征求供应建议书。对已物色的多个候选供应商，购买者应请他们提交供应建议书，尤其是对价值高、价格贵的产品，还要求他们写出详细的说明，对经过筛选后留下的供应商，要他们提出正式的说明。因此，供应商的营销人员应根据市场情况，写出实事求是而又能打动人心的产品说明，力求全面而形象地表达所推销产品的优点和特性，力争在众多的竞争者中获得成交。

(6)选择供应商。在收到多个供应商的有关资料后，采购者将根据资料选择比较满意的供应商。在选择供应商时，不仅考虑其技术能力，还要考虑其能否及时供货、能否提供必要的服务。其遴选的主要条件是：交货快慢、产品质量、产品价格、企业信誉、产品品种、技术能力和生产设备、服务质量、付款结算方式、财务状况、地理位置。

根据上述条件遴选出数个供应商，企业在最后确定供应商之前，有时还要和供应商面谈，争取更优惠的条件。不少企业最后确定的供应商，不限于一个，其目的在于，一方面有多个供应商，以免受制于人；另一方面，也可以通过几个供应商的竞争，促使他们改进服务质量。当然，企业在确定的几个供应商中，必定有一个为主，其他几个为辅。比如购买者最后确定了三个供应商，可以向为主的供应商购买所需产品总量的60%，向为辅的两个供应商分别购买所需产品总量的30%和10%。

(7)签订合约。企业的采购中心最后选定供应商以后,第七步是采购经理开订货单给选定的供应商,在订货单上列举技术说明、需要数量、期望交货期等。现在许多企业日趋采用"一揽子合同",即和某供应商建立长期的供货关系,这个供应商允许只要购买者需要购买时,供应商就会按原定的价格条件及时供货。这种"一揽子合同"给供求双方都带来了方便。对采购者而言,不但减少了多次购买签约的麻烦和由此增加的费用,也减轻了库存的压力——因为由于这一"合同",实际上购买者将存货放在了供应商的库里。如果需要进货时,只需用计算机自动打印或电传一份订单给供应商。因此"一揽子合同"又被称为"无库存采购计划"。就供应商而论,他的产品有了固定的销路,减轻了竞争的压力。

(8)绩效评价。产品购进后,采购者还会及时向使用者了解其对产品的评价,考查各个供应商的履约情况,并根据了解和考查的结果,决定今后是否继续采购某供应商的产品。为此,供应商在产品销售出去以后,要加强追踪调查和售后服务,以赢得采购者的信任,保持长久的供求关系。同时,对本次购买活动进行总结,包括两个方面的内容:一方面对购买的工业品的质量要验证,看是否符合明细表和设计图纸的要求;另一方面对所付出的购买金额和差旅费等进行分析,是突破还是节余,查明原因,以利继续购买或改换供应单位。

(二)中间商购买行为分析

中间商市场是沟通生产和消费的桥梁,其职能在于有效地促进产品从生产者向消费者转移。中间商市场采购者的采购行为与产业市场存在很多相似之处,但在购买组织、购买决策类型和购买方式上各有其特点。

1.中间商市场的概念

绝大多数制造商并不是将其产品直接销售给最终用户,即使是在网络营销时代,生产者也不可能将其产品直接销售给每一个消费者,在产销之间仍然需要中介机构架起一座座桥梁,这些中介机构的集合就构成了中间商市场。

中间商市场是指从生产企业或其他中间商处购买商品,再将其转售给消费者、社会集团、中间商或生产者的企业和个人。中间商市场按其经营产品的用途分,可以分为生产资料中间商和消费资料中间商;按其经营产品是否发生所有权转移分,可以分为经销中间商和代理中间商;按其销售对象分,可分为批发中间商和零售中间商。

2.中间商采购决策的内容

中间商在进行采购决策时,涉及的主要内容有:产品编配决策,选择供应商决策、购买条件和定价决策等,其中,产品编配决策在批发商和零售商的采购决策中是最重要的。产品编配决策是指中间商经营产品品种的搭配策略。它既决定了中间商在市场中的位置,也制约着中间商的采购范围。产品编配决策包括以下四种策略:

第一,独家编配。这是指中间商只经营一家企业提供的各种花色品种的产品。

第二,深度编配。这是指中间商经营来自同行业不同厂家的各种花色品种的同类产品。

第三,广度编配。这是指中间商经营来自同行业多家企业的多种花色品种的不同类产品。

第四,混合编配。这是指中间商经营来自不同行业多家企业的各种产品,这些产品关联性不强。

3.中间商采购的进货方式

中间商的进货方式,批发企业与零售企业有所不同。批发企业在进货批量、进货途径等方面与产业用户采购差别不大,都向"一揽子合同"(无库存采购)和合作广告等方面转化。而零售商的进货方式一般有三种类型:

第一,集中进货。这是指零售企业设置专门采购人员统一进货,然后分配到各商品组(框台)销售。这种方式一般适用于人员少、资金少、经营品种少的小型零售店和专卖店。

第二,分散进货。这是指由零售企业各商品部在核定的资金范围内自行采购。一般适用于大型零售商店。

第三,联购分销。它是指由若干个零售企业统一从配送中心进货,然后再分别销售。它的优点是可以降低进货成本,节约交易和运输费用,缺点是在组织工作上有一定的难度。联购分销是伴随着物流革命和现代化的大规模配送中心的兴起而发展起来的连锁业普遍采用的一种进货方式。

三、非营利性组织与政府机构购买行为分析

非营利组织市场和政府市场是组织机构市场的重要组成部分,它们与产业市场和中间商市场存在明显的差异,购买行为具有鲜明的特点,需要专门进行研究。

(一)非营利性组织购买行为分析

1.非营利组织市场的类型

按照职能的不同,非营利组织市场可分为两个类型:

(1)促进社会群体交流的非营利组织。指促进某群体内成员之间的交流、推动某项事业发展、维护社会群体利益的各种社会组织,包括各种职业团体、业余团体、宗教组织、专业学会和行业协会等。

(2)提供社会服务的非营利组织。指为某些公众的特定需要提供服务的非营利组织,包括学校、医院、红十字会、卫生保健组织、新闻机构、图书馆、博物馆、文艺团体、基金会、福利和慈善机构等。

2.非营利组织的购买特点

(1)限定总额。非营利组织的采购经费总额是既定的,不能随意突破。比如,一些经费来源于财政拨款的组织,拨款不增加,采购经费就不可能增加。

(2)保证质量。非营利组织的采购不是为了盈利,而是为了维持组织运行和履行组织职能,对所购商品的质量和性能都特别重视。

(3)受到控制。非营利组织采购人员受到社会公众或上级机构的严格监督和控制,只能按照条件购买,缺乏自主性。

(4)程序复杂。非营利组织购买过程的参与者较多,经过的审批环节繁杂,故采购程序复杂。

3.非营利组织的采购方式

(1)公开招标方式。非营利组织的采购部门通过传播媒体发布广告或发出信函,说明

拟采购商品的名称、规格、数量等要求，邀请供应商在规定的期限内投标。投标者进行密封投标。招标单位在规定的日期开标，由专家委员会选择最符合要求的供应商为中标单位。

(2)议价合约选购。非营利组织的采购部门同时与若干供应商就某一采购项目展开商务谈判，最后与最符合要求的供应商签约。该方式适用于复杂的大型工程项目。

(3)日常性采购。非营利组织为了维持日常办公和组织运行的需要而进行的采购。这类采购金额少，一般是即期付款、即期交货。

win10 无缘政府采购，微软普及梦想遇新障碍

现任微软 CEO 上任后开始极力推动 win10 的普及，甚至推出了罕有的允许用户免费升级 win10 的策略，但是截至 2016 年 7 月，其并没能实现当初预设的 10 亿用户目标，而近日消息指 win10 无缘中国的政府采购让它的普及梦想再遇新障碍。在微软的力推下，目前 win10 已成为 win7 之后的第二大普及版本，截至 2016 年 7 月底，win10 的用户数量达到 3.5 亿，离它的 10 亿梦想依然有相当大的差距。

其实此前最成功的应该是 WinXP 系统，由于这款系统的稳定性以及之后的 Windows Vista 存在问题，导致大量用户一直使用 WinXP，至今这款系统已经使用了 15 年时间，目前依然有 10%的 Windows 用户使用该版本，不过由于它是一款 32 位系统，可以支持的内存最大容量为 3.25GB，这成为它的缺点。

当前用户数最多的是 win7 版本，估计占有 Windows 用户数超过四成。这是一款 64 位系统，相比 WinXP 最大的改变就是可以支持更大容量的内存，同时对 Windows Vista 做了不少改进，因此取代 WinXP 成为最受用户欢迎的版本。之后的 Windows8、Windows8.1 考虑支持移动端，但最后却导致原有的桌面系统用户不满意，而在移动市场发展不顺，最后是两边不讨好，大量 Windows 用户仍继续使用 win7。

现任 CEO 纳德拉上任后推出了 Windows10 系统，希望实现跨平台及设备应用统一，特别是 surface 取得的成功鼓舞了微软在移动市场的信心，除了推出免费策略外，甚至不惜诱导用户升级。不过这一策略还是相当成功的，Win10 成为史上普及最快的版本，在美国、加拿大、澳大利亚等国家，Win10 的份额超过了 win7。但是在中国市场，win7 依然是用户数最多的版本，winXP 的用户数可能超过 win10，而眼下 win10 无缘中国政府采购给它的普及带来了新障碍。

据报道，win10 无缘政府采购原因是“政府采购对‘Vista 禁令’的延续”，Vista 操作系统因为“用户电脑被微软高度掌控”被政府采购排除在采购目录之外，之后的 Win8 因为“与 Vista 采用同样架构且不可控程度更高”同样被排除，而 win7 则被列入采购目录。

中国市场是全球最大的 PC 市场，win10 系统不被列入政府采购目录，自然对它的 10 亿用户目标造成了严重的阻碍，据了解中国正在推进自己的麒麟 linux 操作系统。

资料来源：东方头条，“win10 无缘政府采购，微软普及梦想遇新障碍”，2016-8-16。

(二)政府市场购买行为分析

政府市场是指为执行政府职能而采购商品或租用货物的各级政府单位。政府市场是服务于国家和社会,以实现社会整体利益为目标的有关组织,包括各级政府和下属各部门、军队、警察、消防队和监狱等。

1.影响政府采购的主要因素

政府采购者的采购行为同样也受到环境因素、组织因素、人际关系因素和个人因素的影响,但值得指出的是,政府采购者的行为还要受到社会公众的制约。纳税人有责任监督和制约政府采购者的采购行为。在我国,这种公众制约是通过各级人民代表大会行使权力来完成的。近年来,随着各级人大监督机制的日益增强,社会公众对政府采购行为的制约力度在不断加大。

2.政府采购者的决策过程

政府采购者的决策过程因购买情况不同而各异,这一点与产业市场的采购者决策过程基本一致。在政府的常规性商品的采购活动中,由于购买对象、数量和时间有较强的计划性,供应商的更换频率不高,所以,决策的内容并不复杂,但审批手续比较烦琐,拖延的时间很长。根据政府采购者决策程序的特点,政府市场的营销者应做到两点:第一,对于政府的常规性采购,在进行大力促销工作的同时,要有较强的耐心和自制力,以保持长期的供货关系;第二,对于新购,特别是投资巨大的复杂项目,企业要给予高度的重视,要组成技术专家、财务专家和公关专家的专家小组进行行之有效的促销工作,在竞争中充分显示公司的实力。

总之,消费者市场是个人和家庭为了生存而购买产品和服务的市场,具有分散性、差异性、易变性、替代性和非专业性的特点。消费者购买行为受到四种主要因素的影响:(1)文化因素,包括文化、亚文化和社会阶层;(2)社会因素,包括相关群体、家庭和角色地位;(3)个人因素,包括年龄与生命阶段、职业、经济状况、生活方式、个性与自我观念;(4)心理因素,包括动机、知觉、学习、信念和态度。

消费者可以是购买行为的发起者、影响着、决策者、购买者和使用者,营销人员需要对不同的角色展开有目的的营销活动。根据消费者对购买行为的介入程度和品牌之间的差异程度将消费者购买行为划分为四种类型:复杂的购买行为、习惯性的购买行为、寻求多样化的购买行为和减少失调的购买行为。典型的消费者的购买过程包括以下五个阶段:认识需要、收集信息、评价方案、购买决策和购后行为。营销者需要认识到消费者在每一阶段的行为,并针对这些行为开展营销活动。

组织市场是指企业为从事生产、销售等业务活动,以及政府部门和非营利组织为履行职责而购买产品和服务所构成的市场。它具有派生需求,参与购买决策的人数较多,购买过程持续时间较长,重视互惠互利与长期合作关系等特点。组织市场可划分为产业市场、中间商市场、政府市场、非营利组织市场。

产业市场购买方式分为直接重购、修正重购、新购;产业购买决策经历提出需要、确定需要、说明需要、寻找供应商、征求供应建议、选择供应商、签订合同、绩效评估等八个步骤;购买决策受环境、组织、人际、个人等四大类因素的影响。中间商市场购买决策包括独家编配、深度标配、广度编配和混合编配,进货方式包括集中进货、分散进货和联购分销。

非营利性组织购买特点包括限定总额、保证质量、受到控制、程序复杂;采购方式包括公开招标方式、议价合约选购、日常性采购。政府市场采购方式多样和特殊、受社会公众监督及购买目标多重性等特点;政府市场主要购买方式有公开招标选购、议价合约选购、日常性采购。

第三节　趋势与热点:网络消费者购买行为分析

随着互联网技术的高度发展,网络消费已逐渐成为人们消费的主流形式之一。网络消费者是推动网络营销发展的主要动力,它的现状决定了网络营销未来的发展趋势和道路。要切实做好网络市场营销工作,就必须对网络消费者的购买行为进行分析以便采取相应的对策。

一、网络消费者购买行为概述

(一)网络消费者概念与特征

网络消费者是指以互联网为工具,在电子商务市场中进行消费和购物等活动的消费者人群。在这个消费者主导的时代,面临着更为丰富的商品选择,网络消费者购买行为呈现出如下新的特征。

(1)注重表现自我,追求个性化。网络购物是源自个人消费意向的积极行为,网络消费者愿意花费较多的时间到网上虚拟商店进行浏览、比较、选择和评价。因此,消费者可以根据自己的意愿,以自我为中心,向商家提出挑战,在消费中充分表现自我。由于目前网络用户多以年轻、高学历用户为主,他们拥有不同于他人的思想和喜好,有自己独立的见解和想法,渴望变化、喜欢创新、富裕想象力,所以他们的具体要求越来越独特,而且变化多端,个性化消费越来越明显。因此,网络营销企业应想办法满足其独特的需求,尊重用户的意见和建议,而不是用大众化的标准来寻找大批的消费者。

(2)追求新鲜事物,求知欲强。网络消费者爱好广泛,无论是对新闻、股票市场还是网上娱乐都具有浓厚的兴趣,对未知的领域也有永不疲倦的好奇心。

(3)头脑冷静,理性分析。由于目前网络消费者是以大城市、高学历的年轻人为主,他们不会轻易受舆论左右,对各种产品宣传有较强的分析判断能力,因此从事网络营销的企业应该加强信息的组织和管理,加强企业自身文化的建设,以诚信待人。

(4)缺乏耐心。年轻的网络消费者比较缺乏耐心,当他们搜索信息时,经常比较注重搜索所花费的时间,如果链接、传输的速度比较慢的话,网络消费者一般会马上离开这个站点。

企业想要吸引顾客,保持强劲的竞争力,就必须对网络消费者情况进行仔细分析,了解他们的特点,制定相应的对策。

网络环境下消费者行为分析及营销对策

网络环境下企业可采取以下营销对策：

产品价格策略。企业应该迅速获得消费者所需产品结构、特点和性能等各方面的信息并进行生产。在经济全球化的今天，企业在定价时要考虑国际因素。同时，在网络环境下，消费者可以对产品及价格信息进行分析比较，可以在网上对产品提出要求并确定可接受的价格。因此，企业向消费者提供产品或服务时应以较低价格销售。

加强促销策略。企业在从事网络营销活动时，通过一定的促销手段，如打折、赠品、免邮费、会员、积分等来激起消费者对产品与服务的购买欲望，实现企业营销目标。商户还应积极参加网站平台举办的促销互动，吸引更多的消费者。

保证物流与服务质量。在网络营销中，企业应将现代物流技术与产品服务紧密结合。企业应在网络上完善物流与数据库信息，提供完善的自动服务系统，在保证物流速度的同时与消费者进行互动沟通，做好售前、售中和售后的服务工作，有效地提高客户满意度。

产品的个性化与品牌建设。在当代社会，各式各样的商品和品牌使消费者挑花了眼，企业如果没有自己的品牌特色，在激烈的市场竞争环境中就难以立足，难以长远发展。消费者对个性与时尚的追求，要求企业加强产品的个性化与品牌建设，重视企业主页设计，打造属于自己特有的品牌形象，尽可能在物质与精神层面满足消费者的需求。为公司树立良好的服务形象，提高消费者对企业服务的满意度。此外，针对个性化消费，企业应给予消费者充足的空间满足其个性化心理需求。

优化企业网站建设。用户对网站的可信度评价是体现一个网站专业化水平的重要指标。在电子商务网站使用过程中，用户需要注册个人信息才能进行购买，企业应加强对网站个人信息的保护，提高消费者对网站的可信度。因此，企业想要取得好的成效，就要在开展网络营销活动时尊重用户隐私、时间和体验。

资料来源：宋丹丹、张久涛、王蕾、刘媛媛，网络环境下消费者行为分析及营销对策研究，中国市场，2018-11。

（二）网络消费者类型

网络消费者可以分为如下六种类型：

1.简单型网络消费者

简单型网络消费者偏爱方便直接的网上购物体验。这类消费者每月只花七小时上网，但他们的网上交易却占了一半。零售商们必须为网络消费者提供真正的便利，让他们感觉到在这个网站购买商品能节约更多的时间成本、体力成本及精力成本。

2.定期型和运动型网络消费者

定期型与运动型网络消费者通常都是为网站的精彩内容所吸引。定期型网络用户常常访问新闻和商务网站，而运动型网络用户则喜欢运动和娱乐网站。对该类消费者，零售商务必保证站点包含他们所需要的及感兴趣的信息。

3.冲浪型消费者

冲浪型的消费者占了网络用户的8%，然而该类消费者在网站花费的时间却占了32%，并且他们访问的网页是其他网络用户的4倍之多。冲浪者在网站逗留仅是为了寻找乐趣与刺激，他们对经常更新、具有创新设计特征的网站很感兴趣。正是该类消费者的存在，才使网站投其目标用户所好成为可能。

4.接入型消费者

新接触网络的消费者称为接入型消费者，占36%的比例。该类消费者很少进行购物，而是喜欢在网上聊天和发送免费问候卡。网络新手们由于上网经验不足，一般对网页中的简介、常见问题解答、名词解释等连接感兴趣，其次，他们更愿意相信生活中熟悉的品牌。因此，那些有着著名传统品牌的企业应对这类消费者保持足够的重视。

5.议价型消费者

议价型消费者有一种趋向购买便宜商品的本能，占网民的8%。该类消费者喜欢讨价还价，因此站点上"大减价"这类字眼，对他们具有较强的吸引力。

二、网络消费需求的特征

互联网商务的出现，人们的消费观念、消费方式和消费者的地位正在发生着重要的变化，互联网技术的发展促进了消费者主权地位的提高；网络大数据的信息处理能力，为消费者挑选商品提供了前所未有的选择空间，使消费者的购买行为更加理性化。网络消费需求主要呈现出如下八个方面的特点：

（一）网络消费者需求的差异性

不同的网络消费者因其所处的环境不同，会产生不同的需求。即便他们在同一需求层次上，其需求也会有所不同。因为网络消费者来自世界各地，有不同的国别、民族、信仰和生活习惯，因而会产生明显的需求差异性。从事网络营销的企业，在整个生产过程中应该从产品的构思、设计、制造，到产品的包装、运输、销售，认真思考各差异性，并针对不同消费者的特点采取相应的策略。

拓展阅读 3-3

各国跨境电商市场消费需求与消费习惯汇总

出口跨境电商面对的是国外消费者，是否能够了解这些消费者的消费心理、消费习惯、消费取向，对于中国卖家卖好产品、开发产品有着至关重要的意义。北美、南美、欧洲、东南亚、俄罗斯、非洲的买家都有哪些特点？这些国家和地区之间的市场状况和差异又有哪些？以下为十二国汇总信息。

北美市场。北美是中国跨境出口的主要市场，其中美国是世界上最大的电子商务市场之一，在线买家数量众多，在线消费能力极强，市场容量非常大。因为历史的原因，美国存在着大量的移民，他们来自不同的国家和地区，拥有不同的文化习俗，所以他们对市场上的商品拥有很强的接受度，非常愿意尝试和购买新产品，只要产品的质量和品质确实不错，他们就会记住这个牌子，以后有需要的时候进行重复购买。美国电商的最大节日都集中在下半年，比如圣诞节、网购星期一、黑色星期五等，这些节日是美国电商平台的销售旺季，加在一起能够占到全年销售额的三分之一以上。

南美市场。南美共有十几个国家和地区，大部分属于发展中国家，总人口在5.7亿左右，是跨境电商的一个新兴市场。南美人并不倾向于储蓄，这种习惯与中国人不同，所以这也给中国的跨境卖家带来了一定的商机。作为世界人口大国之一，巴西近几年在支付和物流方面的基础建设正在逐步完善，基于这一点，其潜在的市场红利还是有被进一步挖掘的可能性，根据目前的数据调查，巴西人对手机和平板电脑的需求量相对较大。

英国市场。英国人的计划性很强，特别看重礼仪，在产品上则比较关注细节，追求产品的质量和实用主义。近几年以来，英国电商在快速发展着，网络下单和支付规模在不断刷新以往的记录。据统计，有80%以上的英国网民都在网络上有过多次购物的行为，这个比例在G20国家中是非常之高的。做英国市场的中国跨境商家，可以按照英国消费者的习惯、喜好、风俗文化、消费特征等条件进行本地化的运营，了解英国的历史和节日，在这方面策划相应的活动，或许会取得意想不到的效果。

法国市场。法国网上购物的客户群主要集中在25～40岁之间，女性客户多于男性客户，因为法国旅游业很发达，所以很多法国消费者购买的产品都与旅游、文化和服务有关，当然也有一些法国人购买3C、服装、美容类的产品。在法国，银行卡支付是主流的在线支付方式，其他的支付方式法国人使用得比较少。当然PayPal是个例外，它在法国在线支付市场上大行其道，是除银行卡支付以外的第二大支付方式。

德国市场。德国本土的产品已经足够优质了，所以外国的产品要想在德国市场上立足，就需要在品质上精益求精，才能得到德国人的认可。同时我们要知道德国的退货率很高，将近50%，这与德国的法律和他们的消费行为有关。德国的法律规定，网购时消费者可以将没有开封的商品在14天内退回，而德国人也经常会购买多个颜色或者尺码的产品，在试用过后将不满意的那部分退掉。德国人的消费观念相对其他国家的人理性，基本上不会冲动消费，购买奢侈品的人比较少，相对于外在的追求，他们更注重的是生活的品质。此外，德国人很看重节日，每当重大节日时都会跟朋友互赠礼物，借此联络和增强感情。

俄罗斯市场。俄罗斯市场和中国市场是一个高度互补的市场，其国内的重工业和轻工业比例严重失衡，他们对日常消费品的进口需求很大，这其中包括服装、鞋子、电子产品、配饰等。在俄罗斯市场上，支付和物流是一个障碍，由于俄罗斯人对网络支付的安全性持有怀疑态度，所以很少有人使用电子支付，仍是以现金支付的方式为主。过去在中国网站上购买跨境商品的多是一些低端的消费人群，现在俄罗斯一些主流的消费人群也渐渐开始在线上购买商品了，这也给中国跨境卖家带来了不少机会。

日本市场。日本本土有乐天市场这样的电商巨头，大部分的消费者会选择在亚马逊和乐天这样的大型电商平台进行购物，只有极少部分会在谷歌等搜索引擎上去搜索，或是选择独立的小型购物平台。日本人口数量为1.3亿左右，是典型的月光族国家，几乎每个人都持有信用卡，互联网普及率高达81%，网络消费意愿非常强，只要中国的跨境卖家有针对性地选择产品，筛选出好的渠道，就有可能在这块大蛋糕上分得一杯羹。

韩国市场。韩国的网速多年位于世界第一位，约有80%的人活跃在网络上，而且他们当中的大部分都会网购，网上购物市场非常发达。相对于其他网络设施比较落后和网购习惯尚处于培养阶段的国家而言，韩国市场相对容易进入一些。韩国女性人口在2500万以上，是跨境网购消费的主要群体，女性服装、美妆、饰品等，都是很受欢迎的产品。不过韩国人的在线支付方式比较封闭，一般只使用韩国国内银行，Visa卡和MasterCard卡用得都很少。

印度市场。印度的市场还处在一个起步时期，但增长速度很快，和中国不同的是，它的PC互联网时代非常短暂，随着智能手机的普及，已经向移动互联网时代转型了，使用手机购物的人群比例在逐渐增加。目前印度的互联网用户数量已达到3亿，但在线购物的比例还不到1%，他们比较青睐的商品有中国的书籍、服饰、鞋帽、化妆品以及消费类电子产品等，中国制造的优势在这里发挥得淋漓尽致。

东南亚市场。东南亚人口众多，是一个典型的多语种的区域，语种在10种左右，中国跨境卖家要想开拓东南亚市场，多语种的跨境电子商务运作就变得非常重要。东南亚本土电商发展较好，比如Lazada就很受欢迎，目前Lazada已被阿里巴巴集团所收购。东南亚的互联网买家大部分都是基于移动端，其移动端的交易比例在62%以上，因此进军东南亚市场，适应当地的移动消费群体的习惯和需求是很重要的。当前东南亚还是一个非常有前景和吸引力的消费市场，进入壁垒略高，未来的增长空间值得期待。

中东市场。中东的人口基数庞大，市场广阔，消费者的平均年龄很小，因此适合年轻人的产品在当地较为畅销，比如香港的玩具等。与此同时，年轻人追求的新奇、潮流和时尚，在这里也很适用，这一类的产品在中东地区也有不错的表现。由于互联网的高普及率，中东地区的居民跨境网购行为较为频繁，尤其是当地的产油国，很富裕但物资缺乏，也激发他们对网购的热情，中国的跨境卖家只要利用好这份热情，就能够在中东市场上大有可为。

非洲市场。非洲人口众多，其中南非和尼日利亚的网络零售的发展速度居于非洲的领先位置，它们都被视为非洲重要的新兴市场，越来越多的当地居民参与到了跨境购物的群体当中。非洲消费者和俄罗斯一样，对互联网支付的安全性持有不信任的态度，因此在非洲消费者的网购行为中，货到付款是非常普遍的支付方式，从这个层面来说，非洲的电商之路仍需要很长一段时间的培养。

资料来源：各国跨境电商市场消费需求与消费习惯汇总，雨果网，2016-12-9。

（二）网络消费者消费个性回归

21世纪的到来，消费品市场变得越来越丰富，消费者进行产品选择的范围全球化、产品的设计多样化，消费者开始制定自己的消费准则，市场营销又回到了个性化的基础之上。网络营销企业应认识到，每一个网络消费者都是一个细小的消费市场，个性化消费已成为消费的主流。针对淘宝冲击了线下传统超市的说法，马云指出消费者需求越来越个性化，而这就是社会的发展。

（三）网络消费的主动性增强

消费主动性的增强源于现代社会不确定性因素的增加和人们需求心理稳定和平衡的欲望。在许多大额或高档的消费中，网络消费者往往会主动通过各种可能的渠道获取与商品有关的信息并进行分析和比较，从中得到心理的平衡以减轻风险感，增加对产品的信任程度和心理上的满足感。网络营销企业必须提高产品和服务的质量，以增强消费者的购买感知信任。

（四）网络消费者直接参与生产和流通的全过程

传统的销售渠道由生产厂商、商业机构和消费者组成。商业机构在其中起着重要的作用，生产者不能直观地了解市场，消费者也不能直接向生产者表达自己的消费需求。而在虚拟网络环境下，消费者能直接参与到生产和流通中来，与生产商直接进行沟通，减少了市场的不确定性。

（五）追求消费过程的方便与享受

消费者在网上购物，除了能够完成实际的购物需求以外，在购买商品的同时，还能得到许多信息，并得到在各种传统线下实体店没有的乐趣。人们对现实消费过程出现了两种追求的趋势：一部分工作压力较大、紧张程度高的消费者以方便性购买为目标，他们追求的是时间和劳动成本的尽量节省；而另一部分消费者，是由于劳动生产率的提高，自由支配时间增多，希望通过消费来寻找生活的乐趣。将来，这两种相反的消费心理将会在较长的时间内并存。

（六）选择商品的理性化

网络大数据的信息处理能力，为消费者挑选商品提供了前所未有的选择空间，网络消费者会利用在网上得到的信息对商品进行反复比较，以决定是否购买。对企业的采购人员来说，可利用预先设计好的计算程序，迅速比较进货价格、运输费用、优惠、折扣、时间效率等综合指标，最终选择有利的进货渠道和途径。

（七）价格是影响网络消费心理的重要因素

价格不是决定消费者购买的唯一因素，但却是网络消费者购买商品时考虑的必要因素。网上购物之所以散发出生命力，其重要的原因之一是因为网上商品价格普遍低廉。价格始终对消费者的心理产生重要的影响。因消费者可以通过互联网联合起来向厂商讨价还价，产品的定价逐步由企业定价转变为消费者引导定价。

日本千禧一代掀起二手商品交易热潮

Mercariə是日本知名的二手物品交易网站，有“日本闲鱼”之称。其实购买二手化妆品的趋势并非日本独有。在美国也有类似的二手化妆品交易平台Glambot。购物APP Depop、Lithuanian Vinted、Reddit，还为用户提供购买二手化妆品的平台和论坛。而且，随着日本的共享经济日趋成熟，少数千禧一代似乎更愿意以大幅折扣来抵消高昂的奢侈品价格。

东京的卖家Moe Miura表示：“我的绝大部分listing都在几天内售出。”她在Mercari卖掉了她开封且使用过的Chanel、YSL Beauty和Clinique产品。她表示，把二手化妆品放在Instagram和Youtube做宣传，会在短时间内售出。可见，Mercari已成为人们获取高端化妆品的理想平台，让年轻的日本客户可以不使用正价即可试用到心仪的色调和配方，或是不能直接在该国购买到的美容品牌。

市场研究公司Gartner亚太地区咨询专家Yo Douglas表示：“当你想尝试新的香奈儿唇膏时，你可以通过Mercari以较低的价格购买，如果你真的喜欢它再入手一个新的，这与从朋友那里购买二手化妆品并没有什么不同。”

Yo Douglas 表示,买家和卖家之间的相互理解和高度信任,已经大大降低了日本消费者对于卫生的敏感性,且这种趋势已经生根发芽。卖家甚至会在向新主人寄出粉底时,主动更换用过的粉扑。

由于高端美容产品很少减价促销,二手化妆品恰好把握了当地年轻消费者对品牌商品的渴望。根据贝恩公司(咨询公司)的数据,2018 年整体奢侈品销售额增长了 6%,达到 220 亿欧元(约合 240 亿美元),入境旅游业是其中一个重要的驱动力。

据了解,有些日本年轻人表示,购买二手化妆品还特别受到社媒平台上的化妆品测评达人或美妆博主的喜爱。

……

日本年轻人 Hashimoto 表示,虽然许多人的消费习惯确实受到"节俭光荣"的消费观驱使,但更多的人其实是受到自身经济条件的限制。她说:"日本的很多年轻人经济并不富裕,想找到一份稳定的、薪水较好的工作真的很难。"她表示,像她这种年纪的消费者通常会在手机上领取优惠券来购买大牌产品犒劳自己,但平时,他们会在药妆店购买护肤品,因为那样他们可以获得额外的积分奖励。

……

Hashimoto 表示:"虽然我们买不起昂贵的化妆品,但我们仍然想拥有它们,因为它们会照亮我们的日常生活。我们现在所能做的就是尽可能地享受更多的乐趣,同时减少不必要的支出和投资。"而这或许也道出了一部分日本千禧一代消费者的心声。

资料来源:日本千禧一代掀起二手商品交易热潮?"日本闲鱼"受追捧",雨果网,2019-8-21。

(八)网络消费具有层次性

在网络购物的初始阶段,消费者偏重于精神产品的消费;到了网络消费的成熟阶段,待消费者完全掌握了网络消费的规律和操作,并且对网络购物有了一定的信任感后,网络消费者才会从侧重于精神消费品的购买转向日用消费品的购买。

三、网络消费者的购买行为模式

在网络消费时代,电子商务的迅速发展推进了营销的变革,消费者购买行为与传统消费方式下相比呈现出新的特点。目前流行的消费者购买行为模式主要包括 AIDMA 模式、AISAS 模式、ISMAS 模式。

(一)AIDMA 模式

1.AIDMA 模式含义

AIDMA(爱德玛)模式由美国广告学家刘易斯于 1898 年率先提出,是以广告发生功效而引导消费者产生的心理变化的模式。AIDMA 模式经常在营销行业和广告行业,被用来解释消费心理过程。营销工作者运用该模式是为了准确了解消费者的心理和行为,制定有效的营销策略,提高成交率。广告行业使用 AIDMA 模式主要是为了创作实效的广告。它对消费者经历的心理历程和消费决策,将产生影响力和诱导的作用,实效广告的信息会一直影响消费者的思考和行为。AIDMA模式，其过程首先是消费者注意到(attention)该广告，感到兴趣(interest)而阅读下去，产生购买欲望(desire)，然后记住(memory)该广告的内容，最后产生购买行为(action)，如图3-7所示。

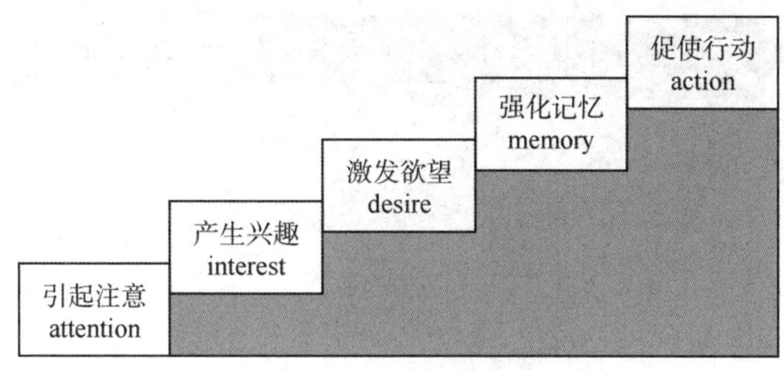

图3-7　AIDMA模式

2.AIDMA模式的内容分析

在传统的媒体环境下，AIDMA模式非常实用，因为在电视、杂志上，广告商可以图文并茂地介绍产品，并且被迅速地传播到消费者脑中，比如爽歪歪就是其中之一，因此该模式是一种由卖方主导的营销方式，它一直对广告的创意和营销策划有着很好的指导作用。

A:attention(引起注意):引起消费者注意的方法有很多，例如充满新意的包装、出其不意的广告词及简单且实用的口号等等，凡是能够让人将注意力投向商品的方式都可以借鉴，但是最后选择哪一种则需要结果本身的商品。

I:interest(引起兴趣):当消费者注意到商品之后，还需要让其对商品产生兴趣，比较常用的方法是使用精制的彩色目录、有关商品的新闻剪报加以剪贴，及对商品的属性、作用进行言简意赅的描述。

D:desire(唤起欲望):让顾客感受到商品的魅力，才能让人产生购买欲望，例如商品为茶具，给消费者看的不仅只是所卖的茶具，还可以在旁边附上香气扑鼻的浓茶，使消费者感受到浓茶的香味，从而产生购买欲望。

M:memory(留下记忆):很多时候消费者完成了前面的三步后，并不一定会马上购买，但是如果能让商品在消费者脑中留下很深的印象，那么最后产生购买的可能性就增加很多。

A:action(购买行动):为了促成消费者产生购买行动，销售人员在整个销售过程中必须满怀信心，但是需要注意的是不要过分自信，过分自信也会引起顾客的反感。

AIDMA模式主要存在于信息大量不对称的情况下，消费者对产品知之甚少、获取信息渠道也相对单一。因此整个消费过程比较单一，是单向的漏斗转化。但是法则对一个普通受众到最终的消费者的心路变化过程阐述得非常准确，把握了关键变化点，依然是营销活动创意与制作的标杆指导。

(二)AISAS模式

1.AISAS模式含义

AISAS模式是由国际4A广告公司日本电通广告在2005年，针对互联网与无线应用时代消费者生活形态的变化,而提出的一种全新的消费者行为分析模型。在AISAS模式中,如下图所示,其形状似一个漏斗,自上而下分别是注意(attention)、兴趣(interest)、搜索(search)、行动(action)、分享(share),如图3-8所示。

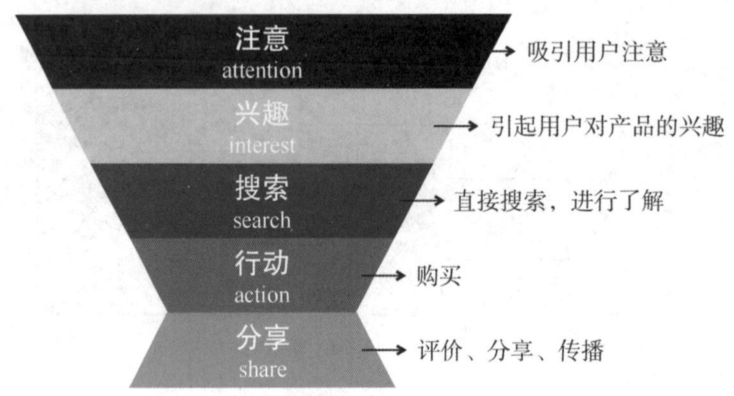

图3-8 AISAS模式

2.AISAS模式的内容分析

根据电通公司的调查数据,在商品认知阶段,消费者的信息来源以电视、报纸、杂志、户外、互联网等媒体广告为主;在理解商品及比较探讨和决定购买的阶段,除了亲临商品实体店之外,互联网及口碑相传是其主要信息来源与决策依据。基于网络时代市场特征而重构的AISAS模式,将消费者在注意商品并产生兴趣之后的信息搜集,以及产生购买行动之后的信息分享,作为两个重要环节来考量,这两个环节都离不开消费者对互联网(包括无线互联网)的应用。

新的消费者行为模式(AISAS)决定了新的消费者接触点。依据电通的接触点管理,媒体将不再限于固定的形式。对于媒体形式、投放时间、投放方法的考量,首先源于对消费者与产品或品牌的可行接触点的识别,在所有的接触点上与消费者进行信息沟通。

消费者网站不仅提供详细信息,使消费者对产品的了解更深入并影响其购买决策;对消费者之间的人际传播也提供了便利;同时,营销者通过对网站访问者数据进行分析,可以制订出更有效的营销计划。由于互联网无可替代的信息整合与人际传播功能,所有的信息将在互联网聚合,以产生成倍的传播效果,以网络为聚合中心的跨媒体全传播体系随之诞生。

AISAS模式下的手机二维码营销

根据AISAS这一模型,手机二维码营销活动的开展主要分为以下五个步骤:

1.注意:视觉设计引来消费者关注。视觉的吸引力是第一位的,独特的设计吸引消费者第一眼关注到二维码。另外,消费者在不同场合看到不同形式的二维码广告,如广告墙、餐桌、汽车等,通过品牌信息告知或促销信息引起消费者注意。

2.兴趣:通过优惠活动激发消费者兴趣。移动营销时代,用户数据收集和用户洞察方面可能比原来做得更好，运用技术研究用户的使用习惯、兴趣偏向等，了解用户的内心在想什么，然后给他推荐他需要的、感兴趣的东西。消费者被二维码的广告信息或促销信息所打动，对其产生兴趣或者产生需求。就目前而言，大部分的二维码广告都是以打折、优惠券、积分商城、会员积分、互动抽奖、红包、返佣、趣味小游戏等优惠信息来激发消费者的兴趣，比如扫码就可以领一个礼品、扫码就可以享受优惠等。没有任何的礼或者利，是很难吸引消费者来扫码的。在礼品的选择上一定要特别，让人产生强烈的扫码兴趣。总之，给消费者一个扫码的理由。

3.搜索：将消费者引导到线上的搜索平台。一旦消费者对手机二维码产生了兴趣和需求以后，他们就会通过自己的智能手机系统的二维码软件扫描二维码，以此来链接该二维码所宣传的相关企业的网站或广告，进而领取或享受折扣或优惠。

4.行动：将线上搜索行为转化为实际交易。人是容易被外界影响的动物，消费者扫描二维码之后，工作人员或者亲朋好友的一句引导或者说服，会让消费者的行为从观望转变为行动，而二维码就充当了一个连接点。例如团购餐饮、美容等服务，以及在网上购买电影票、获取优惠券等，可以在网上完成支付，再到现场去享受服务。

5.分享：引导消费者在线上的社会化媒体中分享体验。在各种线下场合，顾客能够获得最贴近现实的体验，往往也处于最有分享欲望的状态。抓住最佳的分享时机，激励和帮助顾客在社会化媒体上分享内容，也是二维码的用武之地。例如服装店在有些服装边上设置了二维码标牌，顾客如果看到心动的服装时，用手机扫描二维码就可以快速地分享到微博或微信上，说“我喜欢这件衣服”。

资料来源：赵红，“基于 AISAS 模式的二维码移动营销策略探析”，视听管理与营销，2018-10。

(三)ISMAS 模式

ISMAS 模式是由北京大学刘德寰教授提出，根据移动互联时代人们生活形态的改变（尤其是用户主动性的增强），针对传统的理论模型提出的改进模型，即：interest（兴趣）、search（搜索）、mouth（口碑）、action（行动）和 share（分享），如图 3-9 所示。

图 3-9　ISMAS 模式

消费者生活形态的改变使得传统互联网时代的AISAS行为模式部分减退。为此，北京大学刘德寰教授认为，营销方式正在从电通的AISAS法则向具有去媒体性质的ISMAS（兴趣、搜索、口碑、行动、分享）转变。这一模式清晰地指出了网络营销非常重要的发展趋势。

首先以媒体为中心的营销模式已转化为以消费者为中心。当今时代，媒体变得无微不至又微不足道。移动营销模式一定要转变媒体为王的思路，不能忘了跟人们最基本的生活形态变化密切相关，例如，根据美丽说数据挖掘发现，人们喜欢晚上躺在床上使用美丽说，于是其就把大量的人员放在晚上十一二点，为消费者提供服务。相对于原来大的网站在做营销的弹出式广告，软文这种伴随生活做营销的方式往往更有效。

其次，以吸引消费者注意为首要任务变成以其兴趣为出发点。ISMAS模式指出，在去媒体的环境中，消费者的行为模式不再是先被吸引注意力，然后再去做其他的事情，对于移动互联网下习惯了主动使用媒体的消费者，兴趣成了一切的核心。当消费者有兴趣的时候，不用@，他们也会关注，也会转发。所以，营销一定要根据价值体系和兴趣的变化去转变营销思路，为消费者提供他们感兴趣的、有用的信息。

本章小结

消费者市场是个人和家庭为了生存而购买产品和服务的市场。它具有以下特点：分散性、差异性、易变性、替代性和非专业性的特点。消费者购买行为受到四种主要因素的影响：文化因素包括文化、亚文化和社会阶层；社会因素包括相关群体、家庭和角色地位；个人因素包括年龄与生命阶段、职业、经济状况、生活方式、个性与自我观念；心理因素包括动机、知觉、学习、信念和态度。

消费者可以是购买行为的发起者、影响者、决策者、购买者和使用者，营销人员需要对不同的角色展开有目的的营销活动。根据消费者对购买行为的介入程度和品牌之间的差异程度，将消费者购买行为划分为四种类型：复杂的购买行为、习惯性的购买行为、寻求多样化的购买行为和减少失调的购买行为。典型的消费者的购买过程包括以下五个阶段：认识需要、收集信息、评价方案、购买决策和购后行为。营销者需要认识到消费者在每一阶段的行为，并针对这些行为展开营销活动。

组织市场是指企业为从事生产、销售等业务活动，以及政府部门和非营利组织为履行职责而购买产品和服务所构成的市场。它具有派生需求，参与购买决策的人数较多，购买过程持续时间较长，重视互惠互利与长期合作关系等特点。组织市场可划分为产业市场、中间商市场、政府市场、非营利组织市场。

产业市场购买方式分为直接重购、修正重购、新购，产业购买决策经历提出需要、确定需要、说明需要、寻找供应商、征求供应建议、选择供应商、签订合同、绩效评估等八个步骤；购买决策受环境、组织、人际、个人等四大类因素的影响。中间商市场购买决策包括独家编配、深度标配、广度编配和混合编配，进货方式包括集中进货、分散进货和联购分销。非营利性组织购买特点包括限定总额、保证质量、受到控制、程序复杂；采购方式包括公开招标方式、议价合约选购、日常性采购。政府市场采购具有方式多样和特殊、受社会公众监督及购买目标多重性等特点;政府市场的主要购买方式有公开招标选购、议价合约选购、日常性采购。

网络消费者是指以互联网为工具,在电子商务市场中进行消费和购物等活动的消费者人群。在这个消费者主导的时代,面临着更为丰富的商品选择,网络消费者购买行为呈现出如下新的特征:注重表现自我,追求个性化;追求新鲜事物,求知欲强;头脑冷静,理性分析;缺乏耐心。

网购消费者分为五大类型:简单型网络消费者、定期型和运动型网络消费者、冲浪型消费者、接入型消费者、议价型消费者。

消费者购买行为与传统消费方式下相比呈现出新的特点。目前流行的消费者购买行为模式主要包括 AIDMA 模式、AISAS 模式、ISMAS 模式。

重要名词

消费者市场　文化　亚文化　社会阶层　相关群体　生活方式　个性　自我观念　动机　知觉　学习　信念　态度　习惯性购买行为　寻求多样性的购买行为　减少失调的购买行为　组织市场　中间商市场　AIDMA 模式　AISAS 模式　ISMAS 模式

案例评析

正在崛起的 95 后市场

为什么现在的 95 后不喜欢用“妈妈用的牌子”? 自律给我自由的“健身新宗教”是如何流行的?

1.这位前辈,你没有任何错,就是太老了。

发现没有,似乎从某一天开始,关于年龄的焦虑成了这个时代所有人的共同属性。谁都不甘心成为“前浪”,所以我们大可以还在朋友圈里晒着加了特效的嘟嘴卖萌照,再自称“宝宝”。可是心里还是隐隐忐忑,觉得这个世界正在慢慢变得不属于自己了。放心,有中年危机的可不仅仅是你,宝洁最近的一次年轻化尝试是在 2016 年,将潘婷亚太区的最新代言人换成了“亚洲第一女子天团”少女时代的两名成员。这位曾经的日化巨人,现在最头疼的是被 95 后看作是“妈妈用的牌子”。

在媒体上,宗老板、董大姐们还在为年轻人“不买账”迁怒于马爸爸。另一边,早已看透游戏规则的罗振宇和马东这样的中年人摇身一变,在镜头前居然也能与年轻人打成一片,他们把“年轻人永远是对的”挂在嘴边,刷上漆把自己捯饬地比 95 后还要 95 后,成为这个时代的一大景观。

2.社交环境,把“人”变成了“标签”。

过去人们认为,95 后是一代人,但更准确地说,95 后是一类人。过年的时候,亲戚家

14岁小孩子跑来煞有介事地要教我"如何翻墙"，把我吓了一跳。我说你看了那么多网站没啥想法吗？他说不会啊，我们什么没见过啊，但这次是爱国"远征"用表情包和世界沟通。你看看，才这么大就开始做这方面的诉求和表达了，信息在这一代人身上几乎是完全充裕的。

他们对社交网络的接受度非常高，因为他们出生在"社交全平台"的环境中——聊QQ、聊微信、发空间、刷微博、逛贴吧、潜水豆瓣，是这套"社交网络组合玩法"环境下成长起来的实践者。熟练地使用社交工具表达自我，让95后比上一代人有更多的远程社交需求，每一个人可以接触和认识更多的同龄人，这一点是他们的父辈无法比拟的。但也因此带来一个问题，那就是作为个体，每个人没法从线上大量的虚拟关系中，深层次地了解另一个人，尤其是他们最渴望了解的"异性"。这让很多人不得已，只能从一些社交信息的蛛丝马迹中去提炼自己想知道的信息，通过这套方法，来保持自己社交的效率。如果不愿意承认背后的事实是这么功利，不妨看看下图这些正在流行和曾经流行过的网络热词(见图3-10)？

图3-10 网络热词

发现没有，这些词的背后，大部分其实可以归为社交"标签"，就是告诉我们关于商品最基本信息的小纸片，和优衣库里的衣服一样，拿到手就能直观地看到，例如80%棉、20%羊毛、可水洗、不能机洗。95后们喜欢的贴标签，就是在以最直观、最简短、最快速的方式，传递出他们最关注的信息的工具。

3."健身新宗教"。

了解了标签化社交，我们就非常能够理解一个现象：为什么最近几年看朋友圈这么流行健身？这里似乎有一个悖论，因为常理上，我们的父母辈更关注健康和锻炼，但如今在朋友圈里挥汗如雨、晒着各种里程圈圈的却大都是年轻人。

在以瘦为美、鼓励健身的口号里，掩盖的是对身材走样群体的歧视。因为"一个连自己身材都控制不了的人，注定一辈子一事无成"，而"自律给我自由"才是当下健身成了都市中产阶级自我标榜的新宗教，也形成了全新的运动市场。最早享受到这种新宗教红利的是安德玛，这个1996年创立的美国健身衣品牌，在过去20年里，跟在耐克、阿迪达斯等一票大牌后面打酱油，直到社交网络时代才猛然崛起。

但20年来，人们都不爱穿紧身衣运动吗？当然不是！这就要回归一个问题，年轻人为什么要去健身？是为了身体健康吗？最新的调查数据给出的答案很简单：是为了达到某种社交展示。

4."标签化"生存将是产品唯一的 KPI。

某种程度上看,上一波互联网品牌的出现,其实也是科技带来的信息变革正在努力迎合年轻人的产物。三年前,我还在三只松鼠做广告策划,这个品牌的崛起就很有意思,在过去,像坚果一类的粗加工食品,并没有多少创新空间,这方面的电商曾经一度不被投资人看好。但三只松鼠提供的是什么呢?是坚果吗?那只是一小部分,事实上,更重要的是提供某种"陪伴",一个 20 出头的小女生可以通过消费三只松鼠这样的快时尚食品,拥有值得晒的生活内容,比如有大眼睛和松鼠面孔的包装盒,带有面孔和耳朵的封口夹,一封手写的明信片,以及各种各样的公仔与手办,等等。

用户打开包装后就被一串带有惊喜的小周边俘获,这些产品满足了用户陪伴的需要,并且和社交场景息息相关,于是在《欢乐颂》里,无数这样的小白领和实习生在"邱莹莹和关雎尔拿着三只松鼠的坚果分享"的情节找到了共鸣。三只松鼠设计了全套这样的周边产品,再通过独有的"主人"文化让他们和年轻用户产生情感沟通,最终目标就是让"主人"迫不及待地在社交平台上晒出包裹里的小道具。

资料来源:互联网思维深度精选,舍予兄,2017-03-20。

问题:

1.从消费者市场购买的影响因素角度,对案例中 95 后消费者的消费特点进行总结。

2.作为比 95 后还要年轻的消费者,对你们自身的消费特点做一些总结。

3.除了文中的例子,请再举几个你们特别喜欢的品牌,并说明理由。

实训专题

1.应用消费者购买行为理论分析消费者购买奶粉的影响因素,并对我国国产奶粉的营销提出建议。

2.复原你的一次网络购物(衣服、电脑或手机为佳)经历,反思这个购物过程中哪些因素对你的最终购买决策影响较大。网络购物在购物决策中与线下购物有何不同?商家应该怎么应对?

第四章　竞争者分析与竞争战略

学习目标

1.掌握辨别竞争者的三个角度,运用模型分析竞争者;
2.掌握三种基本竞争战略,并了解三种战略的使用条件和优劣势;
3.学会划分企业在市场上的地位,掌握根据市场地位不同而采取的不同的竞争战略;
4.掌握互联网时代企业的三种创新战略。

引导案例

尚品宅配的战略转型

随着互联网时代的到来,几乎所有的行业都面临洗牌。马云曾说过,未来的世界由数据驱动,商业模式将从B2C转为C2B,用户改变企业,企业的转型必然要以用户为中心。家装行业也同样如此。成立于2004年的尚品宅配,借助信息化技术开创“O2O+C2B”新战略模式,在金融危机的冲击下仍能逆势而上,实现每年高态势增长,至今已发展成为国内最大的定制家具机构。

为消费者提供立体的、全方位的家具解决方案,秉承服务的精神做制造,将家具制造业升级为家具服务业,在尚品宅配董事长李连柱看来,这是尚品宅配与其他家具企业最大的不同之处。尚品宅配基于“互联网+”的战略转型分为四个阶段:转型前身、定制起步阶段、定制拓展阶段和深度定制阶段。尚品宅配的前身为圆方软件,主要从事装修和家具设计软件的研发。经过10年的发展,圆方软件在国内装修软件市场的占有率高达90%。因为当时家具企业利用设计软件进行营销的理念尚未成熟,市场教育成本较高,所以公司决定利用软件技术通过定制化方式进入家具制造行业。由此尚品宅配开启了家具产品的定制化战略转型,从过去的软件销售转变为家具生产与销售的C2B商业模式。为了配合战略的转型,公司率先推出前期免费服务,即免费上门量尺、提供免费的设计方案。一方面自己建厂,采用信息技术对传统生产线进行改造;另一方面完善数据库资源,广泛收集数千个楼盘、数万种房型的数据,建立“房型库”。进入快速发展期后,在C2B模式的基础上,公司利用互联网和信息技术打通了线上和线下环节,拓展了O2O模式。至今,尚品宅配的个性化定制不断深化,迎来发展的黄金时期。

在尚品宅配的官方直销网上,消费者可以体验DIY(自己动手做)家居的感受,看到设

图 4-1　尚品宅配网站

计出来的家具效果，再考虑是否购买。消费者也可以通过简单的网上申请或者拨打尚品宅配的400服务热线，免费获得设计师电话咨询、预约时间上门、免费上门量房，设计师还可以根据消费者的要求和家居类型免费设计方案。很多消费者通过官方直销网获得“线上虚拟体验”后，走进了尚品宅配的实体店，“上门量房＋家具配套设计＋全屋家私估价”全套免费服务让很多消费者最终选择了“线下购买”。通过网络平台与全国各地门店的线上线下结合，尚品宅配将“线上体验”与“线下购买”完美结合，提供了家具网购的新体验，实现了家具营销与电子商务在商业模式层面的成功结合。

资料来源：荆浩，刘娅：尚品宅配“互联网＋”的商业模式创新，企业管理，2016(2)：107-109。

思考：

1.尚品宅配如何实现个性化定制的？

2.尚品宅配的核心竞争力是什么？

第一节　竞争者分析

为了制定有效的营销战略，企业需要尽可能多地了解竞争者的情况，在市场力量、当前战略、营销组合等方面与竞争者进行比较。唯有这么做，企业才能发现自己具有潜在竞争优势和劣势的领域。进行竞争者分析，要求判定竞争对手的目标和优劣势，在此基础上进一步估计竞争对手的策略和反应模式，如图 4-2 所示。

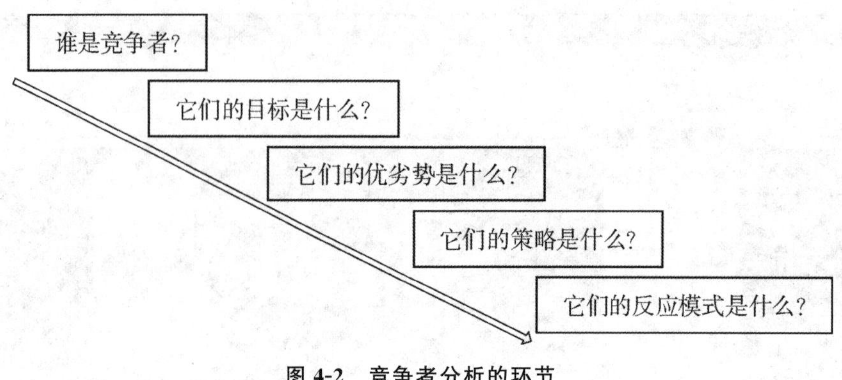

图 4-2　竞争者分析的环节

一、识别企业的竞争者

(一)从行业的角度识别竞争者

企业参与市场竞争，不仅要了解消费者的需求，更要了解竞争者。行业的定义为：一个提供一种产品或一类相互替代产品的公司群。在一个行业中存在着各种竞争力量，如现有厂商、潜在加入者、替代品厂商等。最具有代表性的分析方法是迈克尔·波特在 20 世纪 80 年代初提出的五力模型，如图 4-3 所示。该模型认为行业中存在决定竞争规模和程度的五种力量，这五种力量综合起来影响着产业的吸引力，以及现有企业的竞争战略。他们分别为：同业竞争者的竞争能力、替代品的威胁、新进入者的威胁、供应商的议价能力、买方的议价能力。

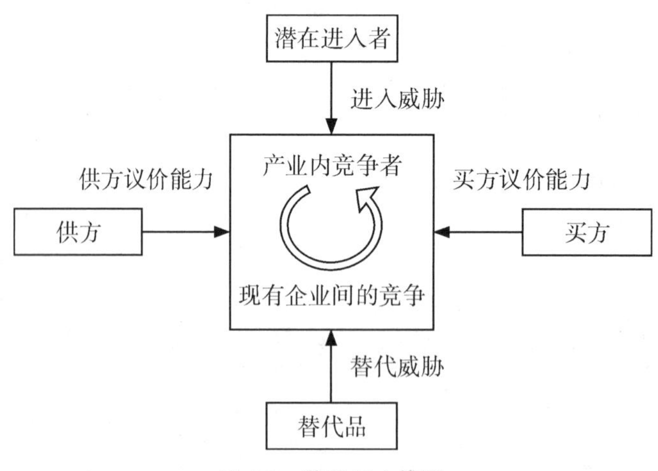

图 4-3　波特五力模型

1.供应商的议价能力

如果公司的供应商较为集中或有组织，并能够提价或者降低产品和服务的质量，或减少供应量；或者替代产品少、供应的产品是重要的投入要素或转换成本高；或者供应商可以向前实施联合，那么供应商的议价能力就强。因此，与供应商建立良好关系和开拓多种供货渠道是防御上策。该公司所在产业市场吸引力较低。

2.买方的议价能力

如果买方较为集中或者有组织；或者该产品在买方的成本中占较大比重；或者产品无法实施差异化；或者买方的转化成本较低；或者由于买方的利益较少，而对价格敏感；或者买方能够向后实施联合，买房的溢价能力就会加强。买方便会设法压低价格，对产品质量和服务提出更高的要求，并使竞争者相互竞争，所有这些都会使销售商的利润受到损失。如果某个细分市场中买方的溢价能力很强或正在加强，该细分市场就没有吸引力。

3.新进入者的威胁

一个细分市场的吸引力随着其进退的难易程度而有所区别。根据行业利润的观点，最有行业吸引力的市场应该是进入壁垒高、退出壁垒低，在这样的细分市场上，新的公司很难进入，但经营不善的公司可以安然撤退。如果细分市场进入壁垒高且经营不善的公司难以撤退则必须坚持到底；如果细分市场进入和退出的壁垒都较低，公司便可以进退自如，获得的报酬虽然稳定但不高；最坏的情况是进入细分市场的壁垒较低，而退出的壁垒却很高，该细分市场也就没有吸引力。（如图 4-4 所示）

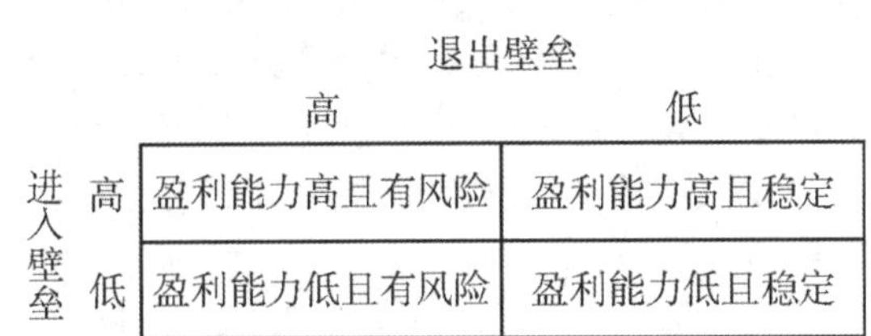

进入壁垒 ＼ 退出壁垒	高	低
高	盈利能力高且有风险	盈利能力高且稳定
低	盈利能力低且有风险	盈利能力低且稳定

图 4-4　进入/退出壁垒与盈利

4.替代品的威胁

替代品是指在功能上能全部或部分代替某一产品的产品。如果某个细分市场存在替代品或者有潜在替代品，那么该细分市场就会失去吸引力。替代品会限制细分市场上价格和利润的增长，公司应该密切注意产品的价格走向。如果在这些替代品行业中技术有所发展或者竞争日益激烈，这个细分市场上的产品价格和利润就可能会下降。为了减少替代品对企业的威胁，企业应设法扩大产品的差异化程度，强调替代品不能发生作用的方面。

5.同业竞争者的竞争能力

在大部分行业中，企业之间的竞争往往表现在价格、广告、产品介绍、售后服务等方面，竞争强度与许多因素有关。如果一个细分市场有众多强大的或者竞争意识强的竞争者，那么该细分市场就会失去吸引力。

行业分析可以识别出行业的潜在吸引力，尤其是行业的竞争程度和盈利能力以及行业内参与者的表现。通过分析行业中各种力量的影响因素和企业所处的竞争地位，能够更好地制定行业的结构调整和竞争战略。

（二）从市场的角度识别竞争者

除了从行业角度，我们还可以从市场的角度来识别竞争者，即把竞争者看作一些力求满足相同顾客需求或服务同一顾客群体的公司。从这一角度来看竞争者有以下几类。

愿望竞争者是指提供不同产品，满足不同消费需求的竞争者。例如，某个消费者目前对个人电脑、高档手机等都有购买欲望，但其购买能力暂时只允许选择其一。此时，电脑生产商与手机生产商便成为愿望竞争者，形成竞争关系。

平行竞争者是指提供满足同一种消费需求的不同产品的竞争者。例如，消费者为了满足对交通工具的需求，可以购买自行车、摩托车、汽车作为交通工具，生产它们的企业便互相成为平行竞争者。

产品形式竞争者是指满足同一种消费需求的同类产品不同产品形式之间的竞争。例如，洗衣机有滚筒式洗衣机和波轮式洗衣机等不同产品形式。

品牌竞争者是指满足同一种需求的同种形式产品的不同品牌之间的竞争。例如，同样的乳品市场上有蒙牛、伊利、光明等多个品牌。

在现实的竞争中，企业往往都会关注品牌竞争者，它离我们最近；而平行竞争者往往是潜在的甚至是看不见的，它离我们最远，但实质上，它的出现对企业的打击会让企业措手不及。

（三）从跨界经营的角度识别竞争者

“跨界”已成为互联网时代最流行的字眼，代表新锐的生活态度和审美方式的融合。跨界经营是基于用户体验的互补关系，在营销思维模式上实现由产品中心向用户中心的转移。跨界经营的实质是实现多个品牌、多个行业从不同角度诠释同一用户特征。在这样的跨界合作背景下，企业必须避免“竞争者近视症”，因为企业更可能葬送在潜在竞争者而不是现有竞争者的手下。

互联网时代，谁是竞争对手

有这样一句流行语：“中国电信和中国移动竞争多年，才发现竞争对手是腾讯。”中国电信的最大竞争者，竞争对手已经不是中国移动、中国联通，而是腾讯，因为腾讯旗下的QQ、微信等满足了用户通信和社交的需求，打国际长途不仅可以视频，还免费。

造成柯达公司破产的并不是其直接竞争者富士，而是那些从未被柯达视作竞争者的索尼、佳能等数码相机制造商，以及许多数码影像开发商和手机厂商。

《不列颠百科全书》一直以来都认为自己在和其他印刷参考书和昂贵的百科全书的出版商竞争。进入数字化时代后，随着基于网络的百科全书和参考资料的快速发展，《不列颠百科全书》的销量猛跌，损失惨重。不列颠百科全书公司终于意识到，真正的竞争者不是其他出版商，而是电脑网络和数字内容。比如任何人都可以编辑的维基百科和售价低廉的微软电子百科全书。现在不列颠百科全书公司仍然出版其顶级的百科全书系列和其他一些参考书，还提供DVD和网络版本的信息服务。

二、判断竞争者的目标和动机

竞争对手会如何行动和做出反应，在很大程度上取决于他们的战略目标，以及他们从事某种业务的动机。因此，判断竞争者的目标和动机是竞争者分析的基础，这有助于更好地掌握竞争者的行动。每个竞争者都有一组目标，我们应该了解竞争者对盈利的可能性、市场占有率的增长、资金流动、技术服务和其他目标给予的重要性权重。要确定竞争者的目标和动机，应当获取并审查以下信息源：(1)产品或者新闻发布会等；(2)年度财务报告；(3)企业分析报告和重大新闻；(4)主管的报告和演说。了解了竞争者的目标，就能够知道竞争者对当前状况是否满意，以及对不同的竞争性行为做出的反应。例如一个追求成本领先的企业，对竞争者在削减成本的生产技术上取得的突破比广告费用的增加反应更强烈。

企业还必须关注竞争者在不同细分市场的目标。如果企业发现某些竞争者正在开拓一个新的细分市场，这可能就是一个机会；如果发现竞争者有意进军目前由本企业提供服务的细分市场，就必须警觉，提前做好战斗准备。

三、评估竞争者的优势和劣势

分析竞争者时，必不可少的一个环节就是评估竞争者的优势和劣势，做到知己知彼，实现企业营销目标。分析竞争者优势和劣势的关键在于收集竞争者的数据，企业一般通过二手数据、个人经历和口碑进行了解，或者是通过顾客、供应商和经销商进行原始数据的营销调研。

收集到数据后应进行分析，该步骤分为四步：第一，列举出影响企业成功的因素；第二，给这些因素赋予权重，通常用量表来表示，100 分为满分，重要性越高，得分越高；第三，对竞争者和本企业按照每个因素进行评分；第四，将上述评分乘以重要性权重，重要性权重显示了优势与劣势。

竞争者分析过程

甲公司对自身和竞争对手进行分析，在表 4-1 中，左侧第一列是影响成企业成功的因素，第二列给出了各因素的权重，然后对企业和竞争者估算出总分。竞争者名声卓越，被认为能生产出高品质的产品，有强大的销售队伍，但在渠道、管理能力等方面有所欠缺。在总体评估中甲公司的分值不如竞争者，所以在竞争时正面进攻不可取，可集中优势力量攻击对手的弱点。

表 4-1　竞争者分析

因素	权重	表现					加权分值	
		1	2	3	4	5	甲公司	竞争者
产品	20				•	♦	80	100
渠道	10		♦	•			30	20
研发能力	10	•			♦		10	40
资金实力	20		♦			•	100	40

续表

因素	权重	表现					加权分值	
		1	2	3	4	5	甲公司	竞争者
管理能力	10	◆	●				20	10
市场营销	20		●		◆		40	80
品牌形象	10			●		◆	30	50
总分							310	340

四、判断竞争者的反应模式

完成上述三个步骤后，企业掌握了竞争者的初步信息，对竞争者的情况有了初步的分析，下一步企业需要知道：面对市场竞争措施，竞争者将要做什么？竞争者的反应，可能受它的各种假设的影响，也可能受它的经营哲学、企业文化和其主导作用的信念的影响，还可能受其心理状态的影响。不同反应的竞争者主要分为以下四种：

1.迟钝型竞争者

此类竞争者对市场竞争措施的反应不强烈，行动迟缓。究其原因可能是竞争者受到资金、规模、技术等资源或能力的限制，无法及时做出适当的反应；也可能是竞争者对自身实力过于自信，不屑于采取行动；还可能是竞争者的竞争意识不强，对市场竞争措施重视不够，未能及时捕捉到市场变化的信息。昔日的手机行业老大——诺基亚，面对竞争反应迟钝，过于自信，忽视了竞争者的包围是其失败的重要原因。

2.选择型竞争者

某些企业对不同的市场竞争措施的反应是有区别的，对某些措施反应强烈，而对有些行动表现迟钝。通常情况下，企业对竞争者的价格变动较为敏感，价格一旦出现变化会立即做出反应，而对改善服务、增加广告、改进产品、强化促销等非价格竞争措施则不大在意，认为不对自己构成直接威胁。

3.强烈反应型竞争者

某些企业对市场竞争因素的变化十分敏感，一旦受到挑战就会迅速做出反应，进行强烈地反击，往往不计后果地打压、报复其他竞争者。这些强烈反应型竞争者通常都是市场上的领先者，具有某些竞争优势。一般企业轻易不敢或不愿挑战其在市场上的权威，尽量避免与其正面交锋。许多快消品行业的小企业都避免与宝洁公司直接竞争，因为他们知道如果宝洁受到挑战，必定会猛烈还击。

4.不规则型竞争者

这类企业对市场竞争做出的反应通常是随机的，往往不按规则出牌，使人感到难以琢磨。不规则型竞争者在某些时候可能会对市场竞争的变化做出反应，也可能不做出反应；他们既可能迅速做出反应，也可能反应迟缓；其反应可能是剧烈的，也可能是柔和的。此类竞争者较难判断，只能分析其以往在市场上的表现以做出评估。

第二节 竞争战略的类型

竞争战略是指企业在竞争上采取进攻或防守的长期行为。在竞争日益激烈的今天，企业为了实现盈利目标，应当了解并制定相关战略，否则将会在市场中处于不利地位，并导致市场占有率低下、缺乏资本投资，进而削弱自己的竞争优势。

一、基本竞争战略

(一)成本领先战略

成本领先战略(cost leadership strategy)是指通过一系列措施在行业中实现成本领先，以此获得比竞争对手更高的市场占有率。在这种战略的指导下，企业应在原材料成本、研发与技术成本、管理运营成本、服务成本、营销成本等方面，力争实现行业中的最低水平，尤其是要低于竞争对手的成本。

1.成本领先战略的优势及潜在风险

成本领先战略，通常要求企业具有较高的市场份额；能够实现规模经济；有能力进行新产品或新技术的研究与开发；降低投入成本；减少行政等其他费用。但同时实施成本领先战略，企业通常可以获得高于行业平均水平的利润；保持领先地位；能够设置行业进入壁垒；有能力削弱替代品的威胁；增强与供应商及客户讨价还价的能力。

尽管成本领先战略能使企业获得高于行业平均水平的利润，但同时保持成本领先地位会给企业造成沉重的负担，这意味着企业需要更新设备、引进新技术、实现规模经济等。因此，成本领先战略存在一定程度的风险，具体表现在以下四个方面：第一，新进入者和追随者的学习成本低，企业容易被模仿甚至超越；第二，新技术出现导致企业失去原有技术的投资优势及经验基础；第三，过度关注产品及其成本，势必忽视市场和竞争状况，从而陷入产品导向，忽视客户需要变化；第四，保持低成本和价格差通常很困难。

2.成本领先战略的实现途径

成本领先战略可以概括为以下几种类型：(1)简化产品型成本领先战略；(2)改进设计型成本领先战略；(3)材料节约型成本领先战略；(4)人工费用降低型成本领先战略；(5)生产创新及自动化型成本领先战略。

要想获得成本领先的地位，企业可以从以上五个方面着手制定各职能战略，来实现控制成本的目标。比如企业可以改进产品设计，设计出更精简、更先进、更有利于节约成本的产品，也可以减少各方面开支，避开次要客户，根据经验降低成本。采取成本领先战略，要求企业进行较高的前期投资，购买一流的设备，实施激进的定价策略，并负担开始时的损失，这样才能获取较高的市场份额，之后取得规模效益、降低成本、获得利润。

成本领先战略的实施涉及企业的方方面面，因此不能寄希望于企业的某一个环节或某一个部门，而是要求全员参与成本控制，进而营造一种注重细节、精打细算、讲究节俭、严格管理、以成本领先战略为中心的企业文化,使一切行动措施都围绕这个核心开展。只有真正做到成本领先,才能对消费者实施“天天平价,薄利多销”,博得消费者的高度信任。

保险行业 2019 年的成本领先战略

2019 年新年伊始,安永发布的《2019 年亚太地区保险业前景展望》报告指出,亚太地区拥有世界近 1/3 的人口,是保险业未来发展的关键所在。具有一定成熟度的保险公司,正将注意力从单纯追求增长转向关注业务的成本效率。事实上,一些保险公司的运营系统有着明显的成本劣势,致使保险公司的成本比率居高不下,而且正在进一步上升。

安永指出,实施后台业务转型和采用集成化数字平台,是大多数保险公司解决成本难题的必由之路。这些平台有助于保险公司将客户真正置于其业务的中心,而公司本身也将更有效地融入复杂的保险生态圈,强化与保险科技公司、银行等专业机构的合作。

安永建议保险公司做好如下工作:(1)专注监管变化,匹配实施方案和业务转型计划,在保证合规性的同时提升价值回报;(2)为特定客户群体制定新型分销和服务策略,顺应数字化的大趋势;(3)全球同行应注重成本效率比较,确定最佳实践范例,优化成本结构,切实降低成本,实施成本领先战略。

资料来源:罗葛妹,安永:2019 年亚太地区保险业稳步增长,寿险公司更关注成本效率,国际金融报,2019-01-05。

(二)差异化战略

差异化战略(differentiation strategy)是指将企业生产的产品或提供的服务明显区别于竞争对手,形成在全行业范围中具有独特性的产品或服务。该战略重点是创造出独特性,使顾客对企业品牌产生忠诚度,甚至愿意支付溢价,使企业能够获得超常收益。差异化战略的形式包括产品及品牌在形象、功能、外观、服务、技术优势、分销渠道等方面的差异。

1.差异化战略的优势及潜在风险

实施差异化战略的企业具有以下三个方面的优势:首先,有利于形成顾客对品牌的忠诚,构筑进入壁垒;其次,差异化的产品和服务是其他竞争对手不能以同等价格提供的,因此削弱了顾客的议价能力;最后,差异化能使企业有效对抗替代品,使企业处于更有利的地位。

尽管差异化战略能够使企业获得超常收益,但该战略通常要求企业放弃获取更大的市场份额,同时存在一定程度的风险,具体表现在以下三个方面:第一,竞争者的模仿使得差异化程度降低;第二,消费者的需求差异化程度降低;第三,过度专注差异化容易使成本提高,最终导致无法留住顾客。

2.差异化战略的实现途径

(1)产品的差异化。实现独家所有,确保市场占有率小而投资回报率高,追求产品可靠性、标准化。如宜家家居注重产品设计,强调低价,在产品展区注重体验和产品搭配,为消费者提供舒适的展区,传达的企业理念是提供更美好的日常生活。

(2)服务的差异化。追求产品周边服务的优异化,创造特性和附属功能。比如海底捞，在餐饮业中以其贴心周到的服务赢得了无数回头客。

(3)形象的差异化。追求品牌的优异化，强调产品的品牌诉求。比如，唯品会的理念是“一家专门做特卖的网站”，以金融折扣品牌为主，在消费者心中树立了高端平价的形象，与其他的网购网站有了明显的认知差异。

推行差异化战略，有时会与争取占有更大的市场份额的活动相矛盾。推行差异化战略，往往要求公司对于这一战略的排他性有思想准备。这一战略与提高市场份额两者不可兼顾，在推行差异化战略的活动中总是伴随很高的成本，即便全行业范围的顾客都了解公司的优点，也不是所有顾客都愿意或有能力支付公司要求的高价格。

便利店的差异化竞争

2018年4月，全时便利店进驻南京，一起亮相的还有其代言人：一只可爱的全力猫。“猫有一种欢乐、爱干净的形象，这正是全时便利店场景给客户的体验感。目前全时全力猫IP形象已经走进11个城市，全力猫IP也让我们在中国连锁大会上获得创新奖。”全时便利店总经理杨波说。

同样引入“猫”的，还有苏果的多鱼IP主题店。“多鱼”是一只爱吃鱼的萌猫，形象出自南京本土几位知名设计师之手。苏果总经理陈兵说：“我们希望借助这只猫的形象传递给大家一种善于发现生活中的小美好，积极向上的生活理念。”

热衷于IP营销的还有罗森，它在南京开的“泰迪熊”IP主题店，单日营收额曾突破20万元。其中泰迪熊主题商品销售达5万元，原计划可销售3周的周边商品库存，上架3日即售罄。

从广泛意义上来讲，IP是指那些被广大受众所熟知的、可开发潜力大的文学和艺术作品。如今，各家便利店纷纷引入IP，作为自己差异化竞争的法宝。业内人士认为，引进知名IP、打造主题门店表面上是零售企业掀起的一场“眼球争夺战”，但背后是对客户群尤其是年轻客户钱包的“争夺战”，目前便利店挑选的IP多是动漫、游戏、综艺节目类，而这正是年轻人聚焦的领域，随着80后、90后逐渐成为消费主力军，除了满足最基本的需求外，更多消费者开始追寻带有情感和温度的品牌和商品。

资料来源：IP热，便利店启动差异化竞争，新华报业网，2018-06-01。

(三)目标集聚战略

目标集聚战略(concentration strategy)是指企业在详细分析外部环境和内部条件的基础上，针对某个特定的顾客群、产品类别、产业内一种或一组细分市场开展生产经营活动，充分发挥企业的资源效力，为这个市场的消费者提供量体裁衣式的服务，赢得竞争优势。目标集聚战略有两种形式：一种是企业寻求目标市场上的成本领先优势，称为成本集聚战略；另一种是企业寻求目标市场上的差异化优势，称为差异化集聚战略。虽然成本领先战略与差异化战略都是要在行业范围内实现其目标，目标集聚战略的总体却是围绕着为行业内某一特定目标服务而建立的，并以这一目标为中心。

目标集聚战略实现的前提是相对那些实施大布局战略的竞争对手，企业服务较小的、特定的对象,其能力更高,成效更好。企业实施目标集聚战略的关键是选好战略目标,将主要力量集中于业务的某一个或几个方向重点突破。一般原则是,企业要尽可能选择竞争对手最薄弱的环节和最不易受替代品冲击的目标。当企业的资源或能力有限,不允许选定多个细分市场作为目标,企业凭其建立起来的商誉和企业服务来抵御细分市场的竞争者时,可采取目标集聚战略。

小米的目标集聚战略

小米是一家专注于智能产品研发的移动互联网公司,小米手机是其主营业务。由于手机市场竞争激烈,苹果、三星等国外品牌占据着中高端市场,于是小米手机另辟蹊径,采取目标集聚战略,将目标市场定位于低端用户市场,手机价格低廉,功能多样,性价比高。因此小米手机一上市便大受追捧,获得了巨大的成功。小米公司的战略是满足特定市场需求,有意避开竞争激烈区域,实现快速增长。

二、市场地位与竞争战略

企业是市场经济中的微观个体,根据自身在市场上的地位,为实施竞争战略和适应竞争形势而采取具体行动。图 4-5 反映的是不同市场地位者的市场份额。40%的市场份额掌握在市场领导者手中,30%的市场份额掌握在市场挑战者手中,这些挑战者正在为增加自己的市场份额而努力。还有 20%的市场份额在市场追随者手中,他们试图在现有行业中维持自己的市场份额。剩下 10%的市场份额由市场补缺者占有,他们服务于那些不被其他企业重视的小型细分市场。因此,市场竞争战略亦可相应划分为市场领导者战略、市场挑战者战略、市场追随者战略、市场补缺者战略。

市场领导者	市场挑战者	市场追随者	市场补缺者
40%	30%	20%	10%

图 4-5　不同市场地位者的市场份额

(一)市场领导者战略

市场领导者(market leader)是指相关产品在市场上占有最大的市场份额或者市场占有率最高的企业。它在价格变化、新产品开发、销售渠道、分销渠道、促销战略等方面起领导作用,为同业者所公认。它是市场竞争的先导者,也是其他企业挑战、效仿或回避的对象,如美国汽车市场的通用、电脑软件市场的微软、软饮料市场的可口可乐以及快餐市场的肯德基等,中国家电市场的格力、手机市场的华为等。这种主导者几乎各行各业都有,他们的地位是在竞争中自然形成的,但不是固定不变的。市场主导者所具备的优势包括:消费者对品牌的忠诚度高,营销渠道的建立及其高效运行,以及营销经验的迅速积累等。

市场主导者如果没有获得法定的垄断地位,必然会面临竞争者的无情挑战。因此,必须保持高度的警惕并采取适当的战略，否则就很可能丧失领先地位。为此，市场主导者通常可采取三种策略：一是扩大市场需求总量，二是保持市场份额，三是提高市场占有率，如表 4-2 所示。

表 4-2　市场领导者战略

扩大市场需求总量	1.开发新用户，包括吸引未使用者、进入新的细分市场、开发新的地理市场。
	2.寻找新用途，例如凡士林最初是用来做机器润滑油的，之后才发现可以制作润肤霜、药膏等。
	3.增加使用量，通过诱导顾客提高使用率、增加每次使用量、增加使用场所来实现。
保持市场份额——防御战略	1.创新战略，可以进行原始创新或者改进创新，比如由线下经营转为在线电商平台销售。
	2.筑垒战略，有阵地防御和侧翼防御两种形式。阵地防御是指围绕企业目前的主要产品和业务建立牢固的防线，而侧翼防御是在自己主阵地的侧翼建立辅阵地，以保卫自己的周边和前沿，并在必要时作为反攻基地。比如小米手机，面临国内和国外手机品牌的激烈竞争，于是另辟蹊径推出红米手机，主打高性价比，受到市场的欢迎。
	3.正面对抗战略：一是先发制人，指在竞争对手尚未构成严重威胁或向本企业进攻前抢先发起攻击，以削弱或挫败竞争对手；二是反击防御，指市场领导者受到竞争者攻击后采取反击措施。
提高市场占有率	1.加大宣传广告的投入，巩固和提高产品在顾客心目中的地位。
	2.根据顾客的要求，不断完善产品、改进服务。
	3.根据顾客需求的变化和对顾客需求变化趋势的预测，不断推出新产品。

肯德基扩大市场份额战略

如今，肯德基正在英国的一些地区尝试用素食炸鸡取代传统炸鸡。

肯德基发言人在一份声明中表示，“食谱的开发仍处于早期阶段，我们正在探索的配方仍然是绝密”。一旦完善了配方，肯德基将于今年与客户进行测试，如果一切顺利，这款新产品将于 2020 年在英国上市，但这份声明并未提及公司是否会在全球范围内推广素食炸鸡。

与此同时，肯德基还计划在 2020 年推出一个新菜单，上面的食物热量少于 600 卡路里。要知道，目前肯德基 Big Daddy 套餐的热量就有 1 430 卡路里，占据了成年男性每日卡路里摄入推荐量的 60%、成年女性的 80%。

实际上，肯德基有一项跨度七年、旨在削减在英国餐厅食物热量供应的计划，契合了英国政府正在推动的削减国民对卡路里超额消费的政策，素食炸鸡就是这项计划中的一部分。除了素食炸鸡，肯德基也在用豆腐和大豆为原料来制作汉堡及香肠。

人们对肉类替代品的需求正日益增长。根据咨询公司欧睿国际发布的数据，去年美国消费者在肉类替代品上的支出比 2012 年增长了 25.6%。英国的肉类替代品需求也急剧上升，2017 年消费者支出比 2012 年增长了 56.2%。

肯德基的竞争对手麦当劳已于2017年12月下旬在瑞典和芬兰的餐厅推出了一种以大豆为主要原料的McVegan素食汉堡，并在英国销售其蔬菜豪华汉堡。肯德基的兄弟品牌必胜客则在英国的所有门店中销售素食派。总部位于奥兰多的全球餐饮业咨询公司Aaron Allen预计，将会有更多的餐饮企业像肯德基一样推出更多的素食替代产品。

资料来源：肯德基正在英国研发素食炸鸡 预计将在2020年推出，新浪网，2018-06-13。

（二）市场挑战者战略

市场挑战者（market challenger）在行业中占据第二或是更后位次，有能力对市场领导者和其他竞争者进行攻击，希望取得市场领导者地位。市场挑战者可以攻击市场领导者，也可以攻击与自己实力相当者或者攻击地方性小企业。要注重分析竞争对手，正确制定竞争战略。

（1）正面攻击，是指集中全力向对手的主要市场阵地发起进攻，即进攻对手的强项而不是弱项，适合人、财、物等较为充足且有实力的公司。企业可以在产品、广告、价格等方面大大超过对手，也可大量投入研发经费，使产品成本降低。

（2）侧翼进攻，是指集中优势力量攻击对手的弱点。适合资源较少的攻击者。企业可分析各类细分市场，寻找领先企业尚未占据的市场，在这些市场上迅速填补空白。

（3）包围进攻，是一种全方位、大规模的进攻战略。适合细分市场不易找到，与对方相比有绝对的资源优势，确信围堵计划足以打垮对手，可以向市场提供比竞争对手更加优质低廉的产品和服务，或者进行大规模的促销等情形。

（4）迂回进攻，是最间接的进攻战略，完全避开对手的现有阵地而迂回进攻。具体方法有三种：一是发展无关的产品，实行产品多元化；二是以现有产品进入新地区的市场，实施市场多元化；三是发展新技术、新产品，取代现有产品。实现技术飞跃是最有效的迂回进攻战略。

百事瞄准醋饮细分市场

随着大家对健康饮食的重视，民间流传的“吃醋有益健康”的说法也得到了关注，醋的促进新陈代谢、降血压、防止血管硬化等等功能被大家津津乐道。2015年醋饮料市场规模超过35亿元，连续三年的增速分别为22%、27%、25%，算得上是较快增长的品类之一。

醋饮在日韩、欧美市场很受欢迎，但是从市场占有率和整个行业的发展状况上来看，醋饮在我国仍处于初级阶段，目前天地壹号已经在这一细分领域霸占头部位置，2017年主营业务收入超过17亿元，毛利率高达60.34%。基于醋饮市场巨大的潜力和顺应健康饮食潮流拓展产品类型，百事可乐公司即将在2018年8月隆重推出全新产品——“醋之语”果醋气泡饮。

“醋之语”果醋气泡饮适逢夏季推出，主打低糖、清爽、解腻，更加注重功能诉求，成为百事可乐产品之外的重要补充。口味上，分为焦糖苹果和盐津青梅两种口味，一款口味相对较甜，接近大众口味；另一款则微酸，清新爽口。包装上，醋之语主打小清新风格，代表口味的水果插画精致唯美;从产品包装规格来看,“醋之语”分为罐装 330ml 和瓶装1.25 L,满足不同场合需求。

资料来源:百事可乐准备杀入醋饮市场 8 月推出果醋气泡饮料,新浪网,2018-06-08。

(三)市场追随者战略

市场追随者(market challenger)是指行业中位列第二、第三等次要地位的企业,与市场挑战者的区别在于,市场追随者维持现状,不与市场领导者和其他竞争者发生争端。市场追随者的成功之处在于注重营利性而非市场份额。市场追随者的主要特征是安于次要地位,在和平共处的状态下求得尽可能多的收益。在资本密集的同质产品行业中,如钢铁、原油和化工行业,市场追随者战略是大多数企业的选择,这主要是由行业和产品的特点所决定的。在这些行业中,往往产品和服务的同质程度高,消费者对价格比较敏感。通常有以下三种战略可供选择。

1.紧密追随

紧密追随战略突出“仿效”和“低调”。追随企业在各个细分市场尽可能效仿领先者,以至于有时会让人感到这种追随者像是挑战者,但是它从不冒犯领先者的领地,保持低调,避免与领先者发生直接冲突,有些追随者甚至被看成是靠拾取主导者的残余谋生的寄生者。

2.距离追随

距离追随战略突出“合适地保持距离”。追随企业在目标市场、产品创新与开发、价格水平和分销渠道等方面都追随领先者,但仍与领先者保持若干差异,已形成明显的距离。对领先者既不构成威胁,又因追随者各自占有很小的市场份额,而使领先者免受独占之指责。采取距离追随策略的企业,可以通过兼并同行业中的一些小企业来发展自己的实力。

3.选择追随

选择追随战略突出“追随和创新并举”。追随者在某些方面紧跟领先者,在另一些方面又别出心裁。这类企业不是盲目追随而是择优追随,在对自己有利时追随领先者,在追随的同时不断发挥自己的创造性,但一般不与领先者直接竞争。在采取这类战略的追随者中,有些可能发展成为挑战者。

(四)市场补缺者战略

市场补缺者(market nicher)是指精心服务于市场的某些细小部分,而不与主要的企业竞争,只是通过专业化经营来占据有利的市场位置(补缺基点)的企业。这种市场位置不仅对小企业有意义,对某些大企业中的教学部门也有意义,他们也常设法寻找一个或几个这种既安全又有利的补缺基点。

一个良好的补缺基点应具有以下特征:(1)有足够的市场潜量和购买力;(2)利润有增长的潜力;(3)对主要竞争者不具有吸引力;(4)企业具备占有此补缺基点所必要的资金和能力;(5)企业既有的信誉足以对抗竞争者。

市场补缺者战略有:

1.补缺基点的选择

选择市场补缺基点时,多重补缺基点比单一补缺基点更能减少风险,增加保险系数。

因此，企业通常选择两个或两个以上的补缺基点，以确保企业的生存和发展。

2.专业化营销

取得补缺基点的主要战略是专业化营销。具体来说就是在市场、顾客、产品或渠道等方面实行专业化。以下是几种可供选择专业化方案：

(1)最终用户专业化。专门致力于为某类最终用户服务，如计算机行业有些小企业专门针对某一类用户(如诊所、银行等)进行营销。

(2)垂直层面专业化。专门致力于分销渠道中的某些层面，如制铝厂专门生产铝锭、铝制品或铝质零部件。

(3)顾客规模专业化。专门为某种规模(大、中、小)的客户服务，如有些小企业专门为那些被大企业忽略的小客户服务。

(4)特定顾客专业化。只对一个或几个主要客户服务，如美国有些企业专门为西尔斯公司或通用汽车公司供货。

(5)地理区域专业化。专为国内外某一地区或地点服务。

(6)产品或产品线专业化。只生产一大类产品，如美国的绿箭公司只生产口香糖一种产品，现已发展成为一家世界著名的跨国公司。

(7)客户订单专业化。专门按客户订单生产产品。

(8)质量和价格专业化。专门生产经营某种质量和价格的产品，如专门生产高质高价产品或低质低价产品。

(9)服务项目专业化。专门提供某一种或几种其他企业没有的服务项目，如美国有一家银行专门承办电话贷款业务，并为客户送款上门。

(10)分销渠道专业化。专门服务于某一类分销渠道，如专门生产适于超级市场销售的产品或专门为航空公司的旅客提供食品。

恒大养生谷如何市场补缺

2018 年 5 月 1 日，恒大养生谷会员制正式启动，并在西安恒大养生谷实现了会员服务的首次正式发售，受到各方追捧，其特点如下：

(1)体系化的服务。恒大养生谷以“高品质、高精准、高保障、多维度”等标准提供包含健康养生、健康管理、健康养老、健康保险、健康会员的全方位全周期健康服务。“会员制的火爆，源于国内居民对提升健康生活的迫切需求”，业内人士指出，恒大养生谷会员制的推出填补了这一市场空白。

(2)全周期健康服务。恒大养生谷将文娱结合、运动养生、亲子同乐、长幼共融的理念融入配套园区，提供了游、学、禅、乐、情、膳、美、住、健、护等在内的 852 项设施设备及 867 项全方位服务。其会员服务致力于满足一家三代、不同年龄段成员在健康养生、颐养康复等方面的需求。

(3)医疗技术加持。恒大健康联通全国三甲医院，并和养生谷内配备的恒和医院组成了恒大“医联体”。恒大养生谷还整合国内外优质保险资源，打造了“全周期保障模式”，同时实现保险等金融机构与医保对接。

(4)入会门槛"亲民"。居民可通过入住、租住和旅居各地养生谷成为会员。而会员可根据季节气候、温度、湿度、纬度、日照等不同需求,在全国各地的恒大养生谷进行旅游居住,并享有健康管理服务。

恒大健康立足健康产业链条不完整、研发力量普遍薄弱等产业现状,创新健康管理模式,通过大数据风险评估后,加强预防干预,致力于打造符合中国国情的全方位全龄化健康管理体系,高度契合健康中国战略。作为先行者,恒大养生谷会员服务模式将引领大健康产业的发展潮流。

资料来源:填补市场空白 解码恒大养生谷"租购旅"会员制,扬子晚报网,2018-05-03。

第三节 趋势与热点:互联网时代的竞争战略

一、互联网时代的环境分析

完整的环境评估包括对外部环境的监测以及对企业内部环境分析。通常情况下,理解企业内外部影响因素并有效预测未来将要发生的事件、趋势及状况,对建立并推行一个行之有效的战略至关重要。在互联网时代为制定战略进行的环境评估,除了传统上对政治、经济、文化的把握和分析,以及对行业竞争者的分析,更应该从消费者的角度出发,关注企业战略的营销元素,跟上网络时代的新趋势和潮流。

超竞争理论

一般来说,环境属于整个企业的外生变量,独立于企业而存在,环境可以定义为能够给企业绩效带来影响的各种来自于企业外部的力量总和。当企业主要业务的经营与当前所处的大环境不是特别一致时,环境就很有可能给企业的经营绩效以及未来发展带来极为重大的消极影响。当前,经济与技术迅猛发展,这一现实情况也将一直影响整个市场的竞争环境。值得指出的是,自进入21世纪以来,企业所处的大环境就变得更为动荡。逐渐凸显的不确定性、不定向性、动态性以及复杂性是动态环境表现出的最为显著的特征,同时动态环境也是不断变迁的。D'Aveni(1994)给出了"超竞争"的概念,并强调其竞争环境极为强烈的动态性。同时,他也指出,超竞争环境下企业会做出更为频繁且迅速的竞争行为,此时企业不再保持长久的竞争优势,其竞争优势将在较短时间内被更替。

因此,不断地打破自身已有的竞争优势,不断为自己创造新的竞争优势是超竞争环境下企业较好的战略。

(一)传统环境分析

传统的环境分析一般分为宏观、微观两个层次。宏观环境指对企业营销活动造成影响的主要社会力量，包括经济环境、政治与法律环境、社会与文化环境、技术环境、人口和自然环境等。微观环境是直接制约和影响企业营销活动的力量和因素，包括企业的供应商、中间商、顾客、竞争者、社会公众以及企业内部各营销参与部门。传统环境分析的方法我们在第二章已有详细阐述，这里就不再展开。

（三）互联网时代环境分析——识别消费者偏好

随着互联网技术日新月异，消费者的消费方式和偏好也发生了潜移默化的变化。这一变化代表着企业的机会。营销机会往往来自实质性的趋势转型，如人们的生活方式、思想观念以及新技术。从“双十一”不断刷新纪录的淘宝电商到分享经济时代的滴滴与优步打车，从传统企业转型运用网络营销方式到利用网络平台盈利的 P2P 借贷企业，消费者的偏好发生重大改变。在此形势下企业更需要把握消费者的偏好，不仅仅是探索消费者需要什么，更需要和消费者建立一种亲密持久的关系，建立消费者的忠诚度。在识别消费者偏好的过程中，一方面，需要运用各种调研工具和方法来统计消费者的信息和偏好；另外一方面需要对消费者的需求进行深入挖掘，以发现消费者需求中尚未被市场满足甚至察觉到的需求。

（三）互联网时代环境分析——消费者评价

互联网时代，伴随电子商务企业的兴起，如淘宝等线上交易平台、大众点评等消费点评网站，消费者对商品和服务的评价，是其他消费者制定购买决策的重要依据。企业战略的制定不仅需要管理者高瞻远瞩，更需要消费者参与。有效的营销战略应从消费者的关注开始，以消费者的评价为导向。所谓消费者的评价是指消费者自觉地、理性地就是否能寻求特定利益、满足某种需要而对产品属性集进行评价。以市场为导向制定企业战略，更注重对消费者各类信息的搜集和预测。针对消费者群体进行具有广泛性和归纳性的研究，识别消费者需求和偏好的趋势变化，在充分重视消费者评价的基础上制定和实施战略。

拓展阅读 4-3 “灌水”与“水军”：虚假的消费者评论

“灌水”原指向容器里面注水，进入互联网时代后，由于电子论坛（BBS）的出现，它又多了一个“向论坛发大量无意义的帖子”的意思。“水军”即受雇于网络公关公司在网络上“灌水”（频繁地发帖、回帖）的人员，以注水发帖来获取报酬。他们现在的行为已非单纯的“灌水”，除了利用网络进行炒作，还有部分“水军”使用诽谤、诬陷、抹黑等手段攻击竞争对手，编造轰动事件以混淆公众视听。近年来的网络大事，从网络红人到商场大战，多出自他们之手。目前，水军的江湖还处于“原生态”，既没有行业自律，也缺乏法律规章的约束，利益当前，涌动着低俗甚至是违法的暗流。

炒作的、虚假的消费者评论可控制商家产品的公众口碑。如果商家聘请到有足够实力的网络公关公司，则可以通过水军发表的评论来吸引网民的注意力，进一步影响他们的购买行为，制造出一种商家所期望的产品热销氛围。网络是各种观点的集中地，虽然过于严格的管制可能会导致言论不自由的后果，弱化舆论监督功能，但对商业利益驱动下的网络水军所引发的恶意竞争，还是应当严厉打击，制定相应的法律法规，强化网络监督和审核制度，进行疏通引导，净化网络环境。

二、竞合战略

竞合战略(co-opetition strategy)是指通过与其他企业合作来获得企业竞争优势或战略价值,以求得双赢、多赢的结果。竞合战略要求竞争中求合作,合作中有竞争。企业在合作中竞争,在竞争中合作,荣辱与共,这是企业竞争的最高境界。竞合的着眼点在于把产业蛋糕做大,在此基础上大家才有可能比以前得到更多,从而使企业在一个风险较小、相对稳定、渐进变化的环境中,获得较为稳定的利润。竞合的实质是实现企业优势互补,增强竞争双方的实力,并且作为竞争战略之一加以实施,从而促使双方建立和巩固各自的市场地位。

拓展阅读 4-4　**竞合战略的由来**

随着经济的发展,人们对企业组织模式及经济效率等问题的研究更加深入,当再提起竞争战略时,不应只局限于单个企业内,还应考虑到企业与企业之间的关系。在日益重视供应链和价值链的今天,企业的战略应该突破单个企业的界限,实现供应链上下游企业的整合,追求企业联合经济效益最大化,于是竞合战略应运而生。“竞合战略”一词最早出现在1996年,博弈理论与实务专家布兰登博格(Adam M. Brandenburger)和奈勒波夫(Barry J.Nalebuff)出版《竞合战略》一书,立即在实业界和理论界掀起一股讨论的热潮。竞合战略的主要观点是增加互补者,运用互补者的战略可使公司产品或服务变得更有价值。

企业之间可以通过产业集群、战略联盟、企业集团、平台型企业等方式形成网络组织,实施竞合战略。正确恰当地实施竞合战略,可获得以下优势:

(1)规模效应。实施竞合战略可以降低单位成本,提高企业的专业化和分工程度,通过对零部件生产、成品组装、研发和营销等各个环节进行优化组合,扩大规模效应。

(2)成本效益。企业通过相关契约建立起稳定的交易关系,降低因市场不确定和频繁交易而导致的较高交易费用。合作企业间进行的信息交流沟通,缓解了信息不对称的问题,有助于降低内部管理成本,提高组织效率。

(3)协同效应。竞合战略扩大了企业的资源边界,可以充分利用对方的异质性资源提高企业资源的利用率。通过双方资源和能力的互补,产生1+1>2的协同效应。

(4)创新效应。竞合战略使企业可以近距离地相互学习,有利于合作企业间传播知识、创新知识和应用知识,同时也有助于企业将自身的能力与合作企业的能力相结合,以创造出新能力。

4-8　**企业微信助力竞合联盟的协调管理**

进入2019年,微信生态迎来蓬勃发展:小程序2周年,周活跃用户超6亿。在腾讯产业互联网战略中,企业微信是一个重要的工具,用于解决企业沟通壁垒、管理隔阂、信息数据难以沉淀等问题,帮助企业打通内外部资源链接,快速实现企业管理的数字化转型。目前,企业微信已经覆盖了超过50个行业,提供企业支付、小程序、客户服务等业务,帮助企业从连接员工、连接组织,延伸到连接消费者。长安汽车用企业微信连接上千家经销商,将上下游的问题反馈处理时间从原来的平均2.13天缩短至0.13天,效率提升了15.38倍,直接解决了企业上下游协作的问题。

随着企业微信能力的不断迭代,服务商在生态中所扮演的角色越来越重要,企业微信对服务商合作伙伴始终秉持开放、共赢的原则。目前,企业微信生态中拥有超过14 000个服务商,开放了201个接口,让服务商可以通过接口帮助企业连接内外部人员,连接应用、小程序、硬件,真正实现数字化、移动化升级。

资料来源:朱虹,2019微信公开课PRO广州开讲 小程序发布两周年最新重磅数据,央广网,2019-01-09。

三、平台化战略

进入互联网时代,目标客户的需求不断分散,"碎到"无法"集中",传统的价值创造方式就会变得焦头烂额,企业该怎么办?最佳的选择是利用现有资源建设一个平台,把合作者、客户、员工等都集中到平台上,仔细观察、分析、研究、发现客户到底有什么需求,然后通过各种方式(商业模式)满足这些需求,通过另一种形式为客户创造价值,集中化战略也就演变为平台化战略。

(1)把企业做成平台。平台是快速配置资源的架构,企业通过整合全球资源来完成自己的目标。例如海尔过去是管控企业,现在将自身打造成一个供合作伙伴自由创业、供更多用户自由分享的开放平台。

(2)把产品做成平台。贯彻广义的产品经营理念,把"产品只是产品"转换成"产品不是产品"。"产品只是产品"是指产品的初始功能不变,"产品不是产品"是指围绕产品的初始功能边界进行开放,把更多的功能纳入这个产品中来,围绕产品的核心功能进行体系化扩展,围绕用户需求不断升级产品,使产品成为更多功能的平台载体。如苹果手机等智能手机就是典型的例子。

(3)把员工看成平台。充分发掘现代知识型员工的潜力。谷歌、3M等知识型企业让员工在工作时间内有一定的自由时间来完成自己想做的工作,很多新发明和新技术由此产生。

四、价值领先战略

价值领先战略是目光集中在"竞争对手",追求的是创造的价值比竞争对手领先,得以持续发展,不至于率先被市场淘汰。

在互联网时代,由于产品的同质化正在消失,因此价值领先也需要把"创新"作为核心理念,只不过"创新"的出发点是针对竞争对手。价值领先战略把目光盯在了竞争对手,只要比竞争对手更能够让客户(需求)感到满意,就能够让竞争对手消失得更快。

本章小结

波特五力模型认为行业中存在决定竞争规模和程度的五种力量,这五种力量综合起来影响着产业的吸引力,以及现有企业的竞争战略。他们分别为:同业竞争者的竞争能力、替代品的威胁、新进入者的威胁、供应商的议价能力、买方的议价能力。

从市场角度来看竞争者有以下几类:品牌竞争者、行业竞争者、需要竞争者、消费竞争者。

不同反应的竞争者主要分为以下四种:迟钝型竞争者、选择型竞争者、强烈反应型竞争者、不规则型竞争者。

成本领先战略(cost leadership strategy)是指通过一系列措施在行业中实现成本领先,以此获得比竞争对手更高的市场占有率。在这种战略的指导下,企业应在原材料成本、研发与技术成本、管理运营成本、服务成本、营销成本等方面,力争实现行业中的最低水平,尤其是要低于竞争对手的成本。

差异化战略(differentiation strategy)是指将企业生产的产品或提供的服务明显区别于竞争对手,形成在全行业范围中具有独特性的产品或服务。该战略重点是创造出独特性,使顾客对企业品牌产生忠诚度,甚至愿意支付溢价,使企业能够获得超常收益。差异化战略的形式包括产品及品牌在形象、功能、外观、服务、技术优势、分销渠道等方面的差异。

目标集聚战略(concentration strategy)是指企业在详细分析外部环境和内部条件的基础上,针对某个特定的顾客群、产品类别、产业内一种或一组细分市场开展生产经营活动,充分发挥企业的资源效力,为这个市场的消费者提供量体裁衣式的服务,赢得竞争优势。

竞合战略(co-opetition strategy)是指通过与其他企业合作来获得企业竞争优势或战略价值,以求得双赢、多赢的结果。竞合战略要求竞争中求合作,合作中有竞争。企业在合作中竞争,在竞争中合作,荣辱与共,这是企业竞争的最高境界。

重要名词

波特五力模型　品牌竞争者　行业竞争者　需要竞争者　消费竞争者　成本领先战略　差异化战略　目标集聚战略　市场领导者　市场挑战者　市场追随者　市场补缺者竞合战略　平台化战略　价值领先战略

案例评析

呷哺呷哺转型之路

随着海底捞即将在港上市,火锅界掀起一片哗然。呷哺呷哺身为“全国火锅连锁第一股”自然而然地被市场拿来与海底捞做比较。面对海底捞的强势来袭,呷哺呷哺又会采取怎样的发展战略?

(1)业绩虽好,仍难掩盖发展漏洞。呷哺呷哺自1999年成立以来至今已有19年的历史,最初带有闽南特色的呷哺呷哺发展并不顺利。惨淡的经营状态持续到2003年以后出现了转机,2003年非典的爆发,让“一人一锅,安全卫生”理念走红,呷哺呷哺顺势开设多家分店,至此小火锅市场在全国彻底打开。

根据年报显示,呷哺呷哺的业绩自2014年上市至今一直处于稳定增长的状态,营业收入年增长率一直保持在10%以上,2017年再创新高,营业收入年增长高达约32.8%。虽然业绩稳中有增,但依旧难以掩盖呷哺呷哺的发展缺陷。从经营网点布局上看,呷哺呷哺主要集中在北方,截至2017年年底,共有748家门店,其中北京、天津、河北及东北地区的门店共有553家,占比高达73%。江淮以南地区,布局稀少。

(2)出品“凑凑”,挑战海底捞。呷哺呷哺以吧台小火锅的形式满足消费者快节奏的生活方式,但随着生活质量和消费水平的提高,消费者更注重的是享受一顿饭的感觉。这就不得不提海底捞,海底捞以其“变态”的服务深讨消费者的欢心。当你在海底捞排队用餐时,可以享受免费美甲服务;坐定点餐时,围裙、热毛巾一一送上,服务员还会细心地为长发女生提供皮筋和发夹;餐后,还会递上一片口香糖。

面对中高端人群定位的海底捞如此火爆,让一直秉承着“廉价快捷”理念的呷哺呷哺倍感压力。同时,这也是“凑凑”诞生的原因,弥补呷哺呷哺在中高端市场的空白。目前,市场上主流的火锅品牌呷哺呷哺人均消费在50元左右,海底捞在100元左右。由于海底捞的强大,导致整个火锅行业人均消费水平最高也是在90元到100元之间浮动,几乎没有哪家火锅品牌敢于挑战强大的海底捞,而凑凑约为130元左右的单价定位,填补中高端的市场空白,勇气可嘉,挑战也大。

(3)转型策略能否成功。面临“消费升级”的问题,呷哺呷哺推出“湊湊”品牌的同时进军调料市场进行转型,然而此次转型一直被外界所诟病,普遍认为其火锅底料的定位与自身发展和品牌不符。与海底捞相比,呷哺呷哺不仅要弥合新产品与原定位之间的落差,而且需付出时间成本和资源成本的匹配和支撑。

海底捞作为川味火锅,无疑是现在发展最火的。但是自从“老鼠门”事件,给海底捞的食品质量安全敲响了警钟。此外也暴露出企业管理缺失、内部控制制度混乱的缺点,严重影响了海底捞的商业信誉和持续盈利能力。这给呷哺呷哺冲击中高端市场提供了良好的契机。湊湊打破了传统火锅的经营模式,也打破了传统中式餐饮的模式,巧妙而和谐地打造了中餐难以实现的复合业态经营,使餐饮经营的空间、时间得到延伸。截至 2017 年年底,全国范围内湊湊已经有 21 家店,分布在北京、上海、深圳、杭州、武汉等地区。

湊湊的创立使得呷哺呷哺的客户从人均消费 40 元扩大到人均消费 200 元左右的消费群体,使其营收由 2016 年的 27.58 亿元提升 32.8%至 2017 年的 36.64 亿元。

呷哺呷哺选择挑战中高端市进行转型,相信只要保持其品牌最终的特性、亮点,提供最具品牌特色的服务,未来成功的可能性还是很大的。

资料来源:依靠“湊湊”挑战海底捞,呷哺呷哺能够转型成功吗?[EB/OL].(2018-05-28).新浪财经。

问题:

1.呷哺呷哺进军中高端市场的机会和威胁是什么?

2.在转型过程中呷哺呷哺的市场地位是什么?它采取了哪些竞争战略?

实训专题

任选一个企业,并尝试运用本章理论进行行业竞争分析、竞争者分析、竞争战略及竞争策略的选择。

第五章　营销调研

学习目标

1.定义市场营销信息系统并掌握营销信息系统的构成;
2.掌握大数据、大数据营销及其在企业中的应用;
3.解释企业如何运用市场营销信息系统;
4.掌握市场调研的内容和一般过程;
5.了解市场调研的类型;
6.掌握市场调研的主要方法;
7.了解基于大数据技术的市场调研方法。

引导案例

盒马鲜生的模式创新

对于传统零售商来说,新零售是对传统零售业的重构。对于消费者来讲,它则带来实实在在的好处——极大地提升城市生活的便利性。像新零售的代表品牌——盒马鲜生,可以说给顾客带来了以前从未享受过的消费便利和购物体验。截至目前,盒马鲜生的门店数量已有120多家,仅2018年一年的时间就扩展了100家,让周边超过2 000万人享受到了盒马鲜生的便利服务,如此迅速的开店速度,既是新零售的大势所趋,也是消费者的需求。

盒马鲜生根据阿里巴巴旗下天猫淘宝、支付宝等电商及社交平台现有的大数据,将目标客户群体定位为80后、90后这类互联网原住民,以网络调查的形式,通过近2 000份调查问卷,对30—40岁的网友进行调研发现,消费者对于网购生鲜食品最大的痛点集中在配送速度慢、商品质量差等方面,如图5-1所示。同时发现这一庞大的用户数量,拥有与上一代以“节省”为主不同的消费观,他们关心的是品质好不好、服务好不好,对于商品的价格不那么敏感,但是对营造的服务体验很看重。消费者的受教育程度高,接受新鲜事物的能力强,收入高,消费水平高,是当前社会中的“中产阶级”。他们大多工作忙碌,追求服务的效率,对时间的敏感度高。

根据对市场和用户的核心痛点分析,盒马鲜生创新采用“超市+餐饮+电商+外卖”的模式:第一,从蔬菜基地直采直供,经过全程冷链运输并精细包装后,直接进入盒马鲜生

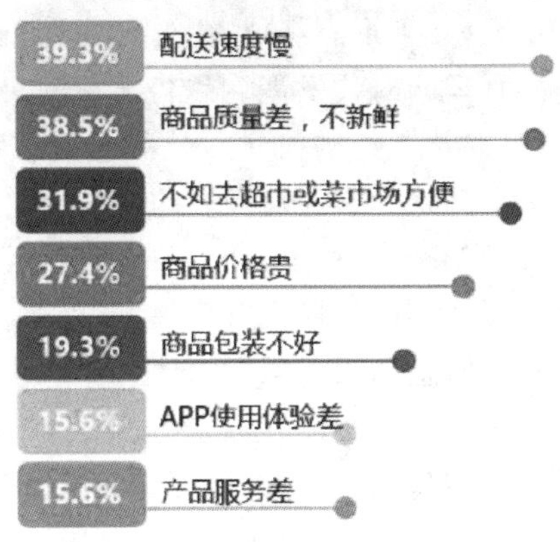

图 5-1 盒马鲜生调研结果

超市冷柜售卖，将全链条上节省下来的费用，直接补贴到消费者的身上，确保了盒马在微利模式下的可持续运作；第二，结合互联网电商和外卖，形成"人找店"模式，多样化营收模式，并结合线上成熟的技术收集用户的行为数据，进行精准营销，性价比高；第三，规定配送速度，门店内 3 公里 30 分钟内送达；第四，设置盒马云超，打造"一站式购全"的方便体验；第五，提供餐饮的成品或半成品，不用做饭也能享受到美食，让吃成为一种快乐；第六，门店设置大量的分享、试吃、DIY 等互动体验活动，满足消费者在实体店中进行情感宣泄和链接的需求。

大数据时代，在多元化的消费环境下，盒马鲜生通过市场调研以及精准化数据分析，精准定位目标客户群体及其需求，有针对性地创新商业模式，赢得了消费者的青睐，成就了它的快速成长。为企业大数据融合模式转型提供了很好的借鉴意义。

思考：盒马鲜生是如何定位目标客户群体的？

第一节 市场营销信息与大数据

一、市场营销信息系统

(一)市场营销信息

信息普遍存在于自然界和人类社会活动中，它的表现形式远比物质和能量复杂。信息是人们在适应外部世界并使这种适应反作用于外部世界的过程中，与外部世界进行交换的内容和名称。信息是一个发展中的动态范畴，它随人类社会的演变而相应扩大或收缩,总的来看,信息所涵盖的范围是不断扩大的,可以断定随着人类社会的发展,信息范畴将进一步扩大。对人类社会来说,信息有三个基本功能:一是中介功能,二是联结功能,三是放大功能。从认识论的角度来说,信息是事物运动状态以及运动方式的表象。广义的信息由文本、数据、图像、声音这几种形态组成,主要与视觉和听觉相关。

市场营销已从注重内部管理的时代发展到致力于应对外部环境的时代。为此,营销信息至关重要,企业要及时掌握营销信息并建立起营销信息系统。市场营销就是通过了解市场环境的变化和预测未来的状况来应对顾客的需求变化。市场营销信息是一定时间和条件下,与企业的市场营销有关的各种事物的存在方式、运动状态及其对接收者效用的综合反映。所有的市场营销活动都以信息为基础展开,经营者制定的决策也是基于各种信息,经营决策水平越高,外部信息和用于预测的信息就越重要。

市场营销信息除具有一般信息的特征外,还有一些特殊性:

(1)社会性。市场营销信息反映的是人类社会的市场经济活动,是营销活动中人与人之间传递的社会信息,是信息传递双方能共同理解的数据、文字和符号。

(2)目的性。在产出大于投入的前提下,市场营销信息为营销决策提供必要的、及时的和准确的信息。

(3)系统性。市场营销信息不是零星的、个别的信息汇集,而是若干具有特定内容的同质信息在一定时间和空间范围内形成的集合。

市场营销信息对企业的重要性不言而喻。市场营销信息是企业经营决策的前提和基础,也是制订企业营销计划的依据。掌握了信息,才能保证决策的科学性和正确性,否则企业采取的战略和策略将会成为无源之水、无本之木。同时市场营销信息是实现营销控制的必要条件,管理者只有根据反馈的信息进行调整和协调,才能有效地开展下一轮经营活动。由于营销信息的重要性及其在企业营销活动中的作用,企业需要及时的市场营销信息,并采用专业科学的收集系统和分析方法。

(二)营销信息系统

为了针对瞬息万变的环境做出科学的决策,企业必须及时地收集信息,准确地分析信息,迅速地使用信息。在这个经济飞速发展的时代,营销信息系统对企业的营销有不可忽视的作用,世界上众多成功的企业都有科学的营销信息系统。在现代营销活动中,营销范围已经从区域市场辐射全国乃至国际市场,营销者与消费者之间的距离不断拉大;人们的生活水平以及消费理性程度日益提高,市场需求更加多样化和复杂化。复杂的市场状况必然形成日趋激烈的市场竞争。企业的营销决策要以市场需求为核心,就必须保持对市场变化的高度敏捷。实践证明,要提高营销决策的正确性,企业必须充分了解市场,确切掌握相关营销信息。而现代科学技术的发展,为企业建立科学的营销信息系统提供了良好的条件。

营销信息系统(marketing information system,MIS)由人、设备和操作过程组成,用以收集、分析、评估和向营销决策制定者提供所需的及时、准确的信息,它能广泛、迅速地为企业收集相关营销信息,科学地分析、评估相关营销信息,并能让这些营销信息发挥最大作用以帮助营销活动获得成功。

营销信息系统由内部报告系统、营销情报系统、营销调研系统和营销分析系统这四个子系统构成(见图 5-2),它们各司其职,共同完成企业内外部环境的沟通,形成完整的营销信息流循环过程。市场营销信息系统处于营销环境与信息使用者之间。首先从市场营销环境中获取数据再将信息传输给市场营销信息系统,后者将数据加以转换,最后传导给信息使用者,营销管理人员根据得到的信息制订计划,确定方案。而在此过程中形成的各种信息又流到市场营销环境中。

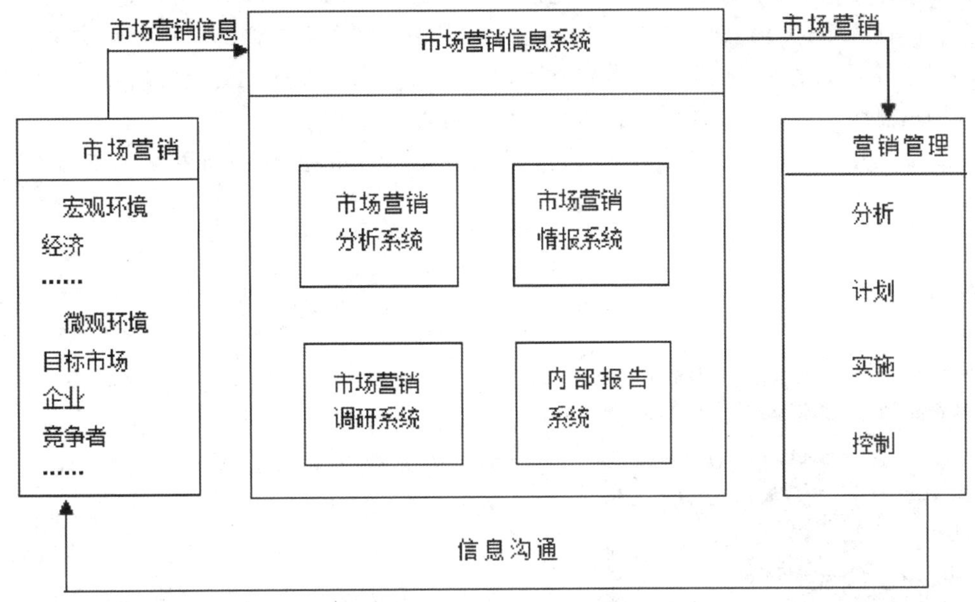

图 5-2　市场信息系统的基本框架

1.内部报告系统

人们习惯上把内部报告系统看作是内部会计系统。严格上说,内部报告系统是以内部会计系统为主,以销售信息系统为辅组成的。内部报告系统由订单、销售额、存货水平、价格、应付账款等组成,其核心是“订单—发货—账单”的循环。它是企业营销信息系统中最基本的子系统。

内部报告系统的功能是向营销管理人员及时地提供有关企业各类产品的开发及销售额、存货量、现金余额、应收应付账款等方面的信息来反映企业内部目前的营销活动状况,通过对这些信息的分析,营销管理人员能够发现管理中的问题,为企业进行科学的销售管理、存货管理,降低销售成本,提高销售服务水平。同时还可以比较实际情况与预期情况之间的差异。

营销人员经常需要并使用企业的内部信息有:销售活动相关的信息,比如当前销售额、市场份额;产品存货量有关的信息,准确的存货信息对企业销售和生产都是很用帮助的;利润报告和产品成本有关的信息。

一个有效的内部报告系统,首先需要的是规范化的运作。规范的运作是企业内部报告系统数据稳定性的基础,是信息数据的准确性的保证。缺少规范化运作会导致最后做出的市场策略没有针对性。其次,还需要注意信息提供的及时性。由于市场是不断变化的，在激烈的市场竞争中，如果竞争者不能及时有效地运用营销策略，往往会导致企业丧失市场机会和丢失市场份额。

企业在设计本系统时，要注意具有针对性，应避免目标数据的非相关性，即要求收集到的数据精简且准确，以便于管理者在需要的时候能够快速找到并使用，有更多的精力投入到后续的营销策略的处理和制定。与其他信息来源相比，公司的内部报告系统通常可以更加迅速和便宜地获取信息，但是也存在一些问题。因为企业的内部信息常常是出于不同目的而收集的，信息收集的部门也不同，所以根据这些数据制定市场营销决策，可能会不完整或者不正确。这就要求营销管理者具有甄别信息偏向性的能力，合理地利用收集到的信息为企业的营销决策提供准确的数据参数。

下面的小案例说明了一家公司如何运用其内部报告系统帮助制定更好的市场营销策略的。

5-1 **全家便利店 POS 系统**

图 5-3 全家福便利店

一位全家便利店店长表示，每周他的店里都有 100 个以上的新产品上架，采用 POS 系统的结账机器上有数个按钮，分别对应：男小孩、女小孩、男成人、女成人等等，店员结账时会将这些性别年龄等特征录入系统，反映出每个产品在不同时段的销量以及受欢迎人群。当然，现在更流行且方便的做法是扫描会员卡获取详细的购买细节，研究出包括什么天气人们喜欢买什么等信息，支持新产品开发和货品更针对性地摆放。

2.营销情报系统

市场营销情报系统是系统地收集和分析关于消费者、竞争对手和市场发展趋势的可公开获得的信息的一整套程序。它的主要作用是向营销部门及时地提供外部环境变化的有关信息。营销情报系统与内部报告系统的主要区别是后者为营销管理者提供内部运营的“结果资料”，而前者是为营销管理者提供正在发生和变化的“变化资料”。

企业营销情报可以从许多渠道获得：

(1)大量的情报鼓励本公司的职员、经理、销售人员等提供，他们可以通过阅读书籍、杂志等出版物获取情报，还可以从与公司本部人员或者顾客、供应商等人员的交谈中获取情报。要想掌握市场主动权，公司必须向员工宣传收集信息的重要性，训练员工发现新情况的能力并鼓励他们及时向公司汇报。

(2)鼓励供应商、分销商、零售商和其他合作者及时传达重要的情报。有些零售商会雇佣神秘顾客来评估员工对待顾客的态度，零售商通过这些报告可以了解业务员的工作态度，能及时获得情报，发现不合格且影响公司形象的员工。而与竞争对手的供应商、经销商、分销商交谈也可以获取到竞争者的情报。

(3)积极地监控竞争者的行动。及时了解到竞争对手的产品和销售情况。例如,一家公司定期检查竞争对手的停车场,如果车位全满标识业务繁忙,反之则表明公司生意不好。还可以运用互联网搜索引擎,搜索竞争对手的年报、出版物,参加公开的商场活动和浏览竞争对手网站来获取重要情报。

(4)充分利用外界的情报供应商。如果企业规模较小,自己收集情报比较困难、耗时,可以聘请专业的调研公司,因为这些公司调研方法较为专业,数据信息较为全面,比自己收集情报所花费的边际成本要小得多。

营销情报获取信息的渠道很多,这也带来了一些道德问题。有一些公司虽然没有违反法律,但还是会引发道德争议。比如保洁公司曾经承认翻过联合利华公司总部的垃圾。所以竞争情报从业者需要更多的道德教育,收集情报不仅要注意情报应该是从合法渠道获得的,并且得到的情报应该是符合公认的道德准则的。

小案例 5-2

可口可乐公司对在线信息的迅速反映

2008年,可口可乐公司的监测软件发现在Twitter上有一条消息,是消费者抱怨无法兑换"MyCoke"奖励方案中回馈活动的奖品,随后这条消息被转发了一万多次。可口可乐迅速地在Twitter上对这名消费者表示歉意,并表示愿意帮助解决这个问题。那个消费者最终得到了奖品并将他的Twitter头像更改成自己拿着可乐的照片。

(三)营销调研系统

营销调研系统是指针对组织面对的特定营销问题系统地收集有关信息,对信息进行分析和评价,并报告信息研究结果的系统。

内部报告系统和调研信息系统的主要功能就是为企业提供日常的,市场变化中的情报信息。而与前两个系统不同,营销调研系统主要是针对企业营销活动中面临的明确具体的问题,进行信息的收集整理,最后解决特定问题或得到解决特定问题的方法。市场调研经常研究以下几个方面,比如,估算潜在的细分市场、分析市场占有率、品牌的新产品测试、广告、价格研究和营销活动等方面的问题,都需要以市场调研为基础。公司可以自己设立调研部门进行市场调研,也可以借助企业外的公司进行调研活动。大型公司一般是设立自己的营销调研部门从事调研活动,小型公司一般请企业外的专门的人员和机构来从事调研活动,因为所需成本会比较小。

Venus 女性剃须刀

吉列公司斥资3亿美元开发了一款专为女性设计的剃毛刀,这一决策是建立在大量的消费者调研的基础之上的。调研发现:首先,在美国,30岁以上的妇女中定期刮除腿毛、腋毛的女性占到65%,不采取任何措施的女性占35%,使用男用刮胡刀占到55%,使用电动刮胡刀和脱毛剂的占10%;其次,女性每次使用剃毛刀时,其手握剃毛刀的动作或角度至少要更换30次;再次,为了美丽,相比眉笔、眼影、染发剂,女性购买刮毛工具所占费用是最高的,所以这是一个极有潜力的市场。根据调研结果,吉列公司设计了 Venus 女性剃毛刀,握柄为弧形,更容易手握和控制,刀架则使用色彩鲜艳的塑料来显示女性的特点。

图 5-4　吉列女性剃毛刀

(四)营销分析系统

营销分析系统由先进的统计步骤和模型构成,利用先进的技术,通过软件和硬件分析市场营销信息,使企业得到所需要的内部和外部环境的信息,以帮助决策部门更好地进行营销决策,是市场营销信息系统中的高级处理系统。例如,利用营销分析系统中先进的统计方法来研究所得到的数据的信度和效度。这些分析可以使营销管理人员克服数据中的偏差,使得所搜集到的信息是有效可靠的。

营销分析系统有两个组成部分,一个是统计库,另一个是模型库。在统计工具库方面,它是通过采用各种各样的统计分析技术和方法从堆积如山的信息中收集有价值的信息,深入地分析各信息之间的关系和信息统计的可靠性。而模型库则包含了解决各种营销问题的先进的数学模型,帮助营销管理人员制定最佳的市场营销策略。一般情况下,模型库包含了新产品的销售预测模型、产品定价模型、厂址选择模型、广告媒体组合模型以及最佳营销组合模型。这些模型可以帮助解决“如果……会怎么样”和“哪一个最好”这一类的问题。

使用营销分析系统有很多优点。第一,它可以从先进的统计库中获取大量的信息。第二,能使用广泛的统计方法,在很短的时间内对收集到的大量的数据进行整合并评估。第三,结果立即得到,因为分析系统中的数据还有分析方法都是储存在计算机里的,在处理信息时能立即提取。

综上所述,建立较完善的市场营销信息系统对企业的发展具有重要作用。一个好的市场营销信息系统一般具有以下功能:(1)信息处理功能,对信息进行收集整理整合;(2)事物处理功能,帮助营销人员完成一些日常繁杂的重复性的工作,节省下时间,将有限的时间用在更重要的市场决策制定等工作上;(3)预测功能,比如利用市场营销信息系统中的调研信息系统,通过市场调研来了解不断变化的市场,预测未来发展趋势;(4)计划功能,可以合理安排不同部分的计划,向不同部门、不同层级的管理人员提供相应的数据资料;(5)控制功能,可以及时连续地跟踪信息,及时发现问题,分析原因,保证营销活动的有序和稳定;(6)辅助决策和决策优化功能,比如市场营销信息系统中的营销分析系统能利用数学模型，进行数据处理，帮助管理人员更好地进行营销决策。

二、大数据与大数据营销

(一)大数据

大数据是继云计算、物联网之后，IT 产业又一次颠覆性的技术变革，将对社会管理、国家安全与国家战略决策、企业与组织的管理决策、企业的业务流程以及个人生活方式产生巨大影响。麦肯锡曾评价大数据能使欧洲发达国家政府节省至少 1 000 亿欧元的运作成本，能使美国医疗保健行业降低 8%的成本，能使大多数零售商的营业利润率提高 60%以上。

拓展阅读 5-1

大数据的重要性

华尔街德温特资本市场公司首席执行官保罗·霍廷每天的工作之一，就是利用电脑程序分析全球 3.4 亿个微博账户的留言，进而判断民众情绪，再以 1～50 进行打分。根据打分结果，霍廷再决定如何处理手中数百万美元的股票。霍廷的判断原则很简单：如果所有人都高兴，那就买入；如果大家的焦虑情绪上升，那就抛售。这一招收效显著——当年第一季度霍廷的公司获得了 7%的收益率。这就是运用大数据很好的例子。马云在演讲中曾提到，未来的时代将不是 IT 时代，而是 DT 时代，DT 就是 Data Technology(数据科技)，这说明大数据对于阿里巴巴集团来说举足轻重。

2015 年 9 月，国务院印发《促进大数据发展行动纲要》(以下简称《纲要》)，系统部署大数据发展工作。《纲要》明确，推动大数据发展和应用，在未来 5～10 年打造精准治理、多方协作的社会治理新模式，建立运行平稳、安全高效的经济运行新机制，构建以人为本、惠及全民的民生服务新体系，开启大众创业、万众创新的创新驱动新格局，培育高端智能、新兴繁荣的产业发展新生态。《纲要》部署三方面主要任务：一要加快政府数据开放共享，推动资源整合，提升治理能力；二要推动大数据发展与科研创新有机结合，推进基础研究和核心技术攻关，形成大数据产品体系，完善大数据产业链；三要健全大数据安全保障体系，强化安全支撑。美国管理学家爱德华·戴明的名句“21 世纪除了上帝以外，任何人都要用数据来说话”成为全球的流行语。大数据作为互联网时代的产物，已经成为经济社会升级发展的必然趋势。

大数据是指无法在一定时间范围内用常规软件工具进行捕捉、管理和处理的数据集合，是需要新处理模式才能具有更强决策力、洞察力和流程优化能力来适应海量高增长率和多样化的信息资产。自 2012 年以来，“大数据”一词被越来越多地提及，人们用它来定义和描述信息爆炸时代产生的海量数据，并命名与之相关的技术发展与创新。大数据技术的战略意义不在于掌握庞大的数据信息，而在于对这些含有意义的数据进行专业化处理。换言之，如果把大数据比作一种产业，那么这种产业实现盈利的关键在于提高对数据的“加工能力”，通过“加工”实现数据的增值。

大数据到底有多大

大数据到底有多大？一组名为“互联网的一天”的数据告诉我们，一天当中，互联网产生的全部内容可以刻满1.68亿张DVD；发出的邮件有2 940亿封之多（相当于美国两年的纸质信件数量）；发出的社区帖子达200万个（相当于《时代》杂志770年的文字量）；卖出的手机为37.8万部，高于全球每天出生的婴儿数量37.1万……在各行各业均存在大数据，但众多的信息是纷繁复杂的，需要搜索、处理、分析、归纳，总结其深层次的规律。

大数据大致分为三种类型：(1)传统企业数据；(2)机器和传感器数据；(3)社交数据。大数据的特点被概括为5V（IBM提出）：volume（大量）、velocity（高速）、variety（多样）、value（低价值密度）、veracity（真实性）。

知名企业大数据实践

淘宝——淘宝推出的数据魔方服务是淘宝平台上的大数据典型应用案例。通过这一服务，商家可以了解淘宝平台上的行业宏观情况、自己品牌的市场情况、消费者行为等，据此做出经营决策。淘宝根据匹配数据优化店铺排名和用户推荐，消费者可以更轻松地购买到心仪的宝贝。

耐克——耐克近两年十分火爆的Nike ID业务就是充分挖掘数据潜力的例子。Nike ID业务允许消费者基于耐克的一些产品进行个性化改造，选择自己喜欢的颜色搭配、面料，甚至绣上自己的名字缩写等。完成自己的设计后，耐克就能为消费者量身打造一款独一无二的运动鞋。通过Nike ID业务，耐克公司不仅能够了解用户喜好，同时这些宝贵的数据对于耐克将来研发新品也是非常重要的参考。

亚马逊——亚马逊一直通过大数据分析尝试定位客户和获取客户反馈，并发现数据越大，商业运营和决策支持效果越好。它根据每位顾客以往的购买和搜索记录，推荐其有可能感兴趣的相关产品，这一推荐系统对总销售的贡献超过30%。亚马逊独有的亚马逊超级会员服务(Amazon Prime)提供的两天送货项目有利于其抢占顾客钱包份额。

(二)大数据营销

1.大数据营销的作用

利用大数据不但可以使企业实现精准营销，使传统企业实现在互联网时代的转型，更可以让企业发现新市场与新趋势，进行市场预测与决策分析，实现创新发展。大数据营销(big data marketing)是基于多平台的大量数据，依托大数据技术，应用于互联网广告行业的营销方式。大数据营销衍生于互联网行业，又作用于互联网行业。依托多平台的大数据采集，以及大数据技术的分析与预测能力，能够使广告更加精准有效，给品牌企业带来更高的投资回报率。大数据营销的核心在于让网络广告在合适的时间，通过合适的载体，以合适的方式投放给合适的人。如购物网站可通过分析客户以往购买的商品来判断个人所需产品、购买习惯等，有针对性地推送消息。百事可乐公司为了更加精准地投放广告，购买了社交信息优化推广公司 Social Flow 的服务，对数据进行分析，从而知道何种营销活动的传播效果更好。

大数据营销在互联网时代发挥着越来越重要的作用，正确有效地运用大数据可以使企业获得以下竞争优势：

(1)有助于分析用户行为与特征，使产品及营销活动投用户所好。只有通过收集大量用户数据，才能了解用户的喜好与习惯，以及他们对产品的期待，从而做到投其所好。大数据营销是建立一个数据模型，让营销更加精准、有效，让企业做到比用户还要了解自己，以此留住用户。

(2)有利于品牌危机监测及管理支持。大数据可以让企业对自己品牌的所有问题提前有所洞悉，避免因为品牌效应给企业造成不必要的损失。大数据可以采集相关信息，及时启动危机跟踪和报警，分析人群的社会属性，聚类事件过程中的观点，识别关键人物及传播路径，进而保护企业、产品的声誉，抓住源头和关键节点，快速有效地处理危机。

(3)有助于提升用户体验和客户分级管理支持。用户的体验直接反映出对企业的好评程度。要改善用户体验，关键在于真正了解用户及他们使用产品的状况，给予及时的提醒。面对日新月异的新媒体，许多企业通过对粉丝的公开内容和互动记录的分析，将粉丝转化为潜在用户，激活社会化资产价值，并对潜在用户进行多个维度的描述。

海尔：用户参与设计才是真正的营销

海尔 SCRM 会员平台同几家旅游、健康类杂志合作，不仅可以为北京地区杂志订户提供购买帝樽空调的优惠，实现双赢，还可以通过用户订阅的杂志类型来判断他的特点，并以此来进行精确营销。

通过这种方法，海尔找到了陈然，一位订阅旅游杂志的北京景泰西里小区住户。显然，他是对环境、自然感兴趣的。海尔 SCRM 会员大数据平台由此预测：陈然极有可能对帝樽空调除 PM2.5 感兴趣。几天后，陈然收到了海尔投递的一封直邮单页，除了送去公益环保知识之外，重点介绍了帝樽空调的除 PM2.5 功能。

5 月 1 日，陈然带着收到的直邮单页，来到北京杨桥国美店。现场体验海尔帝樽空调后，付款购买了一套。成交后，陈然登录 www.haier.com 官方网站，自主注册为海尔梦享会员。

显然，通过海尔的精准营销，陈然享受到了个性化服务。

到这里，故事还未结束。海尔不是把成交看成销售的结束，而是看成互动的开始。

5 月 6 日，通过陈然留下的手机号码，海尔对陈然进行了回访，告知他不仅可以通过购买获得会员“消费积分”，而且可以通过互动获得会员“创新积分”。交流中，陈然还透露出打算购买彩电。

当天，陈然关注了海尔官方微博。相应的，SCRM 大数据平台获取了他在微博上的公开数据，并且利用智能语义分析工具，从陈然的微博中不断出现的格隆(格隆是厄瓜多尔的一位足球名将)，推测出：陈然是一名足球爱好者，则他一定常看电视体育节目，也一定十分看重画面的流畅度。很快，海尔 SCRM 会员大数据平台将海尔智能电视高速画面无拖尾的特点精准地推送给了陈然。

5月12日,陈然再次购买了一台海尔彩电。陈然很高兴,作为用户,他说,“海尔的这种精准服务信息是我需要的。”

海尔有一个营销理念:用户参与设计才是真正的营销。事实上,在SCRM大数据平台上与陈然的互动已经不只是精准营销,而是让用户参与设计,与用户分享价值。

2.大数据营销的特点

大数据营销有其特点,企业在进行大数据营销时,应当关注这些特点,更好地利用海量数据进行营销。

(1)关联性。大众关注的广告与广告之间的关联性是大数据营销的一个重要特性。在大数据的采集过程中,企业会快速了解到大众对产品的喜爱程度以及地域之间的差异,哪些地域的大众喜欢哪些产品更多一点。这些有价值的信息可以让广告的投放产生前所未有的关联性。

(2)时效性。大众往往会在某一段时间内特别喜欢某一种产品,大数据的出现给企业创造了黄金时间把握住大众的喜好获取更多的市场。实效性不仅体现在流行上,还表现为大众接受企业广告的重要时机。通过大数据,企业可以更好地选择合适的时间投放广告,满足各类人群的需求,大大节省了企业不必要的广告投放。

(3)个性化。网络时代,企业的营销理念从“媒体导向”向“受众导向”转变。以往营销活动以媒体为导向,企业通常选择知名度高、浏览量大的媒体投放广告。如今企业完全以受众为导向进行广告营销,因为大数据技术可以让他们知晓目标受众身处何方,关注什么位置的屏幕。大数据技术甚至可以做到当不同用户关注同一媒体的相同界面时,广告内容有所不同,实现对消费者的个性化营销。

(4)性价比高。大数据营销是依托海量数据的采集,以及大数据技术的分析与预测能力,实现广告的精准投放。相较于传统营销方式的“广而告之”,大数据营销可以大幅提高投入转化率,降低单位成本,提高企业产品的性价比,并根据实时的效果反馈及时进行调整。

(5)非单一化的数据采集。大数据营销并非“量”的存在,而是“智慧的数字生态”。大数据的采集是多样化的、多平台的,这样能更好地满足用户的真实需求。多平台包括互联网、移动互联网、广电网、智能电视,未来还有户外智能屏等。

第二节　市场调研概述

一、市场调研的含义

在当今激烈的市场竞争中,市场营销者需要基于消费者行为和市场洞察来进行决策。例如小米公司希望知道,有多少人以及什么样的人会购买红米手机;聚美优品希望知道,在自己投放的广告中最有效的诉求是什么;海底捞希望知道,顾客对新推出的火锅底料的口味有何反应。在这些情况下,管理者需要进行有针对性的市场调研。

市场调研(market research)就是运用科学的方法,通过多种渠道,有目的、有计划,系统客观地收集、整理、分析与评估有关市场营销活动的现状,为营销管理人员提供数据依据。更简明的定义是指对营销决策相关数据进行计划、收集、分析和报告信息。

市场调研有三个作用:描述功能、诊断功能和预测功能。描述功能指的就是描述历史事实,比如产品现有市场占有率是多少、上一季度的销售额是多少。诊断功能指的是解释数据,诊断现状,比如是哪一些因素影响了这一季度产品的销售量的下滑。预测功能,预测未来市场发展趋势,比如消费者对产品需求的变化,面对不断变化的市场,企业要怎么满足消费者不断变化的需求。

5-6

亨氏 EZ Squirt 番茄酱

图 5-5 亨氏番茄酱

由于儿童每年都会食用50亿盎司的番茄酱,亨氏认为重度使用者——儿童,对如何更有趣地食用番茄酱有很多话要说。亨氏公司通过市场调研对儿童如何使用番茄酱进行分析,最后形成了新的瓶体设计、名称选择和颜色方案,EZ Squirt 绿色番茄酱诞生了。产品的密封盖为拧开式,塑料包装瓶为孩子们喜欢的形状,采用了芥末酱常用的拧开式挤出嘴。这款番茄酱成为亨氏公司有史以来最成功的产品之一,亨氏番茄酱的市场份额也因此提高了10%。

二、市场调研的内容

市场调研涉及营销活动的各个方面,主要内容有产品调研、顾客调研、销售调研、促销调研等。

(1)产品调研,包括对新产品进行设计、开发和试销,对现有产品进行改良,对目标客户在产品款式、性能、质量、包装等方面的偏好进行预测。

(2)顾客调研,包括对消费者心理、消费者行为的特征进行调查分析,研究社会、经济、文化等因素对购买决策的影响以及这些因素的影响作用到底发生在哪个环节。

(3)销售调研，包括对购买行为的调查以及对企业销售活动的审查。产品的市场产潜量与销售潜量以及市场占有率的变化情况，也是销售调研的内容。

(4)促销调研，主要是对企业在产品或服务的促销活动中所采用的各种促销方法的有效性进行测试和评价。

市场调研最主要的活动有：识别潜在的市场，确定市场特性，分析市场占有率、销售、竞争。市场调研技术包括定量研究和定性研究。定量研究一般是为了对特定研究对象的总体得出统计结果而进行的。定性研究具有探索性、诊断性和预测性等特点，它并不追求精确的结论，只是为了解决问题之所在，摸清情况，得到感性认识。

三、市场调研的步骤

市场调研是一个由不同阶段、不同步骤相互联系、相互衔接构成的统一整体。市场调研的过程包括五个步骤：确定问题和研究目标、设计调研方案、选择调研方法、选择抽样方法、搜集信息、分析信息、提出结论（见图 5-2）。市场调研的这五个步骤又可以分为三个阶段：准备阶段（包括确定问题和研究目标）、设计阶段（包括设计调研方案、选择调研方法、选择抽样方法三个步骤）、实施阶段（包括收集信息、分析信息、提出结论三个步骤）。

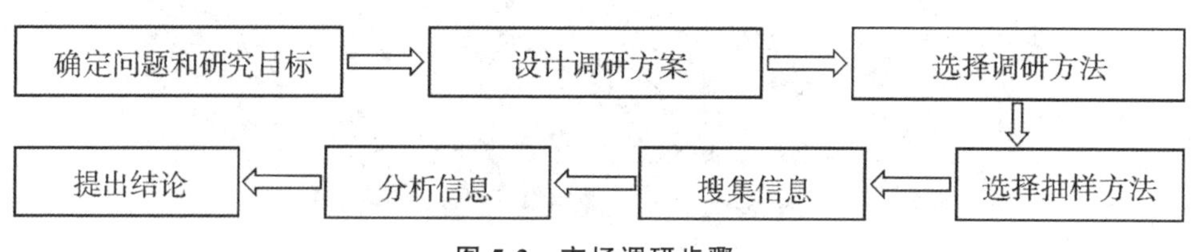

图 5-2　市场调研步骤

(一)准备阶段

这一阶段主要是确定研究目的、要求及范围，并据此制订调研方案。并非每一项调研都有执行的必要，因此市场调研策划的首要环节就是确定调研是否有必要。调研的第一步骤要求研究人员认真确定问题和研究目标。这通常要求与企业进行充分的沟通，同时查阅相关资料。在任何一个问题上都存在许多可以进行调研的因素，因此企业营销管理者必须善于把握，对问题的规定要适量，既不要太宽，也不要太窄。如果定义得太宽则难以操作，有可能会在调查中获得许多不需要的信息，冲淡甚至掩盖真正对企业营销决策有效的信息。如果定义得太狭窄，会造成研究深度太浅、过于片面，限制研究者的视角，以致不能为决策者提供全面的信息支持，影响决策的质量。在分析调研的必要性之后，要确定调研的问题及主题。

通常在正式调研之前要进行一项非正式调研，又称探索性调研，即一种小规模的调研，目的是确切地掌握问题的性质和更好地了解问题的背景，以便节省调研费用，缩小调研范围，深入了解调研问题。非正式调研常用的方法是收集二手资料或进行小范围的讨论等，即调研人员尽可能收集企业内外部的各种相关资料，并咨询企业内外部对此问题有丰富经验及深入研究的专家学者，也可从最终消费者或调研对象身上收集相关资料，以便明确调研问题。调研问题确定过程的最终结果是形成调研目标，所有为调研项目投入的时间及成本都是为了实现既定的调研目标，他是调研项目进展的指导方针，是评价调研质量的尺度。因此，调研目标必须尽可能准确、具体并切实可行。

(二)设计阶段

1.设计调研方案

调研方案的设计是指为实现调研目标制定调研计划书，它是调研项目实施的行动纲要，为回答具体问题提供了框架结构，保证了调研工作的顺利进行。一份完整的调研方案通常包括以下几方面内容：确定资料来源、设计具体的调研内容、设定调研的时间表、确定调研对象和调研人员、说明调研预算。由于不同类型调研方案的侧重点不同，设计调研方案的首要任务就是确定本项调研是探索性调研、描述性调研还是因果性调研(见表 5-1)。

表 5-1　三种调研类型方案比较

	探索性调研	描述性调研	因果性调研
目的	了解并界定问题 追踪和寻找市场机会	描述特征、功能、属性	研究因果关系
适用	无法确定某一问题 实现问卷的精确、细化	对问题有较多了解 对所需信息有清晰定义	存在某种内在联系 试图寻找解决问题的途径
特征	小样本调研 不具备推断总体的作用 定性分析 处于大规模调查之前	大样本调研 定量分析 结论供决策参考	研究变量间的相关关系 定量分析
方法	专家咨询法 座谈会法 个人访谈	文案法 问卷法 观察法	实验法 统计模型法

(1)探索性调研。这是指没有特定的结构并且采用非正式的方法进行调研，通常用于深入了解并界定问题或寻找市场机会。当人们无法确定某一问题时，往往借助此法来界定问题；或在大规模调查之前，凭借此法使问卷更加精确、细化。常用方法有专家咨询法、座谈会法、个人访谈等。

(2)描述性调研。这是指以描述研究对象的特征、功能、属性等为目的进行的调研，调研范围包括：研究对象的态度、行为，以及竞争者的一些基本情况等。这种方法侧重于使用一系列调查问题来描述被调查者的行为及心理特征。描述性调研通常以大样本为基础，同时要求调研人员对所研究的问题有较多的了解，并对所需信息有清晰的定义。常用方法有文案法、问卷法、观察法等。

(3)因果性调研。是指为了通过对多种因素的研究来确定问题产生的原因所进行的调研。调研人员需要考察一个变量是否影响另一变量，以及变量之间是否存在某种相关关系。例如食品公司进行调研了解产品口味的改变是否会引起销售量的变化。常用方法有实验法、统计模型法等。

这三种调研类型，将在下一节中详细介绍。

2.选择调研方法

营销调研的方法有观察法、实验法、访问法、问卷法、网络调查法、基于大数据技术的市场调研方法等，在第四节将有详细的介绍。

3.选择抽样方法（见表5-2）

（1）概率抽样。又叫随机抽样，概率抽样方法中总体的每个单位被抽中的概率相等。具体包括四种方法：①简单随机抽样，是指以每一个体为抽样单位，并使每一个体被抽中的概率相等；②等距抽样，是指将总体中的个体按照某种顺序排列，随机抽出某一位置上的个体，并顺着某个方向等间隔地选取其他个体；③分层抽样，是指将总体中的个体按某种特征分为若干类，使得每类内部相差不大，类与类之间差异较大，然后在每一类中随机抽取若干个体构成样本；④整群抽样，是指将总体按照地域标志或其他标志分成若干个内部差异很大但相互之间差异很小的群体，然后再随机抽取某一整群构成样本。

（2）非概率抽样。又叫非随机抽样，是指从总体中非随机地选择特定的个体，每一个体被选中的机会未知，也不能用概率表示。具体包括四种方法：①任意抽样，是指调研人员随机抽取一些个体作为样本；②雪球抽样，它要求被调研者提供其他可能回答问题的人的名单供调研者使用；③判断抽样，是指调研人员根据对总体及个体情况的了解，凭借主观判断选择有代表性的个体构成样本；④配额抽样，是指调研人员根据一定的标准确定样本个体数的配额，然后按照配额抽出一定数额的个体构成样本。

表5-2　不同的抽样类型

概率抽样	
简单随机抽样	每一个体有已知并相等的机会被选中。
等距随机抽样	个体按照某种顺序排列，随机抽出某一位置上的个体，并顺着某个方向等间隔地选取其他个体
分层随机抽样	统计总体被分成互不相容的几组（如根据年龄分组），从每个组中抽取随机样本
分群随机抽样	总体样本被分成相互间差异很小的几组（街区），调研人员从这几组中随机抽取一组来调查
非概率抽样	
任意抽样	调研人员选择最容易获得的个体成员，从他们那里获得信息
雪球抽样	根据名单抽样
判断抽样	调研人员根据自己的判断，选择有可能提供准确信息的有代表性的个体成员
配额抽样	调研人员从各类型的人中选取规定的人数进行调查

（三）实施阶段

1.搜集信息

调研计划制订好后，就要开始搜集信息。信息来源可分为一手资料和二手资料。一手资料又称为原始资料，是为当前某种特定目的直接从调研对象那里获取信息；二手资料则是由别人收集、整理且通常是已经发表过的信息，各种公开出版物、各类咨询单位或者信息公司及数据库所提供的信息，还包括了企业内部储存的各种数据。如表 5-3 所示。研究人员通常从搜集二手资料开始他们的调查工作，收集这些二手资料比较容易，花费也较少。我们一般将利用二手资料进行的调研称为案头调研。二手资料为调研提供了一个起点，具有成本较低和容易获得的优点。但是，研究人员也必须搜集一手资料，它们是为某种特定目的而收集的原始资料。这里主要介绍二手资料及其来源。

表 5-3　一手资料和二手资料的收集方式和优缺点

<table>
<tr><th colspan="2">项目</th><th>方法</th><th>具体方法</th><th>优点</th><th>缺点</th></tr>
<tr><td rowspan="8">资料来源</td><td rowspan="2">二手资料</td><td rowspan="2">案头调研</td><td>内部资料查询</td><td rowspan="2">费用成本低，快捷方便</td><td rowspan="2">缺乏针对性、可靠性、准确性和客观性，需要进一步验证</td></tr>
<tr><td>外部资料查询</td></tr>
<tr><td rowspan="6">原始资料</td><td rowspan="4">询问法</td><td>问卷调查</td><td rowspan="6">信息资料准确可靠，针对性、有效性强</td><td rowspan="6">费用成本高、周期长</td></tr>
<tr><td>深度访谈</td></tr>
<tr><td>电话调查</td></tr>
<tr><td>会议调研</td></tr>
<tr><td>观察法</td><td>人工、机器观察</td></tr>
<tr><td>实验法</td><td>无控制、有控制实验</td></tr>
</table>

二手资料是企业开展市场调研的一个重要信息来源。可以说企业开展市场调研几乎离不开二手资料。从事市场调研的工作人员应该对二手资料的来源和种类有清晰的了解，这样可以迅速地查找和获取相关的二手资料提高工作效率。二手资料的来源有以下几种：

(1)互联网

在计算机和互联网普及的今天，通过互联网获取二手资料是最便捷、最经济和最高效的途径。市场调研人员应该十分熟练和高效地运用互联网获取二手资料。在互联网获取资料用得最多的是搜索引擎，为了提高搜索的效率，确定关键词是非常重要的，可以帮我们迅速找到需要的资料。除此之外，另一个较为便捷的途径是上专业网站，这些专业网站可以提供企业需要的专业信息，可减少在搜索引擎上花费时间挑选信息的烦恼。

(2)年鉴

各种各样的年鉴是二手资料的重要来源之一，特别是有关统计方面的年鉴。年鉴按其分类可分为两大类，一类是有关国民经济的统计年鉴，如《中国统计年鉴》等，还有各种其他经济年鉴，如《中国第三产业统计年鉴》等；另一类是各种专业年鉴，如汽车工业相关的《中国汽车工业年鉴》、《中国交通年鉴》等。研究专业问题一般要大量查询年鉴，通过年鉴可以获取国民经济各行业最基本的统计数据和资料。

(3)专题报告

除年鉴外，各行业协会每年会发布一些该行业的专题报告，包括一些白皮书，如《中国汽车工业发展年度报告》、《中国家电行业发展报告》等。这些报告涵盖了大量有用的内容信息。此外，社会上一些第三方独立调研机构，如研究所、大学的调研机构等也经常开各种专项研究并做出研究报告，这些也同样可以成为资料来源之一。

(4)报纸杂志及相关专业书籍

报纸杂志是一个非常重要的二手资料来源，虽然互联网目前相当普及但不能完全替代报纸杂志，特别是有一些报告和研究分析文章不在互联网上发表。调研人员应该更加重视专业杂志，虽然专业杂志在时效性上不如报纸，但杂志往往透露出许多重要的内部信息，如新产品的研制、新技术的开发和应用、企业的发展战略和行动计划等。通过专业杂志收集相关信息是企业市场调研人员的一项重要工作。

(5)上市公司的年报及相关资料

如果企业要研究的对象为上市公司，上市公司的季报、半年报、年报及公告等则是应重点关注的二手资料。一般来说，上市公司的年报有严格的监管，并通过外部第三方会计事务所的审计，可信度高。

上市公司年报透露的信息最重要的是企业的财务信息，但除财务信息外，还有很多有关生产经营重大决策的信息，特别是公告信息。

(6)企业的内部数据库和相关资料

在平日的日常经营中，企业会积累大量的数据和资料，包括一些市场调研报告、专题研究报告等，这些也是二手资料的一个重要来源，并且是最节省时间精力的收集方式。通常企业内部的数据及相关资料是企业调研时的首选资料来源，如果内部资料信息不足以满足需要，则再通过其他方式收集外部二手资料。此外，设计产品的信息，如用户对产品质量的反馈、有关产品改进的建议也非常重要。

小案例 5-7

日本获取我国开发大庆油田的情报

利用二手资料分析需求，最知名的例子是日本在20世纪60年代获取我国开发大庆油田的情报。当时，日本人不可能深入我国境内开展市场调研，但他们能通过我国公开的资料进行研究。日本人通过铁人王进喜在一个画报上的照片，判断出大庆油田在我国的东北地区。后又根据其他公开资料和一份报纸上的照片，判断出大庆油田即将出油及油田的产油能力。在此基础上，日本人估计我国在随后几年急需进口大量的石油开采设备，他们按照中国东北地区天气寒冷的特点设计了有关的石油开采设备，从而在我国的石油开采设备国际招标采购中，一举击败欧美各国的竞争对手而中标。

2.分析信息

数据收集完后，调研的下一个步骤就是进行数据分析。所采集的数据大多是分散、零星甚至是不准确的，因此，首先要对所采集的数据进行加工处理，形成系统化、规范化且符合客观规律的资料，具体分为四个步骤：第一步，将数据资料分类，即按数量、时序、地域、质量分组；第二步，编校，即审查、验证数据是否正确，修订或剔除不符合实际的数据；第三步，数据编码及录入，即为每个问题及答案赋予一个数值代码，并将其录入计算机；第四步，编制图表，即列示每一种答案出现的次数，形成所有资料的数据库。在营销分析系统中，研究人员应努力采用一些先进的统计技术和决策模型，以期得到更多的调查结果。对数据的分析，包括统计分析和理论分析。统计分析包括两个方面：描述统计、推论统计。描述统计是根据所得信息，找出这些数据的分布特征，是描述调查观察的结果。推论统计是在描述统计的基础上加以推断。理论分析是分析数据的重要环节，是在资料汇总分析的基础上进行思维加工，进而从感性认识上升到理性认识。分析信息的方法有归纳法、类推法、公理法、演绎法等。

3.提出结论

市场调研的最后一个步骤是陈述研究人员对相关问题的研究发现。调研人员不应该让管理人员埋头于大量的数字和复杂的统计技术中，而应该简明扼要地提出与主要营销决策有关的一些调查结果，之后撰写市场调研报告，进行跟踪反馈。

第三节　市场调研的类型

一、市场调研的范围

市场调研活动涉及市场营销管理的整个过程，在各个环节出现的一些特定的营销问题，都可以通过市场调研的方法，提供解决问题的参考。市场调研运用一些技术和方法，也不限于研究特定的营销问题，它实际上可以应用于企业经营中出现的其他问题，因此它的研究范围是相对广泛的。主要的和常见的市场调研活动包括以下几个方面。

（一）市场研究

市场研究主要包括对市场需求规模的分析和预测，即估计某种产品或服务市场的现有规模和潜在规模，预测某产品或服务的不同细分市场的中远期需求；预测某产品或服务的各品牌市场占有率及其动态变化，分析企业与同行竞争者相比的优势和劣势；了解某类产品或服务的市场特点及其变化趋势，掌握消费者购买行为的基本模式及特点，以利于企业把握有利时机、制定最佳的营销组合策略进入有利可图的目标市场。

（二）消费行为研究

消费者行为研究包括顾客的基本人文特征和购买行为两方面的研究。首先，通常需要了解以下八方面的信息，即所谓的 6W 和 2H：购买者是谁（who）、购买什么（what）、为什么购买（why）、何时购买（when）、何地购买（where）、信息来自何处（where）、购买多少（how much）、如何决策购买（how）；其次，分析不同消费者群体间购买行为的差异以及生活习惯和生活方式特点。

（三）产品研究

产品研究包括现有产品的改进和新产品研制与开发的研究。对现有产品的改进主要是改进性能、扩大用途和创新市场等；对新产品的研制与开发主要是产品测试研究，其涉及消费者对产品概念的理解。对品牌的研究形成一个相对独立的研究领域，其主要内容有品牌的知名度、美誉度、忠诚度以及消费者对品牌的认知途径和评价标准等。

(四)价格研究

价格研究主要包括比价研究、差价研究以及消费者的价格敏感研究和新产品定价研究等。在比价研究中要确定同一市场和时间内相互关联产品之间的价格关系，包括原材料和半成品的比价、与零件的比价、进口产品与国产的比价及原产品与替代产品的比价等；在产品差价研究，要分析和研究产品的质量差价、地区差价、购销差价、批零差价和数量差价等；价格敏感度研究和新产品定价研究为企业制定和改进价格策略提供依据。

(五)广告研究

广告研究由于其特定内容和相对独立的研究方法，形成了市场调研中一个独立的分支领域，它的研究内容主要包括：为广告创作而进行的广告主题和广告方案的预测；为媒体选择而进行的广告媒体调研，如电视收视率、广播收听率、报刊阅读率调查等；为评价广告效果而进行的各类消费者广告前的态度和行为调查、广告中接触效果和接受效果调查、广告态度和行为跟踪调查等；为制定企业的广告策略而进行的消费者媒体行为和习惯的调查。

(六)营销环境研究

企业的营销环境包括微观环境和宏观环境，它们通过直接或间接的方式给企业的营销活动带来影响和制约。微观环境包括了企业内部、营销渠道、顾客、竞争者和社会公众；宏观环境主要包括人口、经济、自然、技术、政治法律以及社会文化环境等。企业要时刻认识和把握自己所处的环境，企业的生存和发展必须使自己适应外部的环境，而且还要能动地影响环境。

(七)竞争者研究

企业要出色地完成组织目标必须比竞争者更好地满足顾客需求。因此，企业不仅要全面深刻了解顾客需求，还要时刻掌握竞争者的动向，以便制定恰当的竞争战略和策略。竞争者研究的一个基本内容就是利用合法手段技术收集竞争者的情报和有关信息。

(八)顾客满意度研究

顾客满意度研究越来越受到企业界的重视，企业通过顾客满意度研究了解顾客满意度的决定性因素，测量各因素的满意度水平，从而使企业比竞争者更好地满足顾客消费需求。

(九)企业责任研究

企业责任研究主要包括消费者权益研究、产品或服务的生态影响和营销道德研究、广告和促销活动的法律研究等。

除了以上列举的市场调研主要范围外，市场调查实际可以应用在更多更广泛的方面。比如美国总统选举，可以通过调查了解民意；国外陪审团成员的选择，很多也是借助市场调研及其他工具来产生的。

二、市场调研的分类

(一)探索性调研

1.探索性调研的作用

一旦调研人员了解了开展调研的动机，通常他们都需要额外的背景信息来全面地理解问题。市场调研人员对包括行业、企业、产品或服务和目标市场在内的营销环境了解得越深,问题就越可能被正确地定义。开展探索性调研可用来获取更多对概念的理解或者有助于问题定义的透明化,它也用来识别重要的研究变量。探索性调研是基础性调研,而不是一系列行动的明确的调研。

探索性调研,起作用主要体现在以下几个方面:

(1)发现调研对象存在的问题或者进行问题假设。

(2)为调研对象深入全面研究奠定良好基础。

(3)有利于调研人员熟悉问题。

(4)澄清相关的模糊概念。

2.探索性调研的形式

探索性调研可以采取以下形式:二手资料调研、经验性调研、案例调研和焦点小组座谈。

(1)二手资料调研

二手资料调研是另一种形式的探索性调研,同时也是一种发现问题最经济、最快捷的形式,其途径是通过文献资料进行研究。这些文献资料包括猜测性文献、贸易文献、统计数据和公司内部资料。

在实际操作中,公司内部资料是文献寻找的重要来源,有些问题通过内部资料查阅可以迅速找到问题所在。在文献查阅中重点是发现尝试性解释而非验证解释是否正确。市场调研人员要独立思考,善于通过查阅资料分析各种文献资料得出可能的假设。

(2)经验性调研

经验性调研是探索性调研的第二种形式。向已经熟悉调研对象的人了解有关问题,即通过向对某一问题经验丰富的人收集资料,寻找问题的一种方法。因此,与公司营销有联系的人都将成为潜在信息来源,如公司高层管理、营销经理、生产部经理、批发商、零售商和消费者。这些人员对公司及公司产品都有一定了解,当公司出现问题时,可以向这些人征询,让他们根据自己的经验做出某种判断,这种经验性调研是探索性调研资料的重要来源之一。经验性调研的一个重要任务是被访者的选择,访问对象是有着丰富的经验且能提供有用资料的人群,同时应选择有不同观点的访问对象,这样有利于收集不同的资料。

(3)案例调研

案例调研是探索性调研的第三种形式。案例调研是指选择某一个案例进行研究分析,并把得到的情况同考虑的具体问题进行比较。期望通过个例的分析来发现问题、总结经验,为目前问题的解决提供决策的依据。

案例调研中的案例选择标准为:①有新的情况发生,特别是一些突发性意外情况;②有极端的行为发生;③事物发展的顺序出现了新的变化。

案例分析能否实现理想的效果,取决于以下两个主要因素:①调研者的态度。市场调研人员在进行探索性调研时,绝对不能先入为主,要积极寻找可能出现的新假设或新问题。②市场调研人员的综合能力。有时探索性调研需要提出各种假设,要求调研人员具备综合分析的能力,能将零散的信息资料,通过分类提炼,形成一个统一的解释。

(4)焦点小组座谈

焦点小组座谈又称为小型调查会,是一种深度讨论得出所需信息的调研方式,同样可用于探索性调研。它与经验性调研的相同点都是向有一定经验的人员做调查,其区别是采取集体访谈的方式。这种方法的操作程序是主持人(市场调查人员)召集内部人员,对调研对象的有关问题通过自由交流、座谈的方式相互影响、相互启发、相互探索使调研的问题更加深入,达到预期的目的。大量实践证明,焦点小组座谈是一种有效的探索性调研形式,有利于产生新的假设,能够产生进行调查问卷设计的相关信息,能够采集到对分类研究有帮助的总结概括性背景信息,互相碰撞能够形成新的概念和新的思维。

(二)描述性调研

描述性调研是指对需求研究的客观事实资料进行收集记录分析的正式研究,它所要了解的是有关问题的相关因素和相关关系,所要回答的是"什么"、"何时"、"如何"等问题,而不是回答"为什么"的问题。因此,描述性调研通常只是说明事物的表现特征,而不涉及问题的本质影响事物发展变化的内在原因。

1.描述性调研的作用

第一,描述某一组别的特征。例如:在已获得某一产品的使用者信息资料的基础上,可以总结出一般使用者的收入水平、性别、年龄、教育水平等基本特征。

第二,估计某一消费群体中特定行为者所占比例。例如,通过消费者调查,估计在某一区域内消费者乐意在连锁店购物人数比例,可作为新开设连锁店决策的参考依据。

第三,预测。例如,通过调查了解今后五年内电子计算机在家庭购物中的需求偏好,可以预测今后我国五年内电子计算机的销售量,可以成为发展网上营销的决策依据。

2.描述性调研的构成因素

描述性调研在设计时,必须对所研究的事物有一定程度的了解,所提出的问题都是相互联系的,表述形式都是基于一定的假设。描述性调研具有高度的灵活性。开展描述性调研,首先要明确其构成的6大因素,即向谁提问(who)、问什么(what)、何时问(when)、在什么场合问(where)、为什么问(why)、如何问(how),因此也成为"5W1H"调查。

(三)因果关系调研

因果关系调研是指从已知的相关变量出发,以确定有关事物各变量之间因果关系的一种市场调研方法。因为任何事物的发展都是相关变量之间互相影响的结果,因果关系调研的直接目的主要有两个:一是要搞清楚哪些变量是原因性因素即自变量,哪些变量是结果性因素即因变量;二是确定原因和结果,即自变量和因变量之间的互相联系的特征。原因与结果之间的函数关系为:

$$y=f(x1,x2,\cdots)$$

上述函数关系表示,导致 y 变化的原因 x,可能是确定某一变量(唯一变量),但更多的情况是 y 的变化受多重因素的影响,如 $x1,x2,x3\cdots$

1.因果关系推论证据

在进行因果关系调研时,实际上暗示了一种假设,即所考察变数中有一种或几种变数导致了因变量的变化。通常情况下,可采取如下两种证据进行实物间存在因果关系的推断。

(1)伴随变化

伴随变化是指一种因素的变化必然伴随着另一种因素的变化。这种伴随变化表现在质和量两个方面:一是在质的方面,如果要确认“受教育程度的提高等引起吸烟行为的减少”这样的因果关系,调研人员就必须观察到下列现象,即“受教育程度高的人”往往不抽烟,而“受教育程度低的人”常常抽烟;二是在量的方面,如广告费用支出 x 和销售量 y 之间的关系,随着 x 的增加 y 也增加。需要指出的是,无论是在质的方面还是在量的方面,我们仅仅是有这样的推论,但并不一定是导致结果的唯一因素,只是说明暗示着这种情况的一种证据。

(2)顺序关系

变量发生的时间顺序是证明因果关系的第二个证据,即在因果关系分析时,原因性因素在先,结果性因素在后,存在着一定的时间顺序。但在实际分析研究时,常常出现原因和结果之间究竟谁先谁后难以判断的现象,这就需要调研人员具体问题具体分析。

2.因果关系调研的应用

因果关系调研主要用于寻找企业问题的原因,其典型问题如“为什么公司的销售额下降了”等。因果关系调研的技巧是逐步缩小调研范围。一般分为三步进行:

(1)初始调研,找出所有可能的因素。

(2)进行因素分析,减少可能的因素数目。第一步应用二手资料,应用事实和推测删除大部分的可能因素;第二步应用收集到的各种原始资料提供证据。

(3)利用实验法,进一步缩小范围。实验法尽管不是确定因果关系的唯一方法,但它却是控制有关原因因素的唯一方法。

(四)三种市场调研之间的关系

探索性调研、描述性调研和因果关系调研是公司市场调研过程中在不同阶段采取的调研方式;它们之间存在着互相影响、互相依存的关系。如图 5-3 所示。

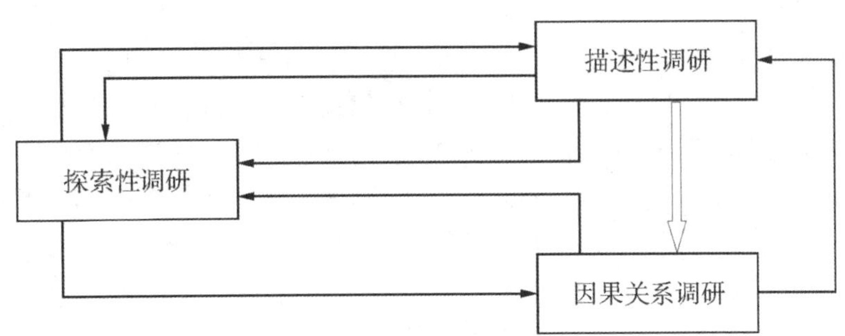

图 5-3 三种市场调研之间的关系

探索性调研是市场调研的第一步,其重点在于对问题进行尝试性解释,这种解释或假设作为描述性调研的指南,如果被描述性调研所证实,就可以利用因果关系调研来确认这一假设的可信性。

公司市场调研一般情况下是按照上述顺序进行的,但并不说明其顺序也是不可变化的。实际上,这三种调研方法在使用时,面对不同问题,其顺序也是变化的,并不是所有调研问题都是从探索性调研开始。模糊性问题从探索性调研开始,如存在明显的因果关系,则应从因果关系调研。

在调研过程中,也可以单独使用某一种调研方式。如某公司在进行了探索性调研后,不再进行后续调研,可能认为没有继续调研的必要,或者把调研结果保存下来供以后使用,或者不具备继续调研的条件。同时,如果公司积累了许多基础资料或相关资料,也可不进行探索性调研,而直接进行描述性调研,或者进行因果关系调研。

第四节　市场调研的主要方法

想要更好地实现调查目的,必须有科学合适的市场调研方法。只有调研手段恰当、调查方法科学,搜集来的资料才能及时、准确和全面。要搞好市场调研,就必须根据调查的目的、任务、被调查对象的特点,选择合适的调查方法。

常见的市场调查方法有访问法、观察法、实验法、网络调查法和基于大数据技术的市场调研方法。

一、访问法

访问法是用来收集原始资料的基本手段,是一种最常用的实地调研方法。根据调查访问形式的不同,可以有四种主要类型。

(一)面谈访问法

面谈访问法是指调查人员面对面地向被调查者询问有关问题,以获取相关信息资料,包括个人访谈、小组访谈等多种形式。其中,个人访谈包括入户访问、拦截访问及经理访谈等,小组访谈包括焦点小组访谈、深层访谈、德尔菲法访谈及头脑风暴法访谈等。其优点在于简单、灵活,可随机提问;调查人员可边询问边观察,有助于提高调研质量;提问的弹性大(就某问题深入详细地交谈),被调查者可充分发表意见,有助于获取有价值的信息;所提问题的回答率高。缺点是费用高、时间长,只适合小规模的调研;对调查人员素质要求较高;调研效果在很大程度上取决于被调查者的配合情况,被调查者易受调查人员主观意识的影响,使信息失真。

它要求调查人员做到以下几点才能获得成效:

(1)熟悉调查的问题,明确问题的核心、重点和实质。

(2)事先设计好问卷或者调查提纲。

(3)掌握人际沟通的技巧和方法,最好安排交谈预演。

(二)电话询问法

电话询问法是指调查人员根据抽样的要求,在样本范围内,通过电话询问的形式向被调查对象询问事先拟定的内容来获得信息资料。其优点在于经济、快速、易于控制;访问对象样本大、范围广;受调研人员影响小,交谈自由,能畅所欲言;对调研人员的管理方便;

尤其适合热点问题或突发问题的快速调查。缺点是无法进行产品的有形展示;不适合较长时间的访问;不适合深度访谈或开放式问题的访谈;容易遭到拒绝,被调查者易产生抗拒心理。

此类调研要求组织者做好以下几点:

(1)设计电话问卷调查表。注意其中通话时间、记忆规律约束。

(2)挑选和培训调查执行人员。

(3)选择样本方案、调查对象、访问时间段。

电话询问法可应用于:用户调查、回访、访问分销商、服务投诉和质量投诉的应答、价格行情意见的询问等。

(三)邮寄询问法

邮寄询问法又称通信询问法,它是将事先设计好的问卷或调查表通过邮件的形式寄给被调查对象,他们填好以后在规定的时间内寄回来。其优点在于高效、便捷、费用低,样本量大、调查范围广,减少了对调研人员的监督,被调查者思考的时间充裕,尤其适用于较敏感或涉及隐私的问题。缺点是问卷或调查表的回收率低,信息反馈时间长、时效性差,对被调查者素质要求较高,对调查内容要求较高(问卷设计清晰无歧义,能够引起被调查者的兴趣)。

(四)焦点小组法

焦点小组多由 8～12 人组成,在一名主持人的领导下,对某一主题或观念进行深入讨论,目的在于了解人们的想法及其原因,了解他们对一种产品、观念、想法或组织的看法,了解所调研的事物与他们生活的契合程度,以及在感情上的融合程度。

焦点小组访谈法不是一问一答式的面谈,他们之间的区别也就是群体互动和群体访谈之间的区别。群体互动所提供的互动作用是焦点小组访谈法成功的关键,正是因为互动作用才组织一个小组,而不是个人进行面谈。使用群体会议的一个关键假设是,个人的反应会成为对其他人的刺激,这样可以观察到受试者的相互作用,这种作用能够得到比同样数量的人做单独陈述时更多的信息。

焦点小组访谈法的优点在于参与者之间的互动可以激发新的思考和想法,这是一对一面谈实现不了的,而且群体的压力可以使激进者更现实一些。参与者之间积极的互动,对委托方而言,还意味着通过观察焦点小组来获得一手资料比一对一的面谈更为快捷和有趣。同时,这个方法也便于操作,容易得到所需要的结论。焦点小组访谈法的缺点在于容易受主持人的水平或研究者认识的影响,可能会产生误导性而非指导性的结论。此外如果选择的参与者和目标市场有一定的偏差,造成的后果也就不堪设想。

二、观察法

调研人员在现场观察,记录行为者的过程和行为结果的方法叫观察法,这是市场调查中常用的方法,主要用来收集原始资料。

观察法的基本要求:避免被调查者看出或感觉到正在被调查。目的是防止干扰被调查者的正常行为,以便取得真实、可靠、贴近实际的行为表现数据。

观察法的优点是它属于非介入式的资料收集行为。比较调查法,可以避免人际沟通、语言交流、情感摇摆、态度变动、文化差异等障碍,避免交流中出现暗示、人工环境等倾向,因此所获资料真实、具体、客观、可靠。此外,实施起来简单、灵活,便于调研人员短时间内掌握基本方法。它的缺点是只取得表象信息,无法深入探究原因、态度、心理、动机等深层信息。

观察法常见的应用有:神秘顾客、单向镜观察法、审计。

(一)神秘顾客

神秘顾客常用于收集有关商店的观察数据,以及顾客和雇员互动的数据。当然,在后一种情况下,神秘顾客和雇员间要进行交流。神秘顾客可能会提问:"这个产品多少钱?""这种款式有蓝色的吗?"或者"星期五之前能送货吗?"这种互相交流不是为了访谈,只是为了观察雇员的行动和评论。因此,虽然观察人员经常卷入彼此的交流,但神秘顾客仍然被看成是一种观察调研法。据估计,70%的美国零售商店使用这种技术,诸如沃尔玛、麦当劳、星巴克、Blockbuster 等餐厅和全食超市都是神秘顾客调查员的大客户。

神秘顾客概念有四种基本形式,每一种形式在深度和收集的信息类型上有所不同。

形式 1:神秘顾客拨打神秘电话。在这种方法中,神秘顾客给其客户打电话,并根据电话内容评估所接受的服务水平,继而与其进行一番照本宣科式的谈话。

形式 2:神秘顾客参观某个展览并快速地购买一些产品,不需要过多或者完全不需要顾客与雇员的相互沟通。例如,在形式 2 的神秘顾客中,神秘顾客购买了一些商品(如汽油、汉堡或一张电影票),并对其交易能力和场所的形象进行评估。

形式 3:神秘顾客造访某企业,用事先准备好的手稿或方案与服务员或销售代表谈话。形式 3 的神秘顾客通常并不包含真正的购买行为。类似例子包括与销售代表讨论手提电话的不同包装,事后评价一下所提供的服务,等等。

形式 4:神秘顾客进行一次需要良好的沟通技巧以及有关产品的丰富知识的访问。这样的例子包括讨论家庭贷款、购买新车的过程或是参观公寓群等。另一个形式 4 的神秘顾客例子是酒店侦查(见案例 5-8)。

神秘顾客酒店侦查

坐落在新奥尔良的卫城阁(Windsor Court)是 Preferred Hotel & Resorts Wordwide 集团旗下的高端酒店。在该酒店中,里奇—谢弗旋下了床头灯的灯泡,并开始用灯泡猛烈撞击床单。他摇晃灯泡,确定里面的灯丝坏了,然后小心地把灯泡安装到床头灯上。

里奇—谢弗先生不是一般的酒店客人。他是酒店侦查者,在这两天内他会使用大量的话招来检验卫城阁。而"烧坏的灯泡"测试是其中最难通过的一关,在里奇国际公司测试的酒店中只有 11%的酒店通过了该检测,即内务整理人员第一次查房就发现了烧坏的灯泡。

完成入住登记后,里奇先生就去吃午餐。卫城阁有一个五星级的餐厅,但里奇却选择了去酒店酒吧间休息室就餐。里奇先生点了菜单上的蟹饼和薯条,以查看酒吧间是否能提供列在菜单上的食物。卫城阁做到了,食物很可口,服务态度也很友好。但是服务生方面的得分还是不高,因为服务生没与顾客进行眼神交流,在顾客就餐完毕后也没有及时把番茄酱收走。然后里奇先生就去查找浴室的问题。在检查开始时，里奇先生说："在水槽、浴缸或者地板留有头发的酒店达到40%。"但是，在这间房间里并没有发现头发。

晚饭过后，里奇先生回到房间，发现床很整洁。然而，服务员在整理房间方面表现得不尽如人意。坏掉的灯泡也没有得到更换。里奇先生拍了大量的照片，虽然已经晚上10点，但里奇先生还要花几个小时来准备他的侦查报告……

(二)单向镜观察法

在前面提到的焦点小组座谈中几乎总是包含单向镜。当进行单向镜观察法时，客户就可以观察到焦点小组座谈的情况。例如，新产品开发经理可以在主持人开展不同类型的包装时观察消费者的反应。另外，当消费者说话时，调研人员能观察到她们流露出来的感情色彩。单向镜有时候也被儿童心理学家和玩具设计师用来观察玩耍中的儿童。费雪玩具(Fish-Price Play)实验室每年迎接大约3 500名儿童。这个实验室设计得像幼儿园的教室。在玻璃的另一边是一间铺有地毯的小房间，房内大约有10张椅子，2个摄像机。在产品开发的过程中，几乎所有的费雪玩具都先拿到这个实验室内进行测试。

为了恰当地使用观察室，其光线必须比焦点小组座谈房间的光线要暗。否则，焦点小组座谈的参与者就可以看到观察室内的情况。近几年，将单向镜告诉参与者并向他们解释谁在另外一间房间观看以及观看的原因已经成为一种趋势。

(三)审计

审计是另一种人员观察调研方法。审计是指对产品销售情况进行检验与核实。审计通常分为两类：检查与核实对最终消费者的销售量的零售审计；检查产品从仓库流向零售商的数量的批发审计。批发商和零售商允许审计人员进入他们的商店和货栈，并检查公司的销售情况的订货记录，以核实产品的流动。作为回报，批发商和零售商将从审计公司得到现金补偿以及有关他们经营状况的基本报告。

三、实验法

实验方法主要用于判断营销中的因果关系，或者某一产品大规模进入所有目标市场之前，在一个有代表性的区域内试销产品，以观察市场的反应。

它主要通过营销来改变、控制环境或条件已达到实验的目的。实验法有非正规实验与正规实验之分。下面主要介绍一下在实际操作中应用较多、较容易执行的非正规实验。其基本特点是：实验对象选择不是按严格的随机设计抽取的。分为以下四种：

(一)无控制组事后设计

既无对照组可供比较，也无事前测量可供参照。此类试验只能算作“探测性”实验。例：降价10%后，产品获得销售额增长20%的结果。这其中除降价外，还有其他因素影响销售额增长，就没法从中剔除。

(二)有控制组事后设计

利用实验组和控制组的事后测量值做对比进行判断，其显著优点是突显实验变量的调控效果。这也是常用的方法之一。

例:安排一次促销,同样是发放20%折扣优惠券买同一商品,赠送小包样品与不赠送样品有无销售差异?假如统计结果如表5-4所示。

表5-4 统计结果

组别	发送数量/户	条件1	条件2	事后回收/张
实验组	1 000	20%折扣券(红)	赠小样品	560
控制组	1 000	20%折扣券(白)	不赠送	389

(三)无控制组事前事后设计

实现对正在经营的情况进行测量,改变条件后再测量,两者对比确定条件投放是否有效。

例:节日期间所有商品一律折扣10%。假如统计如表5-5所示。

表5-5 统计结果

商品品种	事前销售/元	事后销售/元	减价额
A	800	1 500	700
B	3 100	4 500	1 400
C	8 200	9 100	900
合计	19 300	15 100	3 000

实验结果表明:节日中比节日前销售量普遍明显都有增长,但这是节日及降价两个因素共同推动的,在此实验中难以分清各因素对贡献的大小。这是无控制实验的局限。

(四)有控制组事前事后设计

先对实验组事前事后做测量;控制组事先事后做测量值;然后观察试验组事前事后变动值,控制组事前事后变动值;最后对比两组变动值差异,判断条件的影响。目的是有利于分离非实验影响,提高试验数据准确性。

例:对同一商品,春节期间分两组,分别采取折扣和不折扣,假如统计如表5-6所示。

表5-6 统计结果

组别	事先月销/元	条件1	条件2:春节月销/元	增减
A组	16 000	降价10%	21 000	5 000
B组	16 000	不降价	18 000	2 000

实验结果:A组比B组多3 000元/月,这是降价影响的结果。结论:春节该商品会增加销售,打折、降价会促使销售额进一步提高。

实验法的优点在于方法较为科学、实用,实验结果具有较强的说服力、价值高,能够排除人们的主观偏差,可探索不明确的因果关系。缺点在于耗时长、成本高;保密性差,易暴露营销计划的关键部分;样本或实验区域的选择较为困难;在操作、管理、控制等方面较为困难。

家庭主妇对即溶咖啡的印象

选择一些家庭主妇，将其分成一个实验组和一个控制组，要求每一位家庭主妇阅读一份购物清单后，说出自己对这份清单的印象。购物清单分为两份：一份包括雀巢(Nescafe)牌速溶咖啡，让实验组的家庭主妇阅读；另一份包括麦斯威尔(Maxwell House)牌速溶咖啡，让控制组的家庭主妇阅读。除了咖啡不同外，两份清单其他方面都相同，实验结果如下：

实验变量(购物清单)：	雀巢	麦斯威尔
实验后测量(对购物者的描述)：	懒惰 18%	懒惰 10%
	节省 36%	节省 55%
	浪费 23%	浪费 5%
	坏主妇 18%	坏主妇 5%

实验变数的效果可由实验组及控制组的百分比差异求得：

懒惰(18%－10%)＝8%

节省(36%－55%)＝－19%

浪费(23%－5%)＝18%

坏主妇(18%－5%)＝13%

四、网络调查法

在互联网时代，网络调查很快成为市场营销信息调研的利器。网络调查法(websurbey)是指企业利用互联网了解和掌握市场信息的方法。网络调研法具有自愿性、定向性、及时性、互动性、经济性与匿名性的特点。网络调查不受时空的限制，节省了人力、物力，节省了成本和时间，省略了印刷、邮寄等过程，问卷回收效率高，还可以增加调查的信息量。其缺点就是上网的人群不一定代表被研究的对象，针对性不强，无法深入调查，真实性不高，这些都是制约网上调研的重要因素。网络调查法是一种新兴的调查方法，它的出现是对传统调查方法的创新和补充，受网络调查以及通信技术的深刻影响，传统调研方法正在改变。

(一)网上问卷调查法

网上问卷调查法是在网上发布问卷，被调查对象通过网络填写问卷完成调查。在问卷的设计上尽量做到简明易懂，尽可能立即显示调查结果。

1.站点法

站点法是将问卷放在网络站点上，由访问者自愿填写、提交问卷，经调查者统计分析后再在网上公布结果的调查方法，是网上调查的主要方法。大学生常用的问卷调查网站有问卷星(见图 5-4)、第一调查网(见图 5-5)等，这些调查网站为了鼓励用户使用，设有金币或者积分奖励，以便更好地达到调研目的。此外随着通信工具的发展，微信调查越来越普及,制作好调查问卷后,利用朋友圈转发、公众号推送等方式让用户进行问卷的填写,这是大学生进行调查时最常用的方式之一。站点法的优点是答题者是自愿的,且传播途径广,目前被广泛应用;不足之处是难以选择和控制被调查对象,有时甚至可能出现样本重复、数据不真实等情况。

图 5-4　问卷星网站

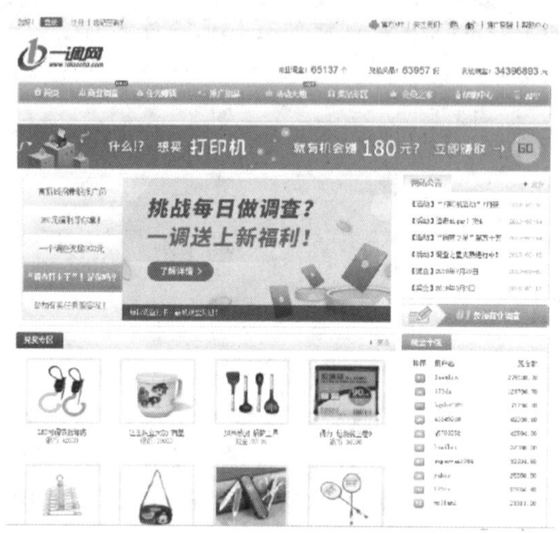

图 5-5　第一调查网网站

2.E-Mail 问卷法

E-Mail 问卷法是指通过邮件群发的方式将问卷发送给答题者,答题者直接通过点击问卷链接的方式答题。这种方式的优点是可以有针对性地选择答题者,使用简便,投递迅速,收费低,问卷易于保存,被广泛应用;缺点是回收率低,容易遭到答题者的反感,有侵犯个人隐私之嫌。因此,使用该方法时应得到答题者的同意,并向答题者提供一定补偿,如赠送小礼品等,以消除答题者的敌意。

问卷邀请要选择合适的时机

根据伦敦的光速公司(Lightspeed Research)的研究,尽管在线问卷的应答者可以自由选择完成问卷时间,发送问卷的时间对问卷完成的情况有很大影响。

公司在一周内的不同时间向其在英国的小组成员发出共 7 440 分在线问卷。总的来说，周一下午发出的问卷回复率最高，可以达到 39%。周五下午 5:30 发出的问卷回复率最低，其中女性的回复率是 28%，男性的回复率是 29%。另外，研究表明外部事件对在线问卷的回复率有很大影响。周三晚上有较大的足球赛事，对问卷的回复率，特别是男性的回复率造成影响。周三下午 5:30 收到邀请的男性中仅 11% 完成了问卷，同时女性的回复率为 31%。

研究结果还显示大多数问卷调研是在 24 小时之内完成的，仅有约 1/3 的问卷是在此之后完成的。换句话说，如果 24 小时之内的问卷回复率很低的话，在随后的日子里也很难提高。周一下午 5:30 发出的问卷在 24 小时内的回复率是 26%，6 天之后最终的回复率是 38%。另一方面，周三下午 5:30 发出的问卷在 24 小时内的回复率仅有 14%，6 天后总的回复率为 22%。

(二)网上讨论法

网上讨论法不需要面对面的交流，而是借助互联网平台实现交流。它有多种途径，如 BBS(电子公告牌系统)、news group、IRC(网络实时交谈)、Netmeeting(网络会议)、Newsgroup(新闻组)等，从本质上讲就是互联网集体访谈法。此方法被广泛应用于企业间网络会议、网络投票、网上焦点小组访谈等。

(三)网上测验法

网上测验法是指测验者利用网站或 E-mail 等途径，向网民或受测者发出有测验内容的问卷或信件，网友或受测者做出回答后反馈给测验者，测验者对反馈信息进行统计分析并得出结论。比如，公司可以通过在不同的网页或不同时间提供不同的价格、标题或某种产品属性，来比较自己的营销变量效果，或者可以创造虚拟的购物环境，测试新产品和市场营销方案。

(四)网上观察法

网上观察法是指观察者进入聊天室观察聊天的情况，或利用网络技术对网站接受访问的情况以及网民的网上行为、言论，按事先设计的项目、要求做观察、记录或自动监测，然后进行定量分析研究并得出结论。与线下的观察法类似但又有所不同，网上观察法不能直接观察被观察者的神情姿态，但可以对呈现在网络上的行为进行观测，不受空间限制，节省人力成本。比如，公司可以通过跟踪点击率了解网上顾客的行为，包括他们如何访问网站、如何跳转到其他网站。

五、基于大数据技术的市场调研方法

(一)数据收集技术及应用

数据收集是进行数据挖掘的第一步，也是最紧要的一步，适当充分的数据源可为后续的挖掘工作提供最好的原材料。获取数据目前主要可通过网络爬虫和通过数据交易市场购买数据两个途径：

(1)网络爬虫(又称网络蜘蛛，网络机器人)，是一种按一定规则，自动抓取万维网的信息程序或脚本,已在互联网领域得到广泛应用。网络爬虫是一个可以自动提取网页的程序。这是用户从万维网上下载数据的第一步。聚焦爬虫的工作流程比较复杂,它需要根据一定的网页分析算法对相关链接进行过滤,并保留有用的链接,并将其放入待抓取的URL队列中。然后,它会选择下一步抓取的网页URL,从队列中根据一定的搜索策略,并重复该过程,直到它达到一定的条件为止。

(2)通过公开数据交易市场获取数据。目前公开数据交易市场主要分为三种体系,分别是:官方数据系统、企业数据体系、个人数据体系。

(二)机器学习技术及应用

机器学习是一门交叉学科,涉及概率统计、逼近理论、凸分析、复杂性理论等学科。具体来说,是研究计算机如何模拟或实施人类的学习行为,获得新的知识或技能,并重组现有的知识结构,以不断提高他们的表现。它是人工智能的核心,是使计算机智能化的根本途径,它应用于人工智能的各个领域,主要用于归纳、综合而非演绎。

随着大数据近年来的快速发展,机器学习也取得了长足进步,在应用方面发展出了许多类型,主要有:

(1)分类预测。分类和预测具有广泛的应用,包括欺诈检测、性能预测、制造和诊断。分类预测的核心是要依据历史数据建立一个分类模型,目前主要的分类模型算法有决策树、逻辑回归、朴素贝叶斯、自组织树(SOTA)、支持向量机(SVM)、K最近邻(KNN)、神经网络、概率神经网络、模糊规则、线性回归、多项式回归等。

(2)聚类分析。聚类分析是指计算机自己将一组未经人为分类的对象依据其相似点分到一起的过程。聚类分析这是非常重要的人类推理行为。聚类不同于分类,其最大的区别是聚类分类之前所需的类是未知的。聚类分析的目的是基于对象在向量空间中的相似程度,判断对象的不同,进而对对象进行不同归属的判断。聚类分析在数学、统计学、生物学、经济学和计算机科学等的应用过程中,已经开发了大量针对特定领域的聚类分析技术,主要是用于表述数据的异同性,并将数据源里纷繁复杂的数据归集到不同的类,便于进一步的分析。目前常见的聚类算法有k-Means算法、c均值和期望最大化算法(Expectation Maximization,EM)。

(3)关联规则。关联规则挖掘是数据挖掘中最活跃的研究方法之一,它可以用来发现事物之间的关系。关联规则学习是通过发现规则来发现数据变量之间的关系,在大量的多元数据集中找到最有用的关联规则。常见算法包括Apriori算法和Eclat算法等。

(三)文本挖掘技术及应用

文本挖掘主要是针对自然语言文件,从文件中提取满足特定需求信息,便于计算机分析处理,进而获取需求信息的过程。文本挖掘是图像、语言、自然语言理解和知识挖掘的重要组成部分。

文本挖掘,又称为自然语言处理(NLP),是信息挖掘技术的一个子类。文本挖掘有许多分析算法,比较常用有神经网络学习、基于已有模式的逻辑推理、概率推理、非结构化的文本源分析、文字之间关联关系分析、文本分类等,目的是让计算机从自然语言中获取有用的知识和信息,进而应用于商业领域,可帮助企业进行决策制定、执行跟踪等方面,提升企业效益。

从目前文本挖掘技术的研究和应用状况来看，从语义的角度来实现文本挖掘的还很少，目前研究和应用最多的几种文本挖掘技术有：文档聚类、文档分类、摘要抽取和情感分析。

(四)社交网络分析技术及应用

社会网络是由社会成员组成的网络系统。个体也被称为一个节点，它可以是一个实体或一个具有不同含义的虚拟实体，如组织、个人、网络 ID 等。个体之间的关系可以是亲戚朋友、行动行为、发送和接收消息等。社交网络分析(社会网络分析)是指在信息科学、数学、社会学、管理心理学和其他学科的融合理论与方法的基础上形成的人的社会关系的行为特点的理解和信息的传播规律分析的计算分析方法。

数据挖掘经典案例

美国明尼苏达州的一家塔吉特超市被客户投诉，一位中年男子主控塔吉特将婴儿产品优惠券寄给他的女儿——一个高中生。但没多久他却来电道歉，因为女儿经她逼问后承认自己怀孕了。塔吉特就是靠着收集分析用户所有的购物数据，然后通过数据挖掘技术分析了解事情真实状况。塔吉特的顾客数据分析部门发现，怀孕的女性一般在怀孕第三个月的时候购买很多无香乳液，几个月后她们会购买美、钙、锌等营养补充剂。根据数据分析部门提供的模型，塔吉特制定了全新的广告营销方案，在孕期的每个阶段给客户寄送相应的优惠券。结果，孕期用品的销量呈现爆炸式增长。

六、调研问卷

调研人员在收集资料时可以选择两种主要的调研工具：调查问卷、测量设备。以下将主要介绍在调研中应用最广泛的调查工具——调查问卷。

调查问卷由被调查者需要回答的一组问题所构成。由于调查问卷的灵活性，它成为至今为止收集一手资料最通用的工具。在大规模地使用调查问卷进行调查之前，调研人员需要认真仔细设计问卷，并对问卷中的问题进行测试和调整，然后再使用。问卷中的问题的格式、词序和问题的顺序都能影响问卷的填答效果。封闭式问题给出了所有可能的答案，提供的答案易于理解。开放式问题允许被调查人用自己的话来回答问题，通过这种形式经常能获得人们更多的想法。开放式问题在探索性调研中特别有用，在这个阶段研究人员期望更深入了解人们的想法，而不是测量多少人有相同的想法。表 5-7 提供了这两种问题的表达形式，另外问卷的具体设置过程会在后续的市场调研课程中详细讲解。

表 5-7 两种问题的表达形式

名称	描述	例子
A.封闭式问题		
判断题	只有两种答案的问题。	安排此次旅行时,是您亲自打电话给美国航空的吗? 是 否
多项选择	有三个或三个以上答案的问题	这次飞行,您与谁同行? A.没有 B.小孩 C.配偶 D.朋友或亲戚 E.配偶和孩子 F.旅行团
李克特量表	请受访者对于一个描述表示其同意与不同意的程度	小型航空公司的服务通常比大型公司好。 A.非常同意 B.发现不同意 C.没意见 D.不同意 E.非常不同意
语义差异量表	在两个极端语义间赋予尺度。请受访者根据自己的看法选择最合适的位置	美国航空是 大型公司 ———— 小型公司 有经验的 ———— 没有经验的 现代的 ———— 老式的
评分量表	对某项属性从“差”到“极好”给予评分	美国航空的餐饮服务 A.极好 B.很好 C.好 D.普通 E.差
购买意向图量表	描述受访者购买意愿的量表	如果在长途飞行中提供空中电话服务,我将 A.一定购买 B.可能购买 C.不确定 D.可能不购买 E.不回购买
B.开放式问题		
完全无结构	受访者的问答方式几乎完全不受限制	您对美国航空有何看法? ________________
词语联想	每次向受访者提供几个词汇,请受访者给出看待这些后最先联想到的词	当您听到下列事物时,您最先联想到的词是 飞机________ 美国________ 旅行________
完成/图画句子	请受访者将一个未完成的句子/图画填完整	当我选择航空公司时,我最先考虑的是________
故事补充	请受访者将一个未完成的故事补充完整	“前几天我乘坐美国航空公司的班级,我注意到飞机里外均是亮色,这使我感到……”现在请将故事补充完整

本章小结

市场营销信息系统是由人员、设备和计算机程序所构成的持续的彼此关联的综合系统。它连续有序地收集、分类、分析、评价和分配适当、及时和准确的市场营销信息,并将实现这些处理过程的手段和方法结合起来,以供营销决策者运用。它由内部报告系统、市场营销情报系统、市场调研系统和市场营销分析系统四个子系统构成。

建立市场营销信息系统的要求有：企业管理人员的大力支持、有一定的硬件和软件条件、外部条件的允许。

市场营销信息系统的功能：信息处理功能、预测功能、计划功能、控制功能、辅助决策和决策优化功能。

大数据(big data)，是指无法在一定时间范围内用常规软件工具进行捕捉、管理和处理的数据集合，是需要新处理模式才能具有更强决策力、洞察力和流程优化能力来适应海量高增长率和多样化的信息资产。

大数据大致分为三种类型：(1)传统企业数据；(2)机器和传感器数据；(3)社交数据。

大数据的特点被概括为5V(IBM提出)：volume(大量)、velocity(高速)、variety(多样)、value(低价值密度)、veracity(真实性)。

大数据营销在互联网时代发挥着越来越重要的作用，正确有效地运用大数据可以使企业获得以下竞争优势：(1)有助于分析用户行为与特征，使产品及营销活动投用户所好；(2)有利于品牌危机监测及管理支持；(3)有助于提升用户体验和客户分级管理支持。

大数据营销的特点：(1)关联性；(2)时效性；(3)个性化；(4)性价比高；(5)非单一化的数据采集。

市场调研是运用科学的方法，通过多种渠道，有目的、有计划，系统客观地收集、整理、分析与评估有关市场营销活动的现状，为营销管理人员提供数据依据。简明的定义是指对营销决策相关数据进行计划、收集、分析和报告信息。

市场调研有三个作用：描述功能、诊断功能和预测功能。

市场调研的一般流程是：确定问题和研究目标、设计调研方案、选择调研方法、选择抽样方法、搜集信息、分析信息、提出结论。市场调研的这五个步骤又可以分为三个阶段：准备阶段(包括确定问题和研究目标)，设计阶段(包括设计调研方案、选择调研方法、选择抽样方法三个步骤)，实施阶段(包括收集信息、分析信息、提出结论三个步骤)。

常见的市场调查方法有访问法、观察法、实验法、网络调查法和基于大数据技术的市场调研方法。

重要名词

市场营销信息系统　大数据　营销市场调研　简单随机抽样　等距随机抽样　分层随机抽样　分群随机抽样　非概率抽样　任意抽样　雪球抽样　判断抽样　配额抽样　一手数据　二手数据　探索性调研　因果性调研　描述性调研　访问法　观察法　实验法　网络调查法　焦点小组访谈法　网络爬虫　聚类分析　文本数据挖掘

案例评析

海尔精准营销数据平台——SCRM平台

海尔是我国家电行业的领先品牌,除了自身的产品广受认可外,它还是最具互联网精神的创新企业。在海尔30多年的发展历程中,营销经历了三个阶段:(1)营销1.0阶段,以产品为中心,目的是销售。海尔在1984年成立,当时处于改革开放初期,产品供不应求,只需要通过传统广告把产品告诉用户,就能快速实现销售。在当时,将商品交给客户,拿到回款,销售就结束了。(2)营销2.0阶段,以顾客为中心,目的是吸引回头客,创造新顾客。这时已经供大于求。大家看过动画片《海尔兄弟》,海尔兄弟从广告的舞台走到电视屏幕中,这部动画片影响了一代人,他们已经成长为海尔的忠实用户。海尔从广告发展到营销策划,开始润物细无声地和顾客打交道。(3)营销3.0阶段,进一步发展到以人物精神为中心,顾客参与创新。进入网络化时代,顾客开始参与产品、营销等全流程创新。比如,在以海尔兄弟为主题的手游中,玩家扮演的是游戏中的一个角色。

在营销3.0阶段,时代发生了变化,商业模式颠覆了,从分工式到分布式;制造模型颠覆了,从大规模制造到大规模定制;消费模式颠覆了,从产品经济到体验经济。随着外部环境变化,海尔开始寻找在3.0阶段营销的利器。早在2012年,海尔创建了会员制,吸引用户自主注册,建立了一个精准细分、活跃度高的SCRM(社交化客户关系管理)会员大数据平台。这一大数据平台定位于打通企业内部的全流程数据,以用户最佳体验为导向,驱动产品数据、销售数据、供应链数据、服务数据等全流程数据优化增值,同时与企业外部的全网络数据动态连接,最终形成全流程用户体验生态圈。建平台获取数据不是目的,用平台粘住用户才是根本。海尔希望建立的SCRM数据平台成为企业的用户主数据平台,就像青岛100多年前建立的排水系统一样,从来没有出过问题,因为基础非常牢固。

1.数据的核心是人

海尔秉承这样一个观念:回款不是交易的结束,而是互动的开始。企业需要研究的是用户需求,数据平台运营要聚焦活生生的人,而不是冰冷冷的数,要洞察消费者。因此海尔分两个层面运营用户数据:底层数据平台是海尔SCRM数据平台,打通8类数据资产,核心是1.4亿用户数据。上层会员平台是海尔梦享会员俱乐部,活跃会员超过3 000万人。

用户注册梦享会员后会产生很多数据,存放数据的平台叫SCRM平台。这个数据平台不仅存放会员注册数据,还有产品销售数据、售后服务数据、官方网站数据、社交媒体数据等。用一句话概况:只要是和海尔用户有关的数据,都存放在SCRM平台上,一个个数据孤岛被连接成一个大数据平台。现在,这个数据平台存有1.4亿用户数据,并且进行了清洗、融合、识别,每个用户生成了360度用户画像。

这些数据有什么用?目前有两个核心用处:第一,采用数据挖掘的办法看看这些用户什么时候要买家电,这叫作精准营销。第二,看看这些用户中哪些用户很活跃,与他们进行交互,满足他们的需求,这叫作交互创新。

2.数据采集的核心是连接

图 5-6 海尔网站首页

数据不等于有价值的信息，就像产品不等于商品。数据经过连接才能变成信息。海尔以用户数据为核心，全流程连接企业运营数据，全方位连接社交行为数据，特别是连接网络交互数据和网络行为数据。

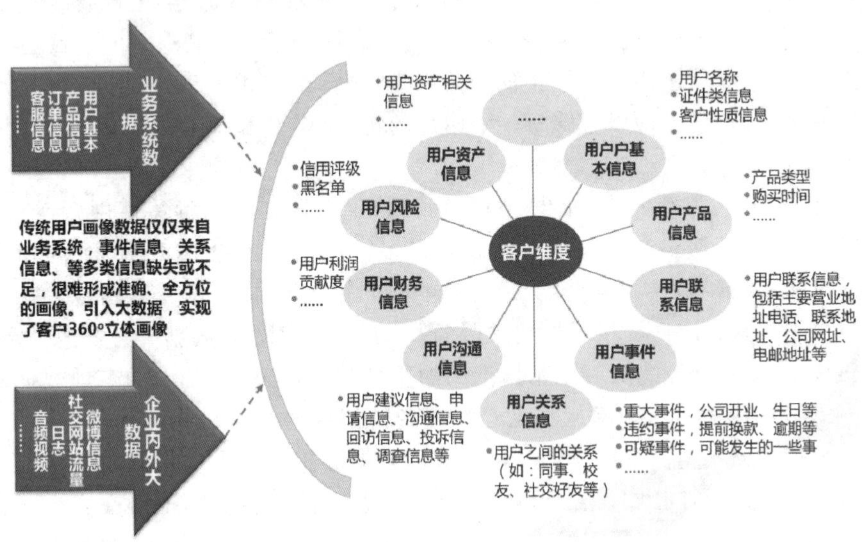

图 5-7 海尔用户数据

在大企业的发展过程中，每一个业务部门都会有自己的信息化业务系统，这些系统很容易成为一个个数据孤岛，互相孤立，互不连接。所以，海尔在建立企业级用户数据平台时，以用户数据为核心，将分散在各个信息系统中的数据连接起来。海尔已连接 1.4 亿线下实名数据、19 亿线上匿名数据。生成 360 度用户画像的标签体系包含 7 个层级、143 个维度、5 236 个节点，现在的数据标签超过 11 亿。

用户识别、用户画像这些工作没有“结束”一说,永远是个过程,不会存在终点,只要企业的业务还在发生,用户还在与你交互,用户识别就不会停止,用户画像就不会结束。

3.数据挖掘的核心是预测

优秀的企业满足需求,伟大的企业创造需求。在进行数据挖掘时,最核心的是预测,预测消费者接下来会发生什么样的行为,会有什么样的需求,或者对已有的产品、方案有什么新的需求。

海尔经过数据融合、用户识别生成数据标签,建立数据模型。海尔现已建立3类、10个数据模型,用量化分值定义用户潜在需求的高低。

4.数据应用的核心是场景

数据的灵魂是应用,数据采集与挖掘的最终目的是使用数据。数据平台要分析业务部门在什么时候开展什么业务,可能遇到什么问题,在解决问题时需要用到哪些办法,这些办法中哪些可以用数据挖掘来达到目的。把这些业务应用场景梳理出来后,就可以开发出一个个数据产品。从其中一个角度可以将场景分为线上场景和线下场景,线上场景有上网浏览、电商购物、线上社交;线下场景有居家生活、门店购物、电话交流等。消费者无论出现在哪一个场合,企业都需要在正确的时间、正确的地点,给消费者提供想要的产品或服务。

数据连接的目的是生成360度用户画像,精准洞察客户。SCRM把分散在不同系统中的用户数据聚到一起,包括销售数据、售后数据、会员注册数据等,进行数据融合。通过数据清洗识别出每个海尔用户:姓名、电话、年龄、住址、邮箱、产品……为了更全面地认识海尔用户,SCRM获得了用户在网上的行为数据,进行全网用户识别,生成360度用户画像。这样一来,海尔终于得以了解每一个用户的特点、爱好和他们的生活习惯,并给他们打上数据标签。

例如,海尔近年来的新产品帝樽空调,因其外观由方到圆的颠覆性创新,被ICEC评为“影响世界的十大创意产品”,这款产品有很多特点:健康,除PM2.5;舒适,3D立体送风;智能,风随人动。哪些人群会购买这款健康智能的空调?为了找到新产品的目标市场,实现精准营销,为用户提供个性化的服务,海尔用SCRM大数据平台快速锁定目标客户,提取数以万计的已经购买海尔帝樽空调的用户数据,与中国邮政的名址数据库匹配,建立“look-alike”模型。这个模型将已经购买帝樽空调的几万名用户所在的省份、城市、城区甚至小区分成几类,并打上标签;再把这些数据标签映射回中国邮政的名址数据库,找到有相似特点的所有区域;锁定区域后,SCRM开始分析范围内的潜在客户,通过与社交媒体、杂志等的合作获取顾客的兴趣、产品偏好等数据,通过这些信息锁定目标顾客,对这些顾客实施针对性营销,比如直推产品信息等,这样精准营销的成功概论大大增加。

目前,海尔的SCRM大数据应用逐渐产品化、常态化。海尔开展过一次“海尔、新浪微博、国美三方联合数据精准营销”,SCRM大数据平台将海尔用户数据和新浪微博用户数据进行匿名匹配,当匹配的共同用户在微博上出现的时候,直接把用户引流到国美渠道购买海尔家电产品。具体过程为:第一步,SCRM大数据平台基于底层的需求预测数据模型,精准预测出海尔1.4亿忠实用户中,有超过3 000万人存在更新换代、交叉购买等潜在需求。第二步,海尔SCRM、新浪微博都对自己的数据进行加密处理,在同一个第三方的“数据安全港”进行匿名匹配，结果发现：在海尔的3 000多万潜在用户中，有500多万人在新浪微博也有数据，属于“重合潜在用户”。第三步，海尔、国美联合策划一个营销方案，并在新浪微博上向这500多万“重合潜在用户”精准投放。活动期间，这500多万目标用户中，有120多万人登录新浪微博，成为这次大数据营销的精准受众。最终效果良好，精准转化率超过平时营销活动的3倍。

为了开展线下精准大数据营销，SCRM大数据平台开发了两个数据产品：海尔营销宝和海尔交互宝。海尔营销宝是为营销及销售人员开发的具有精准营销功能的大数据产品，可辅助其面向区域、社区和用户个体开展精准营销。营销宝其实就是一个APP，海尔几万名终端销售和营销人员的手机上都可以安装海尔营销宝，打开就可以看到功能区：社区热力图、用户热力图、小微播音台。

社区热力图体现的是互联网社区，告诉营销人员目标区域在哪里，区域里的目标人群有多少。底层基础是需求预测数据模型。打开社区热力图时，它会基于所在的地理位置把周边小区显示出来，这样就可以知道每个小区有多少海尔用户，哪些用户需要对他的家电产品进行更新换代，这便于营销人员在正确的时间、正确的地点把产品送给有需求的人。

用户热力图本质上就是互联网加门店，它可以告诉门店人员在周边5公里范围内，有多少海尔用户需要进行产品更新换代。门店人员可以和这些用户直接联系。在这个过程中，使用原则是“数据可用不可见”，即用户的个人隐私是看不见的。用户热力图使用大数据告诉门店销售人员每个用户的潜在需求是什么，销售人员可以直接和用户进行精准交互。

小微播音台是给海尔42个区域的小微公司使用的，当他们想和所在区域有需求的用户进行精准沟通时，数据平台可以告诉公司这个区域有多少海尔用户，他们对海尔的哪一款产品有需求，公司可以和用户精准联系。

为了基于数据进行交互创新，海尔的数据产品“海尔交互宝”可以帮助研发、设计和企划人员更全面地了解用户特点、受欢迎的产品特征、用户的兴趣分布与可参与交互的活跃用户。当企业人员想找到可以跟企业进行交流的用户、了解产品的优劣势及用户的产品偏好时，就可以使用交互宝。用户可以通过平台反馈自己的意见和想法，这些建议会通过平台传达到海尔的企划部门。海尔有一个营销理念：用户参与设计才是真正的营销。事实上，在SCRM大数据平台上与用户的交互不只是精准营销，还是让用户参与设计，与用户分享价值。

资料来源：孙鲲鹏，5000字解密：海尔SCRM大数据精准营销，http://sanwen.net/a/lntcfoo.html，2016-10-03。

问题：

1.请您通过海尔的例子说明大数据营销是如何做到精准营销的？

2.大数据营销的前提是掌握足够的客户数据，企业应该如何获得客户的基础数据？

3.假设海尔要开展新产品的市场调研，请您根据海尔现有的平台资源设计一个调查方案。

4.在互联网时代请您举例说明，像海尔这样的传统企业应该如何进行营销信息的调研？

实训专题

现某网剧制作团队欲向学生群体推出自制网剧,可选题材有古装宫斗剧、青春校园剧、神话玄幻剧、穿越剧等。请您设计对学生群体进行影视题材调查的方案。

第六章 目标市场营销战略

学习目标

1.理解掌握市场细分的含义、前提和作用，掌握市场细分的程序；
2.熟悉消费者、生产者市场细分的标准，掌握有效市场细分的要求；
3.掌握细分市场评价的内容；
4.理解和掌握目标市场选择的四个策略，并能能够分析各种策略的优缺点；
5.理解和掌握差异化和市场定位的内容和含义；
6.掌握市场定位的步骤；
7.掌握互联网环境因素对市场细分、市场选择和市场定位的影响。

引导案例

“互联网＋”时代“海澜之家”的成功之道

移动互联网时代的来临，让一些行业找到了发展方向，也让一些行业遭遇了发展瓶颈。随着“互联网＋”战略的提出，传统行业如何拥抱“互联网＋”，如何把握行业发展趋势，如何让品牌跟上市场发展的脚步，成了摆在每个传统行业面前的难题。在这个方面，海澜之家走在了国内男装品牌的前列。海澜之家一开始就将自己做了精准定位，将自己定位为“男人的衣柜”，这一定位既精准又精细，奠定了海澜之家后面的发展。海澜之家作为从传统商业模式到融合“互联网＋”的成功品牌，从 30 万元起家，发展成为市值超 800 亿元的 A 股市值最大服装类企业，其在发展过程中的年轻化思维及互联网思维的运用值得我们借鉴。

(一)专为中国男性打造的一整套购物方案

现在海澜之家的衣服品质，已经达到了高端水准了，可是这就够了吗？说够的都是不懂男人。男人是一群怕麻烦的生物，没有那么多时间像女人一样到处逛，到处试衣服，这里买一点那里买一点，所以海澜之家的广告词就是“一年逛两次海澜之家”，这完美切中了男人的心理需求。所以海澜之家充分地考虑了中国男性怕麻烦的特点，提供了一整套的解决方案，一名男性需要的几乎所有的衣服，包括 T 恤、夹克、羽绒服、衬衫、西服等等，全部都可以在海澜之家购买，这大大地节省了男性选择衣服的时间成本。

在目标客户的定位上，海澜之家选取了 25 到 40 岁左右、收入水平尚好的男性作为其目标用户,这是一群基数大且消费力不错的人群。海澜之家在产品品质高端的情况下却定价中端,塑造出了其物美价廉的形象。

(二)互联网思维

互联网思维讲究极致、互动,海澜之家在产品打造及营销传播方面这几点做得都很到位。

1.极致

极致,其实是一种"匠心"思维,指在产品设计及产品品质方面追求的一种境界。海澜之家在男装产品设计上就将这一思维与企业的发展完美地融合到了一起。"极致性价比"这几个字看似矛盾,但海澜之家却将其完美演绎。在产品设计上,调整纽扣的位置、调整配色、优化领形,使服装更匹配亚洲人的穿着习惯。海澜之家10年前就建立了人体数据库,其西装能做到40个码,而全世界最高的品牌才有36个码,可见在产品设计上追求的极致。

在产品上追求极致,而且还要保证品质保和高性价比,这在原材料、渠道、营销成本不断攀升的今天,对企业来讲着实是一个很大的考验。海澜之家Hi-T定价68元起,最贵不过200多元,而且还坚持高品质,这与动辄四五百元的男装品牌T恤相比更具竞争力。海澜之家有自己的办法,凭借供应链优势和规模化订单压缩成本,利用反季节订货在制造环节降低采购单价来实现。极致、高性价比的产品很快便为海澜之家赢得了口碑,在极致思维的推动下,海澜之家产品销售取得了快速的发展。2018年海澜之家实现营业收入190亿元。

2.互动

除了以时尚、个性、极致、高性价比的产品示人外,在产品销售过程中,海澜之家还特别注重与消费者在线上线下的互动,其举办的一些线下活动通过在线上的传播,以及线上活动对线下的影响,都对海澜之家的产品销售产生了不小的影响。

海澜之家举办的线下活动,如"为父爱型动"、"多一克温暖"、"品质非凡"羽绒展等,这些活动有的在开展的同时还在线上与网友进行互动、有的在线下举办线上传播,均产生了较大影响,在为海澜之家品牌带来广泛关注度的同时,也在消费者心目中树立了良好的品牌形象。

从"男人的衣柜"到"中国男装国民品牌",海澜之家精准地洞穿了男人购衣的心理特征,通过全方位选择、时尚个性化的高品质衣服、亲民价格、轻松自在的购物体验及与消费者线上线下的互动,让海澜之家在很短的时间内便取得了快速发展。海澜之家在市场上的成功也预示了一些中国服装品牌与国际服装品牌同场竞技的可能性,从中国制造到中国创造,让品牌为产品带来更高的附加值。

引导问题:

海澜之家成功的最根本原因是什么?

任何一个企业都会面对数以千计万计甚至更多的消费者,顾客人数多,分布广,需求差异大,因此,任何一个企业都无法满足整个市场的全部需求。企业要进行市场细分,选择合适的目标市场,并进行有效的市场定位,才能在市场竞争中确立起自己的竞争优势。

目标市场营销战略是指企业根据顾客消费需求的差异性,把整个市场划分为若干个分市场,然后结合自身的资源与优势,选择其中一个或几个分市场作为目标市场并制定相应的市场营销组合战略。

目标市场营销战略由细分市场、选择目标市场和市场定位三个部分组成,简称 STP 营销(见如图 6-1)。营销大师菲利普·科特勒曾说:"现代战略营销的中心,可定义为 STP 市场营销——就是市场细分(segmentation),目标市场(targeting)和市场定位(positioning)。"

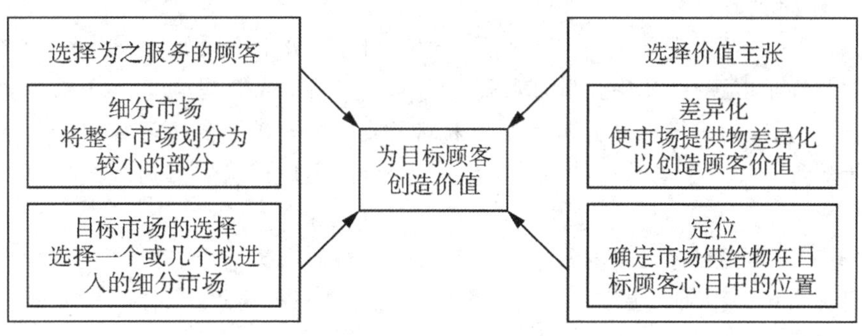

图 6-1 目标市场营销战略

第一节 市场细分理论

市场细分是美国市场营销学家温德尔·R.史密斯(Wend-ell·R.Smith)于 1956 年在美国的《市场营销杂志》发表的文章中首先提出的。这一理论的提出,使传统的营销理念发生深刻变化,被誉为一场"市场营销革命"。

一、市场细分的含义与前提

(一)市场细分的含义

所谓市场细分是指根据消费者的不同需求、特征和行为,将一个市场分为几个有明显区别的消费群体的过程。每一个消费群体就是一个细分市场,也叫"子市场"或"亚市场";每一个细分市场都是由需求倾向相似的消费者群体构成的。不同细分市场的消费者对同一产品的需求与欲望存在着明显的差别,而属于同一细分市场的消费者,他们的需求与欲望则极为相似。

(二)市场细分的前提

消费者对商品需求的差异性,是市场细分的前提。就是说,消费者对绝大部分产品的需求是多元化的,是具有不同的质的要求的。只有少数商品的市场,消费者对产品的需求大致相同,如消费者对食盐、自来水等需求差异极小,这类市场称为同质市场。大多数商品的市场是消费者对其产品的要求不尽相同的市场，即异质市场，这是消费者对商品需求的千差万别所决定的。千差万别的需求就要求有多种多样的产品给予满足。而且随着科学技术和社会经济的发展，市场的供给越充足，人们的生活水平越高，需求的差异性就越大，市场细分的必要性也就越大。

二、市场细分的作用与程序

(一)市场细分的作用

(1)有利于企业发现最好的市场机会。通过细分划分出不同的细分市场，对各细分市场进行需求满足度评估，从中识别那些需求尚未得到满足或低满足度的子市场，这便是最好的市场机会，作为市场机会的实质就是未满足或未完全满足的市场需求。如脑白金就是通过市场细分发现了当时保健品需求尚未被满足、但规模发展潜力大的老年人保健品市场。

(2)有利于掌握目标市场的特征。企业营销策略的选择，营销方法和手段的运用，都要依据目标市场的特征来决定。而目标市场的特殊性只有通过市场细分，才能充分暴露和被企业发现。

(3)有利于提高企业的竞争能力。无论企业大小都有优势和劣势。成功经营的关键是扬长避短，即充分发挥优势、有效避开劣势。市场细分为企业提供了这一可能。在市场细分的基础上，企业可根据自己的条件，选择最合适的目标市场，就能做到扬长避短，在竞争中赢得优势。

(4)有利于提高企业经济效益。在市场细分的基础上，企业可以把有限的资源集中使用于一个或几个细分市场上，开展有针对性的营销，达到事半功倍之效。这一点对中小企业尤为重要。中小企业实力薄弱，无法与大企业进行全方位竞争，但可以通过集中全部资源服务于一个较小的目标市场，把整体劣势变成局部优势，充分发挥资源的潜力，提高资源的使用效率。

(二)市场细分程序

美国市场营销学家麦卡锡(E·J.McCarthy)提出市场细分的一整套程序，这一程序包括七个步骤：

(1)选定产品市场范围，即确定进入什么行业，生产什么产品。产品市场范围应以消费者的需求而不是产品本身特性来确定。

(2)列举潜在消费者的基本需求。

(3)了解不同潜在消费者的不同需求。对于列举出来的基本需求，不同消费者强调的侧重点可能会存在差异。

(4)抽掉潜在消费者的共同需求，以特殊需求作为细分标准。

(5)根据潜在消费者基本需求上的差异性，将其划分为不同的群体或细分市场，并赋予每一个细分市场一定的名称。

(6)进一步分析每一细分市场需求与购买行为特征，并分析形成差异的原因，以便在此基础上决定是否可以对这些细分市场进行合并，或作进一步细分。

(7)估计每一细分市场的规模,即在市场调研的基础上,估计每一细分市场的消费者数量、购买频率、平均每次的购买数量等,并对细分市场上产品竞争状况及发展趋势做出分析。

拓展阅读 6-1

反市场细分策略

实行市场细分是必要的,但不是分的越细越好。科学合理的市场细分不是以细分为目的,而是以发掘市场机会为目的。西方企业曾实行“超细分战略”,许多市场被过分地细分,导致产品价格不断增加,影响产销数量和利润,于是,“反细分战略”应运而生。反细分战略并不反对市场细分,而是“异中求同”地将许多过于狭小的市场组合起来,以便能以较低的成本和价格去满足这一市场的需求。反市场细分策略就是在满足大多数消费者共同需求的基础上,将过分狭小的市场合并起来,以便能以规模营销优势达到用较低的价格去满足较大市场的消费需求。

反市场细分的成因:市场细分过细,有可能带来增加生产成本和推销费用的问题;从规模经济角度,也不应对市场过细划分,因为细分化造成市场需求的多样性、产品的复杂性,差异性产品的增多,导致小批量、多品种生产,这不符合规模效益的要求;消费者或用户的价值观、态度的变化。

反市场细分策略的形式:通过缩小产品线来减少细分市场;将几个较小的细分市场集合起来,形成较大的细分市场。这是一个基于成本考虑的策略,当你的利基市场设置原子市场的成本太高或者别的原因时,就需要反市场细分,就是市场整合策略。

三、市场细分的变量

细分市场是目标市场选择的基础,因而,有效的目标市场营销必须要求市场细分有效,而市场细分的依据是细分变量,因而,细分变量选择至关重要。何为细分变量?既然细分变量是细分市场的基础,而细分市场就是划分出不同需求的顾客群体,那么,细分变量就是指影响需求差异的那些变量。

(一)消费者市场细分变量

作为企业的营销人员,要准确找到能够考察市场需求差异的变量。一般而言,对消费者市场细分标准有地理细分变量、人口细分变量、心理细分变量和行为细分变量四种,如表 6-1 所示。

表 6-1 消费者市场细分变量

第一层	第二层	第三层
消费者人文特征变量	地理变量	国家、地区、城市、农村、人口密度、气候条件、地形、交通运输等
	人口变量	年龄、性别、收入、职业、受教育水平、家庭规模、家庭生命周期阶段、宗教信仰、民族、国籍等
	心理变量	个性、生活方式、社会阶层、购买动机、购买习惯、价值观、审美观等
消费者行为特征变量	行为变量	购买动机、追求的利益、使用者情况、使用频率、品牌忠诚度、消费者所处待购阶段等

1.地理细分变量

地理细分变量是将市场根据消费者所处的地理位置、自然环境等变量来细分消费者市场。这些具体变量有：国家、地区、城市、农村、人口密度、气候条件、地形、交通运输等。

用地理环境变量细分消费者市场是传统和最简单的方法。其理论依据是：处在不同地理位置的消费者，对于同一种产品会有不同的需求和偏好，对价格策略、分销渠道策略、促销策略等的反应也有所差异。

各地饮茶习惯

在我国，不同的地区，不同的民族，甚至每个人对茶叶都有不同的嗜好、风俗和传统。人们的习惯各异，其道理一时难以说清，但可以肯定的是，这些是历史造成的。华北东北三省的人一般喜欢喝花茶，但北京对茉莉茶更为偏爱；西北地区的人一般喝花茶和砖茶；陕西人有以黄酒为茶的嗜好；山东人多喝红茶，也有喝花茶的；河南人饮茶有季节性，冬天喜欢饮花茶，夏天喜饮绿茶；南方各省普遍喜欢饮清茶、绿茶，但各地有不同的嗜好。如福建省，闽北喜欢花茶、闽南喜欢乌龙茶。广东省饮茶习惯也不一，广州人喜欢红茶，海丰一带人有喝咸茶的习惯等等。不同的少数民族饮茶也有异。在我国，维吾尔族、哈萨克族人常喝奶茶或茶水，华北地区的回族人一般喜欢饮茉莉花茶。东南地区的回族人喜欢清茶，蒙古族人每天早餐多喝奶茶，日常喜欢饮砖茶。

2.人口细分变量

人口细分变量是将市场按年龄、性别、收入、职业、受教育水平、家庭规模、家庭生命周期阶段、宗教信仰、民族、国籍等人口变量来细分消费者市场。由于人口变量比其他变量容易测量，所以人口变量一直是细分消费者市场的重要变量。

(1)年龄和家庭生命周期。消费者的需求和购买行为是随年龄的不同而变化的。同时家庭的不同生命周期阶段也导致消费者需求的差异。

农夫山泉婴儿水

婴幼儿时期，人体内的水分含量最高，按需水量与体重之比，这一时期是人一生中喝水量最多的时期，尤其是用奶粉喂养的婴幼儿比用母乳喂养的婴幼儿需水量更多，水摄入不足，会影响婴儿机体的功能发育甚至健康。据专家研究，1～6 个月婴儿的含水量可达体重的 80%，婴儿单位体重的基础代谢率高于成人，而肾脏功能发育尚未成熟。因此，适宜的水的摄取，对婴幼儿尤其重要。

2015 年 2 月 1 日农夫山泉推出婴儿水，秉持好的水源地是做好一瓶水的基础，只生产天然弱碱性的健康饮用水，坚决反对在水中添加任何人工矿物质。婴儿水工厂坐落在人迹罕至的长白山森林里，融入山水万物。水源取自长白山地下自涌泉——莫涯泉 2 号泉，莫涯泉属于极其珍贵的低钠淡矿泉，钠含量低于 20 mg/L，国际上通常将之用作生产高端瓶装水。该泉为 30～60 年前的无污染冰雪融水经岩层净化后喷涌而出，常年低温，隔绝污染；矿物盐含量比较适中，符合婴幼儿饮用水要求。农夫山泉婴儿水微生物标准远严于国内瓶装水卫生安全标准，与国际接轨。国家食品安全标准规定液态婴幼儿配方食品微生物必须符合商业无菌要求。商业无菌，即不含有致病性微生物，也不含有在常温（即非冷藏条件）下能在其中繁殖的非致病性微生物。

严格的水标准，41 项理化指标远远严于国家标准，用无菌生产线保障饮水安全。农夫山推出的首款专为宝宝生产的天然饮用水，各项指标均达到国际先进标准！可直接饮用，且冲泡奶粉前无须煮沸，按照配方奶的要求一般加热至 40 度即可。

（2）性别。性别的差异也是导致男女在很多产品的需求上存在很大的差异，所以性别也是常用的一种变量。在服装、美发、化妆品和杂志的营销中，人们很早就使用性别来细分市场，随着职业女性的日益增多，更多的企业在使用性别变数对市场进行细分。

（3）收入。消费者的收入直接影响消费者的购买力，因此收入不同经常导致消费者的需求存在很大的差异。在汽车、服装、化妆品和旅游等产品或服务的营销中广泛使用收入变数。用人口变量细分市场也存在局限性。这是因为消费者的需求不仅受人口变量的影响，有时还要受心理变量、行为变量等其他因素的影响，因此，如果单纯使用人口变量，即使是“多变量细分”也不一定完全准确可靠。

3.心理因素变量

心理因素是按消费者的个性、生活方式、社会阶层、购买动机、购买习惯、价值观、审美观等心理变量来细分消费者市场。

（1）社会阶层

由于人们所处的社会阶层不同，购买行为有很大差异。社会阶层对人们在购买住房、汽车、家用电器、家具、服装、休闲方式等方面的偏好有较强的影响，一些企业根据社会阶层进行市场细分，如为高收入阶层设计的豪华住宅小区、豪华汽车，为低收入阶层设计的经济适用房等。

（2）生活方式

现在有越来越多的企业按照消费者生活方式的不同来细分市场，并据此设计出不同产品和市场营销细分策略。如服装企业把女子分为“朴素型女子”、“时髦型女子”和“具有男子气的女子”并据此设计出不同款式的服装，“具有男子气的女子”服装是以上衣和长裤搭配为主、线条简洁明快、色彩深沉，而“时髦型女子”服装时尚性强、色彩缤纷、款式繁多，“朴素型女子”服装强调质量和品牌、色彩较深沉。

4.行为细分变量

行为细分是指根据消费者的购买动机和使用某种产品时间、追求的利益目标、使用者情况、对某种产品使用频率、品牌忠诚度、消费者所处待购阶段、对产品的态度等行为变量细分消费者市场。

(1)时机细分

由于消费者购买时机或消费时机的不同导致消费者对产品的需求存在差异，因此企业可以根据消费者购买动机和使用某种产品时间细分市场，扩大消费者使用本企业产品的范围。如“情人节”促进玫瑰花、巧克力的销售，中秋节、元宵节扩大月饼、元宵的销售。针对消费者的购买动机和使用本产品的时间，乳制品厂分别设计出适合老人、学生、青年人、中年人在早、中、晚饮用的牛奶制品，以扩大产品销量。

(2)利益细分

不同的消费者所追求的产品利益存在差异，从而导致消费者利益细分，企业可以根据消费者追求利益不同来细分市场。

(3)使用者细分

许多市场可以按消费者使用产品情况进行细分。使用者按使用产品情况分为非使用者、潜在使用者、初次使用者、曾经使用者和经常使用者。不同的使用者情况对产品的需求存在一定的差异，比如家具市场。那些准备结婚的年轻人作为家具的潜在使用者，那些新婚夫妇则是初次使用者，而乔迁市场是曾经使用者，不同的使用者对产品的需求是不同的。

(4)使用率细分

使用率细分，也称“数量细分”，是按照消费者购买产品的频率把消费者分为少量使用者、中量使用者和大量使用者。使用率的差异，导致消费需求存在很大差异。按照帕累托分布，大量使用者数量少，但其所消费产品数量在商品消费总量中所占的比重却很大，因此可以依此来细分市场，并制定相应的营销策略。比如电信行业经常使用服务套餐，28元、38元、48元，直到188元、288元等，其服务内容各不相同。

(5)品牌忠诚度细分

品牌忠诚度是指由于价格、质量、功能等诸多因素，使消费者对某一品牌情有独钟，形成偏爱并长期购买这一品牌产品的行为。由于忠诚度的不同，消费者的消费行为存在差异，企业可以根据消费者对产品的忠诚程度细分市场：完全品牌忠诚者、中度品牌忠诚者、低度品牌忠诚者、无品牌忠诚者，如表6-2所示。有些消费者经常变换品牌，另外一些消费者则在较长时期内专注于单一或少数几个品牌。

表 6-2　消费者忠诚度细分

忠诚度类型	购买特征
完全品牌忠诚	始终购买同一品牌
中度品牌忠诚	偏好某一品牌，偶尔购买其他品牌
轻度品牌忠诚	同时忠诚于 2、3 个品牌
无品牌忠诚	不忠于品牌

消费者市场细分虽然有上述四种基本变量，但这并不意味着企业应当一一单独地加以应用。在实际的营销活动中，用作细分市场的变量往往是上述各类因素中一连串具体变量的组合。一个企业究竟该选用哪些变量作为细分市场的依据，应当仔细分析，匠心独运，视具体情况而定，切忌生搬硬套、人云亦云。用作市场细分的变量也要适时调整，不能一成不变，以便寻找新的、能够提供更好机会的细分市场。

(二)产业市场细分标准

许多用来细分消费者市场的标准，同样可以用于细分产业市场。如根据地理、追求的利益和使用频率等变量加以细分。不过，由于产业市场的购买者与消费者在购买动机与行为上存在着差别，所以，除了运用前述消费者市场细分标准外，还可用一些新的标准来细分生产者市场。

(1)用户规模。用户或客户的规模也是细分产业市场的重要依据。在产业市场中，大量用户、中量用户、少量用户的区别，要比消费者市场更为明显。大客户虽少，但采购额很大，他们的采购额往往会占到产业销售方的销售额的 30%～50%，有的甚至高达 80%以上；小客户则相反，客户数量较多，采购额并不大。用户或客户的规模不同，企业的营销组合方案也应不同。例如，对于最终用户中的大客户，宜直接联系、直接供应，销售经理亲自负责；对于最终用户中的众多小客户，则宜使产品进入商业渠道由批发商或者组织供应；如此等等。这样的思路，对于生产企业、商业企业都是适用的。

(2)用户性质。产业市场的购买者是许多用户构成的，每个用户由于行业性质不同就会有不同的要求，例如交通工具安装玻璃，不同的交通工具对玻璃的要求差异很大，如汽车玻璃、火车玻璃、飞机玻璃对产品要求明显不同。明确用户性质，可以使目标市场更加集中，容易研究掌握市场变化、发展动态、研制新产品，更好地满足用户的需求。最终用户所处的行业不同，对产品需求有明显的差异性。

(3)用户要求。工业品用户购买产品，一般都是供再加工之用，对所购产品通常都有特定的要求。比如，同是钢材用户，有的需要圆钢，有的需要带钢；有的需要普通钢材，有的需要硅钢、钨钢或其他特种钢。企业此时可根据用户要求，将要求大体相同的用户集合成群，并据此设计出不同的营销策略组合。再如尼龙，美国杜邦公司在第二次世界大战中的主要用户是军队，要求结实、颜色单调为主，而战后转入民用袜子与服装市场，要求轻薄透气、色彩鲜艳，随后又进入包装材料、轮胎市场。由于杜邦公司紧随市场的用户要求，销量一直很好。

(4)用户地点。一个国家或地区由于自然资源、气候条件、社会环境、历史继承等方面的原因,以及生产的相关性和连续性,都会形成若干产业区。如我国鞋业有四大产业集群。一是以广州、东莞等地为代表的广东鞋业基地,主要生产中高档鞋;二是以温州、台州等地为代表的浙江鞋业基地,主要是生产中档鞋;三是以成都、重庆为代表的西部鞋业基地,主要生产女鞋;四是以福建泉州、晋江等地为代表的鞋业生产基地,主要生产运动鞋。这就决定了生产者市场比消费者市场更为集中。企业按用户的地理位置来细分市场,选择用户较为集中的地区作为自己的目标市场,不仅联系方便,信息反馈较快,而且可以更有效地规划运输路线,节省运力与运费,同时,也能更加充分地利用销售力量,降低推销成本。

四、有效市场细分的要求

细分变量和细分方法都有多种,企业有可能采用不同的细分方法,但并非每一种细分的市场均有效,因而,有必要进行市场细分的有效性经验,为后续的目标市场选择提供良好的前提。

(一)可衡量性要求

可衡量性是指各个细分市场的购买力和规模大小能被衡量的程度,这与细分变量的选择有关。总体来说,个性、生活方式、价值观、购买动机等心理细分变量由于涉及人们的内心深处,复杂、不便直接识别,也不便于统一认识,因而,难以估算这些变量细分得出的细分市场的规模。由此给企业一个启示,必须选择有效的细分变量或变量组合。相对来看,人口统计细分变量、行为细分变量要比心理细分变量容易识别和确定,因而,细分时尽量考虑这些细分变量。

(二)可进入性要求

可进入性是指企业有能力进入所选定的细分市场。也就是说所选定的细分市场必须是根据企业目前的人力、物力、财力和技术等资源条件及市场营销组合足以占领的市场并在此有所作为。一般来讲可以从三个方面来衡量:企业能提供符合该细分市场需求的产品;产品信息能传播到该细分市场;有效的分销渠道使产品能及时到达该细分市场。否则,再有吸引力的市场,也无法成为企业可为之服务的市场。

(三)可营利性要求

可营利性是指企业所选定的细分市场规模足以使企业有利可图。赚取利润是企业追求的目标之一,也是发展的基础,因而,当企业具备可获得性进入某细分市场后,必须能够在该细分市场取得至少是正常的利润,这就对细分市场的规模和竞争状况提出要求;同时,企业要在该细分市场可持续发展,还必须要求该细分市场具有发展空间和获利潜力。如果市场规模狭小,企业进入之后却无获利机会,这样的细分市场对企业而言是没有吸引力的。

(四)可区分性要求

可区分性是指不同细分市场需求特征可以清楚地加以区分。在该商品的整体市场中确实存在购买与消费上明显的差异性,足以成为细分依据,用统计术语来说,就是“组与组之间的差别越大越好,组内的差别越小越好”。例如,食品、糕点等商品有必要按汉族和回族来细分,而大米、食盐就没有必要按民族细分。

第二节　目标市场选择

所得目标市场，就是企业营销活动所要满足的市场，是企业实现预期目标而要进入的市场，即企业有针对性地选择一定的消费者群，为实现预期目的，有重点地投入经营资源，开展市场营销活动的市场。企业一旦确定了目标市场，其资源的积累以及一切营销活动都要围绕目标市场来进行。目此，目标市场的选择是企业制定营销策略的基础，对企业的生存与发展具有重要意义。

在选择细分市场之前，首先要对之前细分出来的各细分市场进行评估。根据细分市场的市场规模和发展潜力、竞争结构、企业自身的目标与资源条件等多种因素决定企业到底应该选择其中哪一个或哪几个细分市场来开展营销活动。然后，在目标市场选择后，还要确立在不同的目标市场上企业应如何组织和展开营销活动，即要制定目标市场选择策略。

一、细分市场的评价

(一)细分市场的吸引力高低

很显然，市场吸引力越大，企业选择目标市场时越应该考虑。决定市场吸引力的主要因素有市场规模大小、市场成长性、市场竞争结构、市场进入难度、市场透明度、市场生命周期、市场经验曲线、关键经营因素与本企业优势的相关性，及企业保持差异化优势的能力等。其中前三个因素对市场吸引力的作用较大，因而，往往更被大多数企业所关注。

(1)市场规模与成长性。市场规模对市场吸引力的影响主要体现在它带给企业的规模经济效应上，市场规模越大，企业运作空间越大，越容易形成规模经济，降低产品成本，企业获利的可能性和程度也越强。

市场成长性为企业进入该市场后持续发展提供了市场空间保障。市场成长性可以通过对历史和当前的市场销量数据的收集和统计分析而初步获得。很显然、市场增长率越高、越持久，则其成长性越好，在选择目标市场时，越被企业所考虑。

(2)市场竞争结构。市场经济就是竞争的经济，任何企业在制定营销策略时必须考虑竞争状况、竞争对手。规模大、成长性好的细分市场(行业)吸引力大，但竞争往往也剧烈，这在一定程度上降低了其吸引力，所以，评估细分市场(行业)的吸引力时，市场(行业)竞争状况必须予以考虑。如何评估市场(行业)竞争结构？美国著名的竞争战略专家迈克尔·波特认为，一个行业(市场)的竞争力量来自于五个方面：市场中现有竞争者竞争、潜在竞争者的威胁、替代品威胁、供应方讨价还价能力、买方讨价还价能力，这五种力量相互作用决定了行业(市场)的竞争强度，进而影响该行业(市场)的获利潜力，竞争强，则获利潜力弱，反之则获利潜力强。

(二)企业目标与资源能力

吸引力大的市场是企业目标市场选择的备选对象，但仅有吸引力还不够。企业还必须考虑企业能否经营这些市场，为目标顾客提供相适应的产品，能否符合企业既定的发展目标。企业资源能力分析可以从战略资源、产品技术资源、产品原材料资源、营销渠道资源、品牌资源等方面进行。

二、目标市场的选择

选择目标市场，明确企业应为哪一类用户服务，并满足他们的哪些需求，是企业在营销活动中的一项重要策略。目标市场选择就是根据细分市场评估的结果，选择最适合自己进入的市场。在选择了目标市场后，接着就要确定目标市场的营销活动如何组织和开展。目标市场选择的方式有四种，分别有无差异营销、差异化营销、集中化营销和微市场营销，如图 6-2 所示。

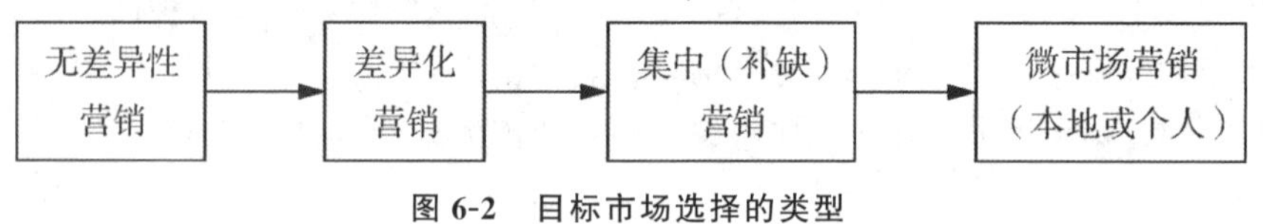

图 6-2　目标市场选择的类型

(一)无差异营销

无差异营销策略就是企业不考虑细分市场的差异性，把整体市场作为目标市场，对所有的消费者只提供一种产品，采用单一市场营销组合的目标市场策略，如图 6-3 所示。

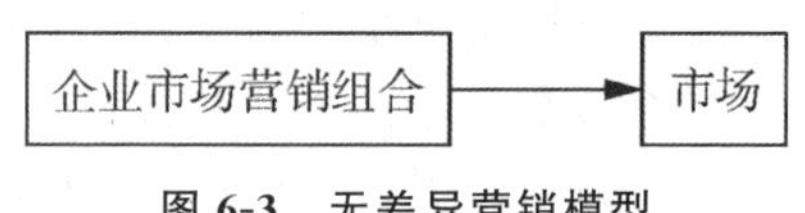

图 6-3　无差异营销模型

采用无差异营销策略的企业一般具有大规模、单一、连续的生产线，拥有广泛或大众化的分销渠道，并能开展强有力的促销活动，投放大量的广告和进行统一的宣传。无差异营销策略适用于大多数消费者需求同质的产品；另一种情况是消费者需求虽然存在较大的差异，但是企业专注寻找消费者需求的共性，忽略他们需求的差异，采用无差异营销策略满足消费者的最低需求。

无差异营销策略的最大的优点是有利于标准化和大规模生产，有利于降低单位产品的成本费用，获得较好的规模效益。因为只设计一种产品，产品容易标准化，能够大批量地生产和储运，可以节省产品生产、储存、运输、广告宣传等费用；不搞市场细分，也相应减少了市场调研、制定多种市场营销组合策略所需要的费用。无差异市场营销策略的缺点是不能满足消费者需求的多样性，不能满足其他较小的细分市场的消费者需求，不能适应多变的市场形势，因此，在现代市场营销实践中，无差异市场营销策略只有少数企业采用，而且对于一个企业来说，一般也不宜长期采用。

全球营销

全球营销指企业通过全球性布局与协调，使其在世界各地的营销活动一体化，以便获取全球性竞争优势。全球营销有三个重要特征：全球运作、全球协调和全球竞争。因此，开展全球营销的企业在评估市场机会和制定营销战略时，不能以国界为限，而应该放眼于全球，是在全球采用统一的标准化营销策略，应用前提是各国市场的相似性，具有规模经济性等优点。

全球营销可细分为初级阶段和高级阶段。初级阶段的全球营销往往只在个别职能，如采购或生产等方面实现了全球化；而高级阶段的全球营销则几乎在所有可能产生竞争优势的环节都实现了全球化，建立了全球网络，在全世界范围内进行采购、生产、研究开发、信息扫描、人力资源等重要职能的分工，各自相对专业化，但彼此之间又相互高度依赖。

全球营销中最常面对的问题之一是在多大程度上选择标准化和差异化政策。毕竟，各国消费者需求之间虽有很多共同点，但也存在着不小的差异。全球营销者通常都更重视各国消费者需求的共性，而非差异性。他们尽管也会根据市场的差异对针对全球的标准化营销组合做一些调整，但却不会为了适应而适应，只有在能够切实增加顾客利益的地方才进行修改。而且，全球营销公司总会要求在部分营销组合要素上保持绝对统一。

从细分全球市场的角度，可以把典型的全球营销与多国营销看成一个连续系统的两个极端，区别在于多大程度上以国界作为细分全球市场的首要变量。多国营销把国界当作细分全球市场的首要变量，在各国市场内再根据其他变量进一步细分并选定目标市场，专门开发一项业务来满足目标顾客的需求。而典型的全球营销则完全不把国界作为细分市场的首要指标，取而代之的是某种人口统计、心理、行为等方面的非国界变量，而后针对不同国家中相似的目标市场统一开发一项业务来满足其共同要求。

但是在实践中，很难找到哪家公司属于上述两种极端情形之一。事实上，一方面对于倾向于多国营销的公司来说，有些国家市场太小，以至于单独为其开发一项业务并不合算，因此公司往往把一些特征相似的小国联合起来，用一套标准化的营销组合来满足这些国家市场上的共同需求。另一方面，对于典型的全球营销公司来说，一些国家市场非常大，而且对公司整体业绩有举足轻重的影响，这使得公司往往单独对其加以特别的关注。也就是说，实践中极少有纯粹意义上的多国公司或全球公司，他们只是在一定程度上倾向于其中一种，并且在细分全球市场时，事实上采取的都是混合的全球市场细分战略。

(二)差异化营销

差异化营销策略是在市场细分的基础上，企业以两个以上乃至全部细分市场为目标市场，分别为之设计不同产品，采取不同的市场营销组合，满足不同消费者需求的目标市场策略，如图 6-4 所示。

差异化营销策略适用于大多数消费者需求异质的企业。采用差异化营销策略的企业一般是大企业，有雄厚的财力、较强的技术力量和较高素质的管理人员，是实行差异化营销策略的必要条件。

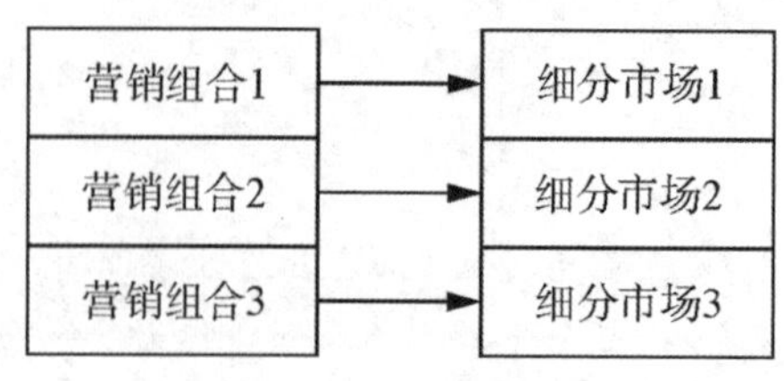

图 6-4　差异化营销模型

差异化营销策略优点是能扩大销售，降低经营风险，提高市场占有率。因为针对不同需求的消费者提供不同的营销组合，能够更好地满足消费者的需求，以此可进一步扩大产品销售。如果企业在数个细分市场都有能取得的较好的经营效果，就能树立企业良好的市场形象，提高市场占有率。但是，随着产品品种的增加，分销渠道的多样化，以及市场调研和广告宣传活动的增加，生产成本和各种费用必然大幅度增加。

（三）集中营销策略

集中营销策略是企业以一个细分市场或少数几个细分市场作为目标市场，集中力量，实行专业化生产和经营的目标市场策略，如图 6-5 所示。

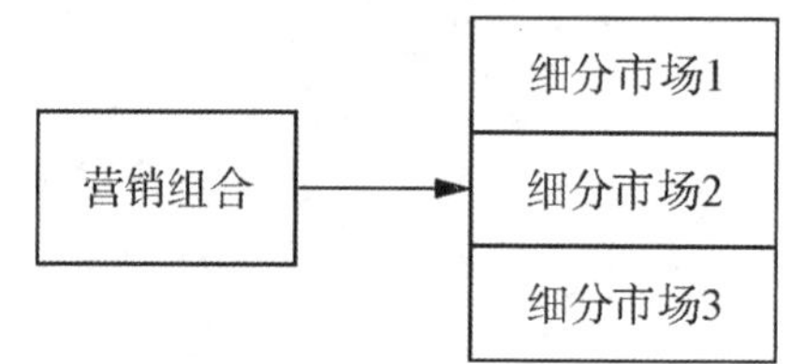

图 6-5　集中营销策略模型

集中营销策略主要适用于资源有限的中小企业和初次进入新市场的大企业。中小企业由于资源有限，无力在整体市场或多个细分市场上与大企业展开竞争，而在大企业无暇顾及而自己又力所能及的某个或少数几个细分市场上全力以赴，反倒容易取得成功。实行集中营销策略是中小企业变劣势为优势的最佳选择。

6-3　**老年超市的魅力**

现年 66 岁的奥利弗·保罗原本是纽约一家银行的经理，退休后，他无法适应那种无所事事的生活，就想着要找点事情做。

2014 年年底的一天，他去一家超市购物。在购物过程中，他隐隐觉得现在的超市似乎只适合年轻人，过道狭窄、购物过程中也没有可以坐下来休息的地方……超市里一趟逛下来，保罗累得就像登了趟山一样，他不由得在心里感叹："如果有一家能够特别照顾到老年人的超市就好了！"

可是保罗转念一想，与其抱怨，为什么不干脆自己开一家专门为老年人服务的超市呢？

经过三个月的准备，保罗在纽约第五大道东端租下了店面，经营起了“老人超市”。

超市里的布局和装潢完全从老人的角度出发，货架之间的距离也特别大，以便于老人在购物时有一个较为宽松的空间；货架之间也都备有靠背座椅，老人累了就可以坐下来选购商品或休息；超市里的推车也经过了特别的设计，它们全都有刹车固定装置，而且后端还预留了一个座位，让老人可以随时随地就坐下来休息；还有一个极为周到的地方就是商品名称和价格标签的字体都特别大，而且都采用了最醒目的艳红色，便于老人看清楚；

特别值得一说的是，保罗在超市里总共准备了50架老花镜和20架放大镜，老人在购物过程中有需要就可以随手取来使用。

“老人超市”不仅针对老人顾客，就连工作人员也是一些退休在家的老人，因为相对来说，老年人相互之间更能体谅老年人，也更能体会到彼此的特点和需求。

就因为这些小细节，保罗的“老人超市”从2015年年初开张以来，受到了广大老年人的欢迎。因为名声好，连其他年龄段的顾客也有不少被吸引了过来，所以保罗的超市里整天都顾客络绎不绝，营业额居然是普通超市的四倍之多。

集中市场营销策略的优点是目标市场集中，有助于企业更深入地注意、认识目标市场的消费者需求，使产品能够更好满足消费者的需求，有助于提高企业和产品在市场上的知名度。集中市场营销策略还有利于企业集中资源，节约生产成本和各种费用，增加盈利，取得良好的经济效益。集中市场营销策略的缺点是企业潜伏着较大的经营风险。由于目标市场集中，一旦市场出现诸如较强大的竞争者加入、消费者需求的突然变化等，企业就有可能因承受不了短时间的竞争压力而立即陷入困境。因此，采用集中市场营销策略的企业要随时密切关注市场动向，充分考虑企业对未来可能意外情况下的各种对策和应急措施。

（四）微市场营销

目标市场策略的最后一个类型是微市场营销。微市场营销将市场细分到个人或细分到特定区域，企业根据特定个人或特定地区的特殊需求调整自己的营销策略。微市场营销针对的特定个人或特定地区的特殊需求，因此微市场营销包括当地营销和个人营销两种。

当地营销是指企业根据当地顾客群的特殊需求，调整企业的营销策略，迎合当地的特殊需求。企业的当地营销迎合当地消费者的特殊需求，肯定受到当地消费者的欢迎。但是由于市场区域的限制，导致其市场规模较小，产品的批量较小，从而导致其成本较高。

微市场营销的另一种方式是个人营销，又叫定制营销或一对一营销，即可以根据单个消费者的个性化需求进行调整企业的产品。现在的各种新技术和信息工具，如互联网、移动互联网的发展，可以使公司针对个人开展营销，定制个人所要求的商品。在个人营销中，企业要与顾客进行一对一的沟通，并且让顾客参与生产完全符合自己需求的商品，创造出独特的顾客价值的过程。比如顾客可以在耐克的官方网站定制鞋的颜色以及鞋舌上绣上几个自己选择的词语来实现自己的个性化定制的运动鞋，雀巢巧克力可以定制自己的包装图案等实现个性化定制。

在服务行业个性化的定制更为普遍。比如在金融服务业提供定制化金融服务，在保险行业提供个性化的保险服务等。在旅游服务、家装服务等也都是如此。

总之，虽然微市场营销使得企业的营销成本进一步上升，但是顾客的满足度也在上升，而且随之技术的发展和生活水平的提高，定制越来越受到欢迎，也促使越来越多的公司将转向顾客化定制营销。

家装市场的全屋定制营销

随着以智能科技、大数据技术、云计算为代表的全新时代的到来，全屋定制将会成为这些先进技术的集合体最终出现在人们面前。以欧睿宇邦为例，从最初的定制橱柜，到布局互联网家装 O2O，并提出“全屋定制”口号，正式迈入整体家居时代，实现了一次次的华丽转身。时至今日，欧睿宇邦已凭借自身在互联网家装业多年的深耕，跻身于橱柜领先品牌之列，并开始在全屋定制时代率先进行尝试。随着好莱客家居、欧派家居、科凡家居等诸多全屋定制品牌的加入，全屋定制时代或许将会在互联网家装后时代最终来临。

全屋定制有利于提升家装效率。通过将家装的不同环节整合到一起，改变不同环节衔接时候出现的不完整、不及时等问题造成的效率降低，成为未来一段时间破解互联网家装效率低下问题的关键所在。

全屋定制平台通过将自己在家居定制上的经验积累与互联网家装以及新技术相互结合在一起，能够各取所长，真正将家装行业的效率提升不再仅仅只是一个噱头，而是一种看得见摸得着的真实存在。目前，以欧派家居、欧睿宇邦、科凡家居为代表的全屋定制品牌正在通过与家装平台联合，实现家装效率的提升，试图通过整合环节和流程，减少沟通成本，使家装行业效率得到本质提升。

近日，欧睿宇邦就宣布将会与 C+个性化整装以及酷家乐达成战略合作，借助 C+在家装销售体系标准化及搭建复制能力以及酷家乐对全屋定制领域的专研力和强大的技术体系，解决全屋定制与平台和技术之间的壁垒，通过深度介入来提升家装行业的效率。

随着更多全屋定制品牌的加入，未来的互联网家装或许将会从更加深度的方向着手，借助以 VR、AR 为代表的新技术减少家装过程当中的不及时、不对等等难题，通过打通家装行业的不同环节与链条，实现家装行业效率的整体提升。

全屋定制有利于实现资源整合的实现。从当前的发展情况来看，家装行业的每一个环节在互联网的影响下都发生了根本性的变化，但是从当前整个家装行业的实际情况来看，还没有哪一个平台真正能够将家装行业的每一个流程和环节都优化得相当顺畅。在这样一种情况下，如何将这些特点鲜明、优势互补的平台整合到一起，改善用户体验，将会成为家装行业下一个阶段发展的重点。

欧睿宇邦与 C+整装和酷家乐进行合作，朝着大家居方向迈进仅仅只是全屋定制这样一种模式在资源整合方面进行的第一步。未来，除了将会有更多诸如欧睿宇邦类似的全屋定制家装品牌参与进来之外，不同平台之间的相互融合与互相赋能，同样将会有利于家装行业资源整合的实现，一个优势互补、资源共享的大家居时代或许将会最终来临。

家居生产企业借助生产端的规模化、标准化的优势，家装平台借助整合方面的力量，技术企业凭借不断革新的全新技术，三者之间的资源整合将会成为未来大家居时代的一个主要发展方向，而最终带来的家装行业更深、更广的融合与发展将会成为未来的一个重要发展方向。

全屋定制有利于业主痛点的解决。当下，互联网家装之所以饱受诟病，其中一个很重要的原因就在于业主的痛点并没有得到真正解决，互联网家装仅仅只是一个营销手段而已。随着全屋定制时代的到来，业主在互联网家装时代的痛点将会通过非标、个性化服务、规模化生产等一些新的手段得到根本解决。

全屋定制真正将前端的家居建材生产、中端的用户体验、终端的落地家装融合在了一起。通过家居建材的集中化、规模化生产，家装过程当中的建材供应不及时、原材料价格虚高不下等问题彻底得到了解决，互联网家装时代主打的F2C的工厂直供模式将不再仅仅只是一个愿景，而是会实实在在地落地到实际的执行过程中。

借助全新的技术，用户将会真正为前端的家居建材生产提供数据基础，并会为终端的家装提供改进方向，在全屋定制时代，用户真正成为家装行业的核心。一切以用户需求为导向的全屋定制将会在满足非标需求的基础上，在大数据的支撑下实现家装建材的规模化生产，并为家装施工提供源源不断的支撑，最终将业主需求作为唯一导向，真正实现大家居时代的家装全新变革。

资料来源：孟永辉，2018.8.23.产品经理

（五）选择目标市场策略的考虑因素

1.企业实力

企业实力是指企业在生产、技术、质量、销售、管理、产品创新和资金等方面力量的总和。如果企业实力雄厚，可采取无差异营销战略或差异营销战略，反之则采用集中营销战略。

2.产品同质性

产品同质性是指产品差异性的大小。同质性产品差异小，如粮食、钢铁、食盐等，可采取无差异营销战略；异质性产品差异大，如汽车、家用电器，可采取差异营销战略或集中营销战略。

3.市场同质性

在消费者需求和偏好相似的同质市场，可以采取无差异营销战略；反之在异质市场应采取差异营销战略或集中营销战略。

4.产品所处的生命周期阶段

在产品生命周期的介绍期和成长期前期，可以采用无差异营销战略；在成长期后期和成熟期，由于市场竞争激烈，企业需要树立品牌形象，推出多种产品，可以采用差异营销战略或集中营销战略。

5.竞争对手的目标市场营销战略

如果竞争对手采取无差异营销战略，企业可以采取差异营销战略或集中营销战略；如果竞争对手采取差异营销战略，企业可以选择相似的或更深层次细分的差异营销战略及集中营销战略。

在现实中，企业对这三种目标市场营销战略的选择不是一层不变的，可以灵活运用，

它是在对影响目标市场营销战略选择的五种因素综合分析基础上制定的。

第三节 产品差异化与市场定位

企业一旦选定了目标市场，就要在目标市场上进行市场定位。市场定位是企业营销战略的重要组成部分，它要明确在客户的心目中树立本企业及产品怎样的独特形象。因此作为企业的营销人员的重要任务就是利用企业产品的差异化为企业选择合适的市场定位。市场定位是现代市场营销理论的一个重要概念，企业市场定位是否正确，影响到企业市场营销组合策略的制定，影响到企业在目标市场能否树立起强大的竞争优势。

一、市场定位的含义

市场定位是指企业根据竞争者现有产品在细分市场上所处的地位和消费者对产品属性的重视程度，创造出具有一定特色的产品，树立一定的产品形象，以吸引特定的消费者群。简而言之，市场定位就是企业在特定的细分市场上塑造出与众不同的产品形象，以引起消费者的偏爱。

在市场定位中，其核心在于为目标顾客创造差异化的价值。企业为顾客所创造的价值的载体就是产品，因此一个企业能否为目标顾客提供差异化的价值，重点在于能否使其为市场提供的产品与竞争者相差别。产品差异化的构建一般可以从五个方面探寻：产品、服务、渠道、人员和形象，可以在其中一个方面也可以在多个方面形成相对于竞争对手的差异。

（一）产品差异化

产品差异化可以从产品的特征、质量、款式、设计等方面实现差异。运用技术创新手段实现产品特征差异化；款式差异在汽车、服装、房产等产品上应用很广泛。如日本汽车行业有这么个概括：丰田的安装，本田的外形，日产的价格，三菱的发动机。确实，本田款式每年都推出不同车型，设计优美动人，倍受年轻消费者的青睐。产品差异性设计时应尽量将企业核心能力、核心专长充分发挥，运用于其中。

（二）服务差异化

除了产品实体差异化，企业也可对所提供的服务进行差异化。别具一格的良好服务，不仅会给企业带来众多的顾客、广阔的市场和可观的利润，并且会对树立企业形象、建立产品信誉起到极为重要的作用。服务差异化主要表现在订货方便、交货、安装、客户培训、客户咨询、维修和多种服务上。

（三）渠道差异化

分销渠道差异化就是在同类产品中根据自己的产品差异和企业的优势，选择合适的销售渠道，以方便顾客购买，这样就要求企业在交易地点、空间距离与交易手段、交易方式、结算方式、送货上门、服务手册等方面提供全方位的方便。如美国安利公司根据企业产品的特点，采取直销的方式从而取得非凡的经营业绩。

(四)人员差异化

企业可以通过聘用和培养比其竞争对手更为优秀的人员获得人员差异化优势。大量的实践证明，“市场竞争归根结底是人才的竞争”。例如，麦当劳的员工彬彬有礼，东方航空公司的空姐美丽温柔。

(五)形象差异化

通过不同的途径创造性地树立企业独一无二的形象差异化，较常用的有企业标志、各种媒体气氛等。一个醒目的标志常常可以塑造一种突出的形象，令人难以忘怀。例如麦当劳快餐公司的金色拱形“M”标志，就是麦当劳公司的象征。

二、市场定位的步骤

市场定位的实质是产品定位加竞争定位，要能够塑造出独特的、能在顾客心目中留下鲜明印象的产品的市场形象，即追求差异性，而差异性的塑造必须了解竞争者的产品特征、竞争优势与劣势，充分发挥本企业的竞争优势，同时，又能够与消费者价值相一致，能更好地满足消费需求。因而，市场定位过程中必须考虑竞争、企业自身、顾客三方面的因素。一般而言，市场定位要经过三个步骤，如图 6-6 所示。

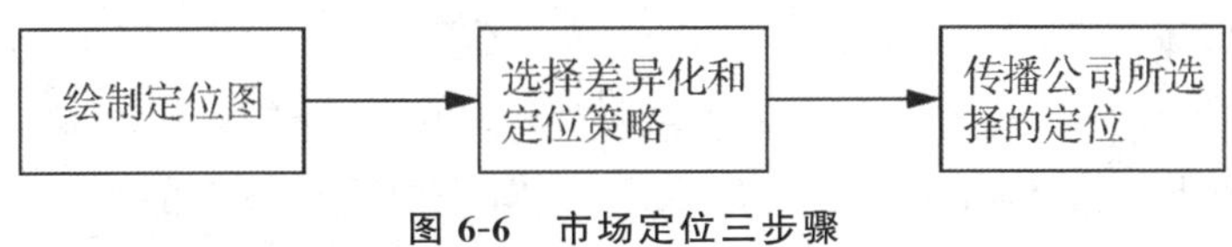

图 6-6　市场定位三步骤

(一)绘制定位图

定位图是一种直观的、简洁的定位分析工具，一般利用平面二维坐标图展示消费者对本品牌与其他竞争对手在重要购买维度上的对比。通过定位图可以明确消费者对竞争对手的品牌识别、品牌认知等状况，可以为企业作差异化选择和定位策略提供帮助。定位中其坐标轴代表消费者评价品牌的特征因子。图上各点则对应市场上的主要品牌，它们在图中的位置代表消费者对其在各关键特征因子上的表现的评价，如图 6-7 所示。

1.确定关键的特征因子

这是编制定位图的关键。特征因子选择的正确与否决定定位图的有效果和结果，从而影响整项定位工作的成功。

定位图一般是两维的，这样是为追求其直观性。但影响消费者对竞争者品牌的评价因子是多种多样的。那么该如何在复杂的诸要素中找对作为坐标变量的关键的两点呢？方法只有一个——从消费者身上找。首先我们要通过市场调查了解影响消费者购买决策的诸因素及消费者对它们的重视程度，然后通过统计分析确定出重要性较高的几个特征因子，再从中进行挑选。在取舍时首先要剔除那些难以区分各品牌差异的因子(如汽油的价格因子)，其次要剔除那些无法与竞争品牌形成的因子，最后一步就是在剩下的因子中选取两项对消费者决策影响最大的因子。有时对于相关程度甚高的若干个因子可将其合

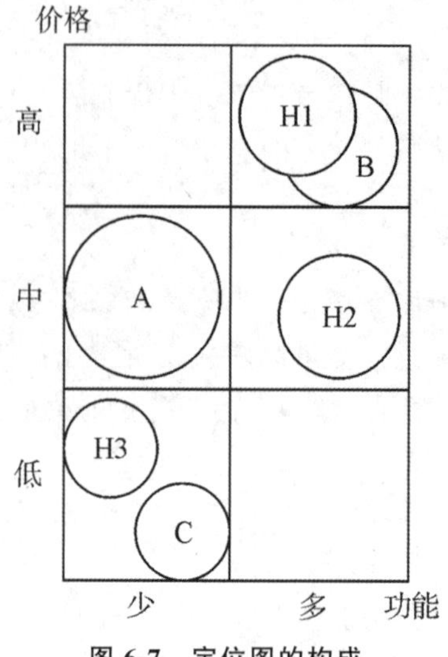

图 6-7 定位图的构成

并为一综合因子以作为坐标变量。如可将运动鞋的舒适、耐用性特征因子综合为品质因子。在确定因子的整个过程中，注意要始终把研究人员的主观偏见排除在外，务求保证客观的结果。

2.确定诸品牌在定位图上的位置

在选取关键因子后，接着就要根据消费者对各品牌在关键因子上的表现的评价来确定各品牌在定位图上的坐标。在确定位置之前，首先要保证各个品牌的变量值已量化。特别对于一些主观变量(如啤酒口味的浓淡程度)，必须要将消费者的评价转化为拟定量的数值，只有这样才便于在图上定位。

(二)差异化和定位策略选择

定位图直观地显示了消费者对各种品牌的产品的性质及之间的差异的认知。在图中只要两点不重叠，就说明它们之间存在着差异，而纵、横向距离的大小则表示它们在这两方面特征因子上的差异的大小。明确了竞争对手品牌的位置及与对手之间的差异后，就可以确定本企业的品牌的市场定位的方向，因为市场定位就是要突出产品与其他品牌的差异。一般而言差异化和定位的选择包括三个步骤，如图 6-8 所示。

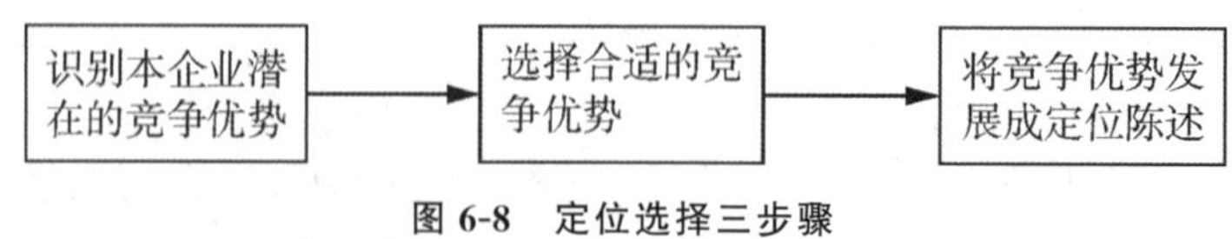

图 6-8 定位选择三步骤

1.识别企业潜在竞争优势

企业潜在的竞争优势在于企业是否比竞争对手更好地了解竞争对手的需求，并提供更高的顾客价值。市场定位的实质是差异化，基础是识别潜在竞争优势。差异化优势可从产品、服务、渠道、人员和形象五个方面来识别，可以在其中一个方面形成优势，也可以在多个方面形成相对于竞争对手的优势。

2.选择合适的企业竞争优势

市场定位的最终目的是构建企业的竞争优势，并将竞争优势转化成市场定位。一般而言选择合适的竞争优势要考虑两点。一方面如果能够识别出多个竞争优势，那么企业的营销人员必须进行选择。营销的原则是选择一个独特的销售主张，并一直坚持下去，因为如果在多个竞争优势上进行定位很可能造成目标顾客认知上的不信任和模糊的风险。另一方面在选择合适的竞争优势还要遵循价值性（差异能带给顾客价值）、独有性、卓越性（没有可替代的差异化）、可沟通性（差异能被消费者所感知、认可相接受）、难被对手模仿性、可获利性等原则，同时要分析这种竞争优势能否持久地赢得顾客。

3.将竞争优势发展成定位陈述

市场定位所要面对的目标顾客，因此要将所选择的竞争优势以简洁、明了、富有感染力的方式表达出来，这就是定位陈述。定位陈述一般以品牌口号的形式出现，如小米手机“为发烧而生”。

常见的定位陈述方式

竞争性定位陈述又称“迎强定位”、“对峙性定位”、“针对式定位”，是指企业选择靠近于市场现有强者企业产品的附近或与其重合的市场位置，与强者企业采用大体相同的定位陈述，与其争夺同一个市场。竞争性定位方式要求企业必须具备与强大竞争对手不相上下的竞争实力。通过竞争只要能达到与其平分天下或被消费者广为知晓，就是巨大的成功。在世界饮料市场上，作为后起之秀的百事可乐进入市场时，就采用过这种方式。“你是可乐，我也是可乐”，与可口可乐展开面对面的较量，实行迎头定位，企业必须做到知己知彼，力争比竞争对手做得更好。否则，迎头定位可能会成为一种非常危险的战术，将企业引入歧途。

避强定位陈述，所谓避强定位陈述是指企业力图避免与实力最强的或较强的其他企业直接发生竞争，而将自己的产品定位于另一市场区域内，使自己的产品在某些特征或属性方面与最强或较强的对手有比较显著的区别。例如，美国七喜汽水的定位策略就是一个避强定位策略的典型案例。因为可口可乐和百事可乐是市场的领导品牌，占有率极高，在消费者心中的地位不可动摇。所以，将产品定位于“非可乐型饮料”就避免了与两大巨头的正面竞争。成功的市场定位使七喜在龙争虎斗的饮料市场上占据了第三的位置。

比附定位陈述，也称类比定位法，又称为逆向定位法，是指拿自己的产品或服务比附领导者的位置，以达到在消费者心目中为自己确立一个位置的方法。比附定位法与竞争对抗法有相似之处，即二者都是借助领导者或市场地位优越的竞争对手的声誉引起消费者对本企业产品的关注；但比附定位法又与竞争对抗法有很大不同，它不是通过正面的直接对抗而是通过比附领导者的位置，获得消费者的信任与支持，从而在市场上取得一个较有利的位置。例如，蒙牛乳业在初期打出的口号是“向伊利学习，做内蒙古乳业的第二品牌”。

（三）传播公司选择的市场定位

市场定位最后要导入目标顾客心目中，而不是只停留在企业内部，因而，要通过有效途径、有效方式向公众传播企业的市场定位。首先企业的市场营销组合是市场定位主要的传播工具,也就是说市场营销组合战略要依据市场定位来设计,要能反映市场定位的内容,如图 6-9 所示。其次要使消费者认可、接受企业的市场定位需要一个较长的过程,企业要做好市场定位沟通计划,有步骤地进行传播。在市场定位传播过程中,通过积极主动而又巧妙地与顾客沟通,达到激发顾客的注意与兴趣,求得顾客的认同。有效的市场定位并不取决于企业怎么想,关键在于顾客怎么看。市场定位成功最直接的反映就是顾客对企业及其产品所持的态度和看法。

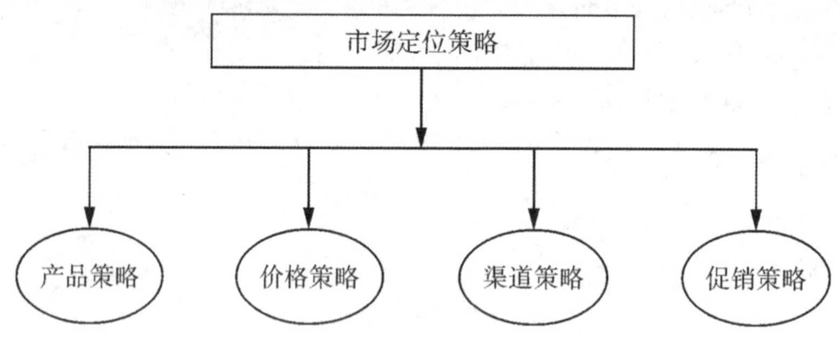

图 6-9 企业营销组合策略对市场定位的支持

企业一旦选定了目标市场,就要在目标市场上进行市场定位。市场定位是企业营销战略的重要组成部分,它要明确在客户的心目中树立本企业及产品怎样的独特形象。因此作为企业的营销人员的重要任务就是利用企业产品的差异化为企业选择合适的市场定位。市场定位是现代市场营销理论的一个重要概念,企业市场定位是否正确,影响到企业市场营销组合策略的制定,影响到企业在目标市场能否树立起强大的竞争优势。

第四节 趋势与热点:互联网与目标市场营销战略

一、互联网对市场细分理论的影响

STP 是经典营销战略的核心,这里的 S 指市场细分,是营销战略的前提,是解构市场最重要的利器,是寻找市场机会、寻求营销增长的基础点。市场细分有四个主要维度,分别是地理维度、人口统计维度、心理维度和行为维度,而每个维度下又有若干参数。

营销学大师菲利普·科特勒在《营销革命 3.0》中就提出了在互联网时代对于消费者的"人本化"的营销。在互联网时代,原来的地理边界、人群边界正在被逐渐打破,因此在互联网下的消费者画像中,人口统计维度和地理维度的重要性在大幅度下降,而心理维度和行为维度的重要性在上升。

我们的细分市场正在变成一个个围绕价值观组成的社群集合,用户的兴趣爱好、成就动机、理想信仰、互动偏好等深层次心理和行为,正起着决定性市场作用。基于价值观区隔的小众市场正在变成市场的真正主流,互动和共鸣已经成为营销的主旋律。

二、互联网对目标市场营销战略的影响

在营销学大师菲利普科特勒所阐述的目标市场营销战略中,企业面临四种选择模式:无差异性营销、差异化营销、集中营销和微市场营销。每一种目标市场营销模式都有各自的优缺点和前提条件。随着互联网技术及移动互联网技术的发展,信息沟通更加便捷、支付更加便利以及物流更加快捷等等,对企业的目标市场营销的战略选择产生了巨大的影响。

(一)互联网对无差异性营销的影响

无差异营销一般要求企业规模较大,因为需要面对广大的市场。但是在互联网时代,企业可以利用网络的平台面对全国的消费者,因此即使企业规模较小,也可以选择无差异营销。同样的理由,一些初创型企业也可以采用无差异营销来面对全国的消费者,以期在短期内取得快速发展。

(二)互联网对微市场营销的影响

微市场营销一般要求对当地市场或单个消费者实现定制的产品或服务。微市场营销的难度在于,一方面要及时准确了解当地或某个消费者的个性化的需求信息,另一方面才能根据其个性化的需求信息进行定制。在互联网时代,快速的信息沟通,可以让企业迅速了解消费者的个性化需求,从而实现为消费者的量身定做。在现在互联网时代,微市场营销策略越来越容易实现了。

可口可乐玩转定制瓶子营销

可口可乐的"定制瓶子"诠释了社群O2O的闭环,从社交媒体的线上定制瓶子,到消费者线下收到定制瓶,然后通过消费者拍照分享,又返回了线上的O2O模式。"定制瓶子"的活动受到许多微博用户的关注。

2017年6月可口可乐借势高考,探索出全新的借势角度,推出以准考证为基准的高考定制瓶,且不说这唯一性的稀缺程度,单说毕业后能想起来的共同回忆里,还有个可口可乐瓶,就让人不禁为这个想法点赞。

这款定制瓶,让不少无缘当年高考的人都羡慕不已,如若而今仍年少,那必须要大买特买,来纪念这个人生重大的日子。除却推出产品之外,拉近与目标受众的距离,这个热点蹭得起码得个状元。

瞄准新生代大本营,定制专属"可乐密语"瓶

营销无外乎对谁说,怎么说,说什么,在哪儿说。

谈到新生代力量的大本营,QQ当之无愧,作为年轻人最喜欢的社交工具,探索社交的更多维度、更多场景、更多可能,可口可乐自然也不会放过这样具备战略意义的传播主

阵地。

只要用手机QQ浏览器扫描可口可乐瓶，就能轻松定制专属“可乐密语”。当然，用户除了可以生成自己的密语瓶外，还可以看到附近用户发布的密语瓶，进行一场精彩的复古文字解谜。

可口可乐将场景进行多维度利用的探索无疑是成功的，深入新生代社交场景中，与新生代走得越近，才能走得更远。

三、互联网对市场定位的影响

艾·里斯在《21世纪的定位》一书中，围绕互联网时代对市场定位提出新的一些定位法则。

（一）全球化法则

全球化是推动当今企业业务背后的推手。在21世纪的互联网时代，你的业务可以通过互联网走向全球化的，否则，你就错失很多机会。美国是怎么致富的呢？是通过打造全球化的品牌来致富，全球最有价值的品牌中有一半是美国的品牌。中国的出口占全球GDP的比例是19%，但世界上没有一个国家仅通过简单的相互贸易就能致富——中国多数的出口是商品的出口，而不是品牌的出口。很多中国品牌在全球市场上违反了最重要的定位法则：聚焦定律。随着目标市场越来越大，你的品牌所代表的产品线应该越来越窄才对。

（二）品类法则

在20世纪，品牌是市场营销计划中最重要的因素。而互联网时代，品类才是消费者在互联网时代最先搜索的是品类，然后是品牌！中国的品牌全球化，要打造非常强有力的拉丁文字名称，这样才能让品牌在国际市场体现其所代表的品类，品牌名称一定要强烈地支撑你的品类，把所属的品类传达给受众。

（三）互联网品牌法则

目前企业的业务在全面往线上发展。例如，现在每一个大的零售商都有自己的网站，但还是用它们线下的品牌名，没有一家这样做的网站在财务方面是成功的。我们要告诉大家的是，你进入互联网的业务已经是一个新的品类。而新的品类必须用新的品牌名，而不是把现有品牌名简单地做延伸。

（四）视觉锤法则

在互联网时代，因为视觉形象马上会引起人们的注意，看看市面上主要的品牌，都有它自己的一些视觉形象，视觉形象要比文字更有传播力量。从解剖学原理来说，视觉信息要用右脑处理，而右脑主要与情感相关联，但是左脑处理的文字没有这样的情感色彩。如果用文字写baby，并没有感情色彩，但如放上婴儿的视觉形象，马上就完全不一样。怎样打造品牌的视觉锤？从八个角度给大家参考：形状、颜色、产品、动作、创始人、符号、明星、动物。我们可以挑选一种方法来用，打造自己的视觉锤。

在21世纪的定位理论里，消费者心智依然是决战战场，但更新的五个定位法则，则可以帮助你来打赢 21 世纪的营销战役。

本章小结

企业应在分解出不同需求的群体的基础上,决定企业能有效服务的需求群体,并设计和提供对顾客有价值的、能在顾客心目中留下鲜明印象的产品。因此目标市场营销战略的核心是市场细分、目标市场选择、市场定位。

市场细分指采用恰当的细分变量将整体市场划分为若干能相互区分的细分市场,同一细分市场具有类似需求,不同细分市场具有相异需求。消费者细分参数包括地理、人口统计特征、心理、行为四个因素,生产者细分参数除了可以应用消费者细分参数外还可以根据用户地点、用户规模、用户性质和用户要求等参数来细分。对顾客的市场细分还要做到有效性要求:可衡量性要求、可进入性要求、可营利性要求、可区分性要求。

目标市场选择时,首先要对细分市场进行评估。评估时一是要坚持市场吸引力原则,市场吸引力从市场规模、市场成长性、市场竞争结构进行分析;二是要坚持企业目标与资源能力相一致原则。目标市场选择策略包括无差异营销、差异营销、集中营销和微市场营销。无差异营销策略是指企业对整个市场只采取一种营销战略;差异营销策略指企业对不同细分市场,分别使用不同的营销组合策略,它适用于企业实力强、产品差异性强、顾客需求差异明显的市场;集中化营销策略指企业将所有营销努力集中于某个单一或几个经过缜密定义的细分市场;微市场营销策略是指企业针对当地客户或个别客户分别使用不同的营销策略。对目标市场策略的选择要基于企业实力、产品同质性、市场同质性、产品所处的生命周期阶段以及竞争对手的策略这五大因素的考虑。

市场定位的实质是要在目标顾客心目中确立与竞争对手不一样的形象,因此首先要考虑企业自身产品的差异化。产品差异化包括有形产品差异化、服务差异化、渠道差异化、人员差异化和形象差异化。在确定企业的市场定位时要经历的三步骤分别是绘制定位图、选择差异化和定位策略、传播所选择的定位。

互联网时代市场细分、目标市场的选择和市场定位的法则提出了一些新的要求。

重要名词

目标市场营销战略　STP　市场细分　细分变量　地理变量　人口变量　心理变量　行为变量　可衡量性　可营利性　可进入性　可区分性　无差异营销　差异营销　集中营销　微市场营销　产品差异化　渠道差异化　服务差异化　人员差异化　形象差异化　定位图　互联网品牌法则　视觉锤

案例评析

85 亿,李永军与传奇“喜之郎”

一个由 40 万元起家的行业巨头,一个低调沉默的企业家,创业 25 年就构建起世界上最大的果冻王国。目前,全国设立了 40 多个分公司、办事处,旗下拥有近 10 个品牌,1 000多个经销商,上万个分销商,2017 年销售规模已达 85 亿元。

这一切都离不开这位创始人的细心布局,他凭着自己敏锐的市场嗅觉,打造出果冻食品领域的第一品牌,成为外界公认的“果冻大王”。他就是喜之郎的创始人李永军。

李永军是广东阳江人,大学就读于上海水产大学食品工程专业。毕业之后,他在一家食品公司做食品推广,后来又去了深圳做乳品厂的技术员。和其他在国有企业的工人一样,他按时上班到点下班,朝九晚五,生活无忧无虑,但也无滋无味。

从 1990 年起,各地的果冻生产厂家像过群体营生的生活一样,一窝蜂地出现。在广东汕头地区,家庭果冻工业作坊遍地开花,单揭阳市一个叫锡场的小地方就有 100 多条生产线。毕业于食品工程专业的李永军,拥有良好市场嗅觉能力的他,敏感地意识到了果冻市场的巨大潜力。于是他毅然辞去职务,与兄弟李永良、李永魁一起筹集了 40 万资金,进入尚处于萌芽状态的果冻产业。

1993 年,他们在深圳宝安成立了“喜之郎”公司,开始创业征程。

图 6-10　喜之郎

李永军认为初入市场,强敌环伺,如果找不准消费者定位,这一切很可能会付之一炬。

这时候,儿童的市场进入了他的视野。之后,李永军便找到了广告公司,准备把喜之郎这个品牌用广告的形式打出去。

带着仅 40 万的资金入局,喜之郎的成长却很惊人。仅仅 8 年的时间,它的年销售额就达到了 15 亿元,翻了 3 750 倍。鼎盛时期,它的市场份额一度达到 70%,是果冻行业内毫无疑问的龙头企业。

那么,李永军究竟是怎么做到的呢?

面对巨大的市场空间及激烈的行业竞争,喜之郎没有陷入盲目的冲动,而是重新回到原点——“喜之郎应该是什么”。当时喜之郎定位于中国儿童果冻第一品牌。因而在品牌的宣传中，也选择了直观的电视广告。

随着果冻在儿童零食市场的一路冒起，从 1993 年到 1996 年年初，喜之郎的品牌一路高歌猛进，市场份额迅速增长。这个略带洋味而又具有中国喜庆色彩的“喜之郎”，随即成为了一个强有力品牌。

图 6-11　儿童广告

“水晶之恋”为爱而来

1998 年初，热门大片《泰坦尼克号》在国内的上映。这部电影迅速成为全世界少男少女心中的最爱……在当年的情人节，喜之郎乘势推出针对少男少女的果冻品牌“水晶之恋”，同时喜之郎的“水晶之恋”对《泰坦尼克号》进行了全国范围的贴片广告。广告创意便专门以《泰坦尼克号》为蓝本进行量身定做。与《泰坦尼克号》一样的爱情概念，一样的目标受众，《泰坦尼克号》简直就是为了喜之郎“水晶之恋”而来到中国……

随着水晶之恋的热销，李永军明白，喜之郎要赢得竞争只有不断地自我刷新品牌。

1999 年，喜之郎乘胜追击，推出了首个可以吸的果冻并以“吸吸”的谐音取名为“CI-CI”。

图 6-12　“吸吸”果冻广告

这一创新的果冻产品，彻底颠覆了国人对传统凝胶类果冻的固有认识，创造了果冻的新食用方式，在果冻市场掀起轩然大波，广受市场好评。

2001 年，“喜之郎”的销售额已比创业初翻了几千倍，达到 15 亿之巨。

美好时光，海苔的春天来了

2005 年年初，深耕休闲食品产业多年的李永军对市场有敏锐的洞察力，准确找出了休闲食品的发展趋势：天然健康。而海苔作为海洋天然食品的一种，其绿色无污染的特性和高蛋白、高维生素、高矿物质含量等特点恰恰符合健康食品的标准。凭借雄厚的资本积累和国内外市场成熟的海苔加工技术，喜之郎为其海苔产品创建了一个新的品牌“美好时光”。

图 6-13 “美好时光”广告

这一品牌的设计紧密结合了海苔食品绿色天然的卖点，将品牌名称与产品利益点有机融合。“美好时光”海苔上市不到一年就销量过亿元，也带动着一直发展缓慢的国内海苔市场呈现爆发式增长。海苔行业也由此进入了激烈竞争的时代。

我是你的谁，你是我的优乐美奶茶

“我是你的谁，你是我的优乐美奶茶”这句广告词大家几乎耳熟能详。而代言就是人气天王周杰伦，凭借周杰伦在少男少女心目中无以替代的地位，优乐美随即受到消费者热烈追捧。

图 6-14 优乐美奶茶广告

2007 年，在国内奶茶市场发展如火如荼之际，喜之郎作为后来者加入了竞争行列。对于这一市场，李永军并没有盲目介入，而是在保证产品品质的前提下对品牌推广进行了缜密思考和设计。与"美好时光"海苔所秉承的品牌思路一脉相承，喜之郎将其奶茶产品定位于年轻消费人群，加上完善的渠道和品牌推广。

据统计，2013 年超过 18 亿人次喝过优乐美奶茶，销售额突破 30 亿。

根据 2018 全球百大糖果公司的排名榜单显示，喜之郎能排到第十九位。短短二十几年间，企业从一家小作坊，发展到现如今销售收入近百亿元，产品品类涵盖了休闲食品的多个领域。

在细分领域做到第一，再延伸出其他产品迅速攻下市场，或许这正是企业的成功之道。

资料来源：中国糖果，2019-01-25。

问题：

1.请结合喜之郎的案例资料谈谈市场细分的重要性。

2.水晶之恋是在什么样的市场背景下推出的？采用怎样的目标市场选择策略？市场定位是什么？

3.请应用所学的目标市场营销理论为喜之郎提出相应的营销建议。

实训专题

选择一类产品，了解目前市场细分的现状，以及主要竞争品牌的目标市场，并试着挖掘若干个新的细分市场，分析其市场潜力与价值。

第七章　产品策略

学习目标

1.理解和掌握产品的概念和整体产品的概念,能够理解与掌握核心产品、形式产品和延伸产品的含义及其内容;

2.了解消费品和工业品的分类,了解产品概念的延伸:组织、人员、地点和创意;

3.理解和掌握单个产品决策的内容和流程;

4.理解和掌握产品线决策中的向下延伸、向上延伸和双向延伸的内容;

5.理解和掌握产品组合的宽度、长度、深度和关联度的概念,并掌握产品组合决策的内容;

6.理解和掌握品牌的概念和品牌的构成,理解品牌与商标、品牌资产的关系;

7.理解和掌握品牌营销决策的内容和步骤;

8.理解和掌握服务的概念和服务的四大特征;

9.理解和掌握服务营销的内容,包括内部营销、外部营销和互动营销的具体内容;

10.理解和掌握产品生命周期的含义及其构成;

11.理解和掌握产品生命周期各阶段的特征及其相应的营销对策;

12.理解和掌握新产品的含义以及新产品开发的重要性;

13.理解和掌握新产品开发的程序和新产品在消费人群中的扩散;

14.理解互联网信息产品的特殊性,掌握互联网产品的开发的阶段。

引导案例

星巴克猫爪杯火爆背后的产品逻辑

2019年2月26日,星巴克推出春季版"2019星巴克樱花杯"。其中,一款"猫爪杯"迅速走红,成为爆品。从某种意义上说,星巴克的猫爪杯,是整个新零售领域今年春天最吸引眼球的一大营销案例。

首先,我们要使用一个内容营销框架,方便理解猫爪杯营销事件的底层逻辑。内容营销框架的逻辑分为四层:给商业注入产品基因、给产品注入内容基因、给内容注入社交基因、给社交注入商业基因。

1.给商业注入产品基因:周边产品矩阵与季节产品矩阵

每个企业都希望业绩高速增长，但大多数企业对产品的认知格局有缺陷，往往把产品概念限定在主营产品本身，更不懂得如何建设一个有机的周边产品矩阵和季节产品矩阵，以实现低成本的流量拉新和用户促活。

作为营销高手，星巴克就把商业注入了产品基因。在季节产品矩阵，每年不同季节，星巴克都会专门开发应季食品进行营销造势，比如端午节的“星冰粽”、中秋节的“女神月饼”等。在周边产品矩阵，星巴克还长年坚持做外围的引流型产品——各种限量款或联名款的杯子。

2019 年，星巴克一口气推出了粉粉嫩嫩猪猪杯、春日限定樱花杯两大系列近 70 款杯子。这些杯子保持了日常的营销温度，事先谁也没想到“猫爪杯”会大火。

2.给产品注入内容基因：猫爪杯大火的偶然与必然

猫爪杯是星巴克众多杯子中的一个。它的大火有偶然因素，也有必然。必然性在于，猫爪杯巧妙地将星巴克品牌与“她经济”、“单身经济”、“宠物经济”融合起来。星巴克的周边产品矩阵定位是 18～25 岁年轻女性；中国 15 岁以上的单身青年高达 2.4 亿人；2018 年，中国宠物市场规模约为 1 700 亿元，养宠物的人超过 5 600 万人。

猫爪杯和 3D 人脸打印咖啡一样，具有以下几个内容基因：

与我相关。咖啡还是那个咖啡，水杯还是那个水杯，产品功能没发生任何变化。但是，用户认知发生了变化，这是一款与“我”高度相关的产品。

3D 人脸打印咖啡是分享型消费。年轻人都愿意在朋友圈和微博上转发一下，小小秀一下“自己的咖啡脸”。

猫爪杯介入“单身”+“希望受宠”+“我就是萌萌的它”。借假修真、借物抒情，是一种触发年轻女性“求关爱、求表达、求独享”的情绪型消费。

3.给内容注入社交基因：情绪消费的社交自传播基因

什么样的内容在互联网上容易自传播？有三种：喜闻乐见，属于情绪消费。感同身受，属于情感消费。对我有用，属于功利消费。显然，猫爪杯注入了情绪消费的社交自传播基因。

2019 年 2 月 19 日，正式开卖前的 7 天，网友自发上传猫爪杯视频，短时间内引爆关注。新媒体跟进报道，在社交网络扩散开来。这应该是一个店员自发上传的偶然事件，大概率不是星巴克官方的安排，却意外火爆社交网络。

猫爪杯之所以大火，必须要提到小红书这类在年轻人中影响力巨大的带货神器。比如花式海底捞网红吃法，几乎每一条都是百万量级的传播，大大降低了海底捞的营销成本，扩大了影响力。

4.给社交注入商业基因：内容营销提升商业转化率

与百雀羚等品牌在微信、微博上以影响力为策略的社会化传播不同，小红书上的社会化传播，是以转化率为主要策略。

站在互联网的视角：触点即终端，文案即门店。经过精心设计的内容营销，商业转化率非常高。知名品牌限量款成了一触即发的“消费理由”。后续又引发了一系列“抢杯子”的各种剧情和故事，又加重了商业转化率。

总结到这里，猫爪杯如何做到“四轮驱动”，成为一款现象级产品的底层逻辑就比较清楚了。

从猫爪杯营销事件的底层逻辑中，我们可以直观感知到主力消费人群消费偏好已发生变化。显然，星巴克也在主动调整，积极适应这种变化。

案例来源：曹文，《经济观察报》，2019-3-17

引导问题：

请围绕星巴克猫爪杯案例谈谈对产品策略的感悟。

产品是市场营销组合策略中的首要因素，因为市场营销的其他策略，如定价、促销和分销都是以产品策略为基础，因此从产品策略开始研究最为恰当。首先我们提出什么是产品，然后阐释了企业的产品决策，并讨论了产品组合策略。最后我们研究了一些重要决策，包括产品品牌营销策略、服务营销策略、产品生命周期各阶段的营销策略和新产品开发策略。

第一节　企业产品策略概述

一、产品的概念

在现代营销学中，产品概念具有宽广的外延和丰富的内涵，美国著名营销学家菲利浦·科特勒认为：“产品是指能提供给市场以引起人们注意、获取、使用或消费，从而满足某种欲望或需要的一切东西。”这是目前运用得比较广泛的一个定义。产品在市场上包括实体商品、服务、经验、事件、人、地点、财产、组织、信息和创意等或者上述的组合。

产品的外在形式包括有形的实体产品、无形的服务和有形加无形的形式，它们之间并没有明显的界限，而是形成了连续的谱系图，如图 7-1 所示。

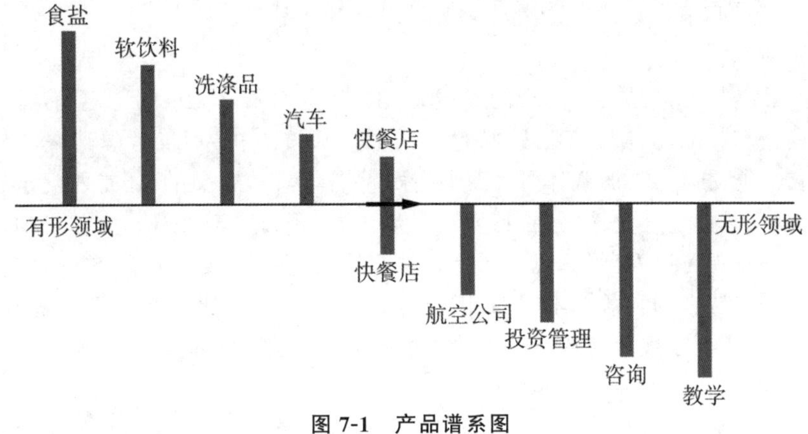

图 7-1　产品谱系图

二、产品的整体概念

企业和消费者往往从自己的角度出发来看待产品，他们都把产品视作一种载体。企业要获得利润必须要为顾客创造价值，这个价值的载体就是产品。消费者希望通过消费产品来收获价值，从而满足自己的某种需求。因此顾客真正购买的不仅仅是单纯的产品，他们购买的产品给他们带来的利益。美国著名营销学家菲利浦·科特勒提出的产品整体概念，本质上是将产品的利益分为三个层次，即核心产品、实体产品和扩展产品，如图 7-2 所示。

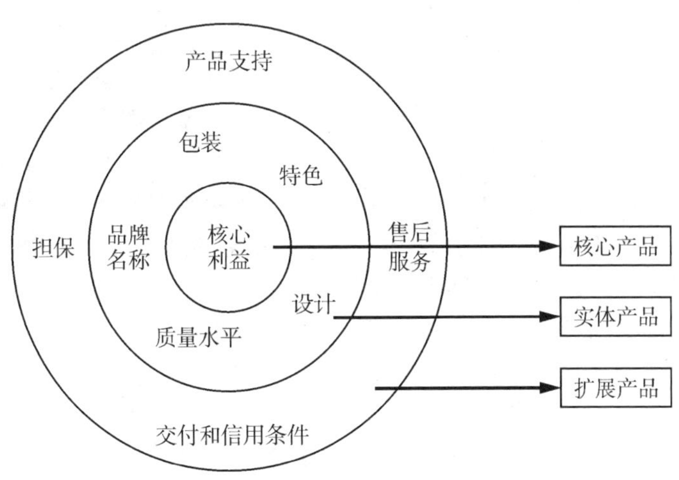

图 7-2　整体产品的三个层次

（一）核心产品

核心产品是产品整体概念中最基本和最实质的层次，是指产品给顾客提供的基本效用和利益，是顾客需求的中心内容。顾客购买某种产品，并不是为了得到产品实体本身，而是为了满足某种特定的需求。人们购买化妆品，并不是为了获得它的某些化学成分，而是要获得“美”。同样，人们买空调是为了“凉爽”。因此在产品决策中必须以核心产品的核心为出发点和归宿来设计真正满足消费者需要的产品。

（二）实体产品

实体产品是核心产品借以实现的形式或目标市场对某一需求的特定满足形式。它包含五个要素：包装、品牌、质量、款式、特色。例如购买洗衣机，不仅考虑其洗衣功能，还会考虑其洗衣功能得以实现的载体，即它的厂家、品牌，是海尔、美的，还是西门子；它的能效等级；它的款式是波轮还是滚筒；独特卖点是烘干、甩干还是消毒等。由此可知，实体产品是顾客在市场直观可以看到的，也是顾客在选择商品时的主要依据。不同的企业设计的形式产品给予消费者的利益是不同的，因此企业进行产品设计时除了要重视顾客所追求的核心利益外，还要重视如何在形式上给予顾客真正需要的利益。

（三）扩展产品

扩展产品又称延伸产品，是指顾客因购买产品所得到的全部附加服务与利益，包括保证、咨询、送货、安装、维修等，它是产品的延伸或附加，能够给顾客带来更多的利益和更大的满足。如家用空调生产者，不仅销售空调，而且还提供送货上门、安装维护、产品保证等一系列服务项目。随着科学技术的发展以及企业生产和管理水平的提高，不同企业提供的同类产品在核心产品和实体产品所提供的利益会越来越接近，而扩展产品则会强化产品的优点和增加对顾客的吸引力。美国市场营销学家里维持教授断言："未来竞争的关键，不在于工厂能生产什么产品，而在于其产品所提供的附加利益。"因此，企业要取得竞争优势，就应向顾客提供比竞争对手更多的附加利益。

牙刷你会挑吗？

2018年央视3·15晚会曝光，辽宁检验检疫局对大连市场上销售的20种日韩牙刷进行抽样检查，显微镜下发现，大量进口牙刷存在牙刷丝顶端有锐角、毛刺，容易损伤口腔软组织，不符合我国牙刷类产品标准。由检验处牵头组织对日韩牙刷开展了100批次的专项检查，结果显示大概超过60%的牙刷不合格。抽查发现日本Lion超软护理牙刷等五款牙刷存在刷毛磨毛不合格问题，中国大陆地区受影响的产品数量共计23.6万支。日本狮王不幸成为此次3·15晚会的反面教材。

刷毛你认真挑过吗？

不知道多少消费者在挑选牙刷只注意刷毛的软硬程度，是否有留意牙刷的材质，牙刷刷毛的材料有天然猪鬃和尼龙丝两种。

天然猪鬃的清洁效果和吸附牙膏的能力都比尼龙丝的要好，但比较吸水，干得很慢。而尼龙丝纤细柔软，能清洁牙齿的间隙，且弹力比较好，有较好的按摩作用，加上其耐磨、不吸水的特性，所以成为刷毛的首选材料。

而对于软毛、中毛、硬毛的选择，普遍都倾向于软毛或中毛，这种刷毛柔韧易弯，能够进入龈缘以下和牙间隙有效清除食物残渣。

刷毛末端充分磨圆，能够保证清洁力，且对牙齿牙龈更加柔和，在刷牙过程中不易造成伤害。而硬毛因为刷毛过硬，容易导致牙龈萎缩、牙颈部出现楔状，但对于沉积牙石者挺管用的。所以牙刷的刷毛并不是越细越好，就像穿鞋一样，牙刷也要寻找合适自己的。

刷头选择是技术活

刷头的形状不太影响刷牙的效果，这里直接略过，反倒是刷头的大小与刷牙的效果有比较直接的关系。

刷头越小，越容易清洁到后牙与下颌门牙舌侧的"卫生死角"，但这并不是说刷头越小越好，刷头的大小的选择还要考虑消费者口腔的大小。

一般来说，成人牙刷刷头的长度应为2.5～3厘米，宽度为0.8～1厘米，有2～4排刷毛，每排5～12束刷毛。儿童牙刷刷头长度不应超过2.8厘米，宽度不超过1.1厘米，刷毛2～3排。

近年来，电动牙刷也颇受欢迎，如何选择才是对牙齿最好的呢？从原理上分，电动牙刷有两大类：旋转与振动。旋转类的牙刷原理简单，就是电动机驱动圆形刷头旋转，在执行普通刷牙动作的同时加强摩擦效果。

振动类型的牙刷更复杂，内部有一个电驱动的振动电机，能让刷头产生垂直于刷柄方向的高频摆动，但摆动的幅度很小，一般为5毫米左右。

刷牙的时候，一方面高频摆动的刷头能高效完成洗刷牙齿的动作，另一方面超过20 000次每分钟的振动也让嘴巴里的牙膏和水的混合物产生大量微小的气泡，起泡爆裂时产生的压力可以深入牙缝达到清洁污垢的效果。一般振动频率越高，价格越高，振动频率低对牙齿损伤大一点。

三、产品的分类

产品按用途可分为消费品和工业品两大类。

(一)消费品

消费品按消费者的购买习惯，又可分为便利品、选购品、特殊品和非渴求品。

1.便利品

便利品是指消费者通常购买频繁或在需要时随时购买，并且只花最少精力和最少时间去比较品牌、价格的消费品，如肥皂、雨伞等。便利品可进一步分为常用品、冲动品和救急品。常用品是顾客经常购买的产品，如油盐酱醋、牙膏、洗衣粉等，一般不需要复杂的购买决策过程，多是习惯性购买，随买随用，随用随买。冲动品是顾客没有经过计划或搜寻而临时、非计划性购买的产品，如在心理冲动下购买的旅游纪念品等。对于这类产品，在卖场中应摆放在容易看得到的位置。救急品是当顾客的需求十分紧急时购买的产品，如雨伞、药品等。救急品的地点效用也很重要，一口顾客需要能够迅速实现购买。

2.选购品

选购品是指顾客在选购过程中，对适用性、质量、价格和式样、颜色等基本方面要作认真权衡比较后才会做出购买决定的产品，例如家具、服装和大型家电等。其购买行为特征包括选择性强、耐用程度较高、不经常购买、单位金额较高等。选购品又可划分成同质品和异质品。同质品，是指在多方面的特征上具有较高相似性的产品，如彩电、洗衣机、空调等。对于这类产品来说，同质化程度较高，竞争比较激烈，实行品牌营销战略有助于提高消费者的认知度和忠诚度。异质品,是指在多方面的特征上有显著差异的产品,如服装、发型设计等。对顾客来说,在选购服装、家具和其他异质选购品时,产品特色通常比价格更重要。异质选购品的经营者必须备有大量各种花色的产品,以满足不同消费者的偏好。他们还必须有受过良好训练的推销人员,为顾客提供信息和咨询服务。

3.特殊品

特殊品是指消费者能识别的独特产品或名牌产品,而且习惯上愿意多花时间和精力去购买的消费品。例如,特殊品牌和造型的奢侈品、名牌男服、供收藏的特殊邮票和钱币等。消费者在购买前对要物色的特殊品的特点、品牌等均有充分认识,这一点同便利品相似;但是,消费者只愿购买特定品牌的某种商品,而不愿购买其他品牌的某种特殊品,这又与便利品不同。

4.非渴求品

非渴求品是指消费者不了解或即便了解也不想购买的产品。这类产品在消费者的日常生活中一般是可有可无、非必需的商品。传统的非渴求品有:人寿保险、基地、墓碑以及百科全书等。对非渴求品,需要付出诸如广告和人员推销等大量营销努力,以促使潜在顾客认识到需要并激发其购买欲望。一些最复杂的人员推销技巧就是在推销非渴求品的竞争中发展起来的。

(二)工业品

工业品是指企业购买后,用于制造其他产品或者满足业务活动需要的物品或服务。通常可以把产业用品分成三类:材料和零部件、资本项目、供应品和商业服务。

材料和部件是指完全转化为制造商产成品的一类产品,包括原材料、半制成品和零部件,如奶粉公司生产罐装奶粉所需要的包装和鲜牛奶等。由于材料和零部件都是完全转化成产品的组成部分,因此材料和零部件的价格和质量直接影响到产成品的成本和质量,意味着价格和供应商的可信性是影响购买的重要因素。

资本项目是指部分进入产成品中的商品,包括装备和附属设备两个部分。装备包括建筑物(如厂房)与固定设备(如生产设备、运输设备等)。由于该类产品的价格一般较为昂贵,企业在购买时特别慎重,因此在售前需要经过长时间的谈判。制造商的销售队伍需要有很强的沟通能力,同时要针对各类顾客的实际需求设计各种规格的产品和提供售后服务。附属设备包括轻型制造设备和办公设备等。这种设备不会成为最终产品的组成部分,它们在生产过程中仅仅起辅助作用。这种产品的市场地理位置分散、用户众多、订购数量少,质量、特色、价格和服务是用户选择中间商时所要考虑的主要因素,促销时人员推销比广告重要得多。

供应品和商业服务是指不构成最终产品的那类产品,如打字纸、铅笔等。供应品可以分为两类:操作用品(如润滑油、打字纸)和维修用品(如油漆、钉子)。供应品相当于工业领域内的方便品。商业服务则包括维修或修理服务(如清洗窗户、修理打字机)和商业咨询服务(如法律咨询、广告设计)等。供应品的顾客人数众多、区域分散且产品单价低,一般都是通过中间商销售。

组织、人员、地点和创意

营销学上的产品在外延上可以扩展到组织、人员、地点和观念上。

1.组织营销。营利性组织和非营利性组织也经常将自己的组织当作产品来营销。营利性组织通过公关活动、企业形象战略活动以美化组织的形象,取得顾客对组织的信任。非营利性组织则将组织向公众推广,希望公众能够加入组织或者给组织捐款等。

2.人员营销。体育明星、娱乐明星和一些专业人士如医生、律师等经常将自己当作产品来营销。明星通过自我营销来取得更多粉丝的支持,而专业人士则通过提高自身能力来获得更多影响力。

3.地点营销。国家、地区、城市等则把特定地点当作产品来营销。国家之间、地区之间、城市之间往往在吸引游客、吸引投资、吸引新居民产生相互竞争。

4.观念营销。一些非政府组织把观念当产品来做营销,比如保护野生动物、低碳出行、反对吸烟、酗酒、吸毒等。非政府组织希望通过观念营销去影响公众的行为。

第二节 企业产品决策

企业的营销人员在产品上的决策可以按照三个层次来推进,分别是单个产品的决策、产品线决策和产品组合决策。

一、单个产品决策

单个产品的决策要结合整体产品概念中的三个层次来进行,其中核心产品在本质上都是一样的,因此决策的重点在形式产品和延伸产品上,如图 7-3 所示。

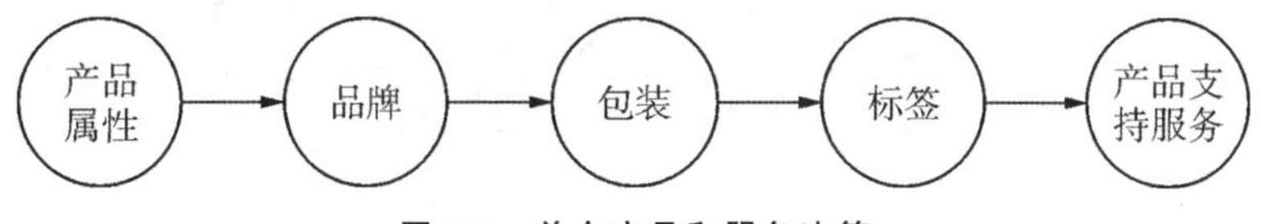

图 7-3 单个产品和服务决策

(一)产品属性

产品属性决策是指在产品或服务的自身上的相关属性的选择,包括产品质量、产品特征和产品风格和设计。

(1)产品质量。质量是产品的生命线,与消费者需求的满足密切相关。美国质量管理协会的定义是与满足现实或潜在的顾客需要的能力相关的产品和服务的特征。产品质量的两个维度:质量水平和一致性。质量水平可以分为符合性质量和适用性质量。符合性质量即认为质量只是符合标准的要求,这是长期以来人们对质量的理解,但是标准不先进,即使是百分之百符合,也不能认为是质量好的产品,于是质量的概念在满足符合性的基础上又产生了“适用性”的概念。适用性质量是以适合顾客需要的程度作为衡量的依据,即从使用的角度来定义质量,认为产品质量是产品在使用时能成功满足顾客需要的程度。适用性质量概念的发展,说明了人们在质量概念的认识上逐渐把顾客的需求放在首位。如桑塔纳轿车和劳斯莱斯轿车都具有符合性质量,符合国家对轿车质量的要求,但是各自的适用性质量又有很大的不同。产品质量的另一个维度则是一致性,要求企业要始终一致提供没有缺陷的产品质量。

(2)产品特征。在形式产品中,可以给产品增加特征,提供给顾客更多的利益。如汽车中增加影像导航、坐垫加热等特征,美图手机的美颜特征。产品特征也是企业与竞争对手产品时实现差异化的手段之一。当然很重要的一点就是成为第一个提供该产品特征的企业。

(3)产品风格和设计。产品风格就是产品的外观。产品的外观与目标顾客的感官密切相关,好的外观会引起顾客的关注并带来愉悦的美感,反之则可能索然无味。产品设计是比产品风格更大的概念,它不仅仅考虑产品的外观,还要考虑产品的实用性。

营销是基于产品质量之上的活动

“营销是基于产品质量之上的活动”,对于企业来说,营销固然重要,却不是最关键的。再好的营销,要想取得预期的收益,都必须建立在过硬的产品质量上。如果没有值得信赖的品质,再好的营销方式推销手段,也会成为空谈。一个质量不过关的产品,可以蒙骗顾客于一时,却不可能永远蒙骗所有顾客,一个不被顾客看好、不被顾客信任的产品是没法在市场中立足的。所以说,产品品质才是最基础的,营销只是为了更快获得利益、使产品更加畅销的一种附加手段,是建立在品质基础上的。

有的企业会说:我们有抓产品质量啊,我们把确保质量写进了企业战略,写进了企业制度,写进了广告宣传,打出了宣传口号……实际一点地说,这些都是流于形式、泛于表面的。产品质量不是说出来的,更不是吹出来的,关键是要坚持不懈地把质量安全贯彻到企业运作的全程,用实际行动,踏踏实实生产出高质量的产品。而且,产品质量的好坏并不是由企业自己说了算的,而是由消费者用购买行为来投票的,消费者对产品质量的好坏有自己的判断,并由此决定是否购买该产品。所以,企业要想生产出高质量的产品,关键是要深入质量管理的核心,一步一个脚印,把质量作为生产、销售的头等大事、企业运营的源头和基础。

还有的企业寄希望于可以走捷径,“短平快”地打造出品牌,通过铺天盖地的广告宣传砸出品牌,这样做的确能在一段时间内提高知名度,但是,却难以保持下去。从来没有企业在缺乏稳定质量的条件下,能够在市场中建立起自己的品牌。凡事要逐本溯源,质量是根本,稳定的产品质量是营销的关键。就拿国内的很多老字号来说,他们能够经受住市场考验,使得招牌能够数百年而不倒,与他们注重产品的质量是分不开的。

品牌不可能一蹴而就,产品的卓越性能和超群出众的精细品质才能赢得消费者的认同。做营销、树品牌,都得从产品的品质开始,没有这个基础,品牌就是无源之水、无根之本。

(二)品牌

品牌也是形式产品上的一个要素,是企业与顾客之间的重要联系纽带。品牌就是用于识别一种产品或服务的生产者或销售者的名称、术语、标记符号、设计或者上述的组合。品牌是从消费者识别角度来定义的,基本可以分为语言上的识别和视觉上的识别,因此品牌的构成包括品牌名称和品牌标志。由于消费者赋予品牌特定的含义,并建立品牌联系,因此企业要重视品牌的创建和管理工作。我们将在后面具体讨论品牌营销策略。

(三)包装

包装指为一种产品设计和生产容器或包装材料。包装的主要功能是容纳商品并保护商品,但是在零售商的货架上,包装有着"无声的推销员"的称号。销售包装吸引顾客吸引力,描述产品,最后可能促成产品的销售。因此作为营销人员要注意产品的包装设计,既要考虑包装的材料选用、包装形式的使用,还要注意包装图案的设计。

小案例 7-2

原来厨邦酱油是这样卖掉的

产品包装是一个经常被大多数企业、品牌忽视的地方。产品包装指产品的内包装、外包装、说明书、铭牌等一切附带文字、图案信息的表现。产品包装通常会包含品牌名、品类名、Logo、指标参数、执行标准、品牌商信息、生产商信息、生产日期等,不同类别的商品有不同的包装信息国家标准供遵循。

想要人买你的东西,同类品牌又很多,你得先说服消费者。怎么说服？方式很多:媒体广告、促销员货架前面对面说服、熟人推荐、产品包装说服、低价特价等,这里面,产品包装说服可能是唯一没有额外成本费用的方式,因为它就在产品的包装上。效果可能还最好,包装信息触达消费者的时间、空间正好是消费者站在货架前选购产品的时候,包装上的文字信息(购买理由)如果打动了他,他马上就买了呀！特别是对那些高频(经常购买)低额(单价偏低、易决策)的产品。

脑补一个场景:在某个超市的调味品货架前,精明能干的家庭主妇张美丽正在挑选酱油,她拿起不同品牌的酱油仔细看瓶标上的文字说明,她已养成了这个购物习惯。这时,她看到了厨邦酱油,如下图所示。

厨邦酱油包装

瓶标上的关键信息(此产品与其他产品不同的差异化)：这是晒足180天的酱油，为了印证晒足180天的说法，咱有"厨邦亚热带大晒场"啊，咱还"有图有真相"。

再看右上角的图片，那是瓶子背面的标签："老传统都很笨，酱油就靠太阳晒，晒足180天，晒出美味晒出鲜"，这是品牌故事含广告语。"厨邦讲良心，产品更放心"，产品特点"鲜——日晒夜露，天然发酵/精选颗粒饱满非转基因大豆/全自动超洁灌装生产线/5步品控法"。

看到这里，再随手拿起旁边其他几个大牌的酱油，除了千篇一律的品牌名、品类名、含量、配料成分表、生产厂家信息外，其他没了。一向挑剔的张美丽就买厨邦了！

给以上厨邦酱油包装划一下重点：

1.比一般的酱油瓶颈处多了个标签；

2.广告语"晒足180天，晒出美味晒出鲜"打在了瓶标上，还出现了两次，正反面各一次；

3.有图才有真相，亚热带大晒场成排的大缸图出现了三次；

4.把产品的四大特点用上图下文方式一一排列出；

5.专门设计了一个"有图有真相、晒足180天"视觉锤标志。真是武装到牙齿了啊！

资料来源：李传玖，《销售与市场》，2018-11-08。

(四)标签

标签指附着产品上的简易签条对产品的简单说明，也包括销售包装上的文字、图形及印制的说明。标签首先要起到识别作用，比如包括品牌名称、生产厂家、厂家地址、产品批号、执行批号等。其次标签还要说明产品的构成以及相应的使用方法等。

(五)产品支持服务

产品支持服务是整体产品概念第三个层次附加产品的决策，也是为顾客增加附加利益的决策。作为营销人员要根据目标顾客的真正需求去设计产品支持服务。

二、产品线决策

在企业做好单个产品的决策后，还要考虑建立产品线。所谓产品线是指产品的大类，一组具有密切联系的产品，比如，以类似的方式发挥功能、售给相同的顾客群、通过同样的销售渠道出售、属于同样的价格范畴等。作为企业的营销人员在产品线上的决策主要是产品线延伸策略。产品线延伸策略指全部或部分地改变原有产品的市场定位，具体有向下延伸、向上延伸和双向延伸三种实现方式。

(一)向下延伸

向下延伸是在原有的产品线中增加低档产品项目。向下延伸指企业原来生产高档产品，后来决定增加中低档产品的生产。这种策略通常适合于下列几种情况：利用高档名牌产品的声誉，吸引购买力水平较低的顾客慕名购买产品大类中的低档廉价产品；高档产品的销售增长速度下降；企业最初进入高档产品市场的目的是建立品牌声誉，树立企业形象，然后再进入中低档产品市场，以扩大销售增长率和市场份额；补充企业的产品大类空白，以防止新的竞争者涉足。

当然，企业在采取向下延伸策略时也会遇到一些风险：增加低档产品的生产可能使名牌产品的形象受损；可能迫使竞争者转向高档产品的开发；企业的经销商可能不愿经营低档产品。因此，采用向下延伸决策的企业必须充分考虑到延伸的利弊及风险。

星巴克的向下延伸策略

星巴克在2016年11月正式宣布推出了瓶装星冰乐，至此彻底走上瓶装即饮咖啡的扩张之路。

那么固执的星巴克到底为什么会走上这条讨好中国消费者的艰辛之旅呢？

其实最重要的原因就在于星巴克在美国市场表现平平，遭遇业绩增长天花板，所以视中国为下一个增长引擎。中国咖啡市场逐渐成熟以及即饮文化时代来临，90、00后已经成为消费的主力，尤其在偏重年轻市场的饮料行业，所以星巴克的一系列动作皆旨在讨好中国的年轻消费者。

星巴克向即饮咖啡产品线转变的又一原因是单纯的咖啡店翻牌率较低，消费者在店里停留时间过长，而过高的房租成本和装修成本，无法实现其高额利润目标。即饮咖啡走向商超，无疑就是渠道销售的又一保障。

随着即饮时代的来临，在创新包装上也是各大品牌商互相竞争的一大阵地。如今市面上销售的即饮咖啡包装也是各有千秋，出现了玻璃瓶、金属罐、利乐钻、塑料瓶等多种包装形式。像星巴克就选用玻璃瓶，但是我们都知道玻璃瓶的缺点也很明显，透明的杯子拿在手里会十分沉重，这对喝完就丢的即饮咖啡而言无疑就是一大负担。

（二）向上延伸

向上延伸指企业原来生产低档产品，后来决定生产中、高档产品。这种策略通常适合于下列几种情况：高档产品畅销，销售增长快、利润高；企业的技术设备和营销能力已具备进入高档产品市场的条件；使产品大类完整。

向上延伸策略也要冒一定风险：可能引起生产高档产品的竞争者进入低档产品市场进行反攻；未来的顾客可能不相信企业能生产高档产品；企业的销售代理商和经销商可能没有能力经营高档产品，企业需培训或物色新的销售代理商和经销商。

（三）双向延伸

双向延伸，即原定位于中档产品市场的企业掌握了市场优势以后，向产品线的上下两个方向延伸。这种策略在一定条件下有利于扩大市场占有率，增强自己的竞争能力，但是同时也需要企业要有较强的实力。

三、产品组合决策

作为企业的营销人员在做产品决策时不能仅仅考虑单个产品或单个产品线，要站在整个公司的高度对企业所有的产品进行综合决策，这就是产品组合决策。产品组合也叫产品集,是指一个企业生产销售的各种产品线及其产品品种、规格的组合成相互搭配。产品组合一般是由若干条产品线组成的,每条产品线又是由若干个产品项目构成。产品线又叫产品大类,是指密切相关的满足同类需求的一组产品。产品项目是指产品线中不同品种、规格、质量和价格的特定产品。例如顶新国际集团旗下有方便面、糕饼、饮料、快餐等多条产品线,其中方便面是一条产品线或一个产品大类,在这条产品线中,红烧牛肉面便是产品项目。

对于企业产品组合的衡量一般可从四个方面予以反映,即产品组合的宽度、长度、深度和关联度。

宽度指企业的产品线总数。对于一个家电生产企业来说,可以有电视机生产线、电冰箱生产线。产品组合的宽度说明了企业的经营范围大小、跨行业经营,甚至实行多角化经营程度。增加产品组合的宽度,可以充分发挥企业的特长,使企业的资源得到充分利用,提高经营效益。此外,多角化经营还可以降低风险。

长度指一个企业的产品项目总数。产品项目指列入企业产品线中具有不同规格、型号、式样或价格的最基本产品单位。通常,每一产品线中包括多个产品项目,企业各产品线的产品项目总数就是企业产品组合长度。

深度是指产品线中每一产品有多少品种。如,M牙膏产品线下的产品项目有三种,a牙膏是其中一种,而a牙膏有三种规格和两种配方,a牙膏的深度是6。产品组合的长度和深度反映了企业满足各个不同细分子市场的程度。增加产品项目,增加产品的规格、型号、式样、花色,可以迎合不同细分市场消费者的不同需要和爱好,招徕、吸引更多顾客。

关联度指一个企业的各产品线在最终用途、生产条件、分销渠道等方面的相关联程度。较高的产品的关联性能带来企业的规模效益和企业的范围效益,提高企业在某一地区、行业的声誉。

在了解产品组合的基本知识后。企业需要对本企业的产品组合做出相应的决策。产品组合决策也就是企业根据市场需求和自身实力,对产品组合的宽度、长度、深度和关联度进行选择和调整。

(一)扩大产品组合策略

当企业预测到现有产品组合的销售额和盈利率在未来可能下降时,就需要考虑扩大产品组合策略。该策略可从拓展产品组合的宽度和加强产品组合的深度两方面入手,前者指在现有产品组合中增加新的产品线,扩大经营范围;后者指在原有产品线内增加新的产品项目。

(1)增加产品线。增加产品线可以发挥企业在设备、技术和劳动力方面的优势,提高企业效益;还可以分散经营风险,提高企业的竞争力和应变力。这种新增加的产品线可以与原产品线高度相关,也可以与原产品线低度相关。

(2)增加产品项目。企业增加产品项目的目的是开拓新的市场,增加消费者,或是适应消费者需求的变化,配备更多的花色品种。增加产品项目可以采取产品线延伸和产品线填补两大策略。

(二)缩减产品组合策略

市场繁荣时期,较长较宽的产品组合会为企业带来更多的盈利机会。但是在市场不景气或原料、能源供应紧张时期，缩减产品组合反而能使总利润上升，因为剔除那些获利甚小甚至亏损的产品线或产品项目，企业可集中力量发展获利多的产品线和产品项目。具体来说，缩减产品组合策略可采取以下两种方式。

(1)缩减产品线。缩减产品线的优点是通过剔除获利甚微甚至亏损的产品线，提高了企业的生产效率和产品质量，降低了营销运作的成本，从而可以保证获得稳固的利润。例如日本尼西奇公司原来是生产雨衣、游泳装、尿垫等橡胶制品的小型企业，后来公司经营者策划缩减表现不佳的雨衣和游泳装生产线，专注于婴儿尿垫这一条产品线，结果在激烈的市场竞争中脱颖而出，成为此行业的“尿布大王”。

(2)缩减产品项目。企业推出的众多产品项目，不可能个个成功，也可能会出现某个产品项目市场表现没有达到预期；再就是某个产品项目进入成熟衰退期，这时候有必要将上述产品项目从原产品线中剔除出来，将资源投入更有成长力的产品项目中。

第三节　品牌营销策略

一、品牌的基本概念

(一)品牌的定义

品牌(Brand)是一种名称、术语、标记、符号或设计，或是它们的组合运用，其目的是借以辨认某个销售者，或某群销售者的产品和服务，并使之同竞争者的产品和服务区别开来。

品牌具有广泛的含义，它包括品牌名称、品牌标志。

(1)品牌名称，是品牌中可以被念出来的那一部分，如华为(HUAWEI)、格力(GREE)、海尔(HAIER)以及麦当劳(McDonald′s)。

(2)品牌标志，是品牌中可以识别但不可念出声来的那一部分，如符号、图案、独具一格的色彩或字母。如麦当劳的大 M 标志、海尔的海尔兄弟等。

(二)品牌与商标。

品牌(brand)和商标(trade mark)都是用来识别不同生产经营者的不同种类、不同品质产品的商业名称及其标志。

(1)商标的定义。商标是产品文字名称、图案设计，或两者相结合的一种设计，经向有关部门注册登记后，经批准享有其专用权的标志。在我国，国务院工商行政管理总局商标局主管全国商标注册和管理工作，商标一经商标局核准即为注册商标，商标注册人享有商标专用权，受法律保护。假冒商标、仿冒商标、抢先注册都构成商标的侵权。

(2)品牌与商标的区别。品牌是市场概念，是产品和服务在市场上通行的牌子。它强调与产品及其相关的质量、服务等之间的关系，品牌实质上是品牌使用者对顾客在产品特征、服务和利益等方面的承诺。而商标是法律概念，它是已获得专用权并受法律保护的品牌，是品牌的一部分。这部分已获得专用权，并受到法律保护。商标保护着销售者使用品牌名称和（或）品牌标志的专用权。

小案例 7-4

最高法裁定中文“乔丹”商标侵权

自2012年以来就闹得沸沸扬扬的迈克尔·乔丹与乔丹体育股份有限公司（乔丹体育）商标争议案最近终于有了答案。

2016年12月8日，最高人民法院对“乔丹”商标争议行政纠纷系列案件公开宣判：

一、关于涉及“乔丹”商标三件案件，因争议商标的注册损害了迈克尔·杰弗里·乔丹对“乔丹”享有的在先姓名权，违反商标法规定，应予撤销，故判决撤销商标评审委员会做出的被诉裁定及一、二审判决，判令商标评审委员会针对争议商标重新做出裁定。

二、关于涉及拼音“QIAODAN”的四件案件，以及涉及拼音“qiaodan”与相关图形组合商标的三件案件，因迈克尔·杰弗里·乔丹对拼音“QIAODAN”“qiaodan”不享有姓名权，争议商标的注册未损害再审申请人的在先姓名权，争议商标也不属于商标法规定的“有害于社会主义道德风尚或者有其他不良影响”“以欺骗手段或者其他不正当手段取得注册”的情形，故判决维持二审判决，驳回迈克尔·杰弗里·乔丹的再审申请。

事件背景：乔丹体育是国内具有较高知名度的体育用品企业。从2000年起，该公司先后向商标评审委员会注册了“乔丹”、“QIAODAN”、“侨丹”、“桥丹”、“乔丹王”以及与迈克尔·乔丹两个儿子的名字“杰弗里·乔丹”、“马库斯·乔丹”中英文写法一致的多个商标。

2012年，“飞人”迈克尔·乔丹认为这些商标的注册损害了其姓名权，向国家工商行政管理总局商标评审委员会（以下简称商标评审委员会）提出申请，要求撤销乔丹公司的78个相关注册商标。

商标评审委员会认为，商标文字“乔丹”、“QIAODAN”与申请人姓名“Michael Jordan”及其中文译名“迈克尔·乔丹”存在一定区别。而且“乔丹”为英美普通姓氏，难以认定这一姓氏与申请人姓名之间存在当然的对应关系。

商标评审委员会还认为，争议商标的注册未构成《商标法》所指的误导公众，扰乱商标注册秩序等损害公共利益、破坏公众秩序的情形。

2014年4月，商标评审委员会认为迈克尔·乔丹的申请撤销理由不成立，裁定“争议商标予以维持”。

迈克尔·乔丹不服这一裁定，向北京市一中院起诉商标评审委员会，并将乔丹公司列为第三人。北京市一中院经审理后，维持了商标评审委员会的裁定。

迈克尔·乔丹不服，上诉至北京高院。2015年5月，北京高院终审裁定维持原判。

上述判决做出后，迈克尔·乔丹向最高法申请再审。

2015年12月，最高法民三庭以迈克尔·乔丹的再审申请符合行政诉讼法规定为由，裁定提审10件案件。

最高法认为，本案涉及的争议焦点是：争议商标的注册是否损害了迈克尔·乔丹主张的姓名权，是否违反2001年修正的商标法第31条关于“申请商标注册不得损害他人现有的在先权利”的规定。

资料来源：上海证券报，2016-12-9。

(三)品牌资产

品牌资产是消费者对品牌名称的知晓给产品或服务所带来的有差别、正面的影响。如果该品牌对消费者的正面影响越大，则品牌资产越大，反之则品牌资产越小。如果给消费者带来的是负面的影响，则品牌资产为负的资产价值。

品牌资产是一个系统概念。品牌名称和品牌标志是品牌资产的物质载体，品牌知名度、品牌美誉度、品质认知、品牌联想、品牌忠诚度和附着在品牌上的其他资产是品牌资产的有机构成，为消费者和企业提供附加利益是品牌资产的实质内容。

二、品牌营销策略

企业从事品牌营销，科学而合理地制定品牌策略是其核心内容。依品牌营销的主要作业环节，品牌营销策略主要包括品牌定位决策、品牌命名决策、品牌持有决策和品牌发展决策等需抉择的内容，如图 7-4 所示。

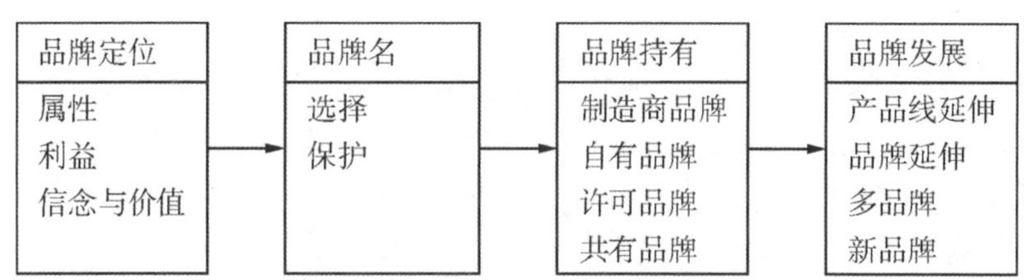

图 7-4 品牌营销策略的主要内容

(一)品牌定位决策

品牌定位是品牌营销的基础，是品牌经营成功的前提。品牌定位在品牌营销和市场营销中有着不可估量的作用。良好的品牌定位是品牌经营成功的前提，为企业进入市场，拓展市场起到导航作用。如若不能有效地对品牌进行定位，以树立独特的消费者可认同的品牌个性与形象，必然会使产品淹没在众多产品质量、性能及服务雷同的商品中。可以说，今后的市场竞争将是品牌与品牌之间的竞争。

所谓品牌定位是指为企业建立一个与满足目标市场需要有关的独特品牌形象的过程，从而在目标消费者心目中留下深刻的印象，使消费者以此来区别其他品牌。换言之，即指为某个特定品牌确定一个适合的心理位置，使其在消费者的心中占领一个特殊的位置。

市场实践证明，品牌定位的对象就是目标消费者。唯有明确的定位，目标消费者才会感到商品有特色、有别于同类产品，形成稳定的消费群体。唯有定位明确的品牌，才会形成一定的品位，成为这一层次消费者文化品位的象征，从而得到该目标消费者的认可，让顾客得到情感和地位的满足感，品牌定位也是品牌差异化最有效的手段之一。

(1)属性定位。根据品牌产品的某个属性来定位，使其在消费者心目中形成突出形象。例如,OPPO手机的"充电5分钟,通话两小时"的属性;VIVO手机的"柔光双摄"属性;美的空调的"每晚只需1度点";农夫山泉则突出"农夫山泉有点甜"的产品特性。品牌的属性定位属于最低层次的定位,竞争者很容易复制属性。

(2)利益定位。顾客购买产品,是因为该品牌产品能满足其某些需求,带来某种利益。顾客利益定位就是将产品的某些功能特点和顾客的关注点联系起来,向顾客承诺利益点上的诉求,以突出品牌个性,获得成功定位。例如高露洁"没有蛀牙",红牛饮料提供"累了困了喝红牛",强调其功能是迅速补充能量,消除疲劳。海飞丝洗发水的"去屑",霸王洗发水"防脱发"。利益定位能够很好地将品牌定位与消费者需求结合,当消费者有某种利益需求时就能想到该品牌,因此属于较高层次的品牌定位。

(3)信念和价值观定位。更高层次的品牌定位是将品牌与相关的信念或价值观相联系,从而对消费者的情感产生冲击,从感性的层面吸引顾客。安踏的口号"我选择,我喜欢"(1999)、"永不止步"(2005)、"越磨砺,越光芒"(2010);李宁的口号"一切皆有可能";耐克的口号"JUST DO IT";阿迪达斯的口号"Impossible is nothing"等都是从信念和价值观层面来对品牌进行定位的。从长远来看,属性定位和利益定位都不可能长久,因为属性定位可能被复制,消费者的利益追求可能发生变化,因此信念和价值观定位是可以持久的。

(二)品牌命名决策

一个好的名字,是一个企业、一种产品拥有的一笔永久性的精神财富。一个好的品牌名称会让人产生美好的品牌联想,并对产品销售产生直接的影响。因此,品牌名称的选择和保护是品牌的关键要素。

1.品牌名称的选择

品牌命名设计除合法外,一般内遵循以下几个基本原则。

(1)简洁醒目,易读易记。品牌名称不宜过长和难以诵读,而应简洁明了、易于上口。今天,我们耳熟能详的一些品牌,莫不如此,苹果、娃哈哈、大宝、喜之郎、维维等,都非常简单好记。

(2)构思巧妙,暗示属性。一个与众不同、充满感召力的品牌,在设计上还应该能显示产品的优点和特性,暗示产品的优良属性。有一些品牌,人们可以从它的名字一眼就看出它是什么类型的产品,例如飘柔、立白、席梦思、高露洁、创可贴等。劲量用于电池,恰当地表达出产品持久强劲的特点;固特异用于轮胎,准确地展现了产品坚固(而)耐用的属性。

(3)内涵丰富,引发联想。品牌名称应包含与企业或产品相关的寓意,引发消费者美好的联想,使品牌形象更为丰满,进而产生对品牌的认知或偏好。例如:"红豆"是江苏红豆集团的企业名称和品牌名称。红豆(又称"相思子"或"相思豆"),象征着美好的爱情。提起它,人们就会想起唐代大诗人王维的千古名诗,勾起人们的相思之情。又如福建兴业银行,体现着"兴旺百业、兴盛事业"的价值追求。同样比较成功的还有:旺旺(食品)、金利来(男士服装)、雀巢(食品)等。

(4)避免雷同,超越时空。品牌设计的雷同,是品牌运营的大忌。若品牌的设计与竞争者雷同,一方面容易被起诉,另一方面无法起到识别产品、提高品牌竞争力的目的。此外,好的品牌名称不仅要简洁明了、便于传播和联想、具有时代感,更要建立符合国际一体化商业趋势以及未来市场扩张的有效品牌策略，根据品牌策略来客观分析未来发展再确定品牌名称。例如，世界500强公司之埃克森美孚(Exxon)，早在多年前，美国这家石油公司为了设计出既适应世界各地风俗，又符合各个国家法律的名字和图案，邀请了多方面专家和机构，历时六年、耗资一亿美元调查了55个国家和地区，最后才确定了埃克森(Exxon)的命名，并且从设计出来的一万多个商标中筛选出一个，如今这个品牌通行全球，品牌价值已达上百亿美元。我国的联想(legend)电脑在进行国际化的进程中发现"legend"无法在其他国家进行注册，后来才改为"Lenovo"；"361"鞋业的前身品牌名称为"别克"，因为无法适应企业自身的发展而改名。

2.品牌名称的保护

品牌是一种无形资产，如果不能很好地保护，就会使其资产流失，降低品牌资产的保值增值能力，因此对品牌进行有效的保护是品牌营销的重要内容。

(1)注册商标。将品牌的某些要素注册成商标，拥有商标的专用权。商标权是知识产权的一种，它具有以下法律属性：独占性、与商品的不可分割性、时效性和地域性的特点。对于品牌保护的最好途径就是及时注册，在法定有效期内合法使用；同时要注意在注册商标有效期满后进行续注，避免被别人恶意抢注。

(2)申请中国驰名商标。驰名商标源自于《保护工业产权巴黎公约》，我国也是该公约的成员国。驰名商标的专用权跨越国界，在《保护工业产权巴黎公约》成员国范围得到保护，也就是驰名商标即使未在成员国注册，也在成员国范围内受到法律保护。对驰名商标而言，他人即使申请在先也不准注册；即使他人已经获准注册，也可在一定期限(5年内)申请撤销该注册商标。

(三)品牌持有决策

企业在决定使用品牌后，应对使用谁的品牌问题做出决策。在品牌的选择与使用上可以有四种选择。

(1)使用制造商的品牌。制造商品牌也叫工业品牌。使用制造商品牌是品牌策略中应用最广泛的一种选择，制造商品牌一直在零售行业中占统治地位，绝大多数制造商都创立了自己的品牌。制造商采用自己的品牌出售产品，可建立企业的信誉和实施名牌战略，销售者使用制造商的品牌可节省宣传费用，便利地为消费者提供售后服务和保障。

(2)使用自有品牌。使用自有品牌是指产品在销售过程中不使用制造商的品牌，而采用批发商或零售商自有的品牌。自有品牌也叫经销商品牌、商业品牌、私人品牌等。在目前的国际市场上，一些实力超群的中间商都建立了自己的品牌，以树立良好的企业形象，利用消费者的信任和良好的商誉，增强对供货企业的控制，从而降低进货成本，提高市场竞争能力。目前沃尔玛在中国已经开发了13个系列的自有品牌，最主打的3个品牌分别是"Great Value"(惠宜)，主要覆盖食品和非食品；"Mainstays"(明庭)，主要覆盖家居用品；"Simply Basic"(简适)，主要覆盖服装产品。

(3)使用许可品牌。对于实力较弱、产品的市场占有率较低和企业声誉尚待建立的生产企业来说，可以考虑利用特许形式使用其他生产者的品牌，以促进企业的产品销售，提高市场占有率。生产者同其他品牌制造商签订品牌使用许可协议，在一定期限内支付给对方使用许可费，在自己生产的产品上使用对方已经创立的品牌名称或符号。特许产品的年销售量在全世界约为 1 020 亿美元，如华纳兄弟公司已将唐老鸭等角色转变成世界上最受人喜爱的卡通品牌，特许多个国家和地区的生产者使用该品牌。

（4）使用共有品牌。共有品牌是指将两个已经创立的不同企业的品牌名称共同用在同一个产品上，如一汽—捷达汽车、索尼—爱立信手机，等等。绝大多数共同建立品牌的情况是，由一家企业将获得特许的另一家企业的著名品牌与自己的品牌合并后共同使用。

（四）品牌开发决策

品牌开发决策主要围绕产品和品牌之间联系引申出来四种选择，如图 7-5 所示。

品牌名		产品类别	
		现有产品	新产品
	现有品牌	产品线延伸	品牌延伸
	新品牌	多品牌	新品牌

图 7-5　品牌开发决策

（1）产品线延伸。产品线延伸是指企业在同样的品牌名称下，在相同的产品类别中，引进、增加新的产品项目，如新形式、新口味、新成分和新包装等。这种做法成功率高，也有利于品牌的宣传和扩张。但是，产品线扩展也有一定的风险，容易使品牌失去原有的含义和意义。

（2）品牌延伸。品牌延伸是指企业利用现有的品牌名称来推出新的项目。如日本本田公司利用其品牌知名度，相继推出了摩托车、海上发动机、助动车、割草机等产品。品牌延伸可以使新产品很快被消费者认识和接受，促使新产品尽快进入新的市场，同时也节约了新产品的市场推介费用。品牌延伸策略的风险在于，如果新产品质量不能保证或不符合消费者的需要，则有可能损坏企业其他产品的信任度。

（3）多品牌。多品牌策略是指企业在同一类产品中建立两种或几种品牌的策略，目的是建立不同的产品特色以迎合不同的购买动机。这样，企业可以使产品向各个不同的市场部分渗透，促进企业销售总额的增长。例如，宝洁公司在市场上就销售九种不同品牌的洗衣粉。有时，企业在收购某一竞争企业的过程中继承了不同的品牌名称，因为原竞争对手的品牌有一大批忠实的使用者，所以，企业不想失去这些消费者。例如，惠普公司收购了康柏公司，但仍继续生产和销售康柏笔记本电脑；宝马公司兼并了劳斯莱斯公司，同样保留了劳斯莱斯这一高贵的品牌。

（4）新品牌。企业为全新的产品引入全新的品牌。对于企业来说一个新产品引入一个新品牌需要投入较大的资源才可能使新品牌让消费者接受。因此对于企业来说，如果新品牌较多会使得企业的资源分散，可能无法培育一个强势的品牌。

第四节　服务营销策略

一、服务的含义与特点

(一)服务的含义

服务是具有无形特征却可满足消费者需求和欲望的可供有偿转让的一种或一系列活动。从服务的含义中可以看出,服务提供的基本上是无形的活动,可以是纯粹的服务,也可以是与有形产品相关联的活动。

(二)服务的特点

对于服务的特点,不同的学者都发表了不同的观点,但是将无形性、异质性、不可分离性和易逝性作为服务的特征,已经获得国内外学者的广泛认可。事实上正是由于服务的无形性,才导致服务中生产与消费的不可分离性,而异质性和易逝性很大程度上是由于无形性和不可分离性的两大特征所决定的。

(1)无形性。无形性又称不可感知性,这是服务最基本的特征。服务的无形性是指服务在购买之前是看不见、摸不着的,没有具体的量化指标可供评价参考。这是服务与有形产品间主要的差别。无形性意味着与有形产品相比,服务的若干组成元素很多时候是无形无质的,服务的利益也难以觉察,或者在一段时间后顾客才能感觉到利益的存在。

(2)不可分离性。不可分离性是服务的又一本质特征,也是商品营销与服务营销的最大区别所在。由于服务本身不是一个具体的物品,而是一系列的活动,所以在服务过程中,消费者和生产者必须直接发生联系,从而生产的过程也就是消费的过程。服务的这种特征表明,顾客只有而且必须加入到服务的生产过程中,才能最终消费到服务。顾客不仅是服务的消费者,而且是服务的协作生产人。他们参加服务生产过程并且能观察服务生产过程,因此他们可能会影响服务交易的结果。例如,只有当病人向医生讲明病情,医生才能够作出诊断。

(3)异质性。异质性是指服务是由服务人员表现出来的一系列行为,而这种行为的效果会因时、因人、因地而异,它们无法像制造有形商品做到标准化生产,这也就使得服务质量水平经常变化。服务行业是以“人”为中心的产业,人的个性的存在使得服务很难采用同一种标准服务是一系列活动的整合流程,其中的顾客、员工、管理人员以及环境等任何一个要素发生了变化,都会对服务流程和服务结果产生影响。所以,服务供应商每次提供的服务可能都会有所不同,无论是两个完全不同的企业所提供的同种服务,还是同一企业、同一员工在不同时间内提供的服务,即使提供的服务完全相同,不同的接受者对其评价结果也会存在差异。例如,同样是去一个旅游景点,有些人会流连忘返,而有些人则会失望而归。

(4)易逝性。服务无法像有形产品那样可以储存,服务的不可存储性导致了服务的易逝性。因为服务不可感知且生产和消费同时进行,使得服务不可能储存起来以备未来出售。例如,对于公交服务而言,非高峰期的流量是无法储存用来缓冲高峰期的拥挤状态。又如,即使公共汽车上只有一名乘客也必须按时出发,该班次的其他座位是无法为下一班次预留的。由于易逝性,当服务供不应求时会使得前来消费的顾客失望而归,因此如何妥善处理供需矛盾,是服务营销中面临的一个重要难题。

拓展阅读 7-5

中国已经迈入服务经济时代

工业经济进入到后期了,接下来是什么经济?很多的回答是升级版工业经济:工业2.0,工业3.0,工业4.0,……工业N.0。初步工业化之后,继续更新换代当然没有错。不过这并没有直接回答开篇的问题。即使是工业N.0,那么工业升级的方向又是什么?根本的答案只有一个,那就是服务经济。

服务经济的定义有两个。一个是服务部门在工业化经济中的作用不断增长;另一个也可以是产品提供中服务的相对重要性,被称为产品的服务化。经济学中老的产品与服务的二分法,已经升级为服务——产品统一体。

前一种定义当然可以用服务业,或者说第三产业,在整体经济产出中的比重来衡量。从总量来看,我国在2013年第三产业在GDP中比重首次超过第二产业,但是仍然不到一半。2016年第三产业在GDP中比重首次超过一半,达到51.6%,比第二产业高出11.8个百分点。2018年第三产业在GDP中的比重为52.2%,增长的贡献和拉动已经达到59.7%。从宏观角度不难看出,我国已经迈入服务经济时代。

后一种定义的服务经济也在中国大地如火如荼地发展着。"互联网+"的国家战略正是产业服务化的最好例子。因为互联网、TMT本身就是服务业。代表中国经济活力与发展方向的已经不再是钢铁、汽车等制造业,而是以BAT为代表的互联网服务企业,在传统制造业苦于融资困难之时,初创型的互联网服务业却在畅享资本盛宴。实际上,不少领先的工业企业正在服务化转型,比如年销售额近7 000亿元的华为,一般会被归为制造业,实际上华为自身定位是"作为全球领先的信息与通信解决方案供应商,为电信运营商、企业和消费者等提供有竞争力的端到端ICT解决方案和服务",它所提供的产品不仅仅局限于通信设备,而是一套完整的解决方案和相关服务,硬件设备只是服务的载体。在国民经济统计中,华为一般归为制造业。从这个意义上,服务的重要性在宏观数据中被显著低估。

中国已经迈入服务经济时代,宏观经济结构将发生质的变化。创造性毁灭的过程是痛苦的,但前途是光明的。认清方向;更新观念。决策者与监管者将在完善政策、维护市场、鼓励服务经济发展中发挥更大作用。众多优质的服务业企业、服务化的企业,也会迎来属于自己的黄金时代。

二、服务企业的营销策略

服务营销远比有形产品的营销要复杂。在服务开始前,企业无法预知顾客的需要与期望,在服务流程中,各类人员对服务都会产生影响,使得服务结果多种多样,服务结束后,企业也无法准确了解顾客的服务感知质量和感知价值。面对这一系列的不可控因素,格罗鲁斯将员工、技术、知识、顾客时间和顾客作为企业的资源纳入服务营销体系中,形成服务营销三角形,它由外部市场营销、内部市场营销和互动市场营销三个核心部分组成,如图 7-6 所示。服务营销三角形显示了服务营销的关键组合要素:企业、一线员工与顾客之间的关系,它们必须紧密联系,为促进服务的生产和交付而协同运作。其共同目的就是建立企业与顾客间的长期关系和提升顾客忠诚度。

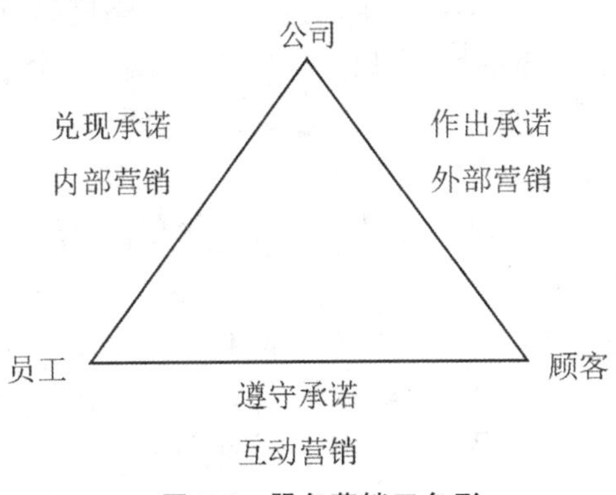

图 7-6 服务营销三角形

(一)外部市场营销:建立关系

外部市场营销是企业根据顾客期望向顾客做出承诺的流程。外部市场营销的内容包括传统的 4P 的市场营销活动,也就是产品策略、定价策略、渠道策略和促销策略。在外部市场营销流程中,企业要做出一致且能够兑现的承诺。

(1)产品策略(product)。在服务产品策略中企业必须考虑提供服务的范围、服务质量及服务的品牌等因素。

(2)定价策略(price)。企业应该为满足顾客需求的服务制定具有竞争力的价格。在服务营销中,价格不仅与顾客的支付能力相关,而且也是顾客判断服务质量的依据,他们依据自己的认知价值来判断服务的价值。因此,服务的价格策略更应该注重灵活性、价格与服务定位的匹配性以及服务产品的区别定价。

(3)渠道策略(place)。对于服务营销的渠道策略而言,服务场所的店面位置、仓储及运输的便利性及其覆盖的地理范围等因素显得非常重要。当今许多服务产品特别是对于新兴的网络通信服务来说,互联网已成为重要的渠道之一。

(4)促销策略(promotion)。在服务营销中,促销注重向不同的顾客传递不同的信息。企业往往会为顾客提供个性化的信息和服务以提升顾客忠诚度。因此,不同需求的顾客往往要求企业传递不同的服务信息,采取不同的促销策略。

(二)互动市场营销:维持关系

互动市场营销就是在服务人员接触顾客的流程中,将顾客、员工和设备都视为营销资源,让他们都参与到市场营销活动中来,以便实现承诺的一种手段。在服务营销三角形中,企业的员工都是市场营销人员,专职的和兼职的市场营销人员通过与顾客接触获得更多的顾客信息,为顾客提供个性化的服务。因此,互动市场营销不仅仅是企业遵守承诺的流程,也是企业保持与顾客的持久关系、保留忠诚顾客的关系点。在互动营销中,服务人员、服务场景和服务流程都对顾客的服务体验产生重要影响。因此在服务营销增加了三个策略人员策略(personnel)、服务有形展示策略(physical evidence)和服务流程策略(process),简称3P策略。

1.人员策略

人员是指参与到服务流程中并对服务结果产生影响的所有人员,包括企业员工、顾客和处于服务环境中的其他人员。企业员工的着装、仪表、态度和行为等因素都会影响到顾客对服务的感知。同时,由于服务的不可分离性,顾客自身也会参与到服务中来,他们也会对服务感知和服务质量产生重要影响,甚至会影响到其他顾客的感知。此外,处于服务环境中的其他人员也影响着服务的生产和消费流程。例如,持有银行贵宾卡的顾客往往会因为其他人的羡慕而提高对服务质量的感知和对服务价值的认同。

2.服务有形展示策略

服务的有形展示包括服务环境(如装潢、音乐和员工服饰等)、服务流程中的实物设施以及其他有助于服务的生产、消费和沟通的有形要素。值得关注的是,有形展示的存在一定要使服务变得更加便利或提高服务的质量和生产效率。例如,服务场所应该有便利的交通、醒目的店面标志以及令人感到舒适的外部环境;内部设施对于连锁服务机构来说应该拥有一致的装修,如色调、外观、照明等。

3.服务流程策略

服务流程要素指的是服务交付的流程和运营系统。服务流程也是顾客对服务质量进行评价的流程。其中包括服务任务流程、服务时间进度、标准化和定制化等因素。服务在给顾客提供之前一般都是一样的。不同的人在不同的时间、不同的地点的参与才使服务流程呈现不同结果。因此服务的设计要考虑到服务的生产与交付的流程及顾客的真正需求。值得指出的是,具有不同市场定位的企业,往往在服务流程的设计上呈现较大的差异,并不能简单地判断孰优孰劣。例如,有的企业以提供高度标准化的服务流程为主,如麦当劳、肯德基;有的企业则以提供个性化的服务流程为主,如美容店。

(三)内部市场营销:支持关系

企业的一切活动都需要通过员工来实现,企业要兑现对顾客的承诺,就必须利用一切资源和沟通方式,使员工能够利用企业资源和信息来建立、维持与顾客间的关系。因此成功的服务企业既要关注其顾客,又要关注员工。1994年由詹姆斯·赫斯克特教授等五位哈佛商学院教授组成的服务管理课题组提出的“服务价值链”模型(见图7-7),揭示员工的满意度与服务企业利润之间的关系。通过模型我们可以看到,企业的获利能力强弱由顾客忠诚决定,顾客忠诚来源于顾客满意,顾客满意由顾客所感知的服务价值大小决定,服务价值大小最终由生产效率高、对企业忠诚的员工来创造,员工的效率和忠诚又取决于员工的满意,同时员工的满意程度高低又取决于企业的内部服务质量。服务价值链将内、外营销相结合,从顾客角度重新审视企业的长期获利能力,它代表了一种以顾客为中心的服务管理模式。服务利润链一扣一环,前后环节相互影响,每一环节的实施都影响着下一环节的质量,其最终目标是使企业盈利。该理论揭示了顾客忠诚与企业盈利间的强相关关系，并强调了顾客感知的服务价值与内部服务质量对于培育顾客忠诚的重要性，指出了企业实现顾客满意与顾客忠诚的思路和途径，即改进产品、服务及企业形象来提高产品总价值和降低生产与销售成本，减少顾客购买时间、精力与体力，从而降低顾客的货币与非货币成本。

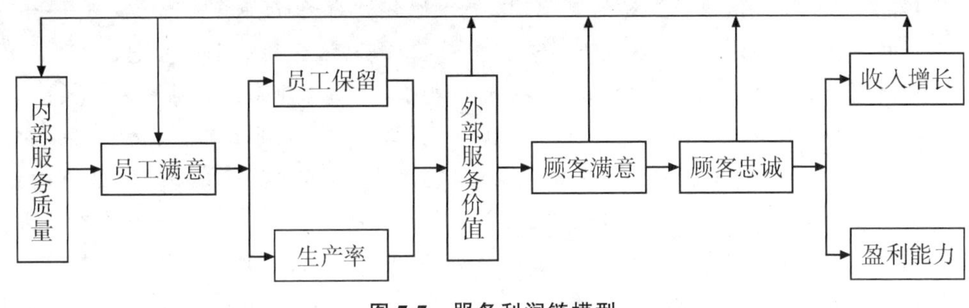

图 7-7　服务利润链模型

小案例 7-6

为什么海底捞员工的忠诚度很高？

文化才是魂，海底捞的企业文化中的员工授权、待遇、真诚、尊重和承诺使得海底捞员工忠诚度高。

(1)授权。开题说海底捞的核心是授权，这是其企业文化的一大核心。海底捞的授权到了什么程度？海底捞的服务员，有权给任何一桌客人免单。对了，是服务员不是经理，是免单也不是免一两个菜品。送菜、送东西之类的就更别提了。请查一下网上那些“人类已经不能阻止海底捞了”这个关键词吧，段子太多了。杨小丽是跟着张勇打天下的第一人，也是海底捞的第一副总。当年海底捞走出简阳的第一站，是西安，店长就是杨小丽。有一天，张勇讲述到，杨小丽给他打来电话，兴奋地说：张哥，我们有车了。张勇问，什么车？杨小丽说，一辆小面包车，刚买的。张勇就傻了，一家刚刚异地开分店的小火锅店，店长买了一辆车，竟然没跟老板请示。张勇却也完全没怪罪她，后来，这也就成了海底捞的文化。这种授权，如何不让员工有主人感？

(2)待遇。待遇不仅仅是钱的问题。餐饮行业大多包吃包住，但很多餐饮企业服务员住的是地下室，吃的是店里的伙饭。海底捞的宿舍一定是有物管的小区，虽然挤一点，但是档次是高的。房间还有电脑，有 wifi。海底捞的服务员不用自己洗衣服，有阿姨洗；吃饭也不在店里，是由阿姨做菜。有人说海底捞培训好啊，先培训标准再上岗。可你们知道吗，海底捞的新员工培训，包括如何使用 ATM 机，包括如何乘坐地铁：买卡、充值等等。这家企业，在帮助自己的员工，多数都是农民，去融入一个城市。这种待遇，如何不让员工心存感激？

(3)真诚。海底捞真是一个奇怪的企业。作为餐饮行业最常考核的指标(KPI)，比如利润、利润率、单客消费额、营业额、翻台率，这些都不考核。张勇说，我不想因为考核利润导致给客人吃的西瓜不甜、擦手的毛巾有破洞、卫生间的拖把没毛了还继续用。那么他们考核什么？考核客户满意度、员工积极性、干部培养。这三个指标，作为一个做了很多年管理工作的人,我实在想不出他们是如何解决内部公平问题的。但是我知道,今天你看到的海底捞员工真诚的微笑,就来自于这里。海底捞不考核翻台率,但是海底捞的员工比谁都重视翻台率。回到开头的那句话,企业文化才是魂,所有的利润和翻台率都是附加的、随之而来的、不重要的。这种真诚,如何不让员工有积极性?

(4)尊重。尊重不仅仅来自待遇,不仅仅是让他们住得好吃得好,而是尊重每一个想法。现在被诸多火锅店抄袭的眼镜布、头绳、塑料手机套,这样的一个个的想法,竟然是出自一些没有什么文化的服务生。并且,这一个个点子,就如此复制到了每一家店面。廖一梅说爱情:我这一辈子,遇到爱,遇到性都不稀奇,稀奇的是,遇到了解。我曾经把这句话翻译到职场来:对于一个职业人,这一辈子,遇到高薪,遇到高职位,都不稀奇,稀奇的是遇到老板的尊重和理解。这种尊重,如何不让员工有成就感?又如何不让员工有创造力?

(5)承诺。在海底捞有个说法,叫"嫁妆"。一个店长离职,只要任职超过一年以上,给8万块的嫁妆,就算是这个人被小肥羊挖走了,也给。张勇解释:因为在海底捞工作太累,能干到店长以上,都对海底捞有贡献,应该补偿。他说,如果是小区经理(大概管5家分店左右)走,给20万;大区经理走,送一家火锅店,大概800万。海底捞至今十几年的历史,店长以上干部离职,从海底捞拿走嫁妆的,只有三个人。这种承诺,如何不让员工有忠诚度?

资料来源:聘才网,2018-4-25。

第五节　产品生命周期理论

产品生命周期理论是美国哈佛大学教授费农1966年在其《产品周期中的国际投资与国际贸易》一文中首次提出的。人们通过市场活动的长期观察,逐步认识到一种产品在市场上的销售情况和获利能力并不是固定不变的,而是随着时间的推移不断发生变化,而且发现任何产品都是有生命周期的,没有什么产品能长盛不衰。

一、产品生命周期的含义

产品生命周期是指产品从投入市场到被市场淘汰所经历的全部运动过程,亦即要经历一个开发、引进、成长、成熟、衰退的阶段,是产品的市场寿命周期或经济寿命周期。产品生命周期是相对于产品的物质生命或使用生命而言的。物质生命反映商品物质形态消耗的变化过程,市场生命则反映商品的经济价值在市场的变化过程。产品物质生命的长短,取决于消费过程的方式(如使用频率、使用强度、维修保养状况等)和时间以及自然力的作用等因素。产品的市场生命是指产品在市场上的延续时间。产品市场生命的长短,取决于产品的性质和用途、消费习惯和民族特点、科技进步速度、市场竞争情况、国民收入水平等。

市场上的每一种产品都要经历从产生、发展直至消亡的过程，但实际上不同产品种类、品类和具体品牌之间，其生命周期大不相同。产品生命周期是一个很重要的概念，它和企业制定产品策略以及营销策略有着直接的联系。管理者要想使他的产品有一个较长的销售周期，以便赚到足够的利润来补偿在推出该产品时所做出的一切努力和经受的一切风险，就必须认真研究和运用产品的生命周期理论，此外，产品生命周期也是营销人员用来描述产品和市场运作方法的有力工具。

美国营销专家菲利普·科特勒在《市场营销》中把产品的生命周期划分为五个阶段，并描绘不同生命阶段的产品销售和利润的变换过程，如图 7-8 所示。

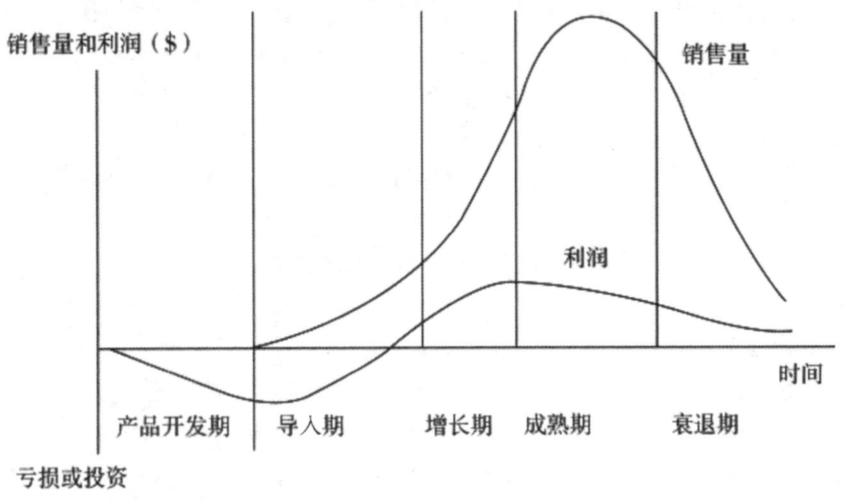

图 7-8 产品生命周期曲线图

（一）产品开发期

始于企业找到新产品构思并开发新产品。在产品开发期销售员收入为零，企业投资逐渐增加。

（二）导入期

产品进入市场，销售量缓慢增长时期。由于产品导入费用很高，这个时期还没有出现利润。

（三）增长期

市场快速接受和利润快速增长时期。

（四）成熟期

由于产品已被绝大多数潜在购买者接受，所以销售量增长速度开始减慢。为了在竞争中保护产品，市场营销支出增加，利润因此持平或下降。

（五）衰退期

销售急剧下降，利润跌落。

当然并非所有的产品都有这种 S 形的产品生命周期。一些产品进入市场便很快消失；另外一些产品则有很长的成熟期。还有一些产品在进入衰退期后能通过大量促销或产品重新定位返回到增长期等。

几十年不涨价：养乐多日销 750 万瓶

最近养乐多(中国)投资有限公司董事长、总经理平野晋在接受采访时表示:养乐多 2002 年进入中国大陆市场初期,每天大约销售 6 万瓶,到 2018 年已经增加到了 750 万瓶。也就是说,每 1 分钟就有大约 5 200 瓶养乐多被买走,这还只是中国大陆市场的销售情况。根据养乐多官方公布的数据,养乐多在 2019 年 3 月的全球 39 个国家的日平均销量达到 4 067 万瓶。

不仅如此,1935 年开始销售的养乐多,至今已经 85 岁。当其他品牌都在担心品牌形象老化,竞品如潮,产品不够丰富无法满足年轻人等等问题时,不骄不躁的养乐多还在主攻单一产品,在激烈的市场环境中显得格外“佛系”,这样的底气从何而来?

在乳酸饮料之中,养乐多自 1953 年启用小红瓶包装以来,一卖就是 67 年,发展到今天已经具有很高的大众认知度,即便把所有产品信息去掉,仅凭瓶身线条依旧可以一眼辨认出来。

这可以追溯到 1930 年,养乐多创始人代田稔医学博士成功培育出可以活着到达肠道并发挥有益作用的乳酸菌,才有了我们现在看到的养乐多——主打有益肠胃的概念,每一瓶至少有 100 亿活性乳酸菌。

活性乳酸菌到底是如何起作用的,咱老百姓也不太清楚,只知道确实是对肠道好。

市面上也有不少打“活性乳酸菌”概念的产品,如伊利的“每益添”、蒙牛的“优益 C”,还有娃哈哈、味全、美乐多等均有推出乳酸菌饮品,乳酸菌含量、口味选择、容量选择、性价比上超过养乐多的大有人在,可养乐多还是好好地活在市场上。养乐多的爆款策略,其实是用小红瓶打开新市场,聚焦“养乐多=乳酸菌”的概念,先牢牢地占领消费者心智。

养乐多产品图

这种稳扎稳打的策略,让小红瓶的形状+乳酸菌保健的概念,成了养乐多最有力的竞争武器。

资料来源:阿慕,营销有一套,2019.6.24

二、产品生命周期各阶段特征及其营销对策

产品生命周期理论使企业营销面临两个主要问题：一是因为所有产品最终都会衰亡，企业必须开发新的产品来代替衰老的产品，即产品生命周期的第一个阶段；二是当产品投入市场后各周期阶段产品的销售额、成本水平、利润水平及价格都呈现出不同的变化，具有不同的特点，而企业则要积极调整市场营销战略适应产品生命周期的变化趋势。

（一）导入期的特点与营销策略

1.导入期的特点

产品的导入期，是指从新产品试制成功到进入市场试销的阶段。新产品初次进入市场，产品导入需要时间，销售量增长往往比较缓慢。这一阶段的主要特征如下：

（1）只有少数企业生产，市场上竞争者较少；

（2）消费者对新产品尚未接受，销售量增长缓慢；

（3）做大量广告宣传，推销费用大；

（4）企业生产批量小，试制费用大，产品成本高；

（5）产品获利较少或无利可图，甚至亏损。但这个阶段市场竞争者较少，只要具备有效的营销系统，即可以将新产品快速推进导入阶段，进入市场发展阶段。

2.导入期的营销策略

根据上述特点，导入阶段一般有四种可供选择的策略，如图 7-9 所示。

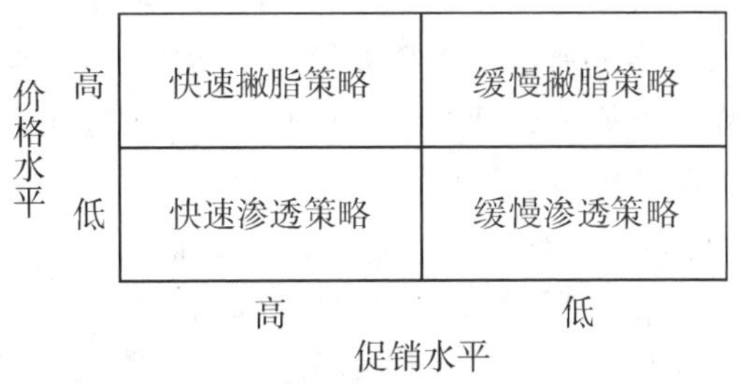

图 7-9　导入期的营销策略

（1）快速撇脂策略，即以高价格和高促销推出新产品。实行高价格是为了在每一单位销售额中获取最大的利润，高促销费用是为了引起目标市场的注意，加快市场渗透。成功地实施这一策略，可以赚取较大的利润，尽快回收新产品开发的投资。实施该策略的市场条件是：市场上有较大的需求潜力；目标顾客具有求新心理，急于购买新产品，并愿意为此付出高价；企业面临潜在竞争者的威胁，需要及早树立名牌。

（2）缓慢撇脂策略，即以高价格、低促销费用将产品推入市场。高价格和低促销水平结合可以使企业获得更多利润。实施该策略的市场条件是：市场规模相对较小，竞争威胁不大；市场上大多数用户对该产品没有过多疑虑；适当的高价能为市场所接受。

（3）快速渗透策略，即以低价格和高促销费用推出新产品。目的在于先发制人，以最快的速度打入市场。该策略可以给企业带来最快的市场渗透率和最高的市场占有率。实

施这一市场策略的条件是：产品市场容量很大；潜在消费者对产品不了解，且对价格十分敏感；潜在竞争比较激烈；产品的单位制造成本可随生产规模和销售量的扩大迅速下降。

(4)缓慢渗透策略，即企业以低价格和低促销费用推出新产品。低价格是为了促使市场迅速地接受新产品，低促销费用则可实现更多的净利润，企业坚信该市场需求价格弹性较高，而促销弹性较小。实施这一策略的基本条件是：市场容量较大；潜在顾客易于了解此项新产品且对价格比较敏感；有相当的潜在竞争者准备加入竞争行列。

(二)增长期的特点及营销对策

1.增长期的特点

增长期是指产品经过试销取得成功后，转入批量生产和扩大销售的阶段。这一阶段的特征是：

(1)消费者对产品已经熟悉并接受，销售量迅速上升，一般来说，销售增长率超过10%。

(2)产品已基本定型，生产规模扩大，产品成本下降，企业利润不断增加。

(3)同行业竞争者纷纷介入，竞争趋向激烈。

2.增长期的营销策略

增长期营销策略的核心是尽可能抓住销售的快速成长期，使得企业也可以获得快速的成长，具体可以采取以下策略：

(1)根据客户需求和市场信息，不断提高产品质量，努力发展产品的新款式、新型号，增加产品的新用途。

(2)加强促销环节，树立强有力的产品形象。促销策略的重心应从建立产品知名度转移到树立产品形象上面；主要目标是建立品牌偏好，争取新的顾客。

(3)重新评价渠道选择决策，巩固原有渠道，增加新的销售渠道，开拓新的市场。

(4)选择适当的时机调整价格，以争取更多的顾客。

企业采用上述部分或全部市场扩张策略，会加强产品的竞争能力，但也会相应加大营销成本。因此，在增长期面临着“高市场占有率”或“高利润率”的选择。一般来说，实施市场扩张策略会减少眼前利润，但加强了企业市场地位和竞争能力，有利于维持和扩大企业的市场占有率，从长期利润观点看，高市场占有率更有利于企业发展。

(三)成熟期的特点与营销对策

这一时期在整个产品生命周期中持续时间最长，其特点是：销售量达到顶峰，虽可能仍有增长，但增长速度缓慢，随着市场需求逐渐饱和，销售增长率甚至呈现下降趋势；同时生产量大，生产成本低，利润总额高但增长率降低；由于产品普及率高，市场需求减少，行业内生产能力出现过剩，市场竞争激烈。

针对上述特点，企业在产品成熟期营销的主要目的是千方百计维持甚至扩大原有的市场份额，尽量延长产品的市场寿命，因此，其市场策略的重点是要突出一个“改”字，即对原有的产品市场和营销组合进行改进，具体有三种基本策略可供选择。

1.市场改良策略

企业通过寻找新的使用者和细分市场，努力增加现有产品的消费量。市场改良可以通过下述几种方式实现：一是开发产品的新用途，寻求新的细分市场。例如，美国杜邦公司生产的尼龙产品，最初只用于军用市场，如降落伞、绳索等。第二次世界大战后，产品转入民用市场，企业开发生产尼龙衣料、窗纱、蚊帐等日用消费品，以后又继续扩展到轮胎、地毯等市场，使尼龙产品系列进入多循环周期，为企业赢得了长期稳定的利润。二是刺激现有顾客，增加使用频率。例如，食品厂商可以在包装上加印多种烹调方法介绍来扩大消费者对此食品的购买数量。三是重新为产品定位，寻求新的买主。例如，美国的化妆品公司追随处于后生育高峰的一代人的成长过程，先专门生产婴儿洗发膏，在市场上颇为畅销，而后重新树立该产品形象，进入青年妇女市场，使销售量出现再循环。

2.产品改良策略

这也称为“产品再推出”，即改变产品特征，如质量、特色或式样，来吸引新的使用者或引发更大量的使用。企业可改进产品的质量和性能，如耐用性、可靠性、速度、味道等。企业还可以增加新特色，用来扩展产品的有用性、安全性或便利性。实现产品再推出的具体策略有四：一是品质改进策略。主要侧重于增加产品的功能，如汽车制造商不断改进小型轿车性能；洗衣机厂商把普通洗衣机改为漂洗、甩干多功能的自动、半自动洗衣机等。二是特性改进策略。主要侧重于增加产品的新特性，尤其是扩大产品的高效性、安全性或方便性。如某动力机械厂将动力机引入割草机，提高了割草速度；而后又进行操作方面的改进，使之更加便于操作；最后，还使它既能割草又能铲雪。三是式样改进策略。这主要是基于人们美学欣赏观念而进行款式、外观的改变。四是服务改进策略。对于许多耐用消费品和产业用品来说，良好的服务（如为用户提供运输、开展技术咨询、上门维修等等）会大大促进消费者的购买。

3.营销组合改良

这是指通过改变定价、销售渠道及促销方式来延长产品的市场成长期和成熟期。一般是通过改变一个因素或几个因素的配套关系来刺激或扩大消费者的购买。例如，产品品质不变，降价可从竞争者那里吸引一部分顾客；扩大销售渠道，增加销售网点，调整广告媒体等多种措施，也都可以达到同样目的。但这种改进一般很容易为竞争者所模仿。

拓展阅读 7-5　在许多高潜力的成熟市场，老产品仍会有潜力

科特勒强调，营销人员不能盲目地按照产品生命周期传统的各个阶段来经营产品。很多营销人员习惯于本能地遵循旧的生命周期模式让产品沿着曲线到达成熟和衰退阶段。而与此相反的是，一些具有创新精神和变革勇气的营销人员，却会尝试去打破生命周期规则，在产品成熟期去挽救成品，使之重回成长阶段。他们还能越过重重障碍，将新产品迅速地由导入期推向成长期。

要实现老产品的复苏，企业需要注意这样几点；

第一，理清优势，清除产品复苏的阻力。老产品以全新姿态进入市场，会遭遇到来自竞争品牌、渠道和消费者认知等多方面的阻力。但是老产品在过去的经营过程中所累积起来的成功经验以及在消费者头脑中留下的良好印象也是那些刚进入或即将进入的新产品所无法比肩的。企业首先就要理清楚老产品的这些优势以及可能遇到的阻力。

第二，正视竞争环境，摆对自身位置。对于许多老产品而言，即便是“老名牌”，虽然曾经风光无限,但毕竟时过境迁,在市场上的表现大不如前,而且市场环境也发生了很大的变化,所以老产品的复兴是任重道远的。企业要正视竞争环境,摆对自身位置,通过生产、技术、供应、财务、行政、营销等部门的通力合作来改变产品的生命周期轨道。

第三,新老产品的相辅相成。老产品总会存在一定的局限与缺陷,而消费者却需要有新鲜的产品进入他们的生活。所以,在老产品的照应下,企业应及时开发新产品,用新产品来拱卫并带动老产品。这对于产品复苏以及防止品牌形象老化能起到至关重要的作用。

第四,重振老品牌的市场优势。很多情况下,企业之所以要坚守一个日趋没落的老产品,而不是另起炉灶,其中很大的一个原因就是想利用老品牌的"余热"。老产品的渠道通达力较强,具备一定的消费者基础和市场基础,而且,在老产品的背后,往往还有一支高水平的技术、研发、生产、营销人员队伍,他们对老产品有很深感情,而这些都是老产品"翻本"的资本。

第五,采取创新的宣传推广模式。老产品复苏行动需要根据企业的实际情况采用不同的营销策略,要以创新的宣传推广来形成视觉、感觉上的冲击,给消费者带来全新的感受。老产品的亮相频率增加,可以造成一种"王者归来"一般的气势,唤醒老品牌在消费者心目中曾经的记忆,从而树立起鲜活的形象。

(四)衰退期的特点与营销对策

大部分产品形式和品牌的销售量最终都会下降,有些产品的销售是慢慢衰退的,有些产品的销售量会急剧下跌。销售量可能下降到零,或者下降到某个水准之后再在那儿持续多年。

1.衰退期的特点

(1)产品销售量由缓慢下降变为迅速下降,消费者的兴趣已经完全转移。

(2)价格下降到最低水平。

(3)多数企业无利可图,被迫退出市场。

(4)留在市场上的企业逐渐减少产品的附带服务,削减促销预算,以维持最低水平的经营。

2.衰退期的营销策略

衰退期的营销策略主要包括:

(1)集中策略,即把资源集中使用在最有利的细分市场,最有效的销售渠道和最易销售的品种、款式上。简言之,缩短战线以最有利的市场赢得尽可能多的利润。

(2)维持策略,即保持原有的细分市场和营销组合策略,把销售维持在一个低水平上。待到适当时机,便停止该产品的经营,退出市场。

(3)榨取策略,即大幅降低销售费用,如广告费用削减为零、大幅精简推销人员等,虽然销售量可能迅速下降,但是可以增加眼前利润。如果企业决定停止经营衰退期的产品,应在立即停产还是逐步停产的问题上慎重决策,并应处理好善后事宜,使企业有秩序地转向新产品经营。

以上分析的是产品生命周期各阶段的特点及营销策略,事实上,在某一阶段中最好的营销策略不一定是理论分析中规定的某一个策略，每个企业在其具体条件下都有可能创造性地发展出独特有效的营销策略。

第六节 新产品开发

随着科学技术、社会经济的迅速发展以及人们消费需求的不断变化，产品的更新换代越来越快，产品市场寿命周期越来越短。有限的产品，无限的市场竞争，迫使企业不断地开发研制新产品以谋求发展。正如德鲁克所说："任何企业只有两个（也只有两个）基本的功能，那就是贯彻市场营销观念和创新，因为它们能够创造顾客。"

一、新产品开发的含义

从企业营销角度来说，新产品与因科学技术在某一领域的重大突破所推出的新产品在概念上不同，它是指在某个市场上首次出现的或者是企业首次向市场提供的，能满足某种消费需求的整体产品。产品整体概念中任何一部分的创新、变革和改良，都可视为新产品。据此，新产品可划分为以下几类：

（1）全新产品，是指应用科技新成果，运用新原理、新技术、新工艺和新材料制造的市场上前所未有的产品。全新产品的开发难度大，开发时间长，需大量投入，成功率低。一旦成功，用户和消费者也还需要一个适应接受和普及推广的过程。

（2）换代产品，也称为革新产品，是指部分改变市场上已经出现的原有产品的结构和性能而形成的产品，它使原有产品的性能得到改善和提高，具有较大的可见价值。对于此类产品，使用者也需要有接受和普及的过程，但时间比较短。

（3）改进产品，是指对现有产品的质量、特点、外观款式或包装加以全面或局部改进的产品。这类产品与原有产品差别不大，易于为使用者接受。市场上销售的大部分新产品均属于这种类型。

（4）仿制新产品。仿制新产品是指企业模仿市场上已有产品的性能、工艺而制造的产品。企业仿制新产品，能缩短开发时间，减少研制费用，提高产品质量，并能缩小产品总体水平的差距，体现特色。在仿制新产品时应注意要符合专利法及相关法律的规定和要求。

小案例 7-8 **谷歌眼镜已停止销售 揭秘五大败笔之处**

曾经引发全球可穿戴设备热潮的谷歌眼镜（Google glass），从 2015 年 1 月 19 日开始不再接受订单。在停止接受订单的同时，谷歌还将关闭其"探索者（Explorer）"软件开发项目，整体转入另外一个部门。这被外界解读为谷歌眼镜彻底失败。为什么说谷歌眼镜会遭遇失败？

1.美部分公共场所对其说不。虽然谷歌眼镜的确让使用者在现实世界获得某些方面优势,比如在医疗领域,户外探险或者客户服务部门,但是在其他使用场所,谷歌眼镜佩戴者可能会遭遇歧视,讨厌或者干脆被要求离场。

2.缺乏包装和合作。谷歌公司与世界顶级眼镜制造商意大利陆逊梯卡(Luxottica)集团联手打造谷歌眼镜,该集团将会协助谷歌设计、开发和推广谷歌眼镜。但几年开发之后,都不能摆脱一种数十年前医学用眼镜那种仪器感觉,眼镜商似乎不太愿意跟谷歌合作。相反的,苹果开发 Apple Watch 的时候,就积极地与时装杂志合作,把手表打造成一个时尚品牌,以时尚吸引用户购买使用,比起单纯卖一副手表效果好得多。

3.价格太贵。虽说谷歌眼镜被不少人接受,但它高昂的售价还是让不少爱好者发怵,1 500 美元比很多智能手机都贵。

4.销售渠道封闭,开售时间晚。2012 年 4 月,谷歌宣布在开发一款智能眼镜。一年后,谷歌眼镜的功能公布。2013 年 10 月份,谷歌发布第二代谷歌眼镜的照片,功能有改善。单谷歌眼镜发售的时候,最初只允许开发者购买,一直到去年 2014 年,谷歌才向美国用户开售,然后才把货尾发布到全球市场,但人不是愿意去等待的生物。

5.安全和健康问题。谷歌眼镜的显示原理是通过一个微型投影仪和半透明棱镜,将图像投射到人眼的视网膜上,棱镜与眼睛的距离不过数十毫米,右眼除了要看景物的同时,也要看屏幕,注意力可能会因此分散,右眼需要用力之下,可能会造成左右眼视力不均问题。另外,如果一直盯着眼镜内容,不理会马路上车辆,可能会造成交通事故。

二、新产品开发的程序

为了提高新产品开发的成功率,必须建立科学的新产品开发管理程序。不同行业的生产条件与产品项目不同,新产品的开发管理程序也有所不同。一般企业研制新产品的开发程序如图 7-10 所示。

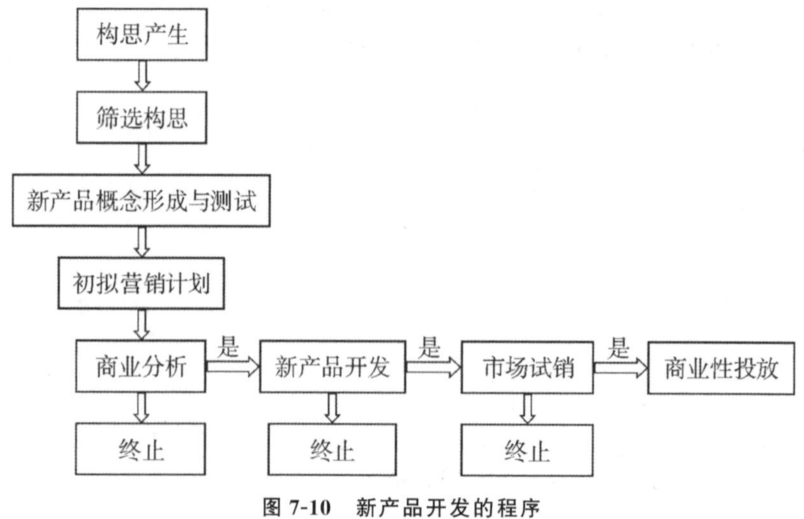

图 7-10　新产品开发的程序

(一)构思产生

所谓构思是指开发新产品的设想。企业能否搜集到丰富的新产品构思,不在于意外的发现和偶然的机会,关键在于企业必须有鼓励人们提建议、出点子的制度以及建立一种系统化的程序,使寻求来的任何新产品构思都能被产品开发部门所了解。

新产品构思的来源是多方面的,主要包括:

(1)顾客。企业营销人员可以通过观察和倾听顾客的需求,分析顾客对现有产品提出的批评和建议,形成新产品构思。

(2)竞争者。竞争产品、竞争者的成败可以为新产品构思提供借鉴,企业应博采众长,为我所用。

(3)企业营销人员。他们密切接触市场,了解顾客需求,熟悉竞争情况,最有发言权,往往成为新产品构思的最好来源之一。

(4)企业高级管理人员。他们所处的地位使他们最明确公司的发展方向及所需要的产品构思。

(5)经销商。经销商掌握顾客要求和市场竞争等方面的第一手资料,也能提供市场上有关新技术、新工艺、新材料等的信息,对帮助企业构思新产品往往会有很大启发。

(二)筛选构思

筛选的主要目的是选出那些符合本企业发展目标和长远利益,并与企业资源相协调的产品构思,抛弃那些可行性小或获利较少的产品构思。筛选构思应遵循如下标准。

(1)市场的条件。市场的条件包括产品的潜在市场成长率、竞争程度及前景、企业能否获得较高的收益等。

(2)企业内部条件。企业内部条件主要是指企业的人力、财力技术条件及管理水平是否适合生产这种产品。

(3)销售条件。企业现有的销售结构是否适合销售这种产品。

(4)利润收益条件。产品是否符合企业的营销目标,其获利水平及新产品对企业原有产品销售的影响。这一阶段的任务是剔除那些明显不适当的产品构思。

在筛选阶段,应力求避免两种偏差:一种是漏选良好产品构思,对其潜在价值估计不足,失去发展机会;另一种是采纳了错误的产品构思,仓促投产,造成失败。

(三)新产品概念的形成与测试

新产品构思经过筛选后,需进一步发展形成更具体、明确的产品概念,这是开发新产品过程中最关键的阶段。产品概念是指已经成型的产品构思,即用文字、图像、模型等予以清晰阐述,具有确定特性的产品形象。一个产品构思可以转化为若干个产品概念。

概念测试一般采用概念说明书的方式,说明新产品的功能、特性、规格、包装、售价等,印发给部分可能的顾客,有时说明书还可附有图片或模型。要求顾客就类似如下的一些问题提出意见。

(四)初拟营销计划

企业选择了最佳的产品概念后,必须制订把这种产品引入市场的初步营销计划,并在未来的发展阶段中不断完善。初拟的营销计划包括三个部分。

(1)描述目标市场规模、结构、消费者的购买行为、产品的市场定位以及短期(如三个月)的销售量、市场占有率、利润率预期等。

(2)概述产品预期价格、分配渠道及第一年的营销预算。

(3)阐述较长期(如 3～5 年)的销售额和投资收益率以及不同时期的市场营销组合等。

(五)商业分析

商业分析即从经济效益角度分析新产品概念是否符合企业目标,预测销售额和推算成本与利润。预测新产品销售额可参照市场上类似产品的销售发展历史,并考虑各种竞争因素,分析新产品的市场地位、市场占有率等。

在完成一定时期内新产品销售额预测后,就可推算出该时期的产品成本和利润收益。成本预算主要指通过市场营销部门和财务部门综合预测各个时期的营销费用及各项开支,如新产品研制开发费用、销售推广费用、市场调研费用等等。根据成本预测和销售额预测,企业即可以预测出各年度的销售额和净利润。审核分析该项产品的财务收益,可以采用盈亏平衡分析法、投资回收率分析法、资金利润率分析法等等。

(六)新产品的开发

这一步主要是投入资金、设备和劳动力,才能使产品概念实体化,才能发现产品概念的不足与问题,继续改进设计,也才能证明这种产品概念在技术、商业上的可行性如何。如果因技术上不过关或成本过高等而被否定,这项产品的开发过程即会终止。

应当强调,新产品开发必须使模型或样品具有产品概念所规定的特征,应进行严格的测试与检查,包括专业人员进行的功能测试和消费者测试。功能测试主要在实验室进行,测试新产品是否安全可靠、性能质量是否达到规定的标准、制造工艺是否先进合理等。消费者测试是请消费者加以试用,征集他们对产品的意见。这两种测试的目的都在于对样品作进一步的改进。

(七)市场试销

新产品的市场试销,简要地说,就是对新产品和营销计划的全面检验。新产品试销前,必须对以下问题做出决策。

(1)试销地点的选择。选择试销的范围宽度,一般来说,应选择收入居于中等水平、具有代表性的地区。如果选择城市,选择三四个比较合适。

(2)试销时间的长短。从产品特征、竞争者情况和试销费用来考虑,如果是重复购买的产品,至少要试销一两个购买周期。

(3)试销所需要的费用开支。

(4)试销的营销策略及试销成功后进一步采取的行动等。

(八)商业性投放

新产品试销成功后,就可以正式批量生产,全面推向市场。这时,企业就要动用大量资金,支付大量费用,而新产品投放市场初期往往利润微小,甚至亏损,因此,企业在此阶段应在以下诸方面慎重决策。

(1)投放时机。企业必须分析何时是新产品推出的最佳时机,如节假日。如果新产品是用来替代本企业其他产品,那么应在原有产品库存较少的情况下投放市场;如果新产品具有较强的季节性,则应在消费旺季到来之前投放市场;如果新产品尚需改进,则应等到产品进一步完善之后再投放,切忌仓促上市。

(2)投放地区。企业需要决定在何地投放新产品。一般情况下,应集中某一地区市场开展广告和促销活动,拥有一定市场份额后,再向各地市场扩展。例如,苹果手机推出苹果7手机时,首先在美国上市,在美国打响后再推广到其他国家。而资金雄厚并拥有通畅的国内、国际销售网络的大企业则会选择迅速把新产品推向更大的市场。

(3)目标市场。目标市场的选择可以依据试销或产品开发以来所收集的资料。最理想的目标市场应是最有潜力的消费者(用户)群,通常具备以下特征:最早采用新产品的市场;大量购买新产品的市场;该市场的购买者具有一定的传播影响力;该市场的购买者对价格比较敏感。

(4)营销组合策略。企业要在新产品投放前制定尽可能完备的营销组合方案,新产品营销预算要合理分配到各营销组合因素中,要根据主次轻重有计划地安排各种营销活动。

拓展阅读 7-6 解码新产品开发失败的原因

新产品的开发往往伴随极大风险,其失败率一直很高。而新产品失败的原因,科特勒将其大致归纳为六大类:

一是营销失败,比方说企业对市场规模的估计过高,对消费者需求缺乏准确的了解和把握;或者定位错误,没有体现出产品的差异性,或者定价不合理,宣传推广以及促销的力度不够,等等。

二是财务失败,例如新产品的投资回报率低;或者资金短缺,企业无法承担创新研究和产品推广所需要的资金。

三是时机失败,上市时间太早或太晚都会影响到产品的成功率,上市太早,市场尚未得到开发和培育;上市太晚,市场已经被竞争者瓜分,并且有了森严的竞争壁垒。

四是技术失败,比方说,产品设计差劲;或者生产过程中把控不严,频频出现质量问题,等等。

五是组织失败,一个成功的产品背后,必然有一个强有力的团队,如果企业内部各个部门之间缺乏协调合作精神,或者管理层决策失误等,这样的情况下,产品在市场中很难有上佳表现。

六是环境失败,比如政府管制、宏观经济因素发生变化,社会舆论与道德的制约,或者竞争对手反击激烈,等等。

要尽可能地保障新产品的成功,企业需要注意这样一些方面:在新产品开发前做好扎实的产品设计和项目准备工作;从创意搜寻到产品上市的整个新产品开发过程中,要认真倾听顾客的声音以顾客和市场为导向,而不是以企业的意愿为导向;产品要打造出特色,能给顾客带来与众不同的利益和价值;在正式进入开发流程前,对新产品进行严格的价值和功能定位,定位准确的新产品生存率能大大提升;产品上市应制订周密的上市计划,确保所需资源,并有效地执行;在整个新产品开发过程中的各个阶段,要果断地对项目进行生/杀决策;在企业内部要打造一支专注而又负责任的、能得到充分支持的、具有强有力的领导的全员营销团队。

并不是说，企业做到了这几点，就一定能取得新产品开发的成功，但是。抓住了这几个关键的成功要素，能让产品更具有成功的可能性。企业面临的两难问题是，它必须开发新产品，但高失败率又令其望而却步。总之，要创造一个成功的新产品，企业就必须理解它的消费者、市场和竞争对手，并且开发能够向消费者传递优异价值的产品。在寻求和发展新产品的过程中，企业必须制订强有力的新产品开发计划，并建立一个系统的、顾客导向的新产品开发流程。

三、新产品的市场扩散

新产品的市场扩散过程是指新产品在市场上取代老产品的过程，或者是指新产品逐步被广大消费者接受的过程。很明显，新产品的市场扩散强调的是企业在产品生命周期中的引入期和快速成长期的对策，其要点是根据新产品的特点和不同消费者的心理因素，以及消费者接受新产品的一般规律，有效地运用市场营销组合，加速新产品的市场扩散。

（一）新产品特征

具体说来，新产品对其本身的市场扩散具有重大影响的特征主要表现在以下几个方面：

(1)新产品的相对优点。新产品相对优点越多，即在诸如功能性、可靠性、便利性、新颖性等方面比原有产品的优越性越大，市场接受得就越快。为此，新产品应力求具有独创性，具有新特性、新用途，尽可能多地采用新技术、新材料。

(2)创新产品的适应性。新产品必须与目标市场的消费习惯以及人们的价值观相吻合。

(3)创新产品的简易性。这是要求新产品设计、整体结构、使用维修、保养方法必须与目标市场的认知程度相适应。

(4)创新产品的可传播性。这是指新产品的性质或优点是否容易被人们观察和描述，是否容易被说明和示范。凡信息传播较便捷、易于认知的产品，其采用速度一般比较快。

新产品的上述特征往往并不能一目了然地为消费者或用户所察觉。为此，企业应当认真做好各种营销工作。

（二）新产品的扩散过程

在实际生活中，不同顾客对新产品的反映有很大的差异。由于社会地位、消费心理、收入水平、个人性格等多种因素的影响和制约，消费者按上述模式接受新产品的过程，并不是同时进行的，而是有先有后，即不同消费者的知晓、兴趣、评价、试用到接受都是有先有后的。这就是所谓新产品的市场扩散过程。

新产品在同一目标市场的扩散过程规律是：开始仅被极少数消费者接受，然后逐步再被多数消费者接受。在时间坐标上，不同类型的消费者接受的时间顺序是：创新采用者—早期采用者—中期消费群—晚期消费群—落伍者消费群，如图 7-11 所示。

(1)创新采用者。任何新产品都是极少数创新采用者率先采用，这是一些敢于冒险的少数人，他们对新鲜事物有浓厚的兴趣，所以新产品一上市，他们就会积极购买和使用。

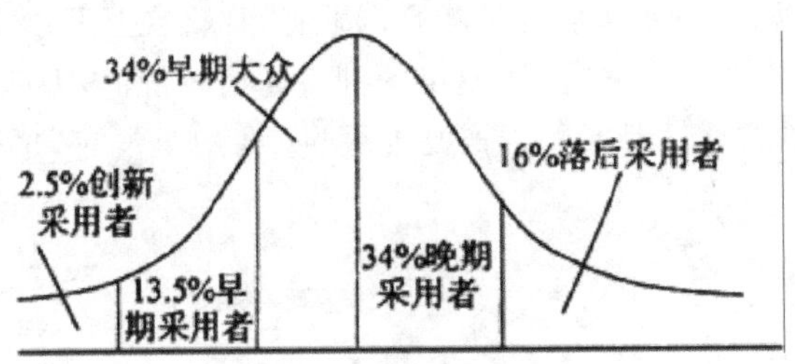

图 7-11　新产品扩散的用户分布

这部分人只占全部采用者的 2.5%。当逐新者感到新产品效果好时,他们的宣传就会使新产品被一批早期采用者接受。

(2)早期采用者。早期采用者往往是某些领域中的舆论领袖,他们总是在很多事情上有领先的想法。他们很容易接受逐新者的影响,往往在新产品的引入期和成长期内采用新产品。这批人约占全部采用者的 13.5%。

(3)早期大众。新产品经过早期采用者的使用,被他们认可后,他们的宣传会影响到一大批能顺应社会潮流但又比较慎重的"追求时尚者",即早期大众。这部分人占全部采用者的 34%左右。

(4)晚期采用者。新产品被早期大众采用后,新产品的目标市场接受率已达到 50%左右,这时新产品已开始影响一批多疑型消费者,即晚期采用者。这批人的特点是:他们从不主动采用或接受新产品,一定要到多数人都使用并且反映良好时才行动。这部分人占全部采用者的 34%左右。

(5)落后采用者。新产品已被绝大多数人采用,逐步变为市场上的老产品。这时部分落后采用者才顺应社会潮流而采用这种产品。这部分人占全部采用者的 16%左右。

上述新产品被消费者采用的过程和新产品的市场扩散过程表明,要使新产品尽快地被消费者接受、采用而达到市场扩散,并有较高的接受率;或者要使新产品的引入期缩短,尽快进入增长期;或者要使新产品消除进入市场后的种种障碍,就必须在新产品的研究开发中采取一系列措施,包括有关产品本身方面的措施,还包括有关包装、商标、说明书、广告、销售渠道、服务等方面的措施,以有利于加速消费者接受新产品。

第七节　趋势与热点:互联网对企业产品策略的影响

一、互联网对企业产品整体概念的影响

产品整体概念的三个层次将企业所创造的价值、顾客所需要的利益分成了三个层次,它对企业的营销活动具有很重要的意义。在实体类产品中,产品整体概念的三个层次可

以界定得非常清晰。如果企业从事的是互联网业务，那么在互联网企业中，企业所提供的产品为信息服务类产品，其核心产品所提供的利益为信息价值，因此相对于产品的整体概念的三个层次而言，其实体产品和扩展产品非常薄弱，甚至没有，这是互联网产品的比较特殊的地方。

汽车之家的六大产品

互联网信息服务商汽车之家所提供的六大类信息：汽车之家、汽车报价、违章查询、二手车、汽车论坛、养车之家六大模块，如图 7-12 所示。

图 7-12　汽车之家官网

二、互联网对企业品牌策略的影响

移动互联网时代下的移动互联和社交媒体为品牌塑造提供了新的工具和可能，对企业品牌管理的进行产生了一定的影响。毕竟网络的宣传可以使品牌得到快速的宣传，比如天猫、京东都是依托互联网推广自己的品牌。互联网对企业品牌营销主要有以下影响。

（一）让你的品牌会说话

互联网＋的品牌建设体现互动和聚合，回归到产品和服务是否更好地满足消费者以及更好地和消费者的沟通上。过去做品牌，更多是创意策划和传播，互联网让产品在市场、渠道和传播上都发生了变化。而互联网品牌的崛起，得益于互联网一定程度上改变了传播的属性。互联网的碎片化更要求品牌自身会说话表达，这里我们称为会说话的品牌，需要利用社交群体说话以及各方面立体的展示品牌的内涵，并且需要很多信息来刺激客户的感知，从而建立品牌的形象。

（二）互联网+的品牌建设体现快捷扁平的聚合效应

互联网时代也更体现以市场聚合、市场差异化为特征的长尾效应。互联网思维就是用户体验至上、快捷扁平的聚合效应。过去，品牌推广多是在传统媒体上投放广告，社会化媒体的出现，目标的群体性更明显，体现了以用户为导向的快速聚合，让推广能更精准传达给目标人群。在强调互联网+的时代，整合行业优势资源比单打独斗重要得多，一家企业从产品、服务到品牌，涉及设计、创新、物流等环节，每个环节都需要严格的要求，相互借力，集中更多的力量才能更好地帮助解决用户满意度的核心问题。

（三）直面客户的应用场景建设

品牌建设很强调信任，直面客户的应用场景建设更容易给客户带来信任。随着互联网将世界越来越紧密地联系在一起，各种信息充斥我们的生活，在同质化的多品牌竞争时代，我们建立一个品牌也更多地希望得到别人的信任，希望自己的品牌更加值得信赖。事实上，随着信息的流通越来越高效，碎片化时代品牌的信任也越来越难建设，所以品牌的建设更注重建立自身的品牌辨识度。互联网+帮助我们直面客户的应用场景，在建立感受—选择—分享的过程中更强调参与，极致体验带来的应该是有价值的引人注目。无论是事件营销，还是各种媒体广告以及活动，反反复复的各种应用场景充斥在消费者眼中是为了加深消费者意识中对品牌的辨识度，从而形成有效的产品驱动。

三、互联网对服务产品的影响

随着科技的飞速发展，人类已进入互联网时代。互联网已渗透到社会的方方面面，改写和重塑着人们的思维认识，越来越深刻地改变着人们的学习、工作以及生活方式，甚至影响着整个社会的发展进程。如今，通过互联网可以随时进行信息的查找与发布，在线交流沟通，进行网络购物、娱乐等消费。对于服务行业来说，互联网是提升服务效率最好的平台。

近年来，我国服务业得到了快速发展，服务业占国内生产总值的比重越来越高，对整个国民经济的发展起着重要的作用。为发展成为有中国特色的现代化服务行业，互联网将是强大的助推力。在互联网经济大潮下，各服务行业将迸发出新的活力，创造出新的服务业态。为迎合主流消费群体的消费方式，以优质服务为理念的“为您服务”平台成功创建。借助大数据、云计算、物联网等信息技术，平台整合了各行业优势资源，汇集餐饮、住宿、旅游、家政、婚庆、招聘等各领域的资讯，致力于打造中国最全面、专业的服务平台。

当前，互联网正加速对服务业的全面渗透，跨界融合、重塑行业格局成为现代服务业发展的新引擎。“互联网+”在现代服务业中的运用有着巨大的发展空间与潜力，满足人们多元化的消费需求和高品质的服务体验，社会意义重大。

四、互联网产品的生命周期理论

对于互联网产品来说，生命周期的理论是一样的逻辑。为了稍稍区别于一般产品生命周期包含的“引进”“成长”“成熟”“衰退”四个阶段，这里把互联网产品的生命周期分为以下四个阶段。

(一)启动阶段

对于互联网产品来说,启动阶段互联网产品需要迅速从理论变成实际,从用户痛点需求和商业目标出发,迅速将产品上线并测试,然后寻求种子用户进行快速验证!

在这个阶段,用户对产品还不了解,产品也是处于探索当中,市场前景并不明朗,因此我们一般考虑的是“我们的产品是否能够解决用户的痛点”以及“我们产品的用户体验到底如何”等问题。

(二)成长阶段

在成长阶段,产品已经渡过了种子用户期,并且也获得了种子用户的认可,那么这时候就需要通过营销手段迅速提升产品的流量(销量)和品牌知名度!在这个阶段,用户逐渐熟悉产品,产品得到验证,市场前景也比较明朗,那么我们一般考虑的是“我们应该如何运营产品才能快速提升流量和品牌知名度”以及“我们在获取流量之后应该如何转化或者如何变现”等问题。

(三)成熟阶段

在成熟阶段,产品已经趋于稳定,很难再有突破性的增长,那么这时候主要就是做好用户的工作,通过运营手段活跃并留存老用户,同时保持新用户的稳定增长!在这个阶段,市场趋向饱和,用户趋于稳定,我们一般考虑的是“我们应该如何活跃我们的老用户和尽最大能力保持新用户的稳定增长”以及“如何稳定的将用户变现从而实现盈利”等问题。

(四)衰落阶段

在衰落阶段,产品正在走下坡路,已经逐渐失去了竞争力,产品的销量和利润持续下降,不能适应市场的需求,更好的竞品也已经出现,自身的用户流失率也在不断提升,那么这时候首先就是要通过运营手段做好用户回流工作,并且积极创新和寻求转型的新机会。

共享单车死亡样本

2018 年 7 月,几场大雨后,街头无人管理的小鸣单车生锈更为严重。一辆已显陈旧的浅蓝色自行车停在广州市越秀区仓边路上,“小鸣单车”品牌名在车身依稀可见,车把上挂着志愿者写的“故障车”卡片,路边商店店主已经不记得这辆车在门口停了多久。

同这辆车一起破败且“故障”的,还有它的主人——小鸣单车运营方广州悦骑信息科技有限公司(下称“悦骑公司”)。同一条马路东侧不到 100 米,广州市中级人民法院里,悦骑公司正迎来其破产后第一次债权人会议,直面超过 12 万个债权人。

这家生于共享经济风口的公司经过不到两年运营,完成三轮融资后,迅速衰败直至破产。被破产管理人接管时,公司仅剩 35 万余元现金、散落在全国的 20 多万辆失控单车,背后还有数家停产的上游厂商。

这些破败失控的单车值多少钱?近日,中国再生资源开发有限公司报价称,愿以 12 元每辆车(扣除回收、运输及电子垃圾处理等费用后的净价)的价格,回收广州、深圳、上海等发现小鸣单车踪迹的城市中的车辆。仅在 1 年多前,小鸣单车创始人曾称新车成本 400 元,是小鸣单车的天然优势。小鸣单车所遇问题是行业通病,还原其死亡过程及后续影响,可获观察共享单车行业的最佳样本。

面对当时已显激烈的竞争，小鸣推出“0.1 元骑车”的服务，收取押金 199 元，同时开启大规模造车和二三线城市投放。据《南方日报》报道，在小鸣单车投放的高峰期，凯路仕的车间内，“一天产能可以高达 2 万辆以上”。诸多媒体表述中，邓永豪将自己在自行车行业长达 20 年的经历作为小鸣单车的天然优势。他创办的凯路仕成立于 1993 年，从单车店向上游链条发展，在欧洲铺开销售市场，同时在柬埔寨设立工厂降低成本。2014 年，凯路仕在新三板上市。

“一开始公司运行很健康，盈利是不错的。后来其他两大单车免押金骑行，导致小鸣单车骑行量和用户数下跌，一下子就难以为继了。”悦骑公司法定代表人关斌这样向广州市中级人民法院解释。2017 年 8 月初，ofo、摩拜等公司相继宣布推出“免押金”骑行服务。大量用户受此影响也向小鸣单车要求退押金，发现其 APP 上承诺的“1～7 个工作日内退款”迟迟未到账。

押金争议的起因是，2017 年 8 月 1 日，交通部等十部委发布《关于鼓励和规范互联网租赁自行车发展的指导意见》（下称《指导意见》），称鼓励企业采用免押金服务方式。此时，共享单车行业已积累起超百亿元押金池，一些媒体开始质疑这些押金“是否存在挪用现象”。而《指导意见》颁布后，许多企业响应，推出免押金服务。

破产后，悦骑公司债权人散布在全国十几个大中城市，主要包括用户、供应商、员工三类。目前，有效申报的用户押金债权 118 738 笔（单笔押金金额普遍为 199 元），若以每名用户 199 元押金推算，则押金债权超过 2 000 万元；供应商申报的债权 28 笔，合计约3 003 万元；另外，管理人核实的职工债权 115 笔，经济补偿金及欠薪合计 161 万余元。

资料来源：刘甦，财经，2018-8-2。

五、互联网产品开发的典型流程

在互联网产品开发阶段，通常要经历以下几个典型阶段：确定用户需求和产品目标、概念设计、原型设计、界面设计、信息设计、视觉设计、前端开发、用户体验测试、产品完善、产品发布等过程。当然，这些阶段的划分有时是模糊的，并且有可能根据具体项目进行增减，修改阶段名称及工作内容。下面结合一个典型的网络产品的设计来讲解流程。

（一）明确用户需求，确定网站目标阶段

这个阶段通常是需要产品经理把关的。为了更快地了解市场情况，必须通过一些高速有效的方法来了解用户的实际需求。比如，可以通过用户访问和问卷调查取得，可以通过用户操作习惯统计、网络流量统计等手段来掌握用户的行为特征。在这个阶段，产品经理起着给产品做最初的方向定位的作用。

（二）概念设计阶段

设计是一种不断创新的思想行为，由于人的创作智慧是无穷的，因此，产品概念的构思也将是无穷的。概念设计的直接目的是生成概念产品，它是一系列有序的、可组织的、有目标的设计活动，表现为一个由粗到精、由模糊到清晰不断进化的过程。

这个时候，产品经理需要集思广益，然后对用户及市场资料进行总结梳理，通过白板

或思维导图理出产品思路,把所想到的产品功能模块及亮点做好记录。这里的设计思路包括产品整体架构、功能模块规划等,也就是从概念上给出一个完整的产品雏形,可以通过文字或图示的方式来表达所要开发产品的整体构想。

(三)原型设计阶段

经过了概念设计之后,如果你的产品功能和亮点得到了认可,就可以进入产品原型的设计阶段了。在现实演示中,有人甚至会激动地发给你手绘的纸制原型,这种表达方式更加随意,沟通起来也更亲切。这就是一种很原始的原型设计。产品原型设计最基础的工作就是结合批注、大量的说明以及流程框架图,将自己的产品原型完整而准确地表述给UI、UE、程序开发人员、市场营销人员,并通过沟通,反复修改并最终确认,然后执行。

(四)界面设计阶段

用户界面就如同一张脸,在人机互动过程中起着十分重要的作用。界面设计极具挑战性,因为它不仅仅是一次页面的体现,它需要设计学、语言学,还需要研究心理学。设计页面的时候,要遵循一些基本的原则,比如:要保持页面颜色的统一,保持界面风格的一致性,尽量减少用户的审美负担、记忆负担。

产品的设计过程中,UI负责首页风格设计,形成三套解决方案,选择最满意的两套提交给需求部门,并和需求部门经过多次协商调整后,最终形成定稿。接着UE开始针对原型进行操作上的优化调整,手机各类交互及用户体验方面的改善建议,比如园区白条需要把福利统一到一个一级菜单栏中,把金融功能统一到第二个一级菜单栏中。在这个过程中,一定要保证与需求部门沟通到位。

(五)视觉设计阶段

视觉设计是针对眼睛功能的主观形式的表现手段和结果。也就是说,视觉设计首先需要考虑产品给人的整体感觉,即视觉设计的风格。在现实生活中,睁开眼睛就能看到各种视觉作品并带给我们风格迥异的心理感受。同样,互联网产品也会给我们不同的视觉感受。优秀的视觉设计师能充分理解产品的固有功能,然后用一种超出你想象的方式展现在你面前,让你感觉眼前一亮。当你心底有微微一颤的感觉时,这种设计的境界也就达到了。因此,视觉设计的风格是否准确,关系着整个设计的成败。

(六)前端设计、后台开发阶段

这个阶段,前端设计师最需要的就是和视觉设计师一起将草图制作成相应的页面,并且把制作好的高质量的PSD、PNG图片构思成DIV+CSS代码,与后台程序配合,高效率、高质量地完成前台页面的效果实现。与此同时,前端设计还要善于选择合适的框架,做到代码效率最高、用户体验最好、代码下载量最小,并且可以在单独甚至让更多产品线中最大限度地重用代码。

(七)产品测试阶段

在测试上线阶段,产品经理主要起验证作用,严格把好产品上线前的最后一关,让产品能完美上线。为了保证产品的良好体验,除了需要有优秀的测试人员之外,还要与测试人员保持沟通。产品测试,其目标就是:确定最终的产品做成什么样子。

(八)产品正式上线

经过测试后进一步调试后,正式上线。

本章小结

在营销组合策略中，产品策略是首要策略，其他策略都是围绕产品策略进行的。在产品策略首先要明确产品的基本含义并应用科特勒的整体产品概念将产品进行分层。在整体产品概念的基础上，我们首先要对单个产品应用三个层次进行设计，然后考虑企业产品线的决策和企业产品组合决策。

在产品策略中有两个特殊地方，一个品牌营销，另一个是服务营销。品牌作为整体产品中形式产品的组成部分，它又承载企业产品与消费者之间的联系。品牌因为对消费者有特殊的影响力而形成了品牌资产，因此对品牌的营销决策比较复杂。品牌营销决策包括了品牌定位、品牌名的选择与保护、品牌的持有和品牌的开发四个方面的决策。服务作为一种特殊的产品在营销上也有其特殊的地方。服务与有形产品的区别在于其无形性、不可分离性、异质性和易逝性，由此导致服务营销除了常规的外部营销外，还要注重内部营销和互动营销。

由于产品在市场中也是不断发展变化的，因此在产品策略中提出产品生命周期理论。产品生命周期理论中，将产品的生命分为四个阶段：导入期、增长期、成熟期和衰退期。由于产品生命周期的各个阶段的特征都不一样，因此针对产品的生命周期的不同阶段，企业应该采用不同的营销策略。产品生命周期理论也引发企业新产品开发的重要性。由于新产品开发的成功率较低，所以在开发新产品时注重提高新产品的成功率，另一方面也要减少新产品研发的费用。要达到这两个目的，企业的新产品开发应该按照一定的程序进行。

重要名词

整体产品　核心产品　形式产品　延伸产品　便利品　选购品　特殊品　非渴求品　品牌　产品线　向下延伸　向上延伸　双向延伸　产品项目　产品组合　品牌资产　品牌定位　制造商品牌　自有品牌　许可品牌　共有品牌　品牌延伸　多品牌　新品牌　服务　外部营销　内部营销　互动营销　产品生命周期　导入期　增长期　成熟期　衰退期　品牌说话　聚合效应　应用场景　启动阶段

案例评析

故宫产品跨界营销

故宫，一个拥有600岁高龄的IP，从来都不缺话题。

这几年来，加上之前《延禧攻略》和《如懿传》这两部清宫剧的热播，故宫就跟开了挂一样，大步走向互联网，并不断推出真正拥有故宫文化内涵的文化创意产品，立即引发大众，特别是年轻人对故宫文化的关注和兴趣。

这是一个古老的故宫,也是一个年轻的故宫。接下来先来看几个故宫经典跨界营销案例:故宫产品跨界营销案例。

故宫口红

这不,一觉醒来打开微信,“故宫口红”又火了,故宫口红,真的真的!来了!

小仙女们还等什么呢?冲呀!

这6支口红的外观极其讲究:外观全部源自后妃服饰与绣品,底色是“宫廷蓝”,再结合黑白赤青黄五色体系。上方由仙鹤、蝴蝶、瑞鹿、蜜蜂“领衔出演”;下方饰以绣球花、水仙团寿纹、地景百花纹、菊花、四季花篮等吉祥图案,如图7-13所示。

图 7-13　故宫口红

故宫睡衣

对,你没有看错,故宫还出了睡衣。这“仙鹤纹样睡衣”(见图7-14),颜值简直犯规了,感觉穿上它可以去“登基”了。这款睡衣是在《上新了·故宫》被大家广为熟知,节目是由故宫博物院和北京电视台联合推出的,其实这也是故宫的一种营销手段,不断增加自己的曝光量。

图 7-14　故宫睡衣

故宫×农夫山泉

瓶子营销能玩多大?农夫山泉联合故宫这次玩出了新高度,一共推出了9款限量版的“故宫瓶”,如图7-15所示。这下子可以把皇帝嫔妃的画像拿在手上揣摩,谈起皇帝嫔妃,总有种尊贵得遥遥不可及的距离感,而农夫山泉的“故宫瓶”文案,则将这种距离感拉近了。似乎处在宫殿里的人,也和我们一样,有着自己平凡日子里的小温情和小烦恼。文案还带着些许幽默,与当下年轻人的风趣口吻融合。

图 7-15 农夫山泉故宫瓶

想象一下，熬夜加班已经快要秃头的时候，看到一句“工作使朕快乐”，会不会不自觉地就扑哧一笑。一句“朕饿了”会不会所有的委屈都化为了一餐饱食。农夫山泉不是第一次在瓶身上做文章，也不是第一次去讲故事，更不是第一次去做广告，但像农夫山泉这次联合故宫，把故事讲得这么好，却是不多的。

故宫的产品观

其实一开始故宫博物院走的是严谨正派的高冷路线，故宫文化产品注重历史性、知识性、艺术性，但是这个定位并不成功。由于缺少趣味性、实用性、互动性而缺乏吸引力，与年轻人的购买诉求存在较大距离。

那么，究竟是怎样的“产品观”，让故宫这个 IP 成为网红的呢?

故宫成为网红，是从单霁翔院长上任之后开始的。他认为，让故宫博物院更加“接地气”，就一定要把文化遗存和当代人的生活、审美、需求等结合起来。“其实，我们一直在思考如何让故宫的传统文化和当下的互联网生活顺畅对话。”单院长说。

年入 10 亿，故宫如何玩转 IP 营销?

1.精准的用户画像

一开始，故宫博物院将自己用户目标人群定位在 35 岁～50 岁的男性，围绕这个年龄设计出来的产品比较传统，销量不佳。后来爆红的几款年轻化产品，让故宫博物院坚定地走年轻时尚设计路线，并获得了巨大的成功!

云小媒对故宫博物院微博用户进行分析，不出所料用户多为 90 后，25～34 岁群体占比最高,19~24岁的用户也不少。这部分用户对互联网新鲜话题、热门事件、潮流语言非常感兴趣。

基于用户特点,故宫通过铺天盖地的“卖萌式”营销,迅速打开关注度,将故宫的历史和深入人心的人物和故事结合起来,转化为极具个性的会卖萌又带点贱的文化产品,来迅速拉进与这些年轻群体的距离。

2.以用户为中心设计产品

在产品设计和合作上,充分与故宫现有文物相结合,巧妙地将历史故事和历史人物娱乐化,拉近与年轻人的距离。

不知道大家是否有留意过故宫淘宝上出售的冷宫冰箱贴(见图7-16),其设计创意就来自微博粉丝,冷宫冰箱贴采用树脂材质、印有“冷宫”二字,并在包装上特意说明了紫禁城里没有专门设置的冷宫,从中也可以看出故宫的开放和严谨。

图7-16　故宫冰箱贴

3.多元化营销

不论线上还是线下,故宫博物院都在不断尝试各种营销方法,与时尚博主“黎贝卡的异想世界”合作推出故宫·异想2017手账、与周大福珠宝推出“如意长久”项链、联合IF时尚联合打造了“故宫·如果爱·护佑手链”等等。

再如,与腾讯NEXT联合推出QQ表情创作大赛“宫里那些事”、出《穿越故宫来看你》,明成祖朱棣一言不合就玩rap,戴墨镜跳舞玩自拍,妃嫔们戴上VR斗表情,嗨爆QQ空间;与阿里巴巴合作,开设“故宫旗舰店”,将门票与文化创意及出版三者进行结合。

4.借势营销

十一假期很火的“锦鲤”出来后,故宫博物院也借这个热点发布“鳌拜图”(鳌拜和几条锦鲤),并写道:“转发这条all buy(鳌拜)锦鲤”;中秋节和抖音联合推出月饼,也是火了一把;在“尬聊”话题火爆之际,爆出雍正皇帝的“黑料”:“朕是如何把天聊死的——你的好友毒四上线”等等案例。

资料来源:云自媒,2018-12-13。

问题:

1.请了解更多关于故宫文创产品的资料,分析故宫在产品策略的成功。

2.请运用所学的营销学理论为故宫提出相应的营销建议。

实训专题

1.选取某一消费类产品,针对不同的消费群体来阐述该产品整体概念的内容。

2.对比两竞争企业的产品组合,思考企业为什么会形成这样的产品组合,在产品组合策略上有什么特点及利弊。

第八章　定价策略

学习目标

1.理解和掌握价格的含义,并明确价格策略在营销组合中的作用;

2.理解和掌握价格制定中的影响因素;

3.理解和掌握三种定价的基本方法,并明确不同方法的优缺点;

4.理解和掌握竞争定价策略、新产品定价策略、心理定价、产品组合定价策略、差异定价策略和网络定价策略;

5.理解和掌握企业降价提价的原因、顾客对企业降价提价的反应;

6.理解和掌握竞争对手变价以及企业应该做出的反应;

7.了解和理解互联网环境中营销定价的特点和策略。

引导案例

小米发布定价为4 600元的5G手机

2019年2月24日,西班牙巴塞罗那世界移动通信大会(MWC)举办前夕,小米(01810.HK)发布首款5G手机——5G版本的小米MIX 3,售价599欧元(约合人民币4 600元),预计2019年5月发售。小米还在在现场通过欧洲运营商Orange,打通了第一个5G国外视频电话,并宣布已经和欧洲的六家运营商达成5G合作。尽管全球的运营商还没完全准备好5G技术,但智能手机厂商都想借助这一平台抢占高地,同时在整个行业销售放缓的背景下,激发用户对新产品的兴趣。

2019年2月24日下午,华为揭晓了折叠屏5G手机Mate X,售价2 299欧元(约合人民币17 500元),称将在今年6月正式发售。此前的2月23日,OPPO表示,与四家电信运营商达成合作,将在2019年第二季度正式推出5G手机。

雷军此前向澎湃新闻记者透露,来自国际市场的收入很快会超过中国,小米今年"一定要拿下欧洲"。据悉,国际化已经成为小米营收增长的重要引擎,2018年第三季度财报显示,小米国际市场的收入占总收入的43.9%。

……

发布会上,小米揭晓与Orange、3、Sunrise、Telefonica、Tim和Vodafone六家欧洲电信运营商达成5G合作……值得注意的是,小米首款5G手机价格远远低于三星、华为所宣布的价格。“小米决心在一开始就做一个真正的5G商业产品，降低消费者的准入门槛，让越来越多的人一开始就用到最新的技术。”王翔称，在成本方面，小米5G手机基本上跟4G手机保持同样价格，甚至更便宜……据悉，4G版本的小米MIX 3于2018年10月正式上市，售价为3 299元起。5G版本的小米MIX 3售价599欧元(约合人民币4 600元)。价格稍有差异则是因为两者配置不一样，5G机型搭载高通骁龙855处理器和骁龙X50基带，此外还要考虑到欧洲税率和异国运营成本的因素。

资料来源：节选自澎湃新闻——“定价4 600元！小米5G手机发布：5月开卖，可兼容4G”.2019.2.25

引导问题：

1.小米5G手机定价的策略是什么？

2.从定价和实际成本比较来看思考价格的影响因素有哪些？

第一节　影响定价的主要因素

产品定价是产品和服务进入消费领域的前提与基础。无论是传统的交换双方协商定价，还是大商业时代的单一价格，再到网络时代的多个买方同时面对多个卖方的共同的价格撮合机制以及卖方或买方在网上交易平台形成的在线价格，价格始终是消费者购买心理中最敏感的因素。产品价格的高低直接关系着买卖双方的切身利益，更直接影响消费者对某些产品的购买意愿以及购买数量的多少。

一、价格的含义

(一)价格的含义

从用户角度来分析价格，有狭义和广义之分：

狭义上看，价格是客户为了取得产品所须付出的金额。一般企业主要通过提供有形或无形产品给客户来获取利润；利润的产生来自客户取得或享用商品所给付的款额减去制作准备该商品的总成本。客户取得或享用商品所给付的款额多少，通常由提供产品的企业制定，即为产品价格。

广义上看，价格是客户取得产品的代价。这种代价不仅包括金钱，也可能包括时间成本、体力成本、精力成本或其他的风险成本等购买成本。

(二)价格的意义

产品价格关系销售量、获利与市场地位。

(1)产品价格影响客户是否购买该商品、购买多少，因此决定该商品的销售量。

(2)产品价格影响企业每一单位产品利润的高低，再考虑销售量，就决定企业在该商品的总利润。因此，产品是影响企业获利表现的一项非常重要的因素。

(3)此外,企业产品价格与市场上竞争者产品价格的比较,也影响企业产品与竞争者产品相对的销售量,因此影响企业产品在市场的地位;并影响企业的竞争优势或劣势。

二、定价的主要影响因素

在一般情况下,企业运营的目的是为股东获取持续的最佳利润。因此,产品若制定一个高于成本的适当价格并吸引适当大的客户购买量,因而创造最大的获利,是企业最理想的商品定价。在这里,我们可以分别从影响定价的基本因素和其他因素来分析。

(一)影响定价的三大基本因素

(1)成本,即产品成本。成本是影响产品价格的最基本、最重要的因素。在一般情况下,成本是产品价格的最低界限。当然,有时为了打击竞争者、清存货、短期内取得现金(套现)、打开知名度,企业也会以低于成本定价。互联网某些爆品可能存在通过低于成本的定价方式来引流。

(2)价值,即客户对产品的价值感知。产品价格是否合适,最终由顾客决定。感知大于事实。根据客户对产品认定的价值,可对产品制定适当的最高价格,而不会影响客户的需求量与产品的销售量,以达成最佳利润。

(3)竞争,即竞争者的价格水平和价格策略。定价时必须考量企业与竞争者的竞争态势,以建立或维持企业与产品在市场上的竞争优势或均衡,从而达成或维持最佳或可能最佳的利润。

(二)影响定价的其他因素

在企业的实际实价过程中,影响产品定价的其他内外部重要因素还有:营销战略目标与营销组合、市场结构、宏观经济、政府政策、大众观感等。不过这些其他重要因素,除政府政策外,在企业实际定价操作上,都可归纳上述三项最重要的具体因素:成本、价值、竞争。

1.营销战略目标与营销组合

营销战略透过市场细分、选择目标市场、产品定位来制定战略及战略目标,所制定的战略主要有产品定位战略、市场竞争战略、客户价值战略等,并透过营销4P(产品、价格、渠道、推展)组合来执行这些营销战略,实现营销战略目标。其中产品定位战略涉及客户对产品认定的价值,因此可归属影响产品定价的价值因素;市场竞争战略涉及竞争态势,因此可归属影响产品定价的竞争因素;客户价值战略涉及客户对产品认定的价值,因此可归属影响产品定价的价值因素。

2.市场结构

经济学将市场区分为完全竞争、不完全竞争(又称垄断性竞争)、寡占、独占四个主要市场形态。在这四种形态市场中,由于客户可选择的购买对象从完全竞争市场到独占市场,越来越少,因此对企业所制定产品价格的承受度越来越高,可由产品需求的价格弹性越来越低表现出来。

完全竞争市场具备四个构成要件:在完全竞争市场,价格完全由市场整体的供需情况决定,个别企业完全没有决定产品价格的能力,因此无所谓产品定价。在这种市场形态下，企业应致力于产品、品牌、形象的差异化，以增加青睐自家产品的客户并提高客户的忠诚度，而可能适度调升产品价格，并提升获利。这种产品的定价是考虑客户对产品认定的价值来定价，这种定价的影响因素也归属于价值因素。

不完全竞争市场（又称垄断性竞争市场）买卖家数量多，但卖家对自家产品的市场具某种程度的影响力。产品非同质性，即各企业提供差异化的产品；企业可加强产品、品牌、形象的差异化，来提高企业的获利能力。产品定价的影响因素也归属于价值因素。

寡占市场即市场只有三四家规模相差不很大的企业在经营，企业对市场有相当程度的控制力，寡占企业通常都采取稳定市场的战略，来维持市场的安定与各自不错的获利，其产品定价通常以客户感知价值为依据来制定适度的高价，以达成企业可持续的最佳获利，其产品定价的影响因素也可归属于价值因素。

独占市场即市场由一个卖家独占。公共事业或垄断性资源的独占通常由政府经营或政府有严格的规范。民间企业的独占通常来自专利，一般都享有非常高的获利，其定价的重要考量因素也是客户感知价值，因此其产品定价的影响因素也可归属于价值因素。

3.宏观经济

整体经济情况的好坏牵动消费者对未来的展望与信心。经济情况较佳时，一般大众比较愿意消费；经济情况较差时，一般大众消费的意愿较低。通货膨胀、物价上涨时，人们比较倾向购买房产、黄金等来保值，对一般消费偏向保守。由于宏观经济情况较差或通货膨胀，人们消费意愿较低、消费偏向保守时，企业对产品的定价就须较为实惠以维持或促进销售量。宏观经济因素对产品定价的影响，涉及消费者对产品价值的衡量，因此也可归属于价值因素。

4.政府政策

政府的经济政策影响宏观经济的情况，因此影响企业的产品定价；政府在国际原物料价格大幅上涨影响国内通货膨胀时，可能推行较为严谨的平抑物价政策，企业由于原料上涨而需调升产品价格时，也须考量政府的物价政策。政府为避免房市过度上涨，采取平稳房价的措施时，开发商对房产的定价也受到影响；政府推行打击贪腐厉行廉洁的政策时，较高档产品或餐厅菜肴的定价也会受到影响。

5.大众观感

企业产品的定价、调价须考量一般大众及消费者的观感，通常不能高出同档次的产品或目前的价格太多，否则会让人有抢钱的感觉，影响大众的观感，进而影响企业形象，因此影响客户对该企业产品认定的价值，使销售量减少。当然，假如企业产品的质量、功能、设计、品牌等因素受到大众的一致肯定，定价或调价高出其他同档次的产品或目前的价格很多，不会影响一般大众对企业或产品的观感，则另当别论。大众观感涉及消费者对产品价值的衡量，因此也可归属于价值因素。

第二节　定价的基本方法

根据影响定价的三个基本因素,企业为产品定价的基本方法也可以概括为:成本导向定价法、需求导向定价法与竞争导向定价法。

一、成本导向定价法

成本导向定价法是以产品成本为基础,考虑目标利润来制定产品价格的方法,是企业常用的最基本的定价方法。成本导向定价法主要有期望利润率法与目标报酬率法。期望利润率是销售的期望利润率,目标报酬率是投资资本(即所有者权益,亦即净资产)的目标报酬率;因此又可称为销售利润率法与投资报酬率法。

(一)期望利润率法

期望利润率法(又称销售利润率法)是根据生产成本再考量期望利润率来制定产品销售价格的方法。前提是企业要先预估出可达成的预估销售量(或更进一步已将生产量设定为可达成的预估销售量)。

期望利润率法先根据预估销售量算出生产的单位成本,再根据单位成本算出达成期望利润率的预计售价:

设:单位成本=UC,变动成本=VC,固定成本=FC,预估销售量=Q,期望利润率=r,预计售价=P,

则:

单位成本=变动成本+固定成本/预估销售量

预计售价=单位成本/(1-期望利润率)

亦即

$$UC=VC+FC/Q$$

$$P=UC/(1-r)=(VC+FC/Q)/(1-r)$$

例一:某轿车厂年产25万辆轿车,固定成本50亿元,每辆轿车的变动成本5万元,该厂的期望利润率为30%,若用期望利润率法来制定售价,则每辆轿车的预计售价为10万元,计算如下。

P =UC/(1-r)=(VC+FC/Q)/(1-r)

=(5万元+50亿元/25万)/(1-0.3)

=(7万元)/(0.7)=10万元

采用期望利润率法,关键问题是要先预估出可达成的预估销售量及可达成的最大期望利润率;两者都须考量价值(客户对产品认定的价值)与竞争(市场竞争情况)。因此,期望利润率法虽归类为成本定价法，但实际上也不是完全根据成本来制定产品价格的方法，只是以成本为起始而已。

（二）目标报酬率法

目标报酬率法（又称投资报酬率法）是根据生产成本与投资资本，再考量目标报酬率来制定产品销售价格的方法。前提仍然是企业要先预估出可达成的预估销售量（或更进一步已将生产量设定为可达成的预估销售量）。

目标报酬率法仍须根据预估销售量算出生产的单位成本，再根据单位成本与投资资本（即所有者权益，亦即净资产）算出达成目标报酬率的预计售价——

除上文所设：单位成本＝UC，变动成本＝VC，固定成本＝FC，预估销售量＝Q 以外；

再设：投资资本＝E，目标报酬率＝R，预计售价＝P，则

预计售价＝单位成本＋（投资成本×目标报酬率）/预估销售量

＝变动成本＋固定成本/预估销售量＋（投资成本×目标报酬率）/预估销售量

亦即

$$P=UC+E\times R/Q=VC+FC/Q+E\times R/Q$$

例二：接续例一某轿车厂年产 25 万辆轿车，固定成本 50 亿元，每辆轿车的变动成本 5 万元。假设该厂的净资产为 375 亿元，年目标报酬率为 20％，若用目标报酬率法来制定售价，则每辆轿车的预计售价为 10 万元，计算如下。

P＝UC＋E×R/Q＝VC＋FC/Q＋E×R/Q

＝5 万元＋50 亿元/25 万＋375 亿元×0.2/25 万

＝5 万元＋2 亿元＋75 亿元/25 万＝10 万元

采用目标报酬率法，关键问题是要先预估出可达成的预估销售量及可达成的最大目标报酬率，两者都须考量价值（客户对产品认定的价值）与竞争（市场竞争情况）。因此，期望利润率法与期望利润率法一样，虽归类为成本定价法，但实际上也不是完全根据成本来制定产品价格的方法，只是以成本为起始而已。

采用期望利润率法或目标报酬率法来制定产品销售价格后，如果能知道最少要有多少的销售量才能达到盈亏平衡（点），也是企业在进行营销策划或产品定价时重要的参考数据。根据变动成本、固定成本、产品售价，即可算出盈亏平衡点（亦即盈亏平衡销售量）：

除上文所设：变动成本＝VC，固定成本＝FC 以外；

再设：产品售价＝p，盈亏平衡销售量＝q，则

盈亏平衡销售量＝固定成本/（产品售价－变动成本）

亦即

$$q=FC/(p-VC)$$

例三：接续例一及例二，某轿车厂净资产为 375 亿元，年产 25 万辆轿车，固定成本 50 亿元，每辆轿车的变动成本 5 万元；以销售的期望利润率为 30％及净资产的目标报酬率为 20％，所制定的产品售价均为 10 万元，则其盈亏平衡销售量为 10 万辆，计算如下：

q=FC/(p－VC)=50 亿元/(10 万元－5 万元)=10 万辆

用期望利润率法或目标报酬率法来定价以及相关的盈亏平衡分析可用图形来表现,如图 8-1 所示。在例一～三中,某轿车厂净资产为 375 亿元,年产量(预估销售量)为 25 万辆,固定成本 50 亿元,每辆轿车的变动成本 5 万元;销售的期望利润率为 30%及净资产的目标报酬率为 20%。采用期望利润率法或目标报酬率法来制定的预计售价每辆轿车均为 10 万元,则预估总利润=预估总收入－预估总成本=预计售价×预估销售量－(变动成本×预估销售量＋固定成本)=10 万元×25 万－(5 万元×25 万＋50 亿元)=75 亿元,符合销售的期望利润率 30%(75 亿元/250 亿元=30%)及净资产的目标报酬率 20%(75 亿元/375 亿元=20%);而盈亏平衡销售量则为 10 万辆,其预估总收入－预估总成本=预计售价×盈亏平衡销售量－(变动成本×盈亏平衡销售量＋固定成本)=10 万元×10 万－(5 万元×10 万＋50 亿元)=0,符合盈亏平衡。

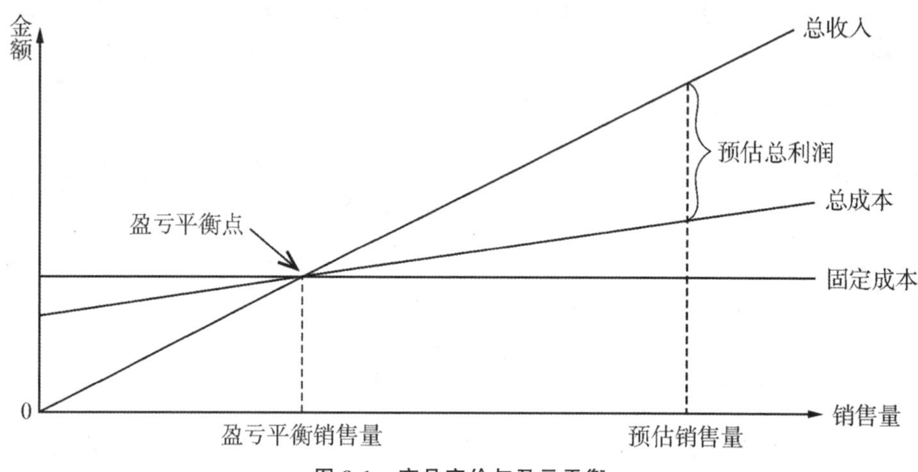

图 8-1　产品定价与盈亏平衡

二、需求导向定价法

需求导向定价法是根据市场需求的强度及消费者对产品价值的感知来制定产品价格。值得注意的是需求导向定价法主要考虑消费者可以接受的价格以及在该价格水平上的需求数量,而不是产品的成本。

(一)感知价值定价法

感知价值定价法属于需求导向定价,是企业以消费者对产品价值的感知为基础的定价方法。感知价值定价与现代市场定位观念相一致,企业在为其目标市场定价时,在质量、价格、服务等各方面都需要体现特定的市场定位观念。因此,首先要决定所提供的价值及价格;之后,企业要估计在此价格下所能销售的数量,再根据这一销售量计算在此价格和成本下能否获得满意的利润。如能获得满意的利润,则定价可行,否则,就要放弃这一产品。

感知价值定价的关键,在于准确地评估产品所提供的全部市场感知价值。企业如果过高地估计感知价值，便会定出偏高的价格；如果过低地估计感知价值，则会定出偏低的价格。为准确把握市场感知价值，必须进行营销调研。

感知价值的调研方法一般有两种。第一种直接感知价值评比法。运用直接感知价值评比法，要求顾客根据他们对不同企业的产品价值进行感知，根据感知价值高低确定不同的价格。第二种诊断法。运用诊断法，要求顾客就产品的属性各个属性进行感知，确定各属性的感知价值，同时根据不同属性重要程度的不同，进行加权平均计算综合的感知价值。

例如：假设有 A、B、C 三家企业均生产同一种开关，现抽一组用户作样本，调研他们对这三家企业的产品的感知价值，按照上面的两者方法进行评估。

第一，直接感知价值评比法。运用直接感知价值评比法，要求用户根据他们对三家企业开关的价值进行感知，将 100 分的感知价值在 A、B、C 三家企业的开关之间进行分配，假设分配结果为 42、33 和 25。如果这种开关的市场平均价格为 2.00 元，则我们可得到三个反映其感知价值的价格：2.55 元、2.00 元和 1.52 元。

第二，诊断法。运用诊断法，首先要调研开关这类产品的用户感知属性（假定经调研后确定感知属性有产品耐用性、产品可靠性、交货可靠性、服务质量四种属性）；其次要调研用户在这四个感知属性上的重要性权重（假定经调研后确定感知属性中产品耐用性、产品可靠性、交货可靠性、服务质量四种属性重要性权重分别为 0.25、0.3、0.3 和 0.15）；最后请用户针对 A、B、C 三家企业的开关的感知属性分别予以评分。对每一种属性，分配 100 分给三家企业。假设统计结果如表 8-1 所示。

表 8-1 感知价值定价之诊断法

重要性权重	感知属性	产品 A	产品 A	产品 A
0.25	产品耐用性	40	40	20
0.3	产品可靠性	33	33	33
0.3	交货可靠性	50	25	25
0.15	服务质量	45	35	20
1	感知价值	41.65	32.65	24.90

根据统计结果我们发现：A 企业提供的产品的感知价值高于平均数（为 42），B 企业提供的产品的感知价值相当于平均数（为 33），C 企业提供的产品的感知价值低于平均数（为 25）。A 企业因为其感知价值较高，可以为其开关确定一个较高的价格。如果 A 企业想根据其产品的感知价值的比例定价，则可能定价为 2.55 元左右，因为平均质量的开关价格为 2×42/33＝2.55 元。

感知价值定价法透过产品品牌、功能、质量、设计、质感等较好的水平，使客户感知到较高的产品价值，因此乐意支付较高的金额，而将产品制定在较高售价的方法，以达成企业可持续的最大获利。感知定价法是企业为避免与同类近似产品陷入价格比对的情况，而拉升产品以突显区别，因此可制定较高售价，以达成可持续最大获利的价值定价法。

企业除了将产品功能、质量、设计、质感等做到较好的水平外，品牌经营即是采用感知定价法一项重要的策略，透过品牌经营提升产品在客户心中的形象与认定价值，使客户乐意支付较高的金额,因此可定较高的售价,实现感知定价法。耐克即是通过成功的品牌经营达成感知定价法的一个典型的案例。

“一分钱一分货”及“便宜无好货”是一般人的认知,感知定价法就是这种观念最贴切的体现,因此如何激发客户的这种想法,即是感知定价法成功的关键。感知定价法尤其适用于功能、质量比较受到重视的产品,如保健食品、保养品。

顾客感知的购买成本

在消费者心中有一杆天平,天平的两端分别是购买成本和产品价值,当购买成本过高时,就很难达成交易,而当天平倾向于产品价值时,交易就很容易顺利达成。所以,只有当产品价值与购买成本在消费者心中达到一种平衡或者产品价值高于购买成本时,消费者才有可能会购买。营销者的任务就是在尽量不提高经营成本或者尽可能少地提高经营成本的同时,提升产品价值,降低消费者的购买成本。

消费者的购买成本大致有四种:

一是时间成本。在现在这样一个快节奏的社会中,时间成本是消费者消费过程中很重要的一个价值参考因素,比方说,去购物场所花费时间多、购物排队耗时多、送货迟等等,这些都构成时间成本。顾客等待的时间越长,其购买意愿就越低,满意度也越低。

二是体力成本。从某种程度上来说,当前网络购物的流行,一个重要的因素就是顾客为了节省体力成本。网络的发达使得人们越来越懒,越来越宅。比如,你想吃顿饭,一种选择是自己出门,坐车,去某个饭店,排队,然后就餐;另一种选择是在家,上网或者直接用电话订餐,有专人送餐到家。哪种方式更能刺激消费?很显然是后者,因为后者的体力成本要低得多。

三是风险成本。有句话说“买家没有卖家精”,顾客在购物时,思前想后,小心翼翼,怕的就是做出失误的购买决策,吃亏上当,买到难以令人满意的产品,有的商家为了打消顾客的种种顾虑,会做出譬如延长产品保修期、完善售后服务等举措,这样做降低了顾客的风险成本,自然也就能够刺激购买。

四是选择成本。顾客在购买某种产品时,常常会在心里将好几个产品进行比较,在这个比较过程中,即使是一个微小的思维波动也能改变消费者的消费决定。顾客在选择甲产品的同时,可能也对乙产品抱有期望,这种左右难舍就是选择成本。摩托罗拉公司曾经推出一款高端手机,它采取了一项特殊的促销措施,对于一部分顾客,它允许其免费试用一个月,一个月内可以无条件、无理由地退货,结果销售异常火爆,而且真正选择退货的顾客很少。这种做法其实就是在降低顾客的选择成本。

如果企业能够有效地帮助顾客降低这四大成本,那么即使提高产品价格,产品依然会有很好的销路。除了降低购买成本,企业还可以通过提高产品价值来坚定顾客的购买信心。

产品的价值不完全由其本身的实际价值所决定,更多的是由消费者的感知价值决定。不管产品的实际价值是多少,最终影响购买的还是消费者心中对这个产品的价值认知。因此,营销者要让顾客充分体验到产品的价值,不断增加顾客对产品的心理价值筹码,使天平向产品价值的一侧倾斜,这样才能提高成交率。

总的来说，企业只有真正掌握消费者如何感知价格，才能很好地利用价格杠杆实现企业的营销目标，才能使企业在竞争中立于不败之地。

(二)反向定价法

反向定价法，是指企业测算消费者能够接受的最终销售价格，计算自己从事经营的成本和利润后，逆向推算出产品的批发价和零售价。这种定价方法不以实际成本为主要依据，而是以市场需求为定价出发点，力求使价格为消费者所接受。这种方法的特点是：价格能反映市场需求情况，有利于加强与中间商的良好关系，保证中间商的正常利润，使产品迅速向市场渗透，并可根据市场供求情况及时调整，定价比较灵活。

三、竞争导向定价法

竞争导向定价法是企业依据自身的竞争实力，通过研究竞争对手的生产条件及价格水平等，以市场上竞争者类似产品的价格作为参照的一种定价方法。竞争定价法基本包括随行就市定价法与竞争投标定价法。

(一)随行就市定价法

随行就市定价法是竞争导向定价方法中广为流行的一种。这种定价方法是以本行业的平均价格水平为标准的定价方法。它要求企业所制定的产品与同类产品平均价格保持一致。当企业在难以对竞争者和消费者的反应做出准确估计、企业打算与竞争对手和平共处，避免激烈竞争产生的风险、同时难以另行定价时可采用随行就市定价方法。随行就市定价法在完全竞争或寡头垄断竞争条件下经常被企业采用。企业采用这种定价方法，必须密切监视本行业的价格动向，如果竞争对手的价格未进行调整，即使本企业的市场需求或产品成本发生了变化，产品价格也应维持不变。

(二)竞争投标定价法

竞争投标定价法也称为密封投标定价法，是指在当买主通过招标方式购买时，参加投标的企业根据竞争者报价的估计来确定本企业产品的定价。这种定价方法的目的在于签订合同，所以其报价应低于竞争对手的报价。竞争投标定价法主要用于投标交易方式。当前，许多大型成套设备、原材料采购、和建筑工程项目的买卖和承包等，多采用发包人招标、承包人投标的方式来选择承包者，确定最终承包价格。投标方有多个，处于相互竞争地位，而招标方一般处于相对垄断地位，只有一个。标的物的价格由参与投标的各个企业在相互独立的条件下来确定。报价的高低是影响中标的关键。在买方招标的所有投标者中，报价最低的投标者通常中标，它的报价就是承包价格。竞争投标定价法可以通过市场调研及对过去资料进行分析做出正确估计。

定价过程中最容易陷入的误区

很多企业都将定价问题处理得过于简单粗糙，不够科学理性，因此而失去了很多利润。曾任通用电气 CEO 的杰夫·伊梅尔特说，该公司曾做了一个关于其家电产品的定价分析,结果发现大约有50亿美元的定价是随意决定的,再考虑销售代表们手中拥有的一定的定价自主权,这个数据一点也不夸张。杰夫了解到这个事实后,极为吃惊,这还仅仅是家电业务,如果推算所有的业务,那或许会有500亿美元是每人追踪或负责的。他反思说,当我们支付贷款时,我们会加以研究、制定、计算,可当我们给产品定价时,就显得太草率了。

定价问题,绝非通用电气这一家公司的问题,很多企业都容易陷入定价误区之中,常见的误区有:一是简单成本加成。德鲁克曾提出五种致命的经营错误,其中有一种就是成本推动定价。成本定价中的"成本",主要指生产成本,不包括销售成本,企业定价时,还没有进行销售,销售成本还没有出来,而且,在价格不确定的情况下,也很难预测销量,这样的定价方法从逻辑上是不大能说得通的,而且这样定出来的价格,不一定就是消费者能够接受、愿意支付的价格。

二是盲目跟随竞争对手,就是以竞争者定价为标杆,采取比直接竞争者的价格低一点、高一点,或者保持一致的定价。这实际上是把对手的价格当作市场接受度,而不是以顾客为导向。如果竞争对手也没有做过深入的定价策略分析,那么,其定价本身很可能就不科学,如果企业盲目地跟随,那么后果会很难预料。企业不能盲目跟风竞争,必须多做点功课,发现自己真正能为顾客提供的价值,然后根据这种价值给产品定价。这样企业可以处于非常有利的位置,能抵御竞争、保持价格。

三是迎合消费者定价,现在越来越多的企业都在提倡"顾客价值导向",但是,顾客价值导向不等于顾客导向。很多企业确实已经把顾客放在了一个重要位置,并努力为他们提供有价值的服务,甚至在定价的时候都会刻意迎合消费者的心意,从消费者角度来看,消费者当然希望产品越便宜越好,而企业不可能这样做,因为企业是要追求利润的。

四是草率定价,营销人员还没摸清情况就给产品随便定了个价,如果这个价位高了,企业通过打折促销等方式还能补救,但如果定价低了,那么再想提价就非常难,企业只能眼看着本可以获得的利润源源不断流失。

定价并不是一件想当然的轻松工作,它需要通盘的考虑,需要深入的调研,企业只有对市场环境、政策环境、竞争者、消费者、企业产品有足够的了解,才能定出最合理的价格。

第三节 定价策略

根据上节所剖析的基本定价方法,再按照市场、新产品引进、产品组合内容等情况,产品的定价策略可概分为:新产品定价策略、心理定价策略、产品组合定价策略、差别定价策略、折扣与折让定价策略、地理定价策略等。

一、新产品定价策略

新产品定价策略是新产品引入市场,企业能否站稳脚跟,能否取得较大的经济效益。

常见的新产品定价策略主要有两种，即撇脂定价策略与渗透定价策略。

（一）撇脂定价策略

撇脂定价策略是指新产品上市之初，将其价格定得较高，以便在短期内获取厚利，迅速收回投资，减少经营风险，待竞争者进入市场，再按正常价格水平定价。这一定价策略有如从鲜奶中撇取其中所含的奶油一样，取其精华，所以称为“撇脂定价”策略。

新产品采用这一渗透定价应具备相应的条件：

（1）市场上存在一批购买力很强并且对价格不敏感的消费者；

（2）这样的一批消费者的数量足够多，使企业有厚利可图；

（3）暂时没有竞争对手推出同样的产品，本企业的产品具有明显的差别化优势；

（4）当有竞争对手加入时，本企业有能力转换定价方法，通过提高性价比来提高竞争力；

（5）本企业的品牌在市场上有传统的影响力。

苹果手机定价策略

撇脂定价法是指在产品刚进入市场的时候，把产品的价格定很高，以取得利润的最大化。为了保证 iPhone 的创新性与细节，苹果公司投入了大量的时间和金钱，在 iPhone 刚进入市场时，将手机的价格定得很高。苹果之前的产品帮助他们积累了一批“果粉”，作为粉丝，他们的需求缺乏弹性，即使手机的价格很高，市场的需求也不会大量减少。苹果公司一直注意专利保护自己的技术，使得在专利保护期间，最具独创性的产品暂时没有竞争对手推出同样的产品，所以高价销售产品仍然有很高的市场需求。极高的定价给苹果公司带来了极高的利润，尽管最初的销售量不多，这些利润帮助公司迅速收回研发投入，并且有足够的钱开发新一代的手机。同时，苹果公司每推出一款新产品，都会提前在消费者心中铺垫好奇与期待，不仅使产品很快销售出去，同时由于新产品新的特质吸引一批又一批“果粉”。

苹果手机的目标顾客人群就是高端消费人群，高定价也满足了大部分高端消费人群的“时尚、尊贵”的自我追求。高价位的产品让人们更加相信苹果产品的质量，事实也的确如此。苹果每次推出新一代手机都按照内存大小区分三类市场，对于价格敏感的顾客或者对手机内存需求不高的顾客会主动选择较低的价格和较低的内存，而对价格不敏感的顾客或者对手机内存需求高的顾客则会选择高内存和高价格的手机。除了内存不同之外，苹果每推出新一代手机会有不同的颜色，而人们对于特定颜色的喜爱会使该颜色的手机在新机型发售时“一机难求”，比如 iPhone 6/iPhone 6s 发布时的土豪金，iPhone 7 发布时断货的亮黑色。价格形象可以通过长时间保持统一价位来树立，尽管不同版本的苹果手机价格不同，但是同一版本的苹果手机不同内存的价格差额保持一致。价格形象定价也可以通过保持价格定位的方式来实现，苹果手机在智能手机中一直保持最高定价的形象，尽管三星手机成本比苹果手机高，但是定价却低于苹果手机。

iPhone＋App Store 定价。iPhone 通过 App Store 支持用户自助下载应用程序，改变了最初厂家预装软件的做法。顾客可以根据自己的需求在应用商店购买下载所需软件。

与开源的Android系统和Android应用免费下载不同,苹果的ios系统和应用商店中大部分应用软件收费,通过软件开发者和苹果公司分成的方式,保证了软件的质量和用户的手机使用体验。优秀的应用给销售后的苹果手机带来持续的收益,形成了具有巨大价值创造力的iPhone+App Store系统。

资料来源:秦星宇,基于顾客导向定价的苹果手机定价策略研究,商业研究,2017-04。

(二)渗透定价策略

一如在竞争定价策略所述,渗透定价策略是运用适当的产品定价以适当的速度推展市场份额的策略。对新产品来说,渗透定价策略也可应用于目前没有参与者的市场及已有参与者的市场。若在已有参与者的市场,通常是采取渗透定价的方式吸引新客户并侵蚀竞争者的市场份额;若在没有任何参与者的新市场,渗透定价策略推展市场的速度可能稍嫌慢,尤其若是全新行业的新市场,似乎应该采取快速先占取绝大部分市场的先霸市场定价策略较为恰当。

新产品采用这一渗透定价应具备相应的条件:

(1)新产品的价格需求弹性大,目标市场对价格极敏感,低价会刺激市场需求迅速增长。

(2)产品打开市场后,企业的生产成本和经营费用会随着生产经营经验的增加而下降,从而进一步做到薄利多销。

(3)低价打开市场后,企业在产品和成本方面树立了优势,能有效排斥竞争者的介入,有利于长期控制市场,不会引起实际和潜在的竞争。

名创优品“十元店”策略

名创优品,一个长着一副日本形象的纯国产血统的品牌,却在实体经济的寒冬中看不出一丝的萎靡,凭借着超低的价格和精良的产品设计,以及良好的品质,将年轻的消费群又拉回到实体店中。在名创优品的店中,商品平均单价只有10元~30元,但每次客单消费价却能达到50元左右。毛利极低的“10元店”,为什么能够在实体经济低迷的今天,迅速形成百亿元的规模呢?其低价背后的商业逻辑,其加盟背后的金融创新是如何玩转的?

过去10年是电商飞速发展的10年,电商能够打败实体店靠的就是低价。互联网省去了很多中间环节,比线下实体店更便宜,于是消费者就用脚投票,更多地投身电商的平台购物,既省事又便宜。叶国富觉得如果线下能做到和线上同价,消费者还是会重新回到线下的实体店。在保证一定品质的基础上,谁能把价格降下来,谁就能重新获得市场。

“名创优品在中国市场大部分商品的售价都是10元,而且10元商品的比重占据所有商品的大部分。”李女士几乎每个星期都会逛逛名创优品,“首先是它的店面环境非常好,感觉店面设计简洁大方,卖的也是时尚精致的商品,另一方面却是超低的价格。”“这种反差往往可以在很多消费者心中建立起独一无二的竞争优势,也符合消费者消费升级的趋势。加上‘日本快时尚设计师品牌’的认知,使之超越了传统的‘10元店’和‘1美元店’。”营销专家肖明超告诉记者,“名创优品成功的关键点就在于消费者希望购买到既有品质又不是很贵的商品，以区别于过去很多同质化的商品，名创优品的产品给人以很强的设计感，这就是它成功的关键”。

事实上，在叶国富和三宅顺也的定位中，名创优品的对标对象只有一个，就是无印良品。无印良品在中国消费者的心目中是充满设计感的商品，但是价格不菲。而这正是名创优品差异化策略的着眼点。

对于消费者而言，价格只是表象，品质才是核心。在名创优品十大品类4 800多种商品中，定价10元的商品几乎占据了50%以上的比例。为了保证品质，基于全球1 800家店铺，200多名买手和数据化管理平台，名创优品要对后台海量数据进行扫描分析，不断加深对目标消费者偏好和购买习惯的了解，提升产品开发的精准度。一位不愿意透露姓名的加盟商告诉记者，在与名创优品的合作中，名创优品的模式应该是其对800余家供应商下达海量订单，通过“以量制价，买断供应”摊薄生产成本，使得优质低价成为可能，最后达到“规模经济效应”。

有了对于消费者产品偏好的分析，名创优品的商品才能够不断推陈出新，满足消费者需求，这无疑也增强了消费者“黏性”。

资料来源：名创优品：“十元店”的另类玩法，新浪财经，2017-7-15。

二、心理定价策略

消费者价格心理是指消费者在购买活动中对商品价格认识的各种心理反应及表现，它是由消费者自身的个性心理、对价格的判断、对价格调整的反应和对价格的风险知觉共同构成的，并还受到社会生活各个方面的影响。

(一)价格的心理功能

企业在制定价格前，必须要了解商品价格的心理功能，使之有利于促进销售。商品价格的心理功能主要表现在如下三个方面：

1.衡量商品价值和商品品质的功能

消费者对大多数商品了解甚少，在这种情况下，消费者总是把商品价格和价值、品质联系起来，把价格视为商品价值大小的标志，把价格看成商品品质优劣的衡量尺度，认为价格高的商品，价值越大，品质就好。所谓“好货不便宜，便宜无好货”，就是这样心理的明显反应。

2.消费者自我意识的比拟功能

商品价格不仅表现商品的价值，有时还被认为是消费者社会地位的象征，是文化修养、生活情操的标志。商品价格在一定程度上反映了社会心理价值。例如，普通消费者为了方便，买个普通按键手机能接打电话、收发短信就应足够了，但对于某些消费者来说，用按键手机会“降低身份”，他们更愿意购买苹果、华为等智能手机以显示自己的地位。价格自我意识比拟主要表现在：(1)社会经济地位比拟。例如，有些消费者只到高档商店、精品店、专卖店、大型百货商店购买商品或者进口商品，以显示自己的社会地位和经济地位，并获得心理上的满足。(2)文化修养比拟。例如，有些消费者购买大量书籍摆放在书柜中，以显示自己的文化修养。(3)生活情趣比拟。有些消费者购置钢琴、高档音响设备等商品,以期得到亲朋好友等人给予"生活情趣高雅"的评论,获得心理上的满足。

3.调节消费需求的功能

心理学的研究也表明,消费者对商品价格的知觉所产生的心理效应也同样影响着商品的需求量,主要表现在以下两个方面:(1)心理性需求越强烈,对价格的变动越敏感。例如,时装与一般服装比较,前者的灵敏性高,假如降低价格,需求量会大增;后者的敏感性较低,价格的变动对需求量的影响不是很大。(2)由于消费者的期待心理或紧张心理,价格的变动可能会使需求曲线向不同方向发展。例如,当某商品涨价时,人们出于购买的紧张心理,认为价格可能还会上涨,反而刺激其购买的心理需求;当某商品价格下跌时,人们出自期待商品价格继续下跌的心理,反而会抑制其购买。

(二)商品定价的心理策略

心理价格制定策略是企业战略的重要组成部分,常用的心理定价策略有数字定价、声望定价、招徕定价、习惯定价等。

1.数字定价策略

(1)尾数定价策略,又称零数定价、奇数定价、非整数定价,指企业利用消费者求廉的心理,制定非整数价格,而且常常以零数作尾数。例如某种产品价格定价为 9.99 元而不是 20 元。使用尾数定价,可以使价格在消费者心中产生三种特殊的效应:便宜、精确、中意,一般适应于日常消费品等价格低廉的产品。

(2)与尾数定价相反,整数定价针对的是消费者的求名、自豪心理,将产品价格有意定为整数。对于那些无法明确显示其内在质量的商品,消费者往往通过其价格的高低来判断其质量的好坏。但是,在整数定价方法下,价格的高并不是绝对的高,而只是凭借整数价格来给消费者造成高价的印象。整数定价常常以偶数,特别是"0"作尾数。整数定价策略适用于需求的价格弹性小、价格高低不会对需求产生较大影响的中高档产品,如流行品、时尚品、奢侈品、礼品、星级宾馆、高级文化娱乐城等。整数定价的好处:可以满足购买者显示地位、崇尚名牌、炫耀富有、购买精品的虚荣心;利用高价效应,在顾客心目中树立高档、高价、优质的产品形象。

(3)愿望数字定价策略。由于民族习惯、社会风俗、文化传统和价值观念的影响,某些数字常常会被赋予一些独特的含义,企业在定价时如能加以巧用,则其产品将因之而得到消费者的偏爱。当然,某些为消费者所忌讳的数字,如西方国家的"13"、日本国的"4",企业在定价时则应有意识地避开,以免引起消费者的厌恶和反感。

尾数定价对消费者消费行为的影响情况

学者在对中国内地 95 位有购买能力和购买欲望的消费者进行尾数定价对消费者消费行为的营销调查研究中发现:

从总体来看,在水果价格选择上,42.71%的问卷参与者选择 5 元/斤,57.29%选择了 9.8 元/两斤,后者略高于前者,但选择差距不大;在电器价格选择上,82.29%的问卷参与者选择 4 999 元/台,在这种价位下他们更加有消费倾向,而只有 17.71%选择了 5 000 元/

台，两者差异较大，前者选择的人数大概为后者的4.6倍。(2)从分类情况来看，在电器选择上，在性别、年龄等不同因素影响下，参与者的选择行为基本一致，选择4 999元/台的人数大概为选择5 000元/台的2.25～11倍，都更倾向于在定价为4 999元/台的情况下消费，其中，有两个比较显著的情况，一个是有固定工作的参与者比学生和没有固定工作的参与者选择4 999元/台这个定价的倾向更加明显，出现这种情况的可能原因是固定收入者的收入水平波动一般不大，这也就意味着其收入提升的可能性不高，所以其更加看重价格，对价格的感知更加敏感，这种价格上的心理错觉也就更强烈。而学生的话由于其目前的收入来自于家庭给予，导致其对价格不太看重；另一个是在购买商品时首要考虑商品价格的参与者比考虑商品质量的参与者选择4 999元/台这个定价的倾向更加明显。在水果价格选择上，女性参与者比男性参与者更倾向于在5元/斤的价格下消费，而男性参与者比女性参与者更倾向于在9.8元/两斤的定价情况下消费；学历较低的人更倾向于在5元/斤的价格下消费，而学历较高的人更倾向于在9.8元/两斤的定价情况下消费；在其他的因素下参与者选择行为差距基本不大。另外，数据表明90.63%的参与者更喜欢单数结尾的价格，只有9.38%的参与者选择尾数结尾的价格；10.42%的参与者更喜欢数字4，16.67%的参与者更喜欢数字9，33.33%的参与者更喜欢数字8，39.58%的参与者更喜欢数字6。

资料来源："商品定价中的心理学调研报告—尾数定价对消费者消费行为的影响情况"，中国商论2019年5月。

2.声望定价策略

声望定价策略指根据产品在顾客心中的声望、信任度和社会地位来确定价格的一种定价策略。例如一些名牌产品，企业往往可以利用消费者仰慕名牌的心理而制定大大高于其他同类产品的价格，国际著名的欧米茄手表，在我国市场上的销价从一万元到几十万元不等。消费者在购买这些名牌产品时，特别关注其品牌，标价所体现出的炫耀价值，目的是通过消费获得极大的心理满足。声望定价的目的：可以满足某些顾客的特殊欲望，如地位、身份、财富、名望和自我形象，可以通过高价显示名贵优质。声望定价策略适用于一些知名度高、具有较大的市场影响、深受市场欢迎的驰名商标的产品。

小案例 8-2　**雅诗兰黛提价近一成**

在夏季护肤品销售淡季，雅诗兰黛旗下部分品牌悄然提价了。雅诗兰黛、倩碧等品牌7月1日开始提高商场销售价，平均涨幅8%～10%。昨日，早报记者在淮海路百盛化妆品销售区看到，雅诗兰黛销售柜台前咨询的人络绎不绝，购买者却并不多，原因之一是这些产品的价格有所上涨。"7月1日就涨价了。"该销售员说，被称为"小棕瓶"的即时修护特润精华露(50毫升)从880元涨到940元；一瓶眼霜的价格也从500元涨至540元；被称为"小蓝瓶"的盈润保湿精华露(50毫升)从790元涨到830元，基本上雅诗兰黛集团旗下的每个品牌都有10—20个品类名列涨价名单，平均上调幅度8%～10%。销售员说，7月1日价格调整后，产品全部实价销售，没有促销活动。相隔不远的倩碧专柜上，销售小姐也透露，水磁场价格从450元/瓶涨至460元，“小白瓶”从620元/瓶涨至680元/瓶，销售最好的黄油、水等没有涨价。

资料来源：节选自腾讯云—“化妆品淡季悄然涨价雅诗兰黛提价近一成”2018.1.20.

3.招徕定价策略

招徕定价又称特价商品定价，是指企业将某几种产品的价格定得非常之高，或者非常之低，在引起顾客的好奇心理和观望行为之后，带动其他产品的销售，加速资金周转。这一定价策略常为综合性百货商店、超级市场、甚至高档商品的专卖店所采用。

值得企业注意的是，用于招徕的降价品，应该与低劣、过时商品明显地区别开来，必须是品种新、质量优的适销产品，而不能是处理品。否则，不仅达不到招徕顾客的目的，反而可能使企业声誉受到影响。

北京地铁有家每日商场，每逢节假日都要举办“一元拍卖活动”，所有拍卖商品均以1元起价，报价每次增加5元，直至最后定夺。但这种由每日商场举办的拍卖活动由于基价定得过低，最后的成交价就比市场价低得多，因此会给人们产生一种“卖得越多，赔得越多”的感觉。岂不知，该商场用的是招徕定价术，它以低廉的拍卖品活跃商场气氛，增大客流量，带动了整个商场的销售额上升，这里需要说明的是，应用此术所选的降价商品，必须是顾客都需要而且市场价为人们所熟知的才行。

4.习惯定价策略

习惯定价策略是指根据消费市场长期形成的习惯性价格定价的策略。对于经常性、重复性购买的商品，尤其是家庭生活日常用品，在消费者心理上已经“定格”，其价格已成为习惯性价格，并且消费者只愿付出这么大的代价。有些商品，消费者在长期的消费中，已在头脑中形成了一个参考价格水准，个别企业难于改变。降价易引起消费者对品质的怀疑，涨价则可能受到消费者的抵制。企业定价时常常要迎合消费者的这种习惯心理。

他家苹果卖1元1斤，不亏反赚，凭啥呢？

小王在小区门口开了一家水果店，苹果全年就一个价：1元1斤。对，你没听错，确实只卖1元。1元？小王不是要赔死了？大家都知道品相好的苹果在春节可以卖到8～9元一斤，甚至10元一斤，但是生意却是火爆，这是为什么呢？看下面的分析，你就知道了。

我们来算一笔账：网上搜索红富士苹果的实时报价，我们可以得知苹果的最低批发价格是1元1斤，那我们就按1元的价格来卖吧，物流这块由卖家承担费用，那就不存在其他的成本计入，那100斤的水果成本就是100元，一抢而空后，实际是保本不亏损。如果是自己承担费用的话，物流费用就会计入亏损成本。

如果按春节水果旺季来计算的话，其他店苹果的零售价是10元一斤，你只售卖1元1斤，当然不排除批发价随季涨价。以100元一斤来算，实际店家少赚900元，甚至少量亏损。

那为什么小王要这么做呢？盈利点在哪呢？

1.亏着卖，赚人气。1 元 1 斤的水果，完全低于市场价，不用打广告，小区的住户就会广播出去。人有“贪便宜”的心理也有猎奇的心理，那上门瞧瞧，闲逛的人到水果店，买完低价苹果后，就会有种心理：苹果钱都省下了，那省下的钱可以买点其他水果……当随便买其他水果的时候，就是有利可赚的时候了。简单地说，人气的带动，为水果店带来了利润。

总结：这是普通商家都会想到的营销策略，但是如果仅仅是这样，那显然营销的段位还是处于低位，还是看以下几点的策略吧！

2.亏着卖，免费送。开过水果店的人都知道水果作为时令消费品，最头疼的就是保鲜。水果自然损耗大，也是影响利润的一部分原因，投资购入冷柜，那显然会增加运营成本，如果再计入人工成本，以水果利润 20% 来算的话，基本是 0 利润。

那小王的做法却是苹果我亏着卖，下午 5 点后到店购买水果的人，不管你买多买少，只要你购买水果，我就送，不过送的方式很特别。比如：买 5 元一斤的杧果，就送 10 元一斤的小杧果一个，顾客品尝后觉得味道好，肯定会忍不住下次来购买一斤 10 元的杧果，当然有可能，你再也不买 5 元一斤的杧果了。这样，你不自不觉就在我这消费了更多的钱！

总结：把冷柜投资的钱转化为赠品给消费者的好处，就是降低了水果的损耗度，为自己赚了口碑，最重要的是抓住了顾客的心理提高了盈利点。

3.亏着卖，限量购。苹果以 1 元 1 斤来卖，那显然是卖得越多，亏得越多。如果以每天 100 斤的苹果作为销量的话，显然在一抢而空后，店铺只有亏损。

小王的做法是苹果在卖一元一斤同时，以一周为期限推出打折活动，其他水果第一天打 9 折，第二天打 8 折，第三天打 7 折，第五天第六天打 6 折，第七天打 5 折。看起来周日去买水果那是最优惠的。但是，每种水果每周是按水果的时令程度和新鲜程度，按不同的价格幅度限量供应的，可能你周末来的时候是买不到了。

因为每天都有 1 元 1 斤的苹果供应，那每天都有顾客来瞧瞧打折的水果有哪些，然后等打折的时候来购买。当然，最后的现象是到第三、四天的时候，就开始抢购了。

总结：对大多数的顾客来说，贪便宜是普通的心理，在贪便宜的基础上再加入饥饿营销的策略，自然会让顾客疯抢不止。

4.亏着卖，我任意送。留住一个老顾客，比开发一个新顾客的成本要低得多。虽然通过饥饿营销达到了成交量，但是怎么留住可能会因郁闷成为别家的水果店的顾客呢？那就是推行会员积分制，通过优惠政策来吸引来鼓励顾客累计消费。

小王的做法是推行“一元一积分”的会员制，积满 100 分则有在任何时间段 5 折购买店里任何水果的特权。

总结：通过会员积分制，让顾客觉得在普遍制定的购买规则中有了优先权，在心理上产生一种优越感和归属感，也达到了留住顾客的目的。

三、产品组合定价策略

当产品只是某产品组合的一部分时，企业必须对定价方法进行调整。这时候，企业要研究出一系列价格,使整个产品组合的利润实现最大化。因为各种产品之间存在需求和成本的相互联系,而且会带来不同程度的竞争,所以定价十分困难。

产品组合定价是指企业为了实现整个产品组合(或整体)的利润最大化,在充分考虑不同产品之间的关系,以及个别产品定价高低对企业总利润的影响等因素的基础上,系统地调整产品组合中相关产品的价格。主要的策略有:产品线定价策略、选购品定价策略、必配品定价策略、分级定价、副产品定价策略、绑售品定价策略等。

(一)产品线定价策略

产品线定价策略是企业为追求整体收益的最大化,为同一产品线中不同的产品确立不同的角色,制定高低不等的价格。若产品线中的两个前后连接的产品之间价格差额小,顾客就会购买先进的产品,此时若两个产品的成本差额小于价格差额,企业的利润就会增加,若价格差额大,顾客就会更多地购买较差的产品。如某品牌西服有300、800、1500元三种价格。产品线定价策略的关键在于合理确定价格差距。

再来一瓶啤酒

老乔到货架上选啤酒。有一种高级啤酒,售价2.6美元,另一种是廉价品牌,只卖1.8美元。高级啤酒更"好"(不管它指的是哪方面)。品酒的行家们给高档品牌的质量打了70分(百分制),廉价品牌则只有50分。老乔应该买哪种啤酒呢?

杜克大学商学院的教授乔尔·休伯,还有他的研究生克里斯托弗·普多,向一群商学院的学生提出了这道难题。学生们首选高档啤酒,选择高档啤酒和廉价啤酒的人数比是2∶1。另一组学生则可从三种啤酒中做选择,除了前述的两种,还有另一种超低价的劣质啤酒,售价1.6美元,品质得分也最低,40分。

没有任何一个学生想要买这种超便宜的啤酒。即便如此,它仍然影响了人们的选择。选择先前那种廉价啤酒的学生比例从33%增加到了47%。超低价啤酒的存在让廉价啤酒变得名正言顺了。

还有一组受试者,他们面对的三种选择是最初的廉价啤酒和优质啤酒以及一种超一流啤酒。和不少高档货一样,这种超一流啤酒要贵得多(3.40美元),但质量只稍微好一点点(75分)。

10%的学生表示,他们会选超一流啤酒。令人吃惊的是,其余90%的学生全选了优质啤酒。这下没人想要买廉价啤酒了。

这简直就像牵线木偶被绳子拉着走嘛!休伯和普多发现,只需增加一种很少有人会选的第三选项,他们就能摆布学生的选择。

选择一种美国产啤酒应该是件挺简单的事情。好多"味道盲测"(指测试味道的人事先不知道喝的是什么品牌的饮料)都说,贪杯客们分不出百威、米勒或者银子弹啤酒的味道。由于面向大众的各种啤酒味道都差不多,所以你只需在价格和质量之间做个权衡就可以了(当然了,你必须好好考虑一下"质量"是不是市场营销制造出来的幻觉)。

(二)选购品定价策略

选购品是指那些与主要产品密切相关的可任意选择的产品。如饭菜是主要产品,酒水为任选品。不同的饭店定价策略不同,有的可能把酒水的价格定的高,把饭菜的价格定得低;有的把饭菜的价格定得高,把酒水的价格定得低。

(三)必配品定价策略

必配品定价,也称互补品定价,是指必须与主要产品一同使用的产品,如胶卷是相机的连带品,磁带与录音机、隐形眼镜与消毒液、饮水机与桶装水等。许多企业往往是将主要产品(价值量高的产品)定价较低,连带品定价较高,这样有利于整体销量的增加,增加企业利润。

(四)副品定价策略

在生产加工肉类、石油产品和其他化工产品的过程中,经常有副产品。如果副产品过低,处理费用昂贵,就会影响到主产品的定价。制造商确定的价格必须能够弥补副产品的处理费用。如果副产品对某一顾客群有价值,就应该按其价值定价。副产品如果能带来收入,将有助于公司在迫于竞争压力时制定较低的价格。

(五)分部定价

分部定价通常在服务企业中比较常见,服务性企业经常收取一笔固定费用,再收取可变使用费。固定费用的价格可以定得较低,以推动服务销售,利润可以从使用费中获取。

(六)产品束定价策略

产品束定价又称组合产品定价。企业经常将一些产品组合在一起定价销售。完全捆绑是指公司仅仅把它的产品捆绑在一起。在一个组合捆绑中,卖方经常比单件出售要少收很多钱,以此来推动顾客购买。如对于成套设备、服务性产品等,为鼓励顾客成套购买,以扩大企业销售,加快资金周转,可以使成套购买的价格低于单独购买其中每一产品的费用总和。

拓展阅读 8-5

一揽子定价:“套餐“式的捆绑出售

捆绑销售主要有这样几种形式:

一是同质产品的捆绑销售,就是同类型的产品组合在一起销售,比方说,航空公司以较优惠价格推出的往返机票、饭店或酒吧里成打销售的啤酒,等等。

二是互补式产品捆绑销售,是指捆绑在一起的产品在用途上具有互补性。比方说,饭店推出某个套餐,这个套餐里包含凉菜、热菜、主食、甜品、水果以及饮料等,客人选择这个套餐就足够了;还有旅行社推荐的一些旅行方案,既包括了往返机票,也包含了景点门票,还有酒店住宿以及一日三餐等,这也是互补式的捆绑。

三是非相关性产品捆绑销售。企业将产品同另外一些产品组合,被捆绑的产品不一定是互补的,它只要能让消费者更愿意购买基本产品即可。一个最显著的例子就是微软的捆绑销售——当你购买微软的文字处理程序 WORD 时,同时还必须购买电子表格 EXCEL、数据库(Access)和演示文档(PowerPoint)等程序。这一策略使得微软迅速成为全球办公软件中绝对的“大哥大”,市场份额高达 90%。

捆绑销售可以以畅销产品带动其他高利润的非畅销产品销售,在对新产品进行市场推广时,也可以采取"搭便车"的营销策略,通过捆绑销售推动新产品。将产品捆绑在一起,进行一揽子定价,好处是显而易见的,不但能吸引消费者的注意力,还可刺激整体销售额的攀升。企业可以通过操纵产品组合的价格,获得更大的利润。比如,通过降低基本产品的价格,提高捆绑产品的销售;多种产品形成组合,可降低广告费用;销售队伍的联合与共享,可降低企业的销售成本,拓宽相关产品的销售渠道。

四、折扣折让定价策略

大多数企业为了鼓励顾客及早付清货款,或鼓励大量购买,或为了增加淡季销售量,还常常需酌情给顾客一定的优惠,这种价格的调整叫作价格折扣和折让。折扣定价是指对基本价格做出一定的让步,直接或间接降低价格,以争取顾客,扩大销量。其中直接折扣的形式有数量折扣、现金折扣、功能折扣、季节折扣,间接折扣的形式有回扣和津贴。

(一)数量折扣

数量折扣指按购买数量的多少,分别给予不同的折扣,购买数量越多,折扣越大。其目的是企业给那些大量购买某种产品的顾客的一种减价,鼓励大量购买或集中向本企业购买。数量折扣包括累计数量折扣和一次性数量折扣两种形式。数量折扣的优点:促销作用非常明显,企业因单位产品利润减少而产生的损失完全可以从销量的增加中得到补偿;销售速度的加快,使企业资金周转次数增加,流通费用下降,产品成本降低,从而导致企业总盈利水平上升。例如:顾客购买某种商品100单位以下,每单位10元;购买100单位以上,每单位9元。

(二)现金折扣

现金折扣是给予在规定的时间内提前付款或用现金付款者的一种价格折扣,其目的是鼓励顾客尽早付款,加速资金周转,降低销售费用,减少财务风险。采用现金折扣一般要考虑三个因素:折扣比例、给予折扣的时间限制与付清全部货款的期限。例如"2/10,n/30",表示付款期是30天,但如果在成交后10天内付款,给予2%的现金折扣。许多行业习惯采用此法以加速资金周转,减少收账费用和坏账。

(三)功能折扣

功能折扣,也叫贸易折扣或交易折扣,是指中间商在产品分销过程中所处的环节不同,其所承担的功能、责任和风险也不同,企业据此给予不同的折扣,即制造商给某些批发商或零售商的一种额外折扣,促使他们执行某种市场营销功能如推销、储存、服务等。其目的:鼓励中间商大批量订货,扩大销售,争取顾客,并与生产企业建立长期、稳定、良好的合作关系;对中间商经营的有关产品的成本和费用进行补偿,并让中间商有一定的盈利。功能折扣的比例,主要考虑中间商在分销渠道中的地位、对生产企业产品销售的重要性、购买批量、完成的促销功能、承担的风险、服务水平、履行的商业责任,以及产品在分销中所经历的层次和在市场上的最终售价等等。

(四)季节折扣

季节折扣是企业鼓励顾客淡季购买的一种减让,以使企业的生产和销售一年四季能保持相对稳定。有些商品的生产是连续的，而其消费却具有明显的季节性。为了调节供需矛盾，生产企业对在淡季购买商品的顾客给予一定的优惠，使企业的生产和销售在一年四季能保持相对稳定。例如啤酒生产厂家对在冬季进货的商业单位给予大幅度让利，羽绒服生产企业则为夏季购买其产品的客户提供折扣，旅馆和航空公司在它们经营淡季期间也提供优惠。季节折扣比例的确定，应考虑成本、储存费用、基价和资金利息等因素。季节折扣有利于减轻库存，加速商品流通，迅速收回资金，促进企业均衡生产，充分发挥生产和销售潜力，避免因季节需求变化所带来的市场风险。

(五)折让

折让又称为津贴，是根据价目表给顾客以价格折扣的另一种类型。折让是企业为特殊目的，对特殊顾客以特定形式所给予的价格补贴或其他补贴。如零售商为企业产品刊登广告或设立橱窗，生产企业除负担部分广告费外，还在产品价格上给予一定优惠。旧货折价折让就是当顾客买了一件新品目的商品时，允许交还同类商品的旧货，在新货价格上给予折让；促销折让是卖方为了报答经销商参加广告和支持销售活动而支付的款项或给予的价格折让。

(六)回扣

回扣是间接折扣的一种形式，它是指购买者在按价格目录将货款全部付给销售者以后，销售者再按一定比例将货款的一部分返还给购买者。

打 1 折

日本东京有个银座绅士西装店。这里就是首创“打 1 折”销售的商店，曾经轰动了东京。当时销售的商品是“日本 GOOD”。

具体的操作是这样的：先定出打折销售的时间，第一天打 9 折，第二天打 8 折，第三天、第四天打 7 折，第五天、第六天打 6 折，第七天、第八天打 5 折，第九天、第十天打 4 折，第十一天、第十二天打 3 折，第十三天、第十四天打 2 折，最后两天打 1 折。

商家的预测是：由于是让人吃惊的销售策略，所以，前期的舆论宣传效果会很好。抱着猎奇的心态，顾客们将蜂拥而至。当然，顾客可以在这打折销售期间随意选定购物的日子，如果你想要以最便宜的价钱购买，那么你在最后那两天去买就行了，但是，你想买的东西不一定会留到最后那两天。

实际情况是：第一天前来的客人并不多，如果前来也只是看看，一会儿就走了。从第三天就开始一群一群地光临，第五天打 6 折时客人就像洪水般涌来开始抢购，以后就连日客人爆满，当然等不到打 1 折，商品就全部卖完了。

五、差别定价策略

由于市场上存在着不同的顾客群体、不同的消费需求和偏好，企业为了适应在顾客、产品、地理等方面的差异，常常采用差别定价策略。所谓差别定价(歧视定价)是指企业以两种或两种以上不同反映成本费用的比例差异的价格来销售一种产品或服务，即价格的不同并不是基于成本的不同，而是企业为满足不同消费层次的要求而构建的价格结构。差别定价有以下几种形式：以顾客为基础的差别定价策略、以产品为基础的差别定价策略、以地点为基础的差别定价策略和以时间为基础的差别定价策略。

（一）顾客差别定价

企业把同一种商品或服务按照不同的价格卖给不同的顾客。例如，公园、旅游景点、博物馆将顾客分为学生、年长者和一般顾客，对学生和年长者收取较低的费用；铁路公司对学生、军人售票的价格往往低于一般乘客；自来水公司根据需要把用水分为生活用水、生产用水，并收取不同的费用；电力公司将电分为居民用电、商业用电、工业用电，对不同的用电收取不同的电费。

（二）产品差别定价

企业根据产品的不同型号、不同式样，制定不同的价格，但并不与各自的成本成比例。如：33 英寸彩电比 29 英寸彩电的价格高出一大截，可其成本差额远没有这么大；一件裙子 70 元，成本 50 元，可是在裙子上绣一组花，追加成本 5 元，但价格却可定到 100 元。一般来说，新式样产品的价格会高一些。

（三）地点差别定价

这是指对处于不同地点或场所的产品或服务制定不同的价格，即使每个地点的产品或服务的成本是相同的。例如影剧院不同座位的成本费用都一样，却按不同的座位收取不同价格，因为公众对不同座位的偏好不同；火车卧铺从上铺到中铺、下铺，价格逐渐增高。

（四）时间差别定价

产品或服务的价格因季节、时期或钟点的变化而变化。一些公用事业公司，对于用户按一天的不同时间、周末和平常日子的不同标准来收费。长途电信公司制定的晚上、清晨的电话费用可能只有白天的一半；航空公司或旅游公司在淡季的价格便宜，而旺季一到价格立即上涨。这样可以促使消费需求均匀化，避免企业资源的闲置或超负荷运转。

企业采取差别定价策略的前提条件是：(1)市场必须是可以细分的，而且各个细分市场表现出的需求程度不同；(2)细分市场间不会因价格差异而发生转手或转销行为，且各销售区域的市场秩序不会受到破坏；(3)市场细分与控制的费用不应超过价格差别所带来的额外收益；(4)在以较高价销售的细分市场中，竞争者不可能低价竞销；(5)推行这种定价法不会招致顾客的反感、不满和抵触。

产品或服务的差别定价

维多利亚的秘密在邮寄产品目录时会根据地区做出调整，像住在经济条件较好地区的顾客可能只会看到高价产品，而经济条件一般地区的顾客收到的产品目录上的产品则相对要便宜些。还有办公用品超市史泰博也会根据目标客户的企业实力与规模，发出售价不同的办公用品目录。

四季酒店也是一个例子，它通常会把房间分成 9 类 18 种价格。例如，按身份和功用分普通房、豪华套房、行政套房、行政豪华房、副总统套房、总统套房等；另外，还会根据房间的物品配置、装修、房间大小、服务的配置、房间的朝向、楼层的高低等来设定不同价格。

六、地理定价策略

地理定价指由企业承担部分或全部运输费用的定价策略。它包含着公司如何针对国内不同地方和各国之间的顾客决定其产品定价。当市场竞争激烈，或企业急于打开新的市场时常采取这种做法。通常一个企业的产品不仅在本地销售，同时还要销往其他地区，而产品从产地运到销地要花费一定的运输、仓储等费用。那么应如何合理分摊这些费用？不同地区的价格应如何制定，就是地区定价策略所要解决的问题。具体有五种方法：

（一）产地定价策略

产地定价指顾客（买方）以产地价格或出厂价格为交货价格，企业（卖方）只负责将这种产品运到产地某种运输工具（如卡车、火车等）上交货，运杂费和运输风险全部由买方承担。这种做法适用于销路好、市场紧俏的商品，但不利于吸引路途较远的顾客。

（二）统一交货价策略

统一交货价也称邮资定价法，和前者相反，企业对不同地区的顾客实行统一的价格，即按出厂价加平均运费制定统一交货价。这种方法简便易行，但实际上是由近处的顾客承担了部分远方顾客的运费，对近处的顾客不利，而比较受远方顾客的欢迎。

（三）分区定价策略

分区定价介于前面两种定价之间，企业把销售市场划分为远近不同的区域，各区域因运距差异而实行不同的价格，同区域内实行统一价格。分区定价类似于邮政包裹、长途电话的收费。对企业来讲，可以较为简便地协调不同地理位置用户的运费负担问题，但对处于分界线两侧的顾客而言，还会存在一定的矛盾。

（四）基点定价策略

企业在产品销售的地理范围内选择某些城市作为定价基点，然后按照出厂价加上基点城市到顾客所在地的运费来定价。这种情况下，运杂费用等是以各基点城市为界由买卖双方分担的。该策略适用于体积大、运费占成本比重较高、销售范围广、需求弹性小的产品。有些公司为了提高灵活性，选定许多个基点城市，按照顾客最近的基点计算运费。

（五）津贴运费定价

津贴运费定价又称为减免运费定价，指由企业承担部分或全部运输费用的定价策略。有些企业因为急于和某些地区做生意，负担全部或部分实际运费。这些卖主认为，如果生意扩大，其平均成本就会降低，因此足以抵偿这些费用开支。此种定价方法有利于企业加深市场渗透。当市场竞争激烈，或企业急于打开新的市场时常采取这种做法。

第四节　竞争对手变动价格的对策

企业在产品价格确定后，由于客观环境和市场情况的变化，往往会对现行价格进行修改和调整。企业产品价格调整的动力既可能来自于内部，也可能来自于外部。倘若企业利用自身的产品或成本优势，主动地对价格进行调整，将价格作为竞争的利器，这称为主动调整价格。有时，价格的调整出于应付竞争的需要，即竞争对手主动调整价格，而企业也相应地被动调整价格。无论是主动调整，还是被动调整，其形式不外乎是削价和提价两种。

一、价格变动的起因

企业常面临是否需要降低或提高价格问题。

(一)企业提价降价的起因

1.企业提价的起因

企业提价一般会遭到消费者和经销商反对，但在以下情况下企业可能会提价：(1)产品已经改进。(2)应付产品成本增加，减少成本压力。(3)适应通货膨胀，物价普遍上涨，企业生产成本必然增加，为保证利润，减少企业损失，不得不提价。(4)产品供不应求，遏制过度消费。一方面买方之间展开激烈竞争，争夺货源，为企业创造有利条件；另一方面也可以抑制需求过快增长，保持供求平衡。(5)利用顾客心理，创造优质高价效应。(6)政府或行业协会的影响。

日本电影票涨价

据朝日新闻(The Asahi Shimbun)报道，自今年2019年6月1日起，日本电影票价从1 800日元(约合人民币115元)上涨到1 900日元(约合人民币121元)，这是26年来的首次涨价。东宝株式会社(Toho Company，Limited)最先发布涨价声明，理由是新电影院的兴建、4D影院、巨幕电影(Imax)和抗震设备的设置都需要经费。Tokyu Recreation表示也会跟着涨价，但是另外两家大公司永旺株式会社(Aeon)和United则表示保持原价位。

1993年，日本多厅影院发展规模开始扩大，电影票价被定为1 800日元。多厅影院的设置是为了挽回被电视抢走的观众，电影观众随之增加。1996年，电影观影量低至1.196亿人次，2018年，增加至1.692亿人次。正因为观影人数一直不甚理想，电影公司也没什么勇气给电影票涨价。需要注意的是，无论是定价1 800日元，还是1 900日元均为原价，观众实际购票很少需要按原价购买，大多会有不同程度的折扣。2008年，日本平均一张电影票实际价位在1 200日元(约合人民币76.7元)左右，2017年，涨至1 300日元(约合人民币83.1元)左右。近四分之一个世纪以来，日本电影票价保持基本稳定，不曾明码标注提高价位，放在经济发展的大背景下来看，日本的电影产业似乎很“良心”。但是如果进一步考量日本民众对电影票价的负担能力，以及将日本的电影票价与其他国家进行对比，会发现即便是26年来第一次涨价，日本电影票价一直都不是很“亲民”。对普通民众来说，看电影算是相对奢侈的活动。在世界范围内，日本的电影票价也居电影票价最高国家行列，如图8-2所示。

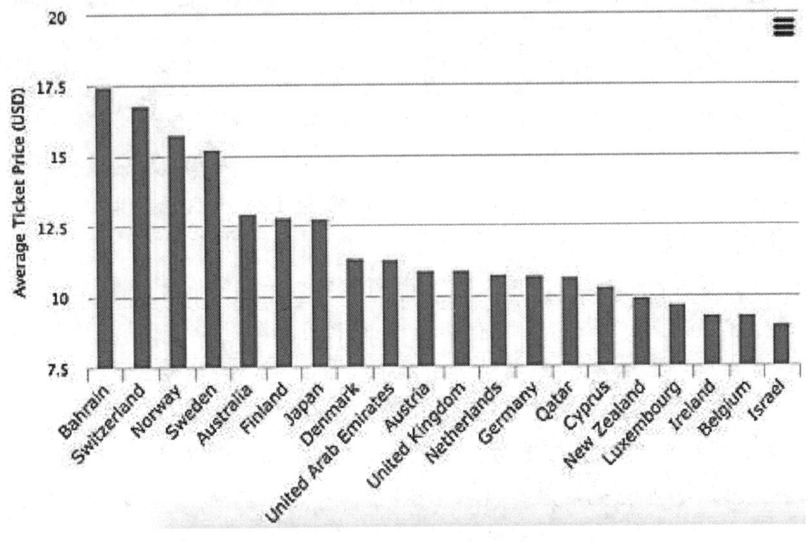

图8-2 电影票价最高国家榜单

电影票价最高国家榜单，日本排在巴林(Bahrain)、瑞士(Switzerland)、挪威(Norway)、瑞典(Sweden)、澳大利亚(Australia)和芬兰(Finland)之后，为世界第七高价位。图片来自世界地图集(World Atlas)。

资料来源：“日本电影票26年来首次涨价，位列电影票价最高国家队伍”，新京报，2019-6-10。

2.企业降价的起因

这是定价者面临的最严峻且具有持续威胁力量的问题。企业在以下情况须考虑降价：(1)生产能力过剩，产品供过于求，急需回笼资金，企业以降价来刺激市场需求；(2)市场份额下降，通过降价来开拓新市场；(3)决策者决定排斥现有市场的竞争者；(4)由于技术的进步而使行业生产成本大大降低，费用减少，使企业降价成为可能，并预期降价会扩大销售；(5)政治、法律环境及经济形势的变化，迫使企业降价。

企业降价的弊端

很多企业在产品滞销的时候，往往会武断地认为产品已经缺乏竞争力，而最常用的应对方法就是降价。降价的确可以促进销售，但它同时也会产生一些弊端。

第一，损失利润，这是显而易见的，降价直接导致的就是利润的流失。

第二,损伤品牌形象,顾客经常会对价格变化的动机产生疑问。他们会猜测这个产品将被新品所取代,或是该产品有缺陷,没有销路;要么是公司陷入了财务困境;更有甚者认为价格会进一步下调,或者产品的质量降低了。这让企业跌入低质量困境。低价策略能够赢得市场份额,却得不到顾客忠诚。同一个顾客今后可能会转向价格更低的企业。

第三,引发价格战,在今天这个同质化竞争十分激烈的市场中,一家降价,竞争对手也跟着降价,甚至降幅更大,价格这个"市场终极武器"的手段将失去作用,单纯的降价在今天的市场环境下已经显得低级且无力。

很多产品在发展到一定程度时,都会面临一个降不降价的问题。如果降价,不仅少赚了许多利润,还会损伤产品与品牌的价值及形象,不降价又难以使消费者产生一种赚到了的心理平衡。从价值营销的角度来讲,打折违反了价值原则。为了不损伤产品价值与利润,企业可以来取一种"丢车保帅"的做法,也就是保持主体产品的价格不变,但是采取各种促销策略来吸引顾客。

假设一个人来买奔驰汽车,销售人员告诉顾客可以打 5 折,估计顾客会转头就走,因为,买奔驰的顾客不是为了买一辆交通工具,而是来买一种身份、地位与价值,要是告诉他可以 5 折,那就意味着这辆车不能代表身份地位了。但是,如果销售人员告诉顾客,买奔驰可以送一块瑞士手表,或者名牌的打火机,或是 100 万元车险,顾客接受起来会容易得多,因为,这样既满足了顾客想在交易中占点便宜的人性特点,又维护了产品的价值。

因此,企业应该尽可能通过赠送礼品、增加服务、延长产品保修期、送货上门、组合销售等手段来提升产品价值,而不能动辄就祭出"降价"的大棒。企业需要警惕这样一点,如果消费者把你的产品和别人的产品进行对比时,或只关心价格时,那就已经说明你的产品没有特色,或者说没有能够引起消费者兴趣的特色了。

成熟的消费者不会把目光停留在价格上,他们懂得一分钱一分货的道理,但前提是,企业必须突出价格之外的特色。一个产品如果能够让消费者不在乎其价格,那么,它的价格即使偏高,也照样畅销无阻。

(二)各方对价格变动的反应法

任何价格变化都将受到购买者、竞争者、分销商、供应商,甚至政府的注意。

1.顾客对价格变动的反应

不同市场的消费者对价格变动的反应是不同的,即使处在同一市场的消费者对价格变动的反应也可能不同。顾客对提价的可能反应:产品很畅销,不赶快买就买不到了;产品很有价值;卖主想赚取更多利润。顾客对降价可能有以下看法:产品样式老了,将被新产品代替;产品有某些缺点,销售不畅;企业财务困难,难以继续经营;价格还要进一步下跌;产品质量下降了。

购买者对价值不同的产品价格的反应也有所不同,对于价值高,经常购买的产品的价格变动较为敏感;而对于价值低,不经常购买的产品,即使单位价格高,购买者也不大在意。此外,购买者通常更关心取得、使用和维修产品的总费用,因此卖方可以把产品的价格定得比竞争者高,取得较多利润。

为什么无人问津的东西价格翻倍后反而脱销了

有个人在亚利桑那州开了一家印度珠宝店。她店里有一批绿宝石首饰，一直不大好卖。当时正是旅游高峰期，商店里客流量并不少，为了尽快卖出绿宝石首饰，她将价格定得很实在，完全对得起这批首饰的质量。尽管如此，这批产品还是卖不出去。她还尝试了很多销售技巧，把它们放到了更显眼的展示区，唤起人们的注意，但依然没用。她甚至叫导购员使劲“推销”，还是不成功。

有一天，她要出城去采购了。出发前一晚，她给负责的导购员潦草地写了一张破罐子破摔的字条，指示导购员将绿宝石首饰的售价乘1/2，也就是降一半的意思，她想哪怕亏本也得把这批倒霉的货给卖出去。几天后，她回来了，发现所有的东西都销售一空，更让她吃惊的是，由于自己的字迹太潦草，导购员把“1/2”误当成了“2”，也就是说，所有的首饰都是按原价的两倍卖出去的！这让她百思不解。

2.竞争者对价格变动的反应

虽然透彻地了解竞争者对价格变动的反应几乎不可能，但为了保证调价策略的成功，主动调价的企业又必须考虑竞争者的价格反应。没有估计竞争者反应的调价，往往难以成功，至少不会取得预期效果。

在实践中，为了减少因无法确知竞争者对价格变化的反应而带来的风险，企业在主动调价之前必须明确回答以下问题：本行业产品有何特点？本企业在行业中处于何种地位？主要竞争者是谁？竞争对手会怎样理解我方的价格调整？针对本企业的价格调整，竞争者会采取什么对策？这些对策是价格性的还是非价格性的？它们是否会联合做出反应？针对竞争者可能的反应，企业的对策又是什么？有无几种可行的应对方案？在细致分析的基础上，企业方可确定价格调整的幅度和时机。

竞争者对调价的反应有以下几种类型：

(1)相向式反应。你提价，他涨价；你降价他也降价。这样一致的行为，对企业影响不太大，不会导致严重后果。企业坚持合理营销策略，不会失掉市场和减少市场份额。

(2)逆向式反应。你提价，他降价或维持原价不变；你降价，他提价或维持原价不变。这种相互冲突的行为，影响很严重，竞争者的目的也十分清楚，就是乘机争夺市场。对此，企业要进行调查分析，首先摸清竞争者的具体目的，其次要估计竞争者的实力，再次要了解市场的竞争格局。

(3)交叉式反应。众多竞争者对企业调价反应不一，有相向的，有逆向的，有不变的，情况错综复杂。企业在不得不进行价格调整时应注意提高产品质量，加强广告宣传，保持分销渠道畅通等。

二、竞争对手价格变动的对策

竞争对手在实施价格调整策略之前，一般都要经过长时间的深思得失，仔细权衡调价的利弊，但是，一旦调价成为现实，则这个过程相当迅速，并且在调价之前大多要采取保密措施，以保证发动价格竞争的突然性。企业在做出反应时，先必须分析：竞争者调价的目的是什么？调价是暂时的，还是长期的？能否持久？企业面临竞争者应权衡得失：是否应做出反应？如何反应？另外还必须分析价格的需求弹性，产品成本和销售量之间的关系等复杂问题。企业要做出迅速反应，最好事先制定反应程序，到时按程序处理，提高反应的灵活性和有效性，如图 8-3 所示。

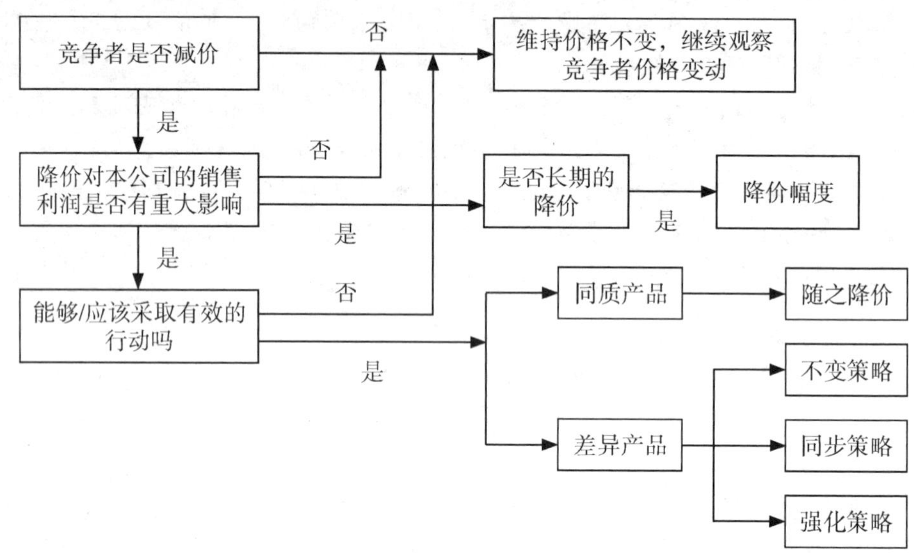

图 8-3　对竞争者调价的估计和反应

1.同质产品

在面对同质产品价格变动时，为了避免消费者转向价格较低的竞争企业，企业应该随着竞争企业降价而降价。但是，当提价会对整个行业不利时，即使竞争企业提价，其他企业也不一定会跟进。此时，市场领导者应该把价格降至原来的水平。

2.差异产品

在差异产品（异质产品）市场上，每个企业的产品在品牌、质量、包装设计，及消费者偏好等存在着明显的差异。企业在面对竞争者价格变动时，具有更多的自主权。企业可以采取如下策略：

（1）不变策略

价格不变策略即根据消费者对产品的偏好与忠诚度来抵御价格变动，等待市场环境出现有利时机或发生变化时，企业再做出行动。当确定竞争者已经降价，并且价格降低会损害销售利润时，企业可以做出维持原价的决定，保留忠诚的消费者。但是，随着竞争对手降价。其销售量会逐渐增长，因此企业等待时机不宜过长，应该有效地调整策略做出反应。

企业在保持价格不变时，可以通过提高产品质量、包装、设计，加强促销，增设销售网点等对产品进行改进，从而加强非价格竞争。

（2）同步策略

同步策略即完全或者部分跟随竞争者的价格变动，维持原来的市场格局并巩固市场地位。为了和竞争对手价格匹配，当竞争者降价时，企业跟随降价。企业需要注意的是，在产品降价的同时，必须努力维持产品的质量。

(3)强化策略

强化策略是结合非价格手段进行反击，以优越于竞争者的价格跟进。利用优越的市场地位，比竞争企业更大幅度降低价格，比竞争企业更小幅度提涨价格。

在应用上图的流程来进行决策时需要注意的是，竞争对手可能用了许多时间来做出调价的决定，但是受到威胁的企业可能不得不在几个小时或几天之内做出反应。应对竞争者的价格变动，企业要注意三个方面：一是如果对手降价，企业不能盲目地降价，因为价格竞争是种负竞争，结果只能引起恶性价格战，造成两败俱伤；二是企业要首先弄清对手改变价格的原因，分析竞争对手的实力，最后分析价格变动带来的影响；三是企业应采取相应的价格行动，选择有利的市场地位，把要付出的代价降到最低。总之，在竞争对手调整价格之时，企业必须密切关注竞争者的动向，并及时将有关信息反馈回来，以便做出进一步的决策。

第四节　趋势与热点：互联网与定价策略

无论是传统营销模式还是网络营销模式，价格策略都是构成企业营销组合策略中的重要组成部分。

一、互联网环境中的定价特点

在互联网环境中，买卖双方成交的价格，具有全球性、顾客主导、弹性化、智能化、低价位的特点。

(一)全球性

随着全球化市场的快速发展，网络营销市场面对的是开放的国际市场，消费者可以在世界各地通过网站进行商品购买，目标市场不再受地理位置限制。企业在进行网络营销定价时需考虑到目标市场范围的变化所带来的影响。

(二)顾客主导

顾客主导是以消费者需求为导向，顾客通过分析网络市场信息来选择购买自己满意的产品，同时以最小的成本获取最大的价值。

(三)弹性化

消费者在进行网络购物时可以与企业就产品或服务的价格进行协商，呈现出弹性化的特点。同时企业应实时洞察市场动态，根据竞争对手的价格变化随时进行价格策略调整。

(四)智能化

在产品或服务的设计制造过程中，数字化的处理机制可以精确地计算出各产品的设计和制造成本，企业可以在充分信息化的定价系统，实现根据每件产品或服务的定制要求制定出相应的价格。

（五）低价位定价

互联网用户的主导观念是网上的信息产品是免费的、开放的、自由的。但在早期进行商业应用时，许多购物网站采取收费方式想直接从互联网上获得利润，结果是失败的。雅虎公司遵循了互联网的免费原则和间接收益原则取得成功。企业可以通过降低成本费用，从而使企业有更大的降价空间来满足顾客的需求。

二、影响网络定价的因素

网络定价是一项十分复杂的工作，企业必须在确定了定价目标，搜集到各影响因素后，才能进行科学有效的定价。目前应用的网络定价策略主要有如下几种。

（一）产品独特的价值效应

菲利普・科特勒在顾客让渡价值中指出，顾客对产品或服务价值大小的判断来自于顾客总成本和顾客总价值之间的差额。在网络营销中，企业可以通过网站服务和企业形象差异化所体现的人文关怀来提高消费者的购买意愿。

（二）价格敏感度

在网络购物环境中，顾客可通过网站搜索比较和查询比较（如淘宝网站“找相似”与“找同款”）等多种方式获得准确的价格信息，顾客在进行产品或服务的价格比较中会形成替代物选择动机与明确的价格观点。互联网的透明化提高了网购顾客的价格敏感度，特别是同质化较高的产品，价格对顾客的购买决策的影响力会加强。

8-9

年货线上消费更注重品质而不是价格

春节将至，年货消费火热。广州日报全媒体记者梳理各大平台数据发现，今年品质取代价格成为年货消费的首选因素，“悦己型消费”正在引领年货网购新趋势。消费者对水果消费价格敏感度正在减弱，以“好好吃饭”为代表的国民日常消费，呈现出更注重“悦己”体验的升级特征。

从京东到家年货节期间消费者年龄结构来看，70后、80后依旧是线上囤年货的主力军，消费金额占比接近八成。90后在年货消费上的购买力有了大幅提升，消费占比约10%，消费金额同比2018年增长37%，果蔬生鲜、零食饮料成为90后最爱年货。

水果、牛奶、零食、大米、饮料成消费者最爱的TOP5年货。户外用品、家居装饰、传统节日装饰占据了销量增长最快的年货榜单TOP3。

每日优鲜、京东到家等平台数据显示，在年货节期间的水果消费上，车厘子与砂糖橘在销量上几乎平分秋色。在水果购买上，消费者对价格的敏感度正在减弱，更加看重口味和营养价值，注重品质和品牌。

资料来源：“年货消费更注重品质而不是价格”，新华网，2019-01-21。

（三）顾客参与的主动性

网络购物顾客在产品或服务价格确定的过程中处于主导地位与主动的态势，顾客在网购中的角色是价格制定者，而不是价格接受者。顾客可以对所选产品或服务进行议价，制定出自已期望的价格。

（四）一对一谈判

互联网的发展给营销带来了个性化的特点。网站平台的互动交流能即时获得顾客对产品属性的具体的内在个性化需求。企业也可通过互联网技术收集顾客的数据，并根据顾客的特性进行个性化的市场细分。大数据挖掘技术赋予了网络营销一对一谈判的可能。

基于大数据的生鲜产品网络营销定价策略

(1)商品成本。在生鲜产品定价中，其成本是重要影响因素之一，除了一部分已经投入进去的一般劳动力成本和本身产品价格成本外，还有各种物流成本、广告成本、技术成本等不太好计算的成本。在包装、储运、配送等过程中，商品都有可能会产生自然或者人为的损耗，损耗率则会导致生鲜商品成本变高，所以在定价时要综合考虑生鲜产品本身及销售过程中产生的成本。

(2)市场竞争。竞争存在于各行各业。网络销售渠道的生鲜卖家众多，每位商家在定价时都要参考同行卖家的商品定价，以防价格过低而亏本，价格过高而错失消费者。在生鲜市场上产品的供需状况也会影响网络产品定价。在不同的市场环境下，竞争参与者不同，产品价格也会相应发生变化。

(3)商品利润。生鲜产品之所以走网络渠道也是为了盈利，而毛利率是评价企业盈利多少的一个指标，因此毛利率是定价时考虑在内的必要因素之一。所谓生鲜产品毛利率就是一定时间内生鲜产品的毛利与生鲜产品销售收入的百分比，线上平台商家在定价的时候应该保证一定的毛利率，从而赚取利润。

(4)顾客对产品的敏感度。敏感度分为敏感和非敏感，敏感生鲜商品是指那些顾客需求较大的商品。相关调查显示，大部分的客户会记住敏感商品的价格，所以敏感商品的价格变动会直接影响顾客的购买。相反的，非敏感商品是指顾客购买频率较低的商品，大多情况下顾客记不住此类商品的售价，此类产品的定价可以适当调整。因此生鲜产品在定价时需要综合考虑多方面因素，达到收益最大化。

资料来源：徐楠等，“基于大数据的生鲜产品网络营销定价策略研究”，中国市场，2019。

三、互联网下的定价策略

目前应用的网络定价策略主要有如下几种。

（一）个性化定价策略

个性化定价是依据消费者在价格上的个性化需求信息，利用网络的互动性来确定和满足顾客对商品价格的特殊需求的一种定价策略。互联网技术的发展使得企业可以在与顾客接触的过程中非常容易地获得顾客的信息，并且可以利用数据挖掘的工具有效地进行分析；同时通过互联网企业的信息（包括顾客的需求信息）可以很迅速地在企业中流动。这些高效的信息处理能力使得企业能够把很多个性化的服务需求收集整理，以一种比较规模的经济的方式提供高度个性化的服务，这些能力明显降低个性化服务的成本。例如，顾客可以在 DELL 公司的网站上 https://www.dell.com/zh-cn 方便地享受高级定制服务，包括处理器、操作系统选项、内存、系统管理等等。如图 8-4 所示。

图 8-4 戴尔 XPS13 笔记本高级定制服务

（二）竞争定价策略

1.免费定价策略

免费定价策略是吸引消费者注意力的重要手段，一般包括两个目的：一是让用户在免费使用过程中形成习惯后，再开始收费；二是想取得后续的商业价值，先占市场，再在市场上获得收益。免费产品主要有三种形式：(1)产品和服务实行完全免费，如网易免费电子邮箱。(2)产品和服务实行限制免费，例如一些杀毒软件实行限定功能与时间免费。(3)

产品和服务实行部分免费,例如电子小说、网易云音乐等。

2.促销低价定价策略

低价定价策略一般采用三种方式,即直接低价定价策略、折扣定价策略和有奖促销定价。

(三)使用次数定价策略

使用定价次数策略,即顾客通过互联网注册后,在直接使用某企业产品前,只需要根据使用次数付费,而不需要将产品完全购买。顾客每次只需根据次数付款,节省了购买产品、安装产品、处置产品的麻烦。例如微软公司将其产品放置到网站上,顾客可以通过互联网注册使用,按次数收取费用。

(四)捆绑销售的店家策略

捆绑销售策略在许多网上企业中已经应用,网上购物完全可以通过其购物车或其他形式巧妙运用合理有效的捆绑手段,突破网上产品的最低价格限制,减少顾客对价格的敏感程度。

(五)品牌定价策略

因消费者在网站购买产品无法看到实物,因此网上购物的最大顾虑就是产品质量和交付保证,注意在网上交易中企业的声誉和形象就显得更为重要,而质量和形象最终都凝结在产品品牌上。

(六)拍卖竞价策略

网上拍卖是生产厂家可以只规定一个底价,消费者通过互联网轮流公开竞价,在规定时间内由出高价者赢得产品。网上拍卖竞价方式有下面几种。

1.英式拍卖

英式拍卖形式为:在拍卖过程中,拍卖标的物的竞价按照竞价阶梯由低至高依次递增,当到达拍卖截止时间时,出价最高者成为竞买的赢家(即由竞买人变成买受人)。拍卖前,卖家可设定保留价,当最高竞价低于保留价时,卖家有权出售此拍卖品。当然,卖家亦可设定无保留价,此时,到达拍卖截止时间时,最高竞价者成为买受人。

eBay 拍卖/一口价规则解析

在 eBay 网站卖东西,有三种出售形式可供卖家选择。

(1)拍卖/Auction 是 eBay 标准的出售形式,即在一定时间内将物品卖给最高出价者。

拍卖规则如下:①卖家提供一件物品,设定起标价。②在拍卖期间,买家对刊登物品出价竞投。③拍卖结束后,最高出价者以中标的金额买下物品。刊登天数:拍卖形式可刊登 1、3、5、7 或 10 日,房地产拍卖可刊登 30 日。

(2)一口价形式(立即买)。规则如下:①卖家提供一件或多件物品,设定一口价。②买家不需经过竞投过程再出价,可以直接买下物品。换言之,买家只能以设定的价格购得物品。刊登天数:可以刊登 3、5、7、10、30 日或无限期;无限期刊登会每 30 日自动重新刊登,直至所有物品售出、你结束刊登、eBay 结束刊登为止。卖家可以在网站偏好设定选择缺货控制,让你的刊登物品一直持续出售(包括暂时缺货时)。

(3)拍卖＋立即买形式。规则如下：①卖家提供一件物品，在拍卖形式中加入立即买价格，两者并存。②买家可以选择对物品出价，或立即购买物品。情况 a：若有买家先选择“立即买”，就能直接用一口价，立即购买物品。情况 b：一旦有人先对物品出价，“立即买”的价格和功能就会消失，而你的物品将以正常形式拍卖。

资料来源：“eBay 出售形式有哪些？eBay 拍卖/一口价规则解析”，雨果网，2017 年 12 月。

2.荷兰式拍卖

荷兰式拍卖的竞价是一次性竞价形式，即在拍卖中第一个出价的人成为中拍者。拍卖品有一个最高期望价格。随着拍卖进行，该价格会随时间的变动自动向下浮动，如果在浮动到某个价格时有竞拍者愿意出价，则该次拍卖即成交。因此，网上荷兰式拍卖一般用于拍卖周期较短(如几个小时)的拍卖。例如荷兰鲜花拍卖，尽量缩短成交时间。

3.准增量式拍卖

标准增量拍卖是一种拍卖标的数量远大于单个竞买人的需求量而采取的一种拍卖方式。竞买人提交所需标的物的数量之后，如果接受卖方根据他的数量而报出的成交价即可成为买受人。

4.速胜式拍卖

速胜式拍卖其实是增价式拍卖的一种变体。拍卖标的物的竞价也是按照竞价阶梯由低到高、依次递增，不同的是，当某个竞买人的出价达到(大于或等于)保留价时，拍卖结束，此竞买人成为买受人。

5.反向拍卖

反向拍卖是一种为了满足会员个性化需求而设计的拍卖方式。注册会员可以提供希望得到的产品的信息、需要服务的要求和可以承受的价格，由卖家之间以竞争方式决定最终产品提供商和服务供应商，从而使注册会员以最优的性能价格比实现购买。

6.定向拍卖

定向拍卖是一种为特定的拍卖标的物而设计的拍卖方式，有意竞买者必须符合卖家所提出的相关条件，才可成为竞买人参与竞价。比较适合采用网上竞价拍卖的产品是企业库存积压品，也可以是新产品，通过拍卖起到促销效果。

本章小结

价格通常是影响产品销售的关键因素。定价的重要意义在于使价格成为促进销售最有效的手段。定价策略的奥妙，就是在一定的营销组合因素下，如何把企业产品的价格定得既为消费者乐于接受，又能为企业带来较多的利润，充分发挥价格的杠杆作用，取得竞争优势。

科学合理地制定产品价格，就要从实现企业战略目标出发，在运用科学的方法和灵活的策略的同时，综合分析营销产品的成本、市场竞争、顾客的价值，还要分析营销战略目标与营销组合、市场形态、宏观经济、政府政策、大众观感等。

企业定价的方法很多，有成本定价法，包括期望利润定价法、目标利润定价法；有价值定价法，包括创新价值定价法、超值定价法和增值定价法；有竞争导向定价法，包括随行就市定价法、挑战者定价法、抢占市场份额定价法和打击竞争对手定价法。

在互联网环境下，定价具有全球性、顾客主导、弹性化、智能化和低价位趋势。

营销定价既是一门科学，也是一门艺术，定价的艺术技巧表现在定价策略上，包括心理定价、折扣定价、地区定价、差别定价、新产品定价和网络定价等。企业处在一个不断变化的环境中，可能出于宏观环境的变化，也可能是由于行业及企业内部条件的变化，因此企业价格的调整也很重要，包括提价和降价以及重视顾客和竞争者对调价的反应，最终都不能违背补偿成本费用和获取目标盈利的一般规律，实践中灵活采用不同的定价方法和技巧，则显示了寓科学于艺术之中的企业价格决策特点。

重要名词

价格　成本　价值　竞争　市场形态　大众观感　成本定价法　期望利润法　目标报酬法　盈亏平衡法　感知价值定价法　反向定价法　随行就市定价法　竞争投标定价法　撇脂定价法　渗透定价法　心理定价　产品线定价　选购品定价　必配品定价　副产品定价　绑定品定价　折扣定价　市场差异定价　地理定价　网络定价　英式拍卖　荷兰式拍卖　反向拍卖　定向拍卖

案例评析

拼多多网络定价策略

资料一：拼多多营销策略

2018 年 4 月，拼多多在新一轮融资中获得了约 30 亿美金。紧接着在 2018 年 7 月 26 日，拼多多在美国纳斯达克上市。拼多多成功的原因有以下几个方面。

(1)社交拼团，打造 C2B 新模式。拼多多改变了传统团购由商家提供无差别折扣价团购的方式，由消费者自主拼团获取优惠价。拼多多借助社交拼团打造出了一种持久性的 C2B(customer to business)团购模式。拼多多平台销售的商品，都有两种价格，一种是较高的单独购买价，一种是优惠的拼单价。用户可以自主选择以高价单独购买，或是发起、参与拼单，在限定时间内组成特定人数的“团”，与团员共享优惠价。这种拼团营销的实质在于取得流量并将其转化为成果，降低了获客成本。

(2)游戏化的购物流程。拼多多以游戏化思维设计平台，每一步操作、每一个流程都是游戏化的，用户不再是纯粹地花钱购物以满足特定需求，而是成为参与一盘一盘游戏的玩家，在消遣娱乐中完成购物。首先，拼多多以巧妙的方式给玩家布置目标任务。简单明了地给出游戏规则，即玩家只需在 24 小时之内成功组团，便能以拼单价格买下商品，实现目标。

(3)市场定位准确。根据长尾理论，我国中小城市人口的购买力也是很庞大的。数据显示，三线以下城市将近10亿人口的购买需求被忽视了，但他们的购买力并不亚于甚至高于一二线城市。拼多多的崛起正是精确对准了长尾的尾部需求，采用农村包围城市的商业战略，用低价营销的方式满足低端需求市场。

(4)营销手段多元化。①分享拼团。拼多多的用户可以选择单独购买、参与拼单、发起拼单三种方式来购物，如果用户将商品的链接分享给周围的人，完成拼团，就享受优惠价格。如果邀请没有成功，也可以和陌生人一起拼团，这样拼多多的用户数量就会迅速增长。商家达到薄利多销的目的的同时，顾客也能享受更多的优惠。②砍价免费拿。砍刀免费拿是拼多多的一种营销手段，用户如果想用超低价购买商品，可以邀请众多好友来帮忙，甚至有可能拿到免费的商品。虽然看起来拼多多像是在让利，但其实拼多多通过这种方式获得了更多的用户信息，让更多的人参与到拼多多的活动中来，提高了拼多多的点击量。③限时秒杀。像淘宝、京东等平台一样，拼多多也有在限定时间秒杀的销售方式。然而，拼多多的限时秒杀会对商品的折扣力度有一定要求，即商品必须是以各平台的最低价参与，这种营销方式使拼多多的产品价格低于淘宝、京东等其他电商平台，这样消费者就会更愿意使用拼多多来购买商品。

资料二：拼多多始于"低价"成于"群众"

没有人质疑拼多多在三四线城市的成功。低价的商品造就了拼多多在底线城市市场的神话。上市后，拼多多也开始觊觎一二线城市，意图从阿里、京东的碗中分得一杯羹。

拼多多采取的依然是低价策略。在今年618期间，拼多多启动了全线iPhone降价，差价最大的一款手机比苹果官网便宜2811元。此外，戴森吹风机、ReFa瘦脸仪在拼多多上的价格都变得非常亲民。

但是要想改变消费者的心智谈何容易。拼多多618数据显示，订单超过七成来自下沉市场。而在一二线城市订单量超过七成的依旧来自水果生鲜、食品等农(副)产品等品类。

618期间，共卖出超30万台新款正品国行iPhone。上海、北京等一线城市的购买数量很大，不过从总量看，超过50%以上来自三线及以下城市。拼多多要想获得更多一二线城市消费者的青睐，还需要更多的时间。

虽然有很多"危险和挑战"，但是得益于拼多多的积极改变，上市一年内拼多多营收和用户量都在继续增长。财报显示，拼多多2019年Q1实现营收45.45亿元，同比增长228%。截至3月31日的12个月期间，拼多多平台GMV达5 574亿元，同比增长181%；平台年活跃买家数达4.433亿，较去年同期的2.949亿净增1.484亿，同比增长超过50%。年度平均消费额1 257.3元，较年同期的673.9元同比增长87%。

资料来源：现代营销，2019-08。

问题：

1.拼多多是低价策略是如何进行的？

2.拼团购买的优点与缺点是什么？你是否愿意拼团购买商品？说明理由。

实训专题

任选一个消费品，试着分别从成本导向、需求导向与竞争导向的思路来制定相应的结果，并以价格策略作为主要手段做一个推广的创意。

第九章　渠道策略

学习目标

1.理解和掌握渠道的含义以及渠道在营销中的功能；
2.理解和掌握直接渠道和间接渠道之间的优缺点比较；
3.理解和掌握渠道层次的含义及其应用；
4.掌握三种渠道系统，一般渠道系统、垂直渠道系统和水平渠道系统；
5.理解和掌握渠道规划的内容和步骤；
6.理解和掌握渠道管理的内容和步骤；
7.了解营销物流作用，掌握营销物流的内容；
8.理解新零售的本质与渠道变革。

引导案例

茅台酒的渠道整顿及变革

2019 年 8 月 27 日，一颗遥感卫星有了新名字——“飞天茅台”。卫星冠名权是珠海一家宇航科技公司送给茅台集团的，后者于是起了这个让人过目不忘的名字。9 月中旬，“飘着酒香”的卫星会在酒泉卫星中心发射入轨。

2011—2012 年间，也有两个命名惊了众人——茅台机场、五粮液机场。前者距离茅台镇有数十公里，但是当时仁怀市和茅台酒厂分别垫付了资金启动机场前期工作；后者在五粮液所在的宜宾市。

从茅台机场、五粮液机场到飞天茅台卫星，都诞生在全行业狂欢的年景：2012 年全年，白酒行业收入增速和净利润增速分别达到 37.3％和 54.5％；2019 年上半年，上市公司白酒板块实现收入 1 288.73 亿元，同比增长 18.96％；净利润 443.02 亿元，同比增长 25.64％。

白酒的鎏金岁月又一次来临了吗？

渠道整顿，茅台“起飞”

2019 年上半年及之前，茅台的关键词之一是渠道肃整。

贵州省纪委监委公布的信息显示，在全省集中开展的两轮自查清理中，各级党政机关、事业单位领导干部和国有企业管理人员共有 392 人填报有或曾经有插手、参与茅台酒经营等情况。茅台集团在集团公司及所属控股子公司全体员工、离退休人员中连续开展 4 轮自查清理,其中275名管理人员及员工填报个人参与或曾经参与茅台酒经营活动。茅台酒厂所在地仁怀市在开展自查清理中,124名党员干部主动申报本人或亲属参与茅台酒经营。

整治的结果是,全省共取消514家经销商通过违规违纪违法审批取得的经营权,这给茅台全方位的渠道变革创造了条件。

庞大的经销商团队一直是茅台的销售主力,直销渠道占比很低。茅台上市公司2019年上半年报告显示,直销渠道销售额仅有16亿元,批发渠道超过378亿元。现在茅台正不断整顿渠道、淘汰经销商,截至2019年6月底,茅台共有2 415家经销商,上半年大幅减少了593家,仅新增了21家。

2019年6月27日,茅台股价盘中突破1 000元。27年前,"老八股"中曾有两只过千元股;而股改后,茅台是A股第一只破1 000元的。在那之前3个月,贵州茅台披露2018年业绩时,人们还在讨论茅台股价突破800元之后,还能走多远。

走到下一个节点就更快了,8月22日,贵州茅台股价站上1 100元关口,又一次创下历史纪录。

这个市值1.4万亿的庞然大物,在2019年上半年实现营业总收入411.73亿元,同比增长16.80%;净利润199.51亿元,同比增长26.56%;销售毛利率91.87%。中报数据显示,茅台现金流依旧强劲,且茅台酒仍旧供不应求、价格一路高涨。

茅台上一次提高出厂价还是在2018年1月,飞天茅台出厂价从819元/瓶调整为969元/瓶、市场指导价从1 299元/瓶调整为1 499元/瓶。2019年上半年,飞天茅台出厂价未变动,上述增长主要靠其他产品的提价和产品结构升级完成。

渠道变革,茅台"飞天"

在大规模清理经销商之后,茅台进一步梳理销售渠道,计划试水与综合电商直接合作。

7月18日,贵州省招标有限公司代表茅台酒销售有限公司公开招商,对象是国内综合类电商。茅台想深化与电商平台的合作,扩大直销渠道,推进营销渠道扁平化,减少销售中间环节。

按照茅台计划,2019年下半年全部渠道茅台酒的投放量将是约1.8万吨。茅台给服务商资格定了高条件,包括2018年度主营业务收入大于500亿元,酒类销售额大于5亿元等11项条件。以年度业绩看,天猫、京东、苏宁易购均符合条件。

不只是电商,早前茅台还落地了600吨KA直供招标,华润万家、大润发、物美在列。太平洋证券的测算,茅台有6 000吨的经销商回收配额,剔除掉集团营销公司的2 700吨,以及直供的1 000吨、直销的1 100吨增量,仍剩余1 200吨左右的配额可用于提升KA直供、电商、直营门店以及出口的销售占比。

一系列操作,特别是8月9日集团新销售公司角色明确后,券商一片狂欢。8月12日,东兴证券研究所分析师直接给了破天荒的目标价——1 424元。

资料来源:李伟,企鹅号,2019-9-6。

引导问题:

1.茅台原来的渠道模式对茅台的贡献有哪些?

2.茅台对现有渠道模式的变革有哪些?

第一节　渠道概述

渠道是营销4P组合中相当不容易掌控的环节，也是较容易产生混乱的环节，是营销决胜市场的作战“阵地”。企业生产出来的产品，只有通过适当、充分、有效的市场营销渠道，才能在适当的时间、地点，以适当的价格供应给广大的消费者或客户，从而克服生产者与消费者之间的阻隔障碍，满足市场需要，实现企业的可持续获利目标。企业在渠道方面的核心问题，即是如何建立适当、充分、有效的渠道。

一、渠道的含义与意义

渠道也称销售渠道，它是指产品或服务在从供应厂商向消费者转移的过程中，取得这种产品或服务的所有权，或帮助所有权转移的所有企业和个人。

产品的传递转移包括商品所有权的转移和商品实体的转移两个方面。其起点是生产者，终点是消费者或用户，中间环节是中间商，包括各种批发商、代理商、零售商、商业服务机构（交易所、经纪人等）等。

渠道决策是企业营销工作中最重要的决策之一。企业所选择的渠道不仅会影响其产品是否能“货畅其流”，而且将直接影响其他市场营销决策，如产品包装、定价和促销。恰当的渠道选择，必将增强企业的竞争能力。

同时，在顾客的角度看来，渠道就意味着企业本身，渠道所展现出来的形象就等于是企业的形象。比方说，某个产品，它如果只能在农村或者远郊的小商店里买到，那么，消费者会很自然地认为这个产品的定位比较低端，没有什么档次和品位，质量也不能让人安心；相应的，如果某个产品只能在一些中高档的商场或专卖店里买得到的话，消费者会认为该产品非常高端，企业非常有实力，购买起来也会放心很多。

一般来说，企业与渠道之间更多的是一种合作关系，企业可以对渠道施加影响，但并不能去管理渠道的每一个细节，更不用说企业对渠道管控乏力的情况。也就是说，渠道表现出来的某些不足，未必就是企业希望看到的。但是，在顾客来说，他们接触的是渠道，从渠道商那里购买产品、接受服务，当这个过程中出现问题时，顾客不仅会对渠道商不满，更会对企业和企业的品牌不满，顾客不会去理性地分析问题到底出在渠道身上，还是出在企业身上，因为渠道对他们而言，就是企业的一部分。

企业在渠道商的选择、渠道的管理与建设上不能有丝毫的疏忽，渠道出现问题就等于是企业自身出现了问题。

二、渠道的功能

渠道的作用是使产品从生产者转移到消费者的整个过程顺畅、高效，消除或缩小产品供应与消费需求之间在时间、地点、产品品种和数量上存在的差异;其具体的功能为:调研、推广、拓展、整备、协商、物流、融资和风险承担,如图 9-1 所示。

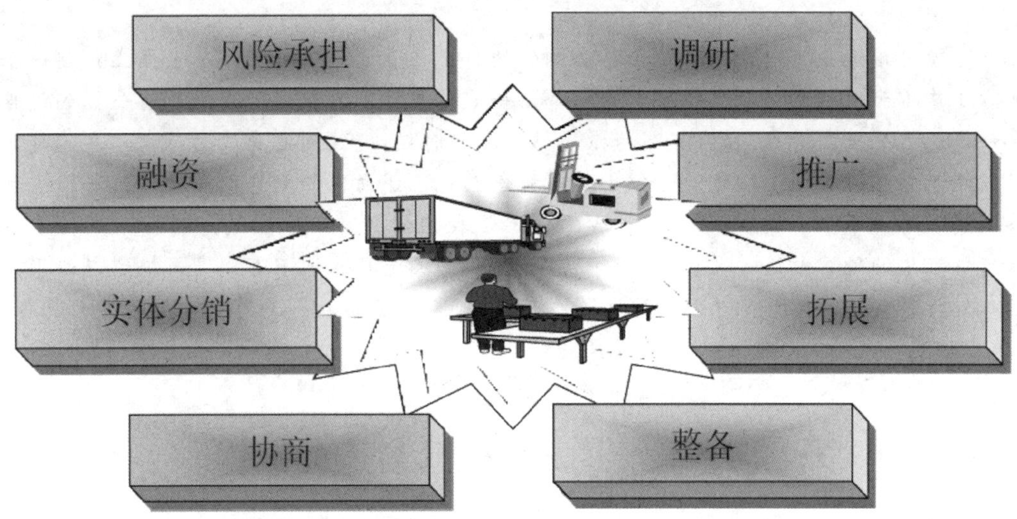

图 9-1　渠道的功能

- 调研:收集客户、市场及营销所需的信息、数据,保存、整理、分析实际销售数据。
- 推广:进行产品推介、产品体验、特定销售活动、公关活动、销售店传播等推广工作。
- 拓展:搜寻、开拓潜在客户,客户关系维护、提升,销售前中后客户咨询、服务。
- 整备:产品拆箱、摆置、分级、分装、整理、组装、搭配、包装、安装等以利销售。
- 协商:为了转移所供货物的所有权,而就其价格及有关条件达成最后协议。
- 物流:从事产品的运输、储存、配送。
- 融资:为补偿分销成本而取得并支付相关资金。
- 风险承担:即承担与渠道工作有关的全部风险。

例如:一家冰箱经销商,他在销售过程中会发现顾客的需要,像保鲜、节电等需求,同时也可收集到市场上其他厂家的同类产品的信息。这家经销商向冰箱制造商进行反馈,这就显示了渠道的信息功能;然后,当经销商发现顾客有购买的意思后会说服其购买,在这一过程中,渠道可以实现促销的功能;下一步经销商和购买者会就价格、服务等达成协议,实现所有权和占有权的转移,这又体现了谈判的功能;下一步会涉及物流、融资、风险承担等。

此外,渠道的功能表现呈现出各种流程,称为渠道的功能流,即实体流、所有权流、促销流、洽谈流、融资流、风险流、订货与市场信息流及付款流等。这些流程将组成渠道的各类组织机构贯穿起来,实现企业的营销运营。

9-1

无处不在的可口可乐

可口可乐企业可以说是当今世界最大的饮料企业。它的饮料产品在世界上任何一个地方几乎都可以找到。从可口可乐的一个广告宣传里可以看出这一点——有一位到过世界许多地方的美国游客，在乘车穿越撒哈拉沙漠的时候，突然问他身边的司机："我们什么时候才能够摆脱文明的痕迹？"这位土著司机怎么也不明白他的意思。最后这位美国游客终于想到了一个很好的分法，他说："我的意思是我们什么时候才能够走到一个永远看不到可口可乐的地方？"这一次，司机终于明白过来，回答道："永远不可能。"司机边说边用手往车外指。美国游客朝他手指的地方看去，果然见到沙丘后有一面可口可乐的巨大招牌。

第二节　渠道层次与渠道中间商

一、渠道层次

产品从制造商转移到客户的过程通过中间商的数目为渠道层次；渠道层次也称为渠道长度。在产品从制造商转移到客户的过程中，任何一个对产品拥有所有权或负有营销责任的中间商，都是一个渠道层次。

根据中间商数目的多少，可以把渠道分为零层渠道、一层渠道、二层渠道、三层渠道，说明如下，亦见图 9-2。

9-2

绝味鸭脖开到 10 000十家的连锁经营

绝味鸭脖作为中国鸭脖连锁的领导品牌，在十几年的时间里稳扎稳打，把鸭脖这门看上去很小的生意做到了近万店的规模，实现了上市，并且有余力开展副业。这其中有很多战略思路和经验方法值得其他连锁店学习。

休闲卤制食品保质期短的特性决定消费者更加注重获得的便利性。消费者对鸭脖的要求很是实在：好吃、新鲜、安全卫生、便宜、方便购买。作为一种零食，小额购买不会触发消费者的价格警戒心理，更容易形成一时冲动，再加上买完就走的小店模式，即食鸭脖尤其适合在市井中生存。

公司的核心战略诉求是尽快跑马圈地完成全国布局、渠道深化，以期完成市场教育并在行业增长时期抢占份额。

截至 2018 年 6 月末，绝味在全国 30 个省份门店数量达到 9 459 家，其中绝大部分为加盟店。

目前，绝味门店已经覆盖国内众多二三线城市，规模效应初见成效，且独占鳌头，成功晋身国内卤制品行业中门店数量最多的，也是唯一的全国性品牌。

资料来源：http://kuaibao.qq.com/s/20190103A1399H00？refer＝spider

(1)零层渠道：企业直接把商品销售给消费者，而没通过任何中间商。

(2)一层渠道：含有一个中间商。在消费者市场上，通常是零售商；在产业市场上，则可能是代理商或佣金商。

(3)二层渠道：含有两个中间商。在消费者市场，通常是批发商和零售商；在产业市场上，则通常是代理商和批发商。

(4)三层渠道：含有三个中间商。肉食品及包装类产品的制造商常采用这种渠道分销产品。这类行业中，通常由一专业批发商处于批发商和零售商之间。

更多层次的渠道较不多见。一般而言，渠道环节越多，控制和向最终用户传递信息也越困难。

消费市场渠道层次

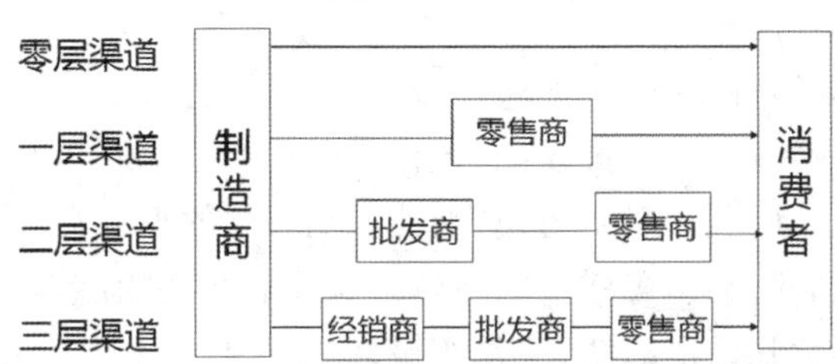

产业市场渠道层次

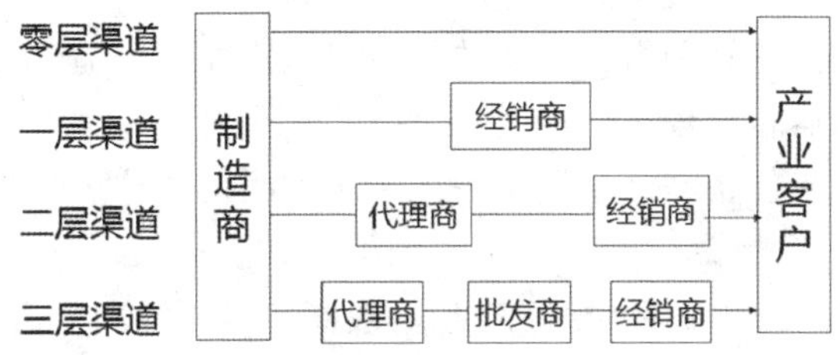

图 9-2　渠道层次(消费市场与产业市场)

企业在选择采用直接和间接两种渠道模式时并非互相排斥，相反大部分企业采用了直接和间接相结合的渠道。比如，联想电脑，既充分利用经销商队伍，又积极发展自己的专卖店，直接面对消费者，其分销渠道可以说是直接与间接的复合。

二、中间商：零售与批发

零售商与批发商是渠道中间商的两种主要形态，其业务即是零售与批发，因此有必要加以探讨，以充分了解营销渠道应如何规划运作。

(一)零售

零售是指把产品或服务直接销售给最终消费者。零售处在商品流通的最终环节,直接为广大消费者服务。零售的交易对象是最终消费者,交易结束后,商品脱离流通领域,进入消费领域;零售每笔交易销售产品的数量比较少,但销售频率高;零售商数量多、分布广。零售商是从事零售业务的商家。

1.零售商的功能

(1)批量购进,零散销售,解决供求数量矛盾。

(2)了解市场,反馈信息,承担市场调查与求购信息反馈双重职能。

(3)拆箱分装,整理摆放,搭配组合,组装陈列,安装维修,服务。

(4)咨询服务,担保信用,解决购销双方信息不对称的矛盾。

(5)采购配货,保障供应,解决生产地分散与消费地集中的矛盾。

(6)预测市场,储备货物,解决供求时间不协调的矛盾。

(7)运输储存,解决生产者与消费者地域空间矛盾。

(8)广设网店,便利购销,解决生产者与消费者数量不对称的矛盾。

2.常见的零售商业态

零售商的业态形式多种多样,主要包括以下几种:

(1)专业商店。只经营某一种产品线,但该产品线所含的花色品种很多。一家服装店可以只卖服装,一家男子服装店只卖男装,而一家男子衬衣商店只卖定制衬衣。如阿迪达斯运动店专售运动商品和器具,美体小铺专营化妆品和沐浴用品等。

(2)百货商店。经营几条产品线,通常有服装、家庭用具和日用品等,每一条线都作为一个独立的部门,由一名进货专家或者商品专家管理。如王府井百货。

(3)超级市场。一种相对规模大,低成本,高销售量,自助服务式,为满足消费者对食品、洗衣和家庭日常用品的种种需求服务的零售组织。如家乐福、沃尔玛。

(4)便利商店。商店相对较小,位于住宅区附近,营业时间长,一周每天开门,并且经营周转快的方便商品,售价稍高。它们中的许多增加经营了外卖三明治、咖啡和馅饼。如7-11、屈臣氏。

(5)折扣商店。出售标准商品,价格低于一般商店,毛利较少,销售量较大。折扣零售已经超越了一般商品,而进入了特殊商品领域。如运动用品折扣商店、电器设备折扣商店和折扣书店等。如阿迪达斯工厂店。

(6)廉价零售商。购买低于固定批发商价格的商品,并用比零售更低的价格卖给消费者。它们经营过剩的、泛滥的和不规则的商品。如麦德龙俱乐部。

(7)超级商店。平均面积3.5万平方英尺,主要满足消费者日常购买的食品和非食品类商品方面的全部需要,通常提供诸如洗衣、干洗、修鞋、支票兑换和付账等服务。近年来,一种称为“目录杀手”的新集团拥有特定产品线、门类繁多的商品和知识型的支援,如宜家。

服务再升级，长城汽车首家品牌体验中心开业

6 月 30 日，长城汽车首家品牌体验中心正式开业，这标志着长城汽车将由以销售为主的 4S 店模式，升级为以体验为主的涵盖多业态的“N”S 模式。长城汽车销售公司副总经理文飞表示：“长城汽车首家品牌体验中心作为未来长城汽车新零售体系重要支撑单元和战略支点，是长城汽车在品牌建设上，由产品为主向‘产品＋服务’二元化品牌建设的转型。”

长城汽车品牌体验中心坐落于北京顺义，紧邻北京首都国际机场 T3 航站楼，总建筑面积 5 600 平方米，共设有三层，由长城汽车经销商泊士联京涛集团建设运营。在体验中心三层的展区空间里，共划分出了 13 个功能区，集产品展示、企业文化、科技成果、娱乐休闲于一体。

一层展区除了展出哈弗、WEY、欧拉、长城皮卡四大品牌车型外，还展示了长城汽车的企业文化、科技成果、金融服务等。同时，令人耳目一新的室内“篮球场”更传递出了长城汽车专注、专业的企业核心价值。

在体验中心二层展区，营造了一个“空中花园”，这里可以俯瞰一层的“街景”与穿梭于路中的展车。不仅如此，在这里还能够品咖啡、尝美食。

三层是用户专属的社交空间，温馨而舒适的布局，用来学习、分享交流、举办亲子活动等。

值得一提的是，在长城汽车品牌体验中心，用户可以提前感知未来智能化的生活场景。通过大数据、AI 技术的植入，体验中心打造了终端“智慧门店”。机器人接待、讲解更为用户带来了智能化互动的全新服务体验。点击 AI 互动屏，长城汽车各品牌、各车型的配置、颜色、价格，以及近期优惠活动等都一目了然。同时，销售与服务流程可实现全部移动化办公。

与此同时，今年 6—7 月，哈弗品牌也将迎来 100 余家门店的同期开业。并且，哈弗品牌后续还将借鉴长城汽车品牌体验中心的智慧服务和创新体验的理念，以用户的需求和体验为中心，赋能现有店面转型升级，面对行业变革的危机主动求变，打造哈弗品牌服务标签，并提供超越用户期待的服务新体验。

资料来源：http://www.sohu.com/a/324107636_115798

(二)批发

批发是将产品或服务销售给为了转卖或商业用途的买方。从事批发业务的商家按法律的身份可以分为代理商、经销商、批发商。代理商代表制造商，其销售行为的法律责任制造商须完全承担；经销商不代表制造商、只代为销售产品，因此须自己承担销售行为的法律责任，但制造商仍须承担产品责任；批发商销售自己买来的产品，须承担存货风险，并须自己承担销售行为的法律责任，但制造商仍须承担产品责任。有时，凡是从事批发业务的商家统称批发商，为便于讨论，有必要时再区分代理商、经销商、批发商。(有些代理商与经销商是从事销售价格较高的非日用品产品给最终消费者，这些代理商与经销商不是本小节讨论的代理商与经销商。）批发商与零售商由于面对的销售对象不同，因此在运营的方式、营业场所等方面也有所不同。

批发商主要有三种类型：商人批发商、经纪人和代理商、制造商和零售商的分支。

（1）商人批发商。商人批发商是指自己进货，取得产品所有权后再批发出售的商业企业，也就是人们通常所说的独立批发商。商人批发商按职能和提供的服务是否完全来分类，可分为两种类型：①完全服务批发商。这类批发商执行批发商业的全部职能，他们提供的服务主要有：保持存货、雇用固定的销售人员、提供信贷、送货和协助管理等。②有限服务批发商。这类批发商为了减少成本费用，降低批发价格，只执行一部分服务。

（2）经纪人和代理商。经纪人和代理商是从事购买或销售或二者兼备的洽商工作，但不取得产品所有权的商业单位。与商人批发商不同的是，他们对其经营的产品没有所有权，所提供的服务比有限服务商人批发商还少，其主要职能在于促成产品的交易，借此赚取佣金作为报酬。经纪人和代理商主要分为以下几种：①产品经纪人。经纪人的主要作用是为买卖双方牵线搭桥，协助它们进行谈判，买卖达成后向启用方收取费用。他们并不持有存货，也不参与融资或承担风险。②制造商代表。他们代表一个或若干个互补的产品线的制造商，分别和每个制造商签订有关定价政策、销售区域、订单处理程序、送货服务和各种保证以及佣金比例等方面的正式书面合同。③销售代理商。销售代理商是在签订合同的基础上，为委托人销售某些特定产品或全部产品的代理商，对价格、条款及其他交易条件可全权处理。④采购代理商。采购代理商一般与顾客有长期关系，代他们进行采购，往往负责为其收货、验货、储运，并将物品运交买主。

（3）制造商和零售商的分支。制造商设立销售分支机构从事批发业务或零售商的采购分支所从事的批发业务。

第三节　渠道冲突与渠道系统整合

渠道在4P组合中涉及的参与主体最多，尤其是有中间商参与的情况下，各主体之间如何有效运作，构建高效的渠道系统是企业渠道管理能力的重要内容。

一、渠道冲突

渠道冲突是组成渠道的各组织间敌对或者不和谐的状态，包括渠道的水平冲突和垂直冲突。水平冲突是指发生在同一渠道层次内的公司间冲突，可通过限制经销商的销售区域的方法使其不至于产生低价越区销售争抢顾客而导致冲突。垂直冲突是指发生在不同渠道层次的公司间冲突，为避免该冲突发生，需明确渠道各层次成员之间彼此所应有的权利及义务。

渠道冲突是每个企业都不愿意看到但又不得不面对的现实，渠道冲突往往会带来恶性的循环，它会导致渠道间相互窜货、价格混乱，最后经销商无利可图之下纷纷要求生产商降低供应价格或者干脆不再经销其产品，而生产商一旦调价，渠道又会陷入新一轮的价格大战中，最后甚至会引发整个市场的混乱。

产生渠道冲突的主要原因有：第一，目标不一致。渠道成员在各自的经营过程中所设定的目标不一致，是引起渠道冲突最主要的一个原因。比如，生产商的目标是增加市场份额，力求在短时间内占领市场，而分销商则是为了短期的销售利润，要求生产商给予最优惠的价格。如果分销商在短期内无法盈利，他们就会去寻找别的生产商合作。再比方说，分销商希望通过更高的毛利率、更快的存货周转率、更低的支出及更高的销售提成来谋求利润的最大化，而生产商却未必想要如此。还有，生产商可能想要通过低价策略实现快速市场渗透，而经销商则可能更偏爱高毛利和追求短期的盈利。

第二，角色和权利不明晰。渠道成员应该明确各方的权利和义务，如果没有明确双方的权利，最容易产生冲突。比方说，某大型生产企业把一定地理区域的产品经销权授予特许经销商，但是生产企业的销售人员也在这一区域内销售产品，这种地理区域划分不明确就会引起利益冲突。

第三，认知差异。生产商和中间商由于对问题的感知不同而发生分歧。比如，生产商可能对近期经济前景较为乐观，并希望经销商多备存货，但经销商却未必看好前景。再比如，生产企业派出销售人员到销售现场促销并培训经销商的营业员，但经销商却很可能认为生产商是想监督和控制自己，于是不予配合。

第四，中间商对生产商的依赖。渠道成员互相依赖的程度越大，发生冲突的可能性就越大。比如，独家的依赖程度大，双方在利益分配等方面引起的矛盾和冲突就多。企业要想顺利地化解渠道冲突，首先就要找准“病灶”，判断清楚到底是什么原因导致了渠道冲突，然后才可能对症下药。

二、渠道系统整合

渠道系统并不是将中间商联系起来就行了。渠道系统是复杂的组织与行为系统，在这个系统中，个人、中间商、公司交叉互动，以达成个人、中间商、渠道和公司目标；渠道系统也不是静止的，它随着各个产品、公司、参与者、市场、行业、宏观经济等情况的变化而改变。因此为发挥最佳功能，由于产品、行业、市场竞争、企业实力等的不同，而有个别适合的渠道系统。

渠道系统主要可概分为：一般渠道系统、垂直渠道系统、水平渠道系统、多渠道系统。其中垂直渠道系统又可分为：公司型、合约型、管理型。

（一）一般渠道系统

一般渠道系统是由制造商与无所有权、规范性或管理性关系（统称控制性关系）的中间商所组成的渠道系统；其中中间商至少有零售商，可再有批发商、也可再有经销商等。每个中间商都与制造商没有控制性关系。每个中间商相互之间通常也都没有控制性关系；每个中间商都是作为一个独立的企业实体追求自己利润的最大化，即使会损害到其他中间商或制造商，甚至系统整体的利益，有时也不在意。一般渠道系统是一种常见的基本渠道系统态。

（二）垂直渠道系统

垂直渠道系统是由制造商与中间商组成的具有控制性关系的渠道系统；其中中间商至少有零售商，可再有批发商、也可再有经销商等，而且制造商或一个中间商对整个渠道具有控制性关系（或称控制力）。控制性关系为所有权、规范性或管理性关系。控制性关系是由所有权、合约规范，或实质支配力形成；实质支配力则是由规模、营销、财务、行业、管理等综合实力形成。因此，垂直渠道系统可分为：公司型、合约型、管理型。

1.公司型垂直渠道系统

公司型垂直渠道系统是由制造商与中间商组成的具有所有权控制性关系的渠道系统；组成渠道系统的制造商与中间商均为渠道（系统的）成员，其中中间商至少有零售商，可再有批发商、也可再有经销商等，而且其中一个渠道成员对所有其他渠道成员拥有全部或支配性的所有权。公司型垂直渠道系统通常是制造商具有所有权控制力；公司型垂直渠道系统实际上是把整个渠道系统纳入一个企业或企业集团，因此具有最强大的控制力，整个渠道系统的协调性与效率通常也最好。

格力“股份制区域性销售公司”的组织结构和职责分工

格力电器渠道中间结构包括：省级合资销售公司：即格力的区域销售公司，由省内最大的几个批发商同格力合资组成，向格力空调总部承担一定数量的销售任务，并同总部结算价格。销售公司负责对当地市场进行监控，规范价格体系和进货渠道，以统一的价格将产品批发给下一级经销商。除了与总部有货源关系，听从总部“宏观调控”，价格、服务、促销实行“区域自治”。省级销售公司的毛利率一般可达10%左右。区级合资分公司：各地市级批发商也组成相应的合资分公司，负责所在区域内的格力空调销售，但格力在其中没有股份。合资分公司向省级合资公司承担销售任务，两者之间结算价格。零售商：合资销售分公司负责向所在区域内的零售商供货，零售商在此模式下显得没什么发言权，他们的毛利率较低。

2.契约型垂直渠道系统

契约型垂直渠道系统是由制造商与中间商所组成具有合约规范性控制力的渠道系统；其中中间商至少有零售商，可再有批发商、也可再有经销商等，而且其中一个渠道成员对所有其他渠道成员拥有合约规范的控制性关系。合约型垂直渠道系统通常是大型制造商具合约规范的控制力，但超大型零售商也常拥有合约规范的控制力。

产业扶贫新模式：中国石化“渠道扶贫”之易捷·卓玛泉

易捷·卓玛泉是来自于遥远的西藏念青唐古拉山海拔3 700米处的圣洁之水，从产地到城市的每个销售网点，每瓶水都经过30多次的搬运、48小时以上的运输、数千公里的漫长旅程，才像哈达一样，为消费者送上来自西藏的天然冰川水。

2014年8月，中国石化与西藏高原天然水有限公司签署战略合作协议，双方共同打造易捷·卓玛泉天然冰川饮用水，利用中国石化2.5万家易捷便利店的销售网络优势，向全国消费者提供来自西藏的高端冰川水。同年10月，中国石化易捷注资参股西藏高原天然水公司，收购该公司40%的股权，成为第一大股东。

依托中国石化的销售网络，卓玛泉顺利走出青藏高原，走进全国各地的大中小型城市。值得一提的是，作为易捷·卓玛泉销售渠道的主力军，中国石化遍布全国的2.5万家易捷便利店发挥了关键的作用。截至2018年，"易捷·卓玛泉"累计实现销量74.45多万吨，销售收入18.45亿元，间接促进和拉动西藏地区就业近800人，累计缴纳税费超2亿元。

3.管理型垂直渠道系统

管理型垂直渠道系统是由制造商与中间商所组成具有实质支配性控制力的渠道系统；其中中间商至少有零售商，可再有批发商，也可再有经销商等，而且其中一个渠道成员对所有其他渠道成员拥有由规模、营销、财务、行业、管理等综合实力形成的实质支配性控制力。管理型垂直渠道系统通常是大型制造商拥有实质支配性控制力，但超大型零售商也常拥有实质支配性控制力。

渠道系统的控制力越强，运作协调性、效率越高；垂直渠道系统通常是制造商具有控制力。垂直渠道系统是较新形态、较具协调性与效率的营销系统。在垂直渠道系统中，公司型垂直渠道系统通常最具控制力，其次为合约型垂直渠道系统，再次为管理型垂直渠道系统，如图9-3所示。

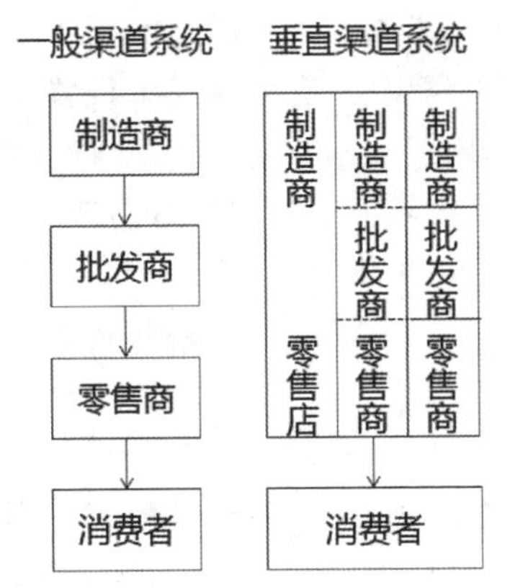

图9-3 一般渠道系统与垂直渠道系统

(三)水平渠道系统

水平渠道系统由两个或两个以上没有关联的企业联合起来，共同开发新的营销机会，通过合作，各企业将资产、生产能力或者营销资源结合起来，以达到单一企业不可能达到的经营成果。企业可以与竞争者联合，也可以与非竞争者联合；可以暂时合作，也可以长期合作，还可以建立一个新企业。例如某银行在某商店里设立了储蓄办事处和自动取款机。银行用了很低的成本就迅速进入了市场，而商店可以为其顾客提供更为便捷的服务。水平营销渠道系统甚至可以用在国际市场的营销。如雀巢公司凭借其在全球优良的业绩,与通用面粉公司合作,销售其在北美以外的谷类制品;可口可乐与雀巢建立合资公司,在世界范围内经销速溶咖啡和茶饮品。可口可乐公司提供在全球经营和分销饮料的经验,雀巢公司提供两个著名的品牌——雀巢咖啡和雀巢奶茶。

(四)多渠道系统

过去,许多企业通过单一渠道进入单一市场。今天,随着顾客细分市场和新渠道的不断出现,越来越多的企业采用营销多渠道系统。当一个企业利用两个或多个营销渠道以接触一个或更多的顾客细分市场时,就形成了营销多渠道系统。通过营销多渠道系统,企业可以得到一个好处,就是增加市场覆盖率,赢得机会调整产品和服务以满足各种消费者细分市场的需要。但是这种混合渠道系统很难控制,当越来越多的渠道相互竞争消费者和销售时,还会产生渠道冲突。

第四节　渠道规划

企业在渠道方面的核心问题,是如何建立适当、充分、有效的渠道。渠道规划是指根据产品特性以及目标市场预拟不同的渠道布建方案,然后按照绩效性、控制性、适应性的标准来评估选择确定渠道的最佳结构,即中间商的类型、每层渠道商的数量以及渠道商的权责等。

渠道规划则应先了解客户需求与市场情况,及企业的内外部环境与宏微观环境;其次是客户的需求与偏好、期望与市场生态、竞争状况来设置明确的渠道目标;然后再根据渠道目标来拟列可能适合理想的渠道建构方案;最后则对这些可能的方案进行评估,并选定最佳的渠道布建方案。简言之,渠道规划主要可分为四个程序:分析客户需求、确定渠道目标、预拟适当方案、选择最佳方案。

一、分析客户需求

根据消费客户的构成、特性、购买力、偏好、习惯,或产业客户的需求产品、总量、批量、质量、交货期、物流、服务强度、付款条件以及企业的内外部条件、农村或城市市场、市场环境、行业状况、宏微观等因素,进行客户需求的确实分析、了解及把握。

从另一个角度来看消费者的需求,渠道规划必须首先了解目标消费者希望从渠道系统中得到什么?消费者希望就在附近购买还是到较远的商业中心去购买?他们看中产品类型多样化还是专业化?消费者是否需要较多的增值服务(运输、维修、安装)还是愿意从别处获得这些服务?制造商及其渠道成员是否具有提供最快的运输、最广的产品和最多的服务等期望服务的资源和能力,也须探究;并且服务水平越高,渠道成本越高,消费价格越高,与消费者愿意承受的价格也须匹配。

例如:相对于最近的大型沃尔玛超市或者中型的屈臣氏商店,位于你所在小区的便利商店可能提供更个性化、更方便的服务、更便利的位置和更少的购物麻烦,但是它也可能价格较高。公司不但要将消费者对服务的需求与服务的可能性和成本进行平衡,还要与顾客的价格偏好进行平衡。折扣零售业的成功显示,有相当庞大数量的消费者愿意接受较低水平的服务,只要那意味着较低的价格。

二、确定渠道目标

分析探究客户的需求明细、市场情况后,接下来就须根据企业与产品的特性、内外部条件、中间商生态、竞争对手的气息等因素,来确定明确的渠道目标。

例如:公司的规模和财务状况决定了哪些营销职能由公司自己完成,哪些由中间商完成;销售易腐烂的产品的公司需要更多的直销,以避免耽误时间和手续过多。

此外,企业应通过怎样的渠道系统来跟竞争者竞争最有利?也是重要课题与渠道构建目标。有时候,企业跟主要的竞争对手几乎在每个销售点都临近在一起,是造成群聚市场与相互销售量差距不致过大的最适当布局。例如,耐克与阿迪达斯几乎每个销售点都紧邻,即是双方都不打算落后而概略均分市场的策略。

三、设计适当的渠道方案

明确制定了渠道构建布局目标后,就必须设计出可行的而且能创造最佳销售量的适当方案,渠道的方案中包括不同中间商的种类、数量、不同的渠道成员的责任等。例如戴尔过去一直通过它精细的电话和互联网营销渠道向最终消费者和企业客户直接销售;它也使用它的直接销售队伍向大型企业、组织和政府客户直接销售;为了增强企业竞争能力,开始使用百思买、史泰博和沃尔玛等零售商进行间接销售;也通过能增加价值的经销商进行间接销售。

可口可乐的渠道设计

可口可乐的渠道针对不同产品、不同顾客群体,都有独特的渠道设计。

健怡可乐 Espirit 专卖店:可口可乐曾把健怡可乐产品放在高级女装 Espirit 专卖店销售,这凸显出了健怡产品的顾客定位——收入较高、新潮、品位、注重健康与个性的年轻白领。绝大部分在 Espirit 店里看到健怡产品展示的都成了健怡的忠实消费者。这种思路给营销人提供了开发新渠道的思路与方法——能将产品与消费者市场细分进行对应,市场定位极具针对性,这就是值得尝试的好渠道!

玻璃瓶装"小红帽"配送:玻璃瓶装可口可乐的消费者主要是一些早期消费过这类包装形式的可乐的人,还有当场即饮的社区便利型消费者。这些消费群体很大一部分集中在一些成熟的社区,他们习惯在社区里消费,他们有一个最大特点就是常看报,于是可口可乐公司通过与某些报纸的"小红帽"配送体系建立合作关系,针对玻璃瓶装的主要消费人群,开发了这一独特约销售渠道。

可口可乐酷儿小学商店:可口可乐"酷儿"产品的消费考群体是 5～12 岁左右的孩子,

可口可乐为推动酷儿的销售,将小学周围几百米范围划为“渠道圈”,或者说“终端圈”,这样一来,整所学校的学生也就是酷儿的目标消费群体,都被这个渠道团囊括进去了,这也成就了一条新渠道。

冰露水小卖部:可口可乐冰露水的诞生是有战略目的的。可口可乐为抗衡竞争者,在该饮品上采取了很多非常规手法,如冬季上市、包装颜色设计不同、销售队伍任务设计与安排重点、故意断货销售、特价审批、考核新方式,等等。而在渠道方面,可口可乐砍掉所有其他渠道,集中一点在竞争对手的主力渠道也就是传统型终端上,将冰露水推送到大大小小的小卖部,不但集中火力,还紧贴对手渠道的陈列、生动化、位置,等等。可口可乐在酷夏还在很多城市开辟了“冷藏品批发商”的渠道,使消费者能够买到冰爽透心凉的可口可乐饮料,这一合作计划,使可口可乐夏季的销量取得了超出原计划四五倍的可喜成绩。

销售渠道各层次中间商在消费市场是零售商、批发商、经纪商等,在产业市场是产业经纪商、批发商、代理商等。其各层次中间商的数量在最接近客户的层次最多,向上越来越少,呈金字塔往上明显缩减的样式,因此只要确定最接近客户层次的零售商或产业经纪商的数量,往上层次中间商的数目也大致可确定。

以消费市场对消费者销售点的数量布局来看,有三种主要方式:密集分销、选择分销、独家分销。这三种分销的密度的布局,主要是跟客户数量与购买次数、金额的密度(统称消费密度或购买密度)相匹配对应的(当然制造商自设专卖店的多寡,也影响借重外部零售商的需要)。

比如说,在城市中,至少每 20 万人口才可开设 1 家大型超市;至少每 2 万人口才可开设 1 家中型超市;每天人流量至少 2 万人的路段至少 100 米间隔才可开设 1 家便利商店等等。但这些门槛随着电子商务越来越发达,必然也越来越高。

在产业市场,这三种分销(点)密度的布局,不但与购买密度有关,也与技术咨询指导、维修等服务密度有关;当然电子商务推行的程度,也会明显降低销售密度的需要(而制造商自设营销点的多寡,也影响借重外部的产业经销商的需要)。

(一)密集分销

由于购买密度高,因此需要较高的销售密度,而需要尽可能多的密集销售点;密集销售点能扩大市场覆盖面,或使产品充分满足市场,在消费市场使广大的消费者能随时随地买到产品。消费市场中的便利品、快消品等和产业用品中的供应品、消耗品等,通常采取密集销售点。例如牙膏、糖果、卡夫、可口可乐、金佰乐、保洁、文具、办公用品等产品在许多商店里销售,为客户创造购买的便利性,也把握了市场需求。

优点是渠道成员之间激烈竞争和最大限度的产品市场覆盖率,能最大限度地便利消费者而推动销售的最快速的增长。缺点在于公司的服务、培训和支持系统,以及沟通网络负担很大;经销商之间的过度竞争会造成销售努力的浪费,还会降低对消费者的服务水平;经销商对公司的忠诚度低;影响公司统一稳定的价格水平

(二)选择分销

由于购买密度不是很高,因此只需要适度的销售密度,而只需要几个精心选择的限定

销售点就可充分适当地满足市场。在消费市场，选择分销大致适用于所有产品，但相对而言，选购品和特殊品最适合采取选择分销；在产业市场，需要销售密度相当高的地区或涵盖范围很大的区域才适合选择分销。例如大型家电产品通常通过选择分销来销售。

(三)独家分销

独家分销又称单一销售点。由于购买密度不高因此不只需要较高的销售密度，而只需要精心挑选的单一销售点就可充分适当地满足市场。除顶级客户非常密集的极少数区域外，顶级市场的产品都采用独家分销；有利于制造商与经销商掌控市场，强化产品形象，强化制造商与经销商的合作并简化管理，但采用独家销售，双方的相互依赖度大为提高，可能会使制造商受制于独家经销商，或由于经销商疏失导致销售不佳而造成制造商的损失。

例如宾利汽车都是独家经销商，即使大城市有两家经销商，也是划分区域，各自为各别区域的单一经销商；通过独家经销，宾利公司获得经销商强力的支持与配合，也能很好地控制价格、促销、信誉和服务；同时也提高了宾利公司与经销商的形象，确保良好的销售量和高获利。

四、评估并选择最佳方案

如果公司设计出几个不同的但可行而且能创造最佳销售量的适当方案后(个别的方案包括不同中间商的种类、数量、不同的渠道成员的责任等)，接下来就须对这些方案进行评估，从中选择出最能达成可持续最大获利的最佳渠道方案。

评估标准有绩效性、控制性、适应性三项标准。

一是绩效性：评估比较不同渠道的可能销售额、成本和获利能力；考虑每种渠道需要多少投资、带来多少回报。

二是控制性：评估比较不同中间商所要求对产品营销方面自主权的程度与适当性。

三是适应性：渠道商通常要求长期的承诺，而制造商则希望尽可能保持渠道的灵活性以适应市场与环境的变化。

第五节　渠道管理

渠道管理是制造商为使渠道运作发挥最大的绩效并不断改进渠道结构，而对渠道进行的管理，以确保最佳渠道的渠道架构与成员组成、渠道成员间及公司和渠道成员间相互协调和通力合作顺畅、绩效表现优异。渠道管理主要内容有选择渠道成员、激励渠道成员、处理渠道冲突和渠道评价改进。

一、选择渠道成员

渠道各层次成员中间商的选择。要从各个中间商过去的营业状况、经营历史，信誉，销售能力及管理能力，业务人员的素质和工作态度，产品销售组合内容，储存、运输等设备条件，市场覆盖范围，顾客类型及购买力，目标市场的一致性，地理位位置及合作意愿高低等方面进行查核选择。

二、激励渠道成员

激励渠道成员的方式有正反两种。正面激励的方式包括销售奖金、交易折扣折让、销售竞赛等奖励的方式；负面激励包括提高产品售价、减少销售优惠等惩罚的方式。然而正确的激励方式应该注意渠道成员间的长期性配合，根据彼此的基本需要及利益，建立互助互利的合作关系。可考虑下述的概念与方式。

其一，合作。采用“胡萝卜加大棒”的做法，激励与处罚兼具，既使用积极的激励手段，也采用适当的处罚措施。

其二，合伙。着眼于与中间商建立一种长期的合伙关系，达成一种协议，仔细研究并明确自身应该为中间商做些什么，如产品供应、技术指导、售后服务等，也让中间商明白自身责任和义务。

其三，营销计划。建立一个有计划的、实行专门化管理的垂直营销系统，把生产者和中间商需要结合起来。

拓展阅读 9-1　理解渠道成员的需要和欲望才能激励其达到最高绩效

从某种程度上来说，渠道中间商也是企业的特殊顾客，企业需要理解他们的需要和欲望，并采取恰当的激励措施，以提高中间商的绩效。有的企业会采取较高的毛利、特殊优惠、奖金、合作性广告补助、陈列津贴以及销售竞赛等正面激励；有的企业则会对表现不佳的中间商采取威胁、降低毛利、延迟发货或终止关系等反面制裁。而更为精明的公司则会努力与中间商构建长期的合作伙伴关系，他们清楚地告诉中间商自己想要什么，包括市场覆盖率、存货水平、营销开发、客户要求与技术建议和服务，同时他们也会明确地承诺会给中间商回报什么。这种合作伙伴式的关系能让中间商的潜力最大化地发挥出来。

激励中间商的方法很多，不同企业所用方法不同，同一企业在不同地区或销售不同产品时所采取的激励方法也可能不同。激励方式的选择要具有针对性。依据企业销售产品的不同和选择中间商的不同，激励方式也会有所不同。任何一家企业在选用激励方式之前都要分析激励对象，即中间商和其他分支机构的需求，然后设法满足。如果不分析中间商的需求情况，随便采取一种激励手段，其激励效果可能不会很好，有时甚至起负面效果。对于每个经销商来说，促使他们参加渠道体系的条件固然已提供了若干激励因素，但是这些因素还需要通过制造商经常的监督管理和再鼓励得到补充。对渠道成员的激励其实就是了解各个中间商的不同需要和欲望，然后以相应的方式去满足他们。企业为中间商提供市场热销产品，及时提供必要的业务折扣，给予中间商适当的利润，对中间商进行适当的培训等等，都是不错的激励形式。

三、渠道评估与改进

制造商必须定期对渠道进行评估，并根据渠道整体运作情况、渠道成员绩效表现、市场发展变化趋势，加以改进以维持渠道竞争优势。评估中间商业绩的指标有：销售定额完成情况、平均存货水平、向顾客交货时间等。可将一定时期内各中间商的销售额列出，且依销售额大小排出名次，促使先进的中间商努力保持已有的荣誉，后进的中间商为了自己的荣誉奋力上进。此外仍有两种办法可供使用，即将每一中间商的销售绩效与上期的绩效进行比较和将各中间商的绩效与根据该地区的市场环境、销售实力所设立的销售定额相比较。也可考虑对绩效表现较差的中间商进行边际分析及替换分析：分析增加或减少某一家中间商，对整体销量、利润及成本的影响及变化；以及分析由一家中间商取代另一家中间商时所产生的正、负影响，分析除了包括销售、利润、成本的影响外，同时也要考虑渠道功能的整体性问题及变化。

一汽大众官方电商平台重塑销售机制

2018 年 7 月 20 日，一汽—大众官方电商平台正式发布上线。作为国内销量一直居于领先的合资公司，官方电商平台的发布还是体现出一种新时代汽车行业背景下的创新冲动，以及数字化策略的升级考量。

一汽—大众汽车有限公司商务副总经理、一汽—大众销售有限责任公司总经理董修惠在发布会上就表示：“面对数字化时代新的竞争形势，一汽—大众官方电商平台的建立是一汽—大众适应未来竞争的关键一步。我们将以更加开放的思维和心态，顺势而为，布局未来，直面挑战，迎接变革，加速推进一汽—大众从传统的汽车制造商向未来综合性出行解决方案提供者转变。”

当前的汽车行业，新技术、新模式、新趋势不断涌现，互联网造车企业越来越多，一场新的变革已经到来。汽车消费市场的消费者也已经发生变化，90 后的年轻一代已成为消费主力，其消费习惯和数字化需求对各大车企的销售和服务都提出了新的挑战。

一汽大众此次正式推出官方电商平台，就是适应当前年轻用户的需求，以打通线上线下销售渠道，实现品牌的年轻化、互联化、数字化。一汽—大众销售有限责任公司执行副总经理孙惠斌就说：销售渠道上的数字化升级就是打造属于自己的电商平台，这不仅是实现销售渠道数字化升级所迈出的重要一步，更将全面满足年轻消费者的数字化需求。

一汽大众电商平台，通过选简单、购简单、享简单和用简单四大维度，希望覆盖用户“看、选、买、用、卖”的全消费场景。更加值得关注的是，一汽大众将在未来整合各方面资源，加强异业合作，融入汽车生活场景，进一步满足消费者多元化需求。

选简单就是,一汽一大众官方电商平台内可提供权威透明的官方信息、精准的产品索引,通过用户行为大数据,以智能化推荐为用户提供最佳选择。此外,为满足消费者的个性化需求,官方平台内还提供 T-ROC 探歌 C2M 个性化定制产品的服务,11 种颜色,36 个选配项目,累计 5 298 种搭配供用户选择;并实现用户对生产、物流过程实时全程可视化,OTD 交付周期仅需 45 天。

购简单,一汽一大众电商平台结合腾讯云 AI 开放平台和一汽金融风控模型提供在线授信、金融服务等功能,通过线上前置金融购车交易流程,客户只需线上输入 15 个字段,5 分钟内就能给出用户授信额度,直接线下购车,大幅优化用户的购买过程,提升用户体验;二手车版块除常规的买、卖、置换功能外,官方电商平台还创新地提出 C2B 竞价模式,用户卖车,经销商参与竞拍,用户可在线上体验更简单便捷的卖车及置换服务。

享简单,为了保证用户体验一致,官方电商平台将与会员体系打通,电商账号和会员账号统一,实现线上线下积分同步,用户只需注册官方电商平台,即可享受到一汽一大众的会员服务;同时官方电商将开展多种形式的专属活动提升用户个性化体验。值得一提的是,在一汽一大众官方电商平台上线前曾小试牛刀,实现了 10 秒,888 台 T-ROC 探歌限量版抢购一空的超人气表现。未来,官方电商平台还将开展更多异业合作,并融入车联网及移动出行业态,让用户享受车生活带来的简单与便捷。

用简单,从选车、买车、用车到卖车,一汽一大众官方电商平台提供一站式高效、完善的服务体系;同时,支持多端跨屏,涵盖客户端、厂商端、经销商端,以及 PC、移动端、小程序,让用户随时随地浏览官方电商平台;此外,还支持 7×12 实时在线客服,提供及时的信息反馈,为用户提供更友好易用的交互体验。

面对数字化时代新的竞争形势,一汽一大众官方商城的建立是一汽一大众适应未来市场竞争的关键一步,代表一汽一大众向新零售领域迈出坚实步伐。一汽一大众将借助官方电商平台,全面做好用户全生命周期管理,将官方电商平台打造为客户"全生命周期一站式服务平台",让消费者的汽车生活更加简单。

资料来源:https://baijiahao.baidu.com/s?id=1607135548670318695&wfr=spider&for=pc

从企业整体营销来看,渠道评估与改进可分为三个层面:

第一,整体渠道层面(整体渠道策略):企业整体直接间接渠道、渠道类别的配置是否已达最理想状况。比如是否须要大力拓展网络销售渠道,以把握网络经济来势汹汹的大趋势?

第二,个别渠道层面(各别渠道系统):各别细分市场渠道系统结构是否已达最理想状况。比如是否需要增加或剔除某些个别渠道、某些渠道类别,或调整某些个别渠道的长度?

第三,渠道成员层面(渠道成员配置):各别渠道成员配置与表现是否已达最理想状况。比如是否须要替换、增加或剔除某些个别成员?

渠道评估与改进主要具体内容还应该包括:

一是渠道结构评估:主要是评估渠道结构、布局、覆盖是否理想或需要改进,使产品销售完全达到市场最大潜能，以实现企业可持续最佳获利的目标。

二是渠道成员评估：主要是评估渠道中间商销售业绩表现，以及如何辅导表现较差的成员达到应有表现、如何协助整体成员业绩持续亮丽增长。

三是渠道改进评估：主要是评估整个渠道结构、布局是否需要改进、如何改进，是否需要进行中间商的增减、替换，使产品销售完全达到市场最大潜能，以实现企业可持续最佳获利的目标。

第六节　营销物流

物流是企业在进行生产与营销的活动中，原料运送及产品递交的物体流动过程。因此，商业物流可分为生产物流与营销物流；生产物流是原料运送的物体流动过程，营销物流是产品递交的物体流动过程。（在此，原料是所有生产所需投入物质的统称；含原物料、添加料、耗材、零部件、设备厂房修护器物等。）优异的营销物流是让客户方便地买到产品，或让客户在最短时间满意地收到订购的产品；因此，营销物流也涉及生产物流。本节即在探讨营销物流。

一、物流管理

营销物流的目的是以最低的成本，让客户能在最方便的时候买到产品，或在最短时间内满意地收到所订购的产品。营销物流管理是探讨并实现营销物流的目的的举措；或者说，营销物流管理是探讨并实现以最低的成本，让客户能在最方便的时候买到产品，或在最短时间内满意地收到所订购的产品的举措。因此物流涉及最适当的产品铺货量、最适当的产品库存量，甚至最迅速的产品组装规划、最适当的原料供应规划。

营销物流是最前沿的成本经济学

企业在渠道管理中，必须重视营销物流成本。有数据表明，营销物流的总成本在某种情况下约占产品成本的30％～40％。所以，很多渠道专家称营销物流是“成本经济的最后一道防线”。控制住物流成本，企业就能向市场提供更低价格的产品，获取更高的毛利润。

企业从原材料和零部件采购、运输、加工制造、分销直至最终送到顾客手中的这一过程被看成是一个环环相扣的链条，这就是供应链。供应链管理就是指对整个供应链系统进行计划、协调、操作、控制和优化的各种活动的过程，其目标是要将顾客所需的适当的产品在适当的时间，按照适当的数量、适当的质量和适当的状态送到正确的地点——即“6R”，并使总成本最小。

营销物流成本现在已经成了企业不得不考虑的成本控制环节。地理距离、人口密度、辅助性基础设施等都会影响市场进入的难易程度以及物流效率。尤其在我国,国土面积大且不利的地貌阻碍了交通网络的完善。我国在物流领域的开支占到GDP的15%,而美国仅占10%。

随着互联网时代的来临,现代物流具备了一系列新特点,物流信息化是其中一个重要表现。物流信息化,也就是物流信息的商品化、物流信息搜集的数据库化和代码化、物流信息处理的电子化和计算机化、物流信息传递的标准化和实时化、物流信息存储的数字化等。借助于互联网信息技术,企业能够在微利时代从物流成本中挤出效益来。

二、主要物流功能

营销物流是以最低的成本,让客户能在最方便的时候买到产品,或在最短时间内满意地收到所订购的产品的举措;营销物流涉及最适当的产品铺货量、库存量、订单处理、运输、仓储、配送、各相关环节掌控等过程。营销物流主要功能为存货管理、仓储管理、运输配送、物流信息管理。

9-8 **宜家的物流优势**

世界上最大的家具零售连锁店宜家,它能做到以低于竞争者20%的成本生产高质量的家具。宜家的成本节约来源于其周密的管理体系,以及高效率、低成本运转的供应链。这是宜家可以像沃尔玛那样在零售领域出色的一个很重要的原因。

宜家严格地控制着物流的每一个环节,以保证最低成本。宜家的产品推行的是"平板包装",也就是把所有的产品都做成顾客可以方便安装的零部件,而不是大件的成品。这大大降低了运输成本和难度,还提高了运输的效率,同时节省了大笔产品组装的成本。为了进一步降低运输成本,宜家甚至到了"锱铢必较"的地步,比方说,它会抽掉枕头的空气,因为这样更便于运输,更省钱。

宜家在全球的近20家配送中心和一些中央仓库大多集中在海陆空的交通要道,这是为了节省时间。所有商品被运送到全球各地的中央仓库和分销中心。通过科学、精确的计算,宜家会决定哪些产品在本地制造销售,哪些出口到海外的商店。同时,每家宜家商店会根据自己的需要向宜家的贸易公司购买这些产品,通过这种方式,宜家可以顺利地把所有商店的利润吸收到国外低税收甚至是免税收的国家和地区。

多年来,宜家积累了一套节约成本的秘诀,比如大量购进家具,从而获得低价格,家具设计成"可拆装"形式,降低运输成本;顾客自运回家,降低送货成本;顾客自己组装,降低组装成本;薄利多销。每一个环节上都节省一点,整个环节下来,就能为企业节省一大笔费用。

(一)存货管理

库存控制系统是物流大系统中重要的子系统,是物流管理的一个重要领域。把库存量控制到最佳数量,尽量少用人力、物力、财力把库存管理好,获取最大的供给保障,是很多企业追求的目标,甚至是企业之间竞争生存的重要一环。物流的库存控制系统可提供以控制库存为目的的相关方法、手段、技术、管理及操作过程的集合,这个系统提供了入库、储存、订货、出货的详细信息,甚至产生最适库存量的参考数据供库存决策参考,以实现制造商最适当地控制库存的目的。

(二)仓储管理

在物流系统中,仓储功能包括了对进入物流系统的货物进行堆存、管理、保管、保养、维护等一系列活动。仓储的作用主要表现在两个方面:一是完好地保证货物的使用价值和价值,二是为将货物配送给用户,在物流中心进行必要的加工活动而进行的保存。随着经济的发展,物流由少品种、大批量物流进入多品种、小批量或多批次、小批次物流时代,仓储功能从重视保管效率逐渐变为重视如何才能顺利地进行发货和配送作业。流通仓库作为物流仓储功能的服务据点,在流通作业中发挥着重要的作用,它将不再以储存保管为其主要目的。流通仓库包括拣选、配货、检验、分类等作业,并具有多品种,小批量、多批次小批量等收货配送功能,以及附加标签、重新包装等流通加工功能。根据使用目的,仓库的形式可分为:

(1)配送中心型仓库:具有发货,配送和流通加工的功能。

(2)存储中心型仓库:以存储为主的仓库。

(3)物流中心性仓库:具有存储、发货、配送、流通加工功能的仓库。

物流系统现代化仓储功能的设置,以生产支持仓库的形式,为有关企业提供稳定的零部件和材料供给,将企业独自承担的安全储备逐步转为社会承担的公共储备,减少企业经营的风险,降低物流成本,促使企业逐步形成零库存的生产物资管理模式。

(三)运输配送

运输配送是物流的核心业务。选择何种运输手段对于物流效率具有十分重要的意义,在决定运输手段时,必须权衡运输系统要求的运输服务和运输成本,可以从运输机具的服务特性作判断:运费、运输时间、频度、运输能力、货物的安全性、时间的准确性、适用性、伸缩性、网络性和信息等。

配送功能的设置,可采取物流中心集中库存、共同配货的形式,使中间商实现零库存,依靠物流中心的准时配送,而无须保持自己的库存或只需保持少量的保险储备,减少存货成本的投入。配送是现代物流的一个最重要的特征。

装卸搬运是随运输配送而产生的必要物流活动,是对运输配送、仓储、生产等活动进行衔接的中间环节,以及在保管等活动中为进行检验、维护、保养所进行的装卸活动,如货物的装上卸下、移送、拣选、分类等。装卸作业的代表形式是集装箱化和托盘化,使用的装卸机械设备有吊车、叉车、传送带和各种台车等。在物流活动的全过程中,装卸搬运活动是频繁发生的。因而是产品损坏的重要原因之一。对装卸搬运的管理,主要是对装卸搬运方式、装卸搬运机械设备的选择和合理配置与使用,以及装卸搬运合理化,尽可能减少装卸搬运次数,以节约物流费用,获得较好的经济效益。

(四)物流信息管理

现代物流是需要依靠信息技术来保证物流体系正常运作的。物流系统的信息服务功能,包括进行与上述各项功能有关的计划、预测、动态(运量、收、发、存数)的情报及有关的费用情报、生产情报、市场情报活动。物流情报活动的管理,要求建立情报系统和情报渠道,正确选定情报科目和情报的收集、汇总、统计、使用方式,以保证其可靠性和及时性。

信息化处理运送、保管、装卸、包装等功能,可使物流更具系统化及效率化。物流系统信息化的概念起源于个人计算机及网络的普及,信息化可促进企业有效管理生产、运送、保管、装卸、包装、出货等过程,达到省力化、效率化的目标。

从信息的载体及服务对象来看,该功能还可分成物流信息服务功能和商流信息服务功能。商流信息主要包括进行交易的有关信息,如货源信息、物价信息、市场信息、资金信息、合同信息、付款结算信息等。商流中交易、合同等信息,不但提供了交易的结果,也提供了物流的依据,是两种信息流主要的交汇处;物流信息主要是物流数量、物流地区、物流费用等信息。物流信息中的库存量信息,不但是物流的结果,也是商流的依据。

物流系统的信息服务功能必须建立在计算机网络技术和国际通用的 EDI 信息技术基础之上,才能高效地实现物流活动一系列环节的准确对接,真正创造“场所效用”及“时间效用”。可以说,信息服务是物流活动的中枢神经,该功能在物流系统中处于不可或缺的重要地位。

信息服务功能的主要作用表现为:缩短从接受订货到发货的时间;库存适量化;提高搬运作业效率;提高运输效率;使接受订货和发出订货更为省力;提高订单处理的精度;防止发货,配送出现差错;调整需求和供给;提供信息咨询等。

第七节　趋势与热点:“新零售”与渠道变革

2016 年 10 月,阿里巴巴创始人马云在演讲中第一次提出了新零售:“纯电商时代很快会结束,未来 10 年、20 年,将没有电子商务这一说,只有新零售这一说。也就是说,线上线下和物流结合在一起,才能诞生新零售。”

区别于以往任何一次零售变革,新零售将通过数据与商业逻辑的深度结合,真正实现消费方式逆向牵引生产变革。它将为传统零售业态插上数据的翅膀,优化资产配置,孵化新型零售物种,重塑价值链,创造高效企业,引领消费升级,催生新型服务商并形成零售新生态,是中国零售大发展的新契机。

一、零售业发展史

零售业是伴随着人类文明产生的,在人们知道以物换物时,零售业就已经存在了。在零售业历史研究中,西方经济学家总结的三次革命分别是百货商店、连锁店以及超级购物中心的出现。近年来,第四次零售革命的概念也逐渐兴起。零售业正从以生产为导向的传统零售逐渐转向以消费为驱动的新零售,新的零售业态不断丰富。如表 9-1 所示。

表 9-1 零售业态的四次革命及第四次革命不同细分领域

零售革命	出现时间	业态类型	成本/效率	体验
第一次	1852	百货商店	支持大批量生产，效率提升、价格降低	博物馆式陈列，购物更便捷
第二次	1859	连锁商店	通过统一化管理和销售规模化，实现成本和效率再次升级	选址贴近居民社区，更具便捷性
第三次	1930	超级市场	现代化 IT 系统，进一步提高流通速度和周转效率	开架销售、自我服务、体验较好
第四次	1990	电商(互联网时代)	颠覆传统多级分销体系，降低分销成本	虚拟空间不受物理限制，商品选择范围不断扩大
	2013	O2O(移动互联网时代)	人工配送，成本部分提升	在家、公司消费，体验进一步提升
	2016	新线下零售(物联网等新技术，改善基础设施)	降低人工成本，但技术成本仍待优化	通过人脸自动支付等手段提升消费体验

对于零售业态的第四次革命可以再细分为三类：第一类，互联网时代的电商，代表是阿里、京东等巨头，时间要求在 1～3 天内，适合标准化的大众商品；第二类，移动互联网时代所兴起的以最后 3 公里配送为核心的饿了么、美团等对及时性要求非常高的 O2O 平台(包含 O2O)，其更适合餐饮类产品，但也正逐渐拓展到更多品类；第三类，通过物联网改造线下零售基础设施的“新线下零售”，带来的是传统线下零售体验感的进一步提升，比如无须排队支付等着力于解决消费者或者厂家痛点的变革。

这三类业态中，从成熟度来看，以京东、阿里为代表的互联网电商已经比较完善，盈利模式和能力已经在资本市场获得认可；而饿了么等 O2O 平台(包括达达、闪送)虽然现阶段争议比较大，但未来发展可期；以 RFID 物联网、人脸识别、电子价签等新技术为代表的新线下零售，目前仍在探索阶段，市场前景广阔。

而从零售产业的四次升级革命浪潮来看，零售业态的本质并未改变，始终是围绕着效率＆成本和体验感在不断演化。我国零售业态经历了“百货商店—大型集市—购物中心—线上购物—新零售”五个发展阶段，从 2016 年起，我国零售业进入新零售时代。

从“双十一”十年看中国零售进化史

十年双十一，十年变革史

首届“双十一”购物节诞生于 2009 年，其销售目的很明确：一是去库存，二是年底冲业绩，三是打折促销。但十年走过，我们发现双十一已经不再是促销的代名词，更像是一次购物狂欢节，也许商品的价格不一定优惠很多，但消费的需求却一年比一年旺盛，这背后反映出的是中国零售业的变革。

十年走过，最初的网购总是和“性价比”甚至“低价低质”联系在一起，但现在诸多海淘平台兴起，天猫、京东主打品牌化、品质化，线上购物已经成为全民的消费方式。更为重要的是，十年前线上线下是相对分隔的，但十年后，新零售风起云涌，通信技术的发展使得隔阂融化，未来零售业态将会有更多想象空间。

从中国制造的力量演化为中国消费的力量

十年前，消费对经济增长的贡献率不足50%，投资出口是绝对主力，十年后消费成为排头兵，尤其是在线上消费，无论是网购规模还是覆盖用户，中国均领先于全球各国。更为重要的是，我们看到近几年中国消费者消费结构的改变，实物型消费占比下降，服务型消费，甚至是虚拟消费占比快速上升。十年，中国不仅展现出在制造业上充足的活力，更变现了在消费领域足够的潜力和动力。

全产业链赋能零售终端，数据将推动新零售登上新台阶

零售的本质是服务，未来零售服务的模式将由全产业链各环节共同赋能。过去的十年间，我们看到整合营销、手机支付和即时物流异军突起，为零售业带来了更多的创新发展。其中，整合营销使得线上零售更有效地通过多渠道获取客源，以较低的成本实行线下宣传，从而弥补网络品牌实体店缺乏的劣势；手机支付使得购物数据能够在线上线下畅通流转，使得基于用户喜好而定制的产品变成可能；即时物流为餐饮、生鲜等高频率、短保质期类型的消费提供了更广阔的平台，激发了消费者的购物潜力。

此外，我们还注意到，零售的需求端，尤其是用户的消费习惯培养已经逐渐完成，我们关注未来在产业链上游，特别是供给端的数字化改革，随着阿里、腾讯等多家互联网巨头布局零售前端数字化改革，这块在未来迸发出的活力值得期待。

二、新零售

（一）新零售概念

新零售是零售模式与形态创新发展下催生的一个泛华的“概念”，在概念形成和探索的过程中，各个企业的探索和尝试，对于新零售的理解各不相同（见表9-2），也反哺了零售业的发展。

表9-2　对新零售概念的不同解读

2016年10月 小米创始人雷军	新零售就是更高效率的零售。我们要从线上回到线下，但不是原路返回，而是要用互联网的工具和方法，提升传统零售的效率，实现融合。
2016年10月 阿里创始人马云	未来，线下与线上零售将深度结合，再加现代物流，服务商利用大数据、云计算等创新技术，构成未来新零售的概念。
2017年02月 阿里CEO张勇	这个世界上本来不存在新零售，新零售是靠人创造出来的，今天我们正在走这条路的过程当中。给任何定性的描述都是不完整的，最终都要靠实践不断地去探索。
2017年03月 阿里研究院	新零售以消费者体验为中心的数据驱动的泛零售形态，从单一零售转向多元零售形态，从“商品＋服务”转向“商品＋服务＋内容＋其他”。

续表

2017 年 07 月 京东创始人刘强东	第四次零售革命下，基础设施变得可塑化、智能化、协同化，实现成本、效率和体验的升级。零售将变成"无界"和"精准"两个关键词，零售将变成"以客户为中心"和"人人市场"。
2017 年 09 月 商务部	新零售是以消费者体验为中心，以行业降本增效为目的，以技术创新为驱动的要素全面更新的零售。
学术界	"新零售"是指未来电子商务平台将会消失，线上线下和物流结合在一起，产生的一种经营业务模式，即"线上＋线下＋物流"。线上是指云平台，线下是指零售门店或制造商，强物流将库存降到最低，减少囤货量，其核心是以消费者为中心的会员、支付、库存、服务等方面数据的全面打通。

通过将以上各种说法的关键词提取，按照新零售的表现形式、影响、目标以及最终形态进行高度归纳，新零售概念总结出以下知识图谱，如图 9-5 所示。

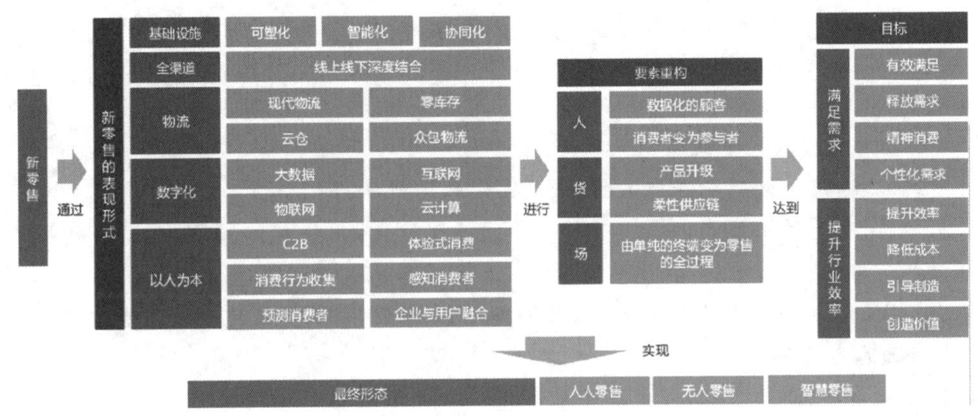

图 9-5 新零售概念下的知识图谱

资料来源：亿欧智库《2018 年中国新零售市场研究报告》

可以认为，新零售是多种业态、多种产业的融合，线上＋线下，商品＋服务，零售＋科技，以消费者为核心，通过数据驱动＋人工智能＋万物互联，实现消费方式逆向牵引生产变革。总体来讲，新零售只是互联网实现社会信息化、数字化的过程中，零售行业发展、变化的一个阶段，只不过在这个阶段，进步与变化出现了加速和集中，变得更快、更具有爆发力。当然，新零售概念也有其独特的逻辑：新零售发展孕育的背景是行业成本降低，效益增速，其核心动力依然是经济利益，是企业对于市场利润的寻找和追逐；而新零售的实现基础，则是科技的进步；新零售的特点，可以概括为数字化、全渠道以及更为灵活的供应链；新零售的发展方向，依然是跟随着消费者的需求变化，使零售创造的价值匹配消费者的需求。

新零售与传统零售的不同之处

1.渠道布局不同

传统零售：局限于从早期的"行商"比如货郎担，"坐商"比如绝大部分固定的门店，到"网商"比如第三方网店平台，这些都是靠体力、线下位置、平台流量产生购物。

新零售：新零售强调"云商"概念，从用"脚"出门购物到用"手"握住鼠标和触摸手机购物，到接下来的用"嘴"语音购物、用"眼"VR购物，用"脑"意念购物。购物的通道不断增加，从单一渠道到多渠道，再到所有渠道的协同。全渠道，是商业的未来！

2.场景不同

传统零售：传统场景是到店、拿货、付款、走人，网店零售的场景是浏览、购物车、付款、收包裹，相对来讲都比较简单。

新零售：场景因为时间和空间的变化，复杂得多，一个环节都不能掉链子，要深度闭合，玩法也比较多，更精彩！包括门店购、小程序购、店中店触屏购、VR购、智能货架购、直播购等。

3.购物时间、空间、方式不同

传统零售：消费者只能在规定的时间、固定的场所、买到大众化的商品。

新零售：今天的消费者，希望在任何时间、任何地点，用任何方式购物，想买就买。并且可以到店自提、门店配送、快递配送、定期送等。如果我们的商家做不到，任何时间、任何地点，用任何方式让消费者接触并购买你的产品和服务，那你最终会被消费者所遗忘。

4.对顾客态度不同

传统零售：以商品为本，想方设法把商品卖给消费者。

新零售：以人为本，聚集同一社群属性的消费者，根据他们特点和所需提供相应的产品和服务。这样，商家就需要更多商品和服务资源提供给消费者，这对传统的供应链体系是极大的挑战。

(二)新零售特点

新零售最大的特点便是数字化、全渠道以及更灵活的供应链这三个维度的交互融合。其中，数字化是最核心的特点，也是全渠道和更灵活的供应链的实现基础。

1.数字化

数字化是高效统筹零售全流程中人、货、场、物流等各个元素的基础，是提升零售整体运营效率、减少流通损耗的关键点。新零售时代，线下场景成为数据节点，各种传感器使得企业可以收集到更多数据，帮助去管理渠道、供应链、商品状态检测以及消费者行为分析。借助数字技术，不只是食品生鲜业，文化娱乐业、餐饮业、物流业乃至未来将有更多行业衍生出新零售形态。更多的商业元素走向数据化，更多新零售物种不断孵化产生，最终甚至实现"人人零售"。如图9-6所示。

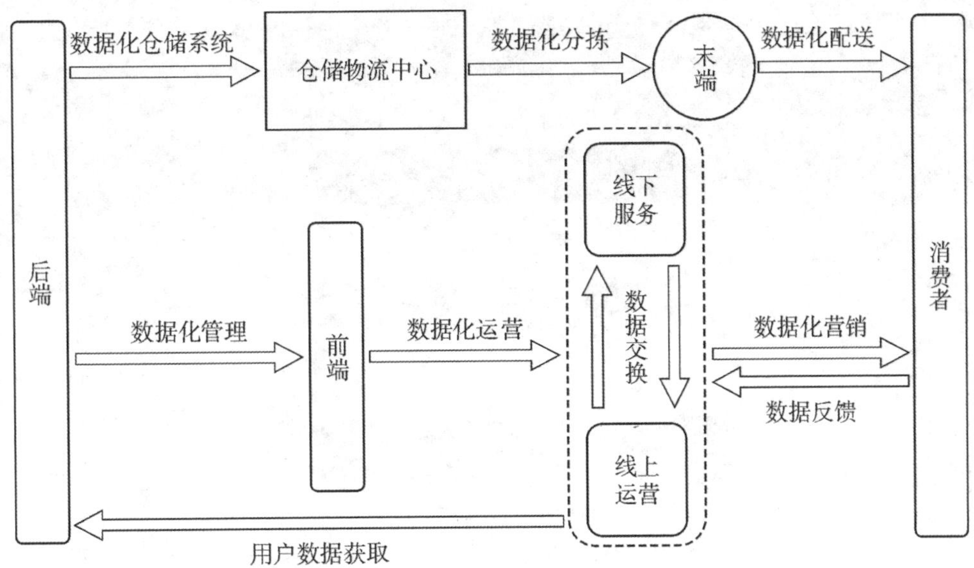

图 9-6 数据交换实现消费者全方位信息闭环

资料来源:亿欧智库《2018 年中国新零售市场研究报告》

无人值守便利店——数据能力是关键

缤果盒子是全球第一家可规模化复制的 24 小时无人值守便利店。解决了传统线下零售没办法解决的最前端人员的数据化问题,即没有消费者的用户画像。每一个盒子都是一个信息收集点,能精准控制库存和商品种类,未来可以做到前端卖、后端补,系统会根据进店消费顾客的喜好自动生成一个针对性的促销。

2018 年 1 月 17 日,缤果盒子发布了其基于成熟的图像识别技术而打造的无人收银解决方案——Bingo BoxMini。借助 Bingo BoxMini,传统便利店无须任何改造,即可快速实现无人化自助收银。这既解决了城市社区便利店集中度低、不够便利的问题,又解决了当下普遍人力成本高的社会现状。

2.线上线下全渠道打通

无论是线下门店,还是线上 APP、电商商城、小程序、短信、邮件 EDM 等,打通线上线下都是新零售的重点环节之一。全渠道的核心,在于为消费者提供无缝的购物体验,作用是实现线上线下流量的无缝转化。通过对数据的整合、分析、挖掘,帮助零售商实现运营策略、产品设计制作、供应链、物流交付、线上线下管理全过程的高效协同配合。同时了解消费者内心需求,开展"以消费者体验为中心"的全渠道营销,提升品牌转化率。

3.以消费者为中心

新零售之"新",还体现在供给方和消费者在市场中主客位置的变化,话语权如今转移到 C 端的手中。基于消费需求数据的 C2B 的新生产模式,真正实现了消费方式逆向牵引生产方式,从研发设计、生产制作、装备、原材料,到分销批发、零售、营销等整个商品流通

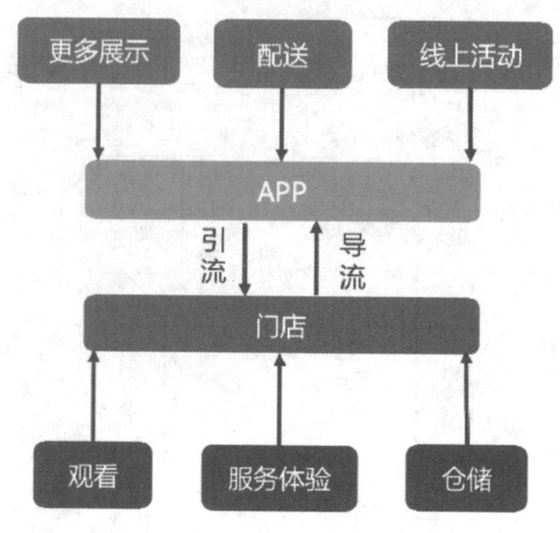

图 9-7　线上线下融合

资料来源：亿欧智库《2018 年中国新零售市场研究报告》

过程中，各方都围绕消费者而协调运作。

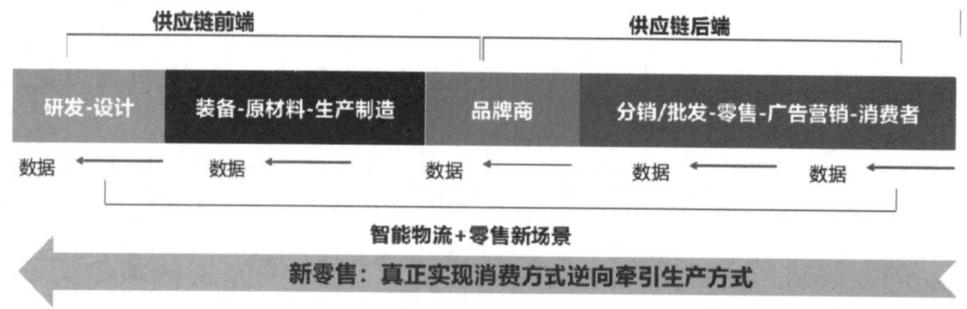

图 9-8　消费方式逆向牵引生产方式

资料来源：亿欧智库《2018 年中国新零售市场研究报告》

4.新技术应用催生新业态

大数据、区块链、人工智能、物联网等先进技术正在改变零售业态。采用 3D/4D 打印改变商品生产方式；利用 AR/VR 创造虚实结合的消费体验；使用传感器和物联网技术，打造智能门店，提升门店消费体验；运用智能化会员营销平台，在全渠道向用户自动、精准推送个性化营销信息等；数据和智能技术帮助零售业不断“突破天花板”，实现新零售模式及业态发生变化。

5.从“货—场—人”到“人—货—场”

围绕着人、货、场当中所有商业元素的重构是走向新零售非常重要的标志。新零售情境下，“人”成为零售活动的核心要素，生产商与零售商的经营活动均围绕“人”展开；零售商则成为零售活动的服务者，渠道功能有所弱化。如图 9-10 所示。

除了以消费者为中心，智能手机、电视端、智能终端，VR/AR 等技术的成熟，使消费

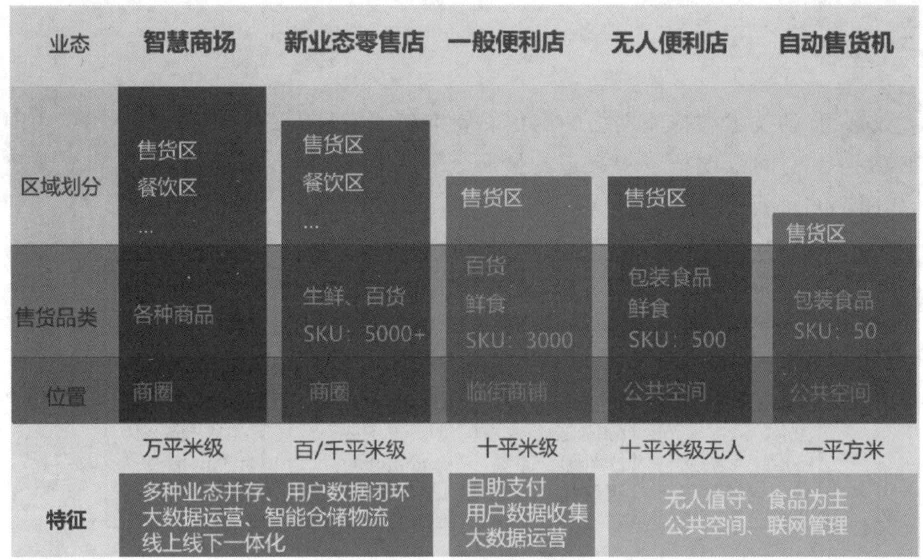

图 9-9 新技术应用催生新零售业态

资料来源：亿欧智库《2018 年中国新零售市场研究报告》

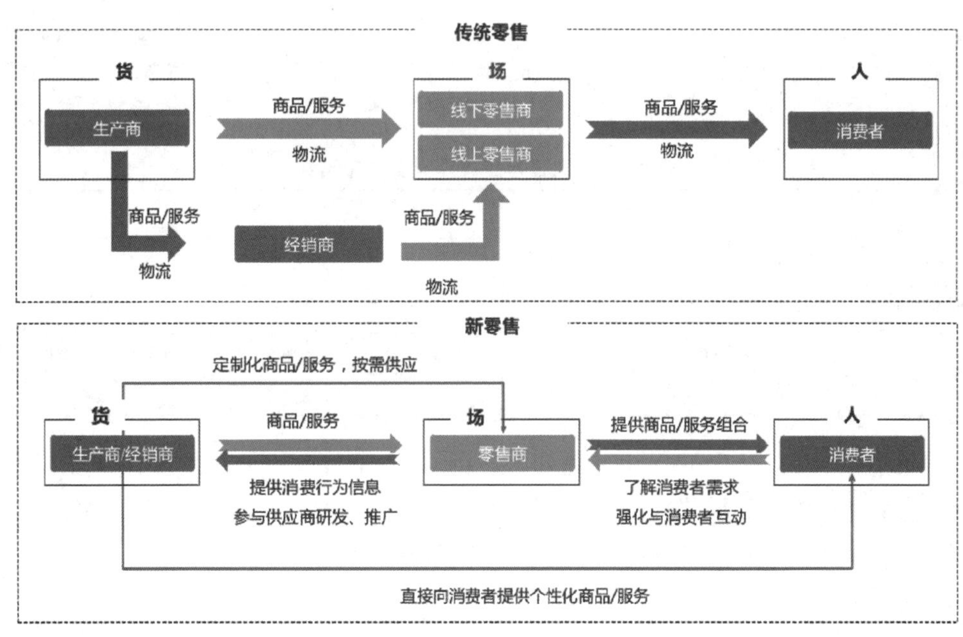

图 9-10 新零售重构人—货—场三要素

资料来源：亿欧智库《2018 年中国新零售市场研究报告》

场景无处不在。消费者对于个性化的消费需求日益升级，大众化消费时代进入到小众化消费时代，商品趋于个性化，并赋予其更多的情感交流。新的生产模式使“货”的价格退居次要位置，品质、情怀越来越重要。

三、全渠道

大数据、移动技术和物流网络的迅猛发展推动了零售渠道的变革。2013 年法国零售专家 Burdin 从空间维度把零售渠道的发展划分为单渠道、多渠道、跨渠道和全渠道四个阶段,如图 9-11 所示。

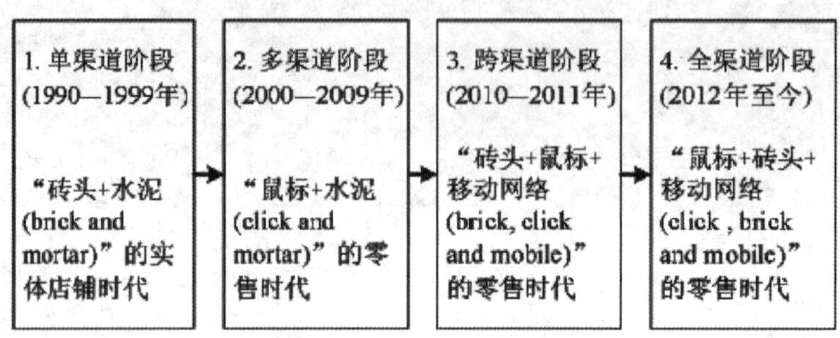

图 9-11　零售渠道变革路线图

(一)全渠道

全渠道是多渠道的一种提升和完善,其与多渠道的对比如表 9-3 所示。企业为了满足消费者任何时候、任何地点、任何方式购买的需求,采取实体渠道、电子商务渠道和移动电子商务渠道整合的方式销售商品或服务,提供给顾客无差别的购买体验。全渠道零售行为过程如图 9-12 所示。

表 9-3　多渠道与全渠道零售决策对比

	多渠道	全渠道
决策者	制造商、零售商等多个决策者	以全渠道零售商为主要决策主体
决策角度	各渠道独立决策	全渠道整合
决策变量	以定价为主,同时考虑服务水平、订货量等决策	渠道价格多数统一,更关注库存等其他决策

全渠道包括了实体渠道、电子商务渠道、移动商务渠道的线上与线下的融合;跟踪和积累消费者的购物全过程的数据、在这个过程中与消费者及时互动、掌握消费者在购买过程中的决策变化、给消费者个性化建议,提升购物体验。

全渠道和新零售的区别与联系

全渠道是一种商业渠道,从以往的单渠道到多渠道再到全渠道,更多的销售渠道上的变化,其核心问题是,如何通过渠道整合以更好地满足顾客全方位的购物体验。

新零售是一种商业模式,核心逻辑是:人—货—场。

新零售也要做到全渠道营销,全渠道思维可以运用在新零售上。

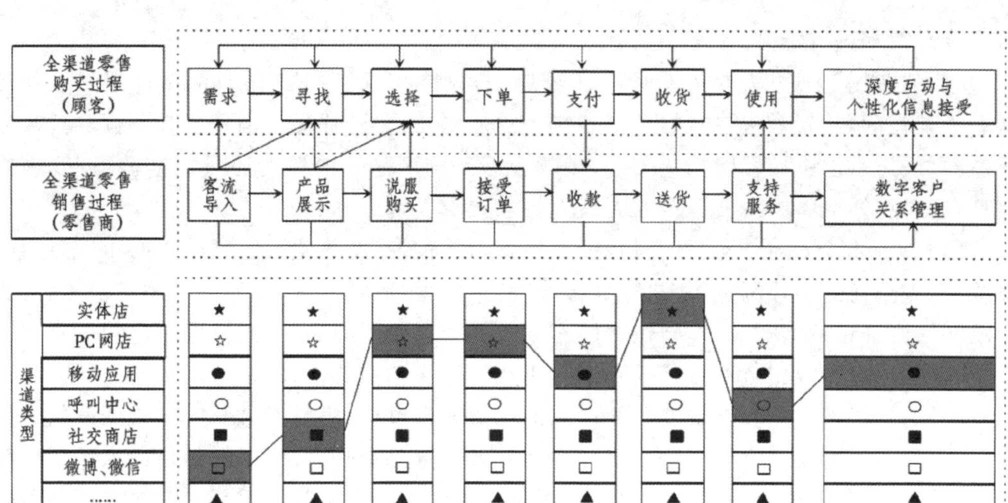

图 9-12 全渠道零售行为过程流程图

资料来源：根据颜艳春《第三次零售革命》中的顾客购物过程图总结绘制而得。

（二）全渠道营销

全渠道营销是个人或组织为了实现目标，在全部渠道（商品所有权转移、信息、产品设计生产、支付、物流、客流等）范围内实施渠道选择的决策，然后根据不同目标顾客对渠道类型的不同偏好，实行针对性的营销定位，并匹配产品、价格等营销要素组合策略。

总的来说，全渠道营销并不是公司营销战略选择的一个"备胎"，而是营销变革的必然方向。在实施过程中，需要把握以下几个关键要素：

（1）线上线下同款同价：传统零售面临着渠道分散、客户体验不一、成本上升、利润空间压缩等多个困局；新零售将从单向销售转向双向互动，从线上或线下转向线上线下融合。

（2）消费体验、定制化服务、聚会交流"社区"将成为终端门店最主要的三大功能：营销从原来的规模和标准化驱动，走向个性化灵活定制；消费者不管是在线上还是线下，他只想高效且愉悦地买到所需要的优质产品。

（3）实现全渠道数据打通：实体门店、电商（自建官方商城或入驻平台）、社交自媒体内容平台、CRM 会员系统打通，通过融合线上线下，实现商品、会员、交易、营销等数据的共融互通，向消费者提供跨渠道、无缝化体验。

四、新零售与渠道变革

（一）新零售推动用户消费行为的改变

（1）消费习惯。在以前，消费是要在线下进行的，必须要去超市、商场进行购物。现在的消费模式更多的是碎片化的，随时随地，只要有信号、有智能设备就能进行购物。消费习惯发生了翻天覆地的变化，现在更多的人愿意在线上渠道随时随地进行购物。

（2）消费时段。过去在线下实体店购物，只有在店铺开业开门的时间段才能进行购物。而现在不管白天黑夜，只要有网络，都能进行购物。"618"、"双 11"期间，有数百万消费者凌晨都在进行抢购。

(3)消费场景。过去的消费场景比较单一,只能在商店内看着产品或者样品进行选购。而现在随着"新零售"的提出,消费场景更加多元化、碎片化。消费者在阅读、看视频、听歌时,通过点击链接就能购买书籍、视频中涉及的产品。消费者还可以体验 O2O 模式消费场景,在线下体验线上订单或者线上订单线下提货等等。

(4)消费体验。随着互联网科技的发展,现在对产品的体验了解已经不必再经过亲身体验,只需要通过图片浏览、人机互动体验,就可以很好地了解一件商品。举个例子,天猫在城西银泰开设的"新零售体验馆",顾客不需要亲自使用商品,只需要通过虚拟试衣间以及化妆间等科技产品,就可以感受到产品用在自己身上的效果。

(5)消费决策。过去消费者了解产品的渠道比较单一,一是通过身边亲戚朋友的口碑宣传,二是通过商家的宣传广告。而现在消费者进行购物时,首先了解的是商家的信誉度以及其他用户的评价。现在的消费者不再单单局限于身边小范围、片面的信息,而是通过参考"大数据"来进行消费决策。

(6)消费渠道。实现了无缝式对接,过去单纯的线上线下联合只不过是扩展了消费渠道,并没有提升顾客的消费体验。想要让顾客感受到新零售的优势,就需要全渠道网络的融合。中国电子商务研究中心将新零售总结为"线上+线下+物流,其核心是以消费者为中心的会员、支付、库存、服务等方面数据的全面打通",大数据云平台与线上线下商店的联合将为顾客带来跨渠道消费的无缝式对接,但这需要一定的技术支持。

(7)支付手段。随着支付宝、财付通等金融支付平台的出现,消费者的支付手段更加多样,不再局限于现金、银行卡。现在消费者出门购物只需要一个智能手机就能轻易地支付。随着"新零售"的发展,支付手段会更加多样,指纹识别、面目识别、纹身识别等识别技术都可能成为未来的支付手段之一。

(二)新零售与渠道变革

在当前新零售的大环境下,不同类型的零售企业因掌控零售的环节不同,根据各自特点采用了不同的策略,如图 9-14 所示。

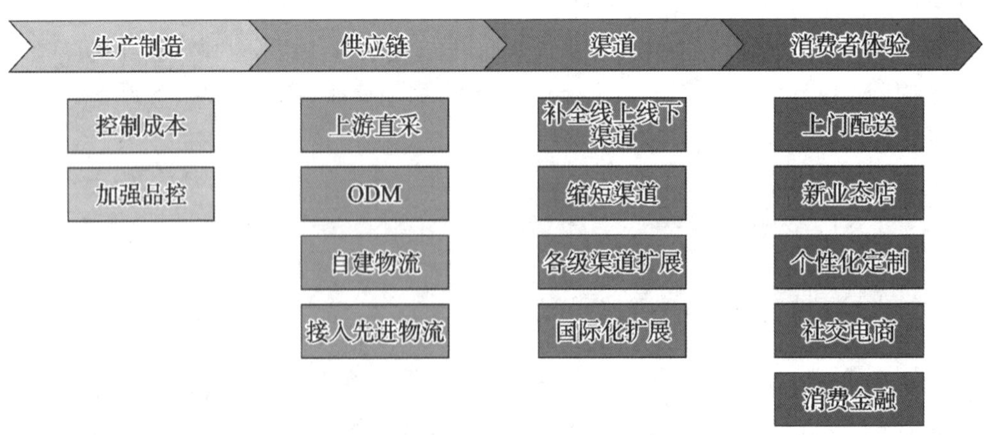

图 9-14　新零售业态下企业不同的应对策略

(1)减少中间环节,缩短渠道:通过压缩后端供应链,减少中间环节的渠道成本,从而实现为消费者提供优质低价产品。如图 9-15 所示。

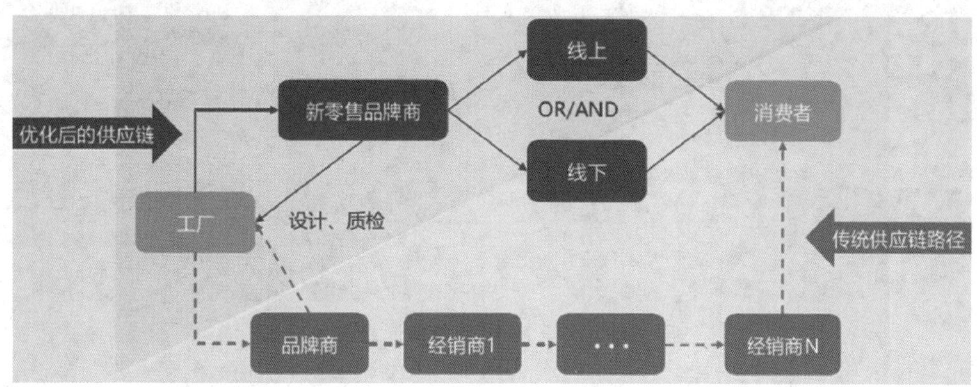

图 9-15 减少中间环节,缩短渠道策略

(2)补全线上线下全渠道,实现无缝衔接:传统的线下品牌通过拥抱社交软件或是电商平台实现线上渠道。而阿里、京东以及亚马逊等综合实力较强的电商平台,则通过投资或收购,布局线下零售;同时,利用自身的技术和互联网基因,对线下零售进行相应的改造,打造全渠道、全互联的新零售生态。

盒马鲜生 VS 永辉超级物种

盒马鲜生的出现使得线下零售业出现“大震荡”,其对消费场景的打造、与线上的融合使得线下零售得以重构,并在较为惨淡的“生鲜零售”业杀出一条血路,成为线下零售进行“新零售”转型的范本。盒马鲜生在技术方面有一定的优势:(1)电子价签:线上线下同价,能够方便实时价格调整,管理方便;(2)智能传送带:顾客可在店面顶部清晰地看到包裹出仓流动的全过程,强化购物体验,提高物流配送效率。

永辉超市作为传统零售企业,面对传统零售业继续发展所面临的“痛点”,同时也为了顺应“新零售”潮流,孵化“永辉超级物种”,以“未来超市+餐饮”的模式,打造创新产品,成为传统零售业向新零售转型的成功案例。永辉深耕零售多年,在采购方面拥有较强的优势,其全球供应链能够帮助超级物种获得全球优质采购源。永辉超级物种通过打造不同主题的工坊使得消费者购物的场景得以丰富,不仅能够聚集顾客,更能沉淀用户。主题工坊采用自营+加盟模式,“慢生活、沙拉工坊、择物工坊等”二代店逐步开放品牌加盟。

(3)通过无人零售业态覆盖更广义的渠道:新零售环境下,产生了科技含量十足的新型业态——无人零售。新零售业态下不同的消费场景如图 9-17 所示,无人零售帮助补足了离消费者更近的消费场景。

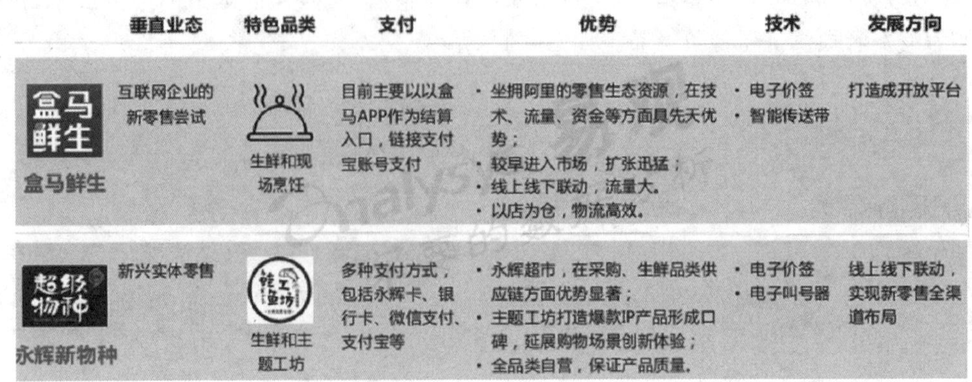

	垂直业态	特色品类	支付	优势	技术	发展方向
盒马鲜生	互联网企业的新零售尝试	生鲜和现场烹饪	目前主要以以盒马APP作为结算入口，链接支付宝账号支付	·坐拥阿里的零售生态资源，在技术、流量、资金等方面具先天优势； ·较早进入市场，扩张迅猛； ·线上线下联动，流量大。 ·以店为仓，物流高效。	·电子价签 ·智能传送带	打造成开放平台
永辉新物种	新兴实体零售	生鲜和主题工坊	多种支付方式，包括永辉卡、银行卡、微信支付、支付宝等	·永辉超市，在采购、生鲜品类供应链方面优势显著； ·主题工坊打造爆款IP产品形成口碑，延展购物场景创新体验； ·全品类自营，保证产品质量。	·电子价签 ·电子叫号器	线上线下联动，实现新零售全渠道布局

图 9-16　盒马鲜生 VS 永辉超级物种

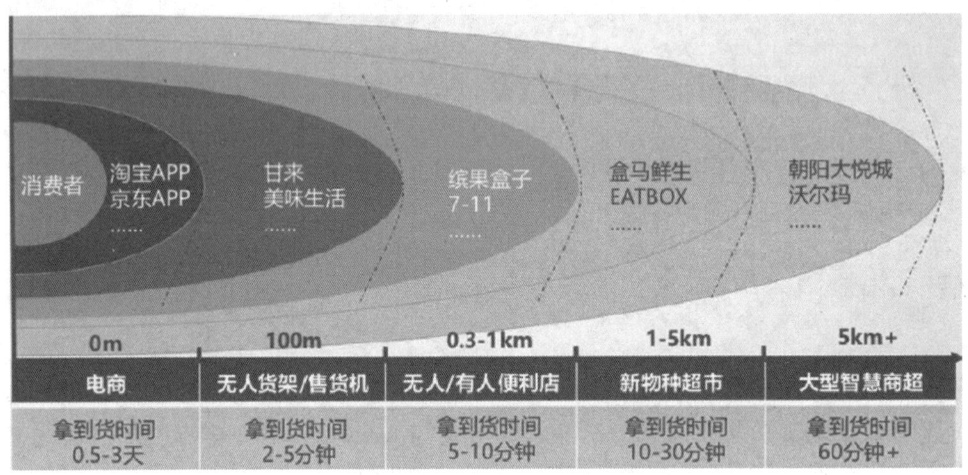

图 9-17　新零售业态下不同的消费场景

拓展阅读 9-6　“新零售”时代：无人零售业态到来

2016年12月，亚马逊在西雅图开了一家革命性的线下便利店——Amazon Go。Amazon Go彻底抛弃了传统超市的收银结账过程，它的运作模式是无须排队结账的实体店，它让无人零售概念进入大众视野。

2017年7月8日，第二届淘宝造物节即将在杭州国际博览中心举行，阿里将宣布落地无人零售计划，即本次会展最受人关注的“淘咖啡”。淘咖啡可以先简单地理解为中国版的Amazon GO，是阿里巴巴集团的无人零售概念店。以“淘咖啡”、缤果盒子等为代表的无人零售业态，或将引领国内“新零售”时代的到来。

“无人零售”业态或将颠覆传统零售业竞争格局

传统零售盈利空间越来越小。从零售行业2000年以来的净利率来看，百货、超市、连锁细分行业的销售净利率均处于下降趋势，2016 年销售净利率分别为 3.03%、1.45%、2.16%，盈利空间已经非常有限。

传统零售效率受制于人工，用户体验差。2007 年之后，百货、超市、连锁的存货周转率、总资产周转率都是处于下降通道。我们认为，随着购物人群的不断扩大，制约零售行业效率提升的主要瓶颈在于人工。由于零售行业利润空间已经非常有限，同时受空间限制，一般超市难以配备足够的服务人员，卖场排队等候现象十分普遍，客户购物体验较差。

无人零售将带来零售业的革新。由于零售行业的竞争是充分且同质化的，因此除产品价格和质量之外，消费者最强调的是购物体验。在劳动力成本不断上涨的时代，亚马逊、阿里巴巴很有可能成为零售业游戏规则的变革者。无人零售商店的运营效率和客户体验都将有较大提升，这对传统的零售行业将产生巨大的冲击。

“无人零售”业态的主要技术壁垒

无人零售涉及的技术包括身份识别、移动支付、人工智能等方面。简单来说，无人零售最根本需要解决的是无人收银问题，即某一位客户拿取了什么商品、放回了什么商品、最终购买了哪些商品，如何从该客户的账户中扣款等，同时，还要防止购物过程中可能发生的损坏商品、舞弊偷盗等行为。

Amazon Go 的视觉识别模式：Amazon Go 集成了大量传感器，可以识别人的动作、商品以及商品位置，从而完成无人收银的整个过程。这项技术目前的测试环境仅能容纳少量用户，或者要求用户放慢移动速度，实现推广有一定难度。

缤果盒子的 RFID 模式：缤果盒子目前采用的无人便利店解决方案是基于 RFID 技术，每件商品上面均贴有 RFID 标签，用于结账收款。缤果盒子的优势是减轻了对人的依赖，提升管理效率，但 RFID 技术推广面临较高的成本问题及部分商品难操作问题。

本章小结

渠道是指某种产品或服务从生产领域向消费领域移动时所经过的整个通道。企业生产出来的产品，只有通过适当、充分、有效渠道提供给目标顾客，才可能实现企业的营销目标。渠道在产品转移的过程中主要承担的功能为：调研、推广、拓展、整备、协商、物流、融资和风险承担。

根据中间商在渠道中的作用可以按渠道层次进一步细分为零层、一层、二层等等。中间商包括批发商和零售商，企业也要深入了解其功能和类型。

处理渠道成员之间的冲突，包括水平冲突与垂直冲突。处理渠道冲突可以考虑整合企业的渠道系统，一般有四种形式：一般渠道系统、垂直渠道系统、水平渠道系统和多渠道系统。垂直渠道系统有三种类型，分别是公司型、契约性和管理型垂直渠道系统。

企业在渠道决策方面的核心问题，是如何建立适当、充分、有效的渠道。科学的渠道规划要通过分析顾客需求、确定渠道目标、设计适当的渠道方案、选择渠道方案几个步骤。另外还要注意规划国际营销渠道。

企业在渠道运营过程中要注意对渠道成员的管理，包括选择渠道成员、激励渠道成员、对渠道运营效果的评估与改进。

在渠道功能中还有一项重要的功能就是营销物流，营销物流的水平既对顾客的满意度有影响，同时又对营销成本产生影响。营销物流包括存货管理、仓储管理、运输配送和物流信息管理四个方面。

新零售的发展对零售业发展提出新的要求，新零售的发展渠道的变革产生了巨大的影响。

重要名词

分销渠道　零售商　批发商　渠道层次　水平渠道冲突　垂直渠道冲突　一般渠道系统　垂直渠道系统　公司性垂直渠道　契约性垂直渠道　管理型垂直渠道　水平渠道系统　多渠道系统　渠道规划　密集分销　选择分销　独家分销　存货管理　仓储管理　运输配送　物流信息管理　新零售　全渠道　渠道变革

案例评析

三只松鼠的“台前幕后”

2019年，三只松鼠已经成立7年了。再次了解后，这个当初的淘品牌已经不仅仅是个“淘品牌”：渠道全面在铺，也不断下沉，同时不局限于单品类的坚果，再看数据，其发展速度也可谓惊人。

从三只松鼠2019年上半年的财报中拉了几组数据：

1.报告期内，三只松鼠实现营收45.11亿元，同比增长39.58%；净利润2.66亿，同比增长27.94%；

2.三只松鼠自营品牌坚果产品营业收入21.95亿元，占主营业务比例48.95%；非坚果品类则获得22.89亿元的营收，占比51.05%；

3.线上渠道依然是主力，报告期内，第三方线上营业收入为39.98亿元，占比达到88.62%，交易额(GMW)为48.06亿元；

4.线下渠道中，投食店坪效1.75万元，营业收入2.14亿元，较上期增长91.16%，净利润1 565.70万元，较去年同期增长72.09%。联盟小店坪效2.09万元，营业收入5 899.69万元；

5.自营APP的营业收入达到4 127.63万元，注册用户数量达到166.66万人，客单价为132.71元。

从数据中可以看出，这家企业确实表现得很亮眼。而且，突破单一品类的销售瓶颈之外，线下渠道的发展潜力也是可期的。

但是，有一点很值得关注，上市之后的三只松鼠，为了挖掘更大的价值空间，逐步从电商品牌向数字化供应链平台企业转型。

光从这点看，除了有休闲零食产品，三只松鼠的背后还隐藏了哪些实力？

“你以为三只松鼠是一家零食公司？其实不是！”

当和三只松鼠的朋友聊天时，他说了这句话，其实我还是有点意外的。不过，在财报中，我找到了关于三只松鼠的官方完整定义：三只松鼠是一家制造型自有品牌多业态零售商。

“制造型”，说明三只松鼠不仅仅是一个品牌商，而是通过供应链投资和供应链金融，生产具有成本优势的食品；

“多业态”很关键，这也说明除了零售业务，松鼠家还有动画等其他业务单元。

在产品端，涉及食品系列（包含坚果、果干、枣类以及饮料等）、周边系列（包含公仔、个性外套、潮流卫衣、T恤以及帽子等）、跨界合作系列（如大鱼海棠礼盒、变形金刚合作款等IP合作，以及锦礼礼盒、可可颂等定制）、动漫系列（三只松鼠动画片、贱萌三国等），以及影视综艺合作等方面。

在渠道端，主要围绕“一主二翼三侧”进行布局，涵盖了线上渠道、松鼠投食店、松鼠小店、社交电商、新分销以及松鼠小镇。

经过七年的发展，三只松鼠已经在产品端和渠道端渐渐成熟，接下来也将完善全渠道和全品类的布局。同时，供应链端的发力，将有助于三只松鼠形成产业闭环，提升三只松鼠的品牌价值。

而“通过掌握大数据，数字化改造并赋能传统供应链”也成了三只松鼠新的企业定位。

在原材料供应、食品安全检测、产品分装、储存保管、运输、产品流通等关键环节建立更完善的质量控制及管理体系，实现供应链的前置和组织的高效率，进一步提升食品行业生产效率，创造让用户可感知的价值，打造“造货＋造体验”的核心能力。

同时，为配合线下战略，三只松鼠也启动华东地网行动。

在华东地区率先开展线下全面布局，项目以安徽无为园区为实施地，以物流中枢为基础，同步建设联盟工厂，嵌入质量检测体系，项目完工后将深度渗透华东地区，区域内投食店及松鼠联盟小店将共享区域物流中心配送网络。

写到这里，至少搞清楚了三只松鼠这家企业“卖的是什么？（不只是坚果）”和“怎么卖的？（不只是线上）”这两大问题。接下来，从他的发展路径中再去深度了解这家企业（关于三只松鼠章燎原的发家史，网络上有很多，在此不赘述）。

2012年1月，淘宝商城正式改名为“天猫”，此次更名，意味着品质时代的开幕。2012年2月，三只松鼠以“坚果”为最大卖点，牢牢抓住了天猫流量红利，快速地进入了大众视野。

三只松鼠6年来的双十一数据显示，从2012年首次的日销766万，到2018年的6.82亿，其中体现的不只是线上增长的强劲，而且也表示出品质消费需求在这一品类的巨大潜力。

今日资本徐新曾在公开演讲中提到，中国现在巨大的机会其实是品类的机会。这也是她押注三只松鼠的核心原因之一。

如果说，2010年之前的互联网时代更多的是平台的机会，那之后便是细分品类的机会。

资料来源:郭之富,子弹财经,2019-09-04。

问题:

1.应用所学的渠道知识分析三只松鼠的渠道系统。

2.应用所学的渠道知识分析三只松鼠的渠道成功之处。

实训专题

任选某一类消费品为其进行渠道规划,阐述设计方案并说明理由。

第十章　促销与沟通策略

学习目标

1.理解促销与沟通策略在4P中的意义；

2.理解促销与沟通组合策略，区别推式与拉式策略，理解影响促销策略制定的不同因素；

3.掌握营销沟通的决策步骤；

4.理解和掌握整合营销沟通的含义以及与传统营销沟通的区别；

5.了解整合营销沟通的主要方法；

6.了解不同营销沟通方式的作用及其形式；

7.理解广告、销售促进、公共关系、人员推广与直接营销的决策过程；

8.了解新媒体，理解新媒体营销，掌握新媒体营销的核心策略。

引导案例

盘它！让人记忆深刻的2019春节促销案例

“春节”对于中国人来说是非常重要的传统节日，自然也备受品牌关注。早在春节前，各大品牌就为了争夺春节流量这块大蛋糕，摩拳擦掌、各出奇招，使出浑身解数放出吸睛大招，以获得消费者的青睐。但随着热闹的春节过去，有哪些品牌营销还能被消费者记住呢？

案例一　可口可乐——中国福娃

从2001年开始，可口可乐就将传统的中国福娃融入春节营销活动中，福娃早已成为可口可乐的御用形象代言人。今年也不例外，中国福娃一如既往作为品牌与节庆的代表出现，为春节装点着喜庆洋洋、其乐融融的气氛。整个营销活动以大家熟悉的福娃为创意核心，福娃比出各种爱的手势将覆盖包装、电视广告、平面、户外、店内等多个渠道。通过今年的故事传递新年的魔力，让我们感受福气是来自于家人真诚的爱。

这一次可口可乐还继续与阿里巴巴合作，不仅将阿福、阿娇印上瓶身，还创新地加入AR技术，打造扫福娃赢惊喜新年活动，福娃摇身一变来到你面前，向你拜年，还为参与者送出爱意满满的新年红包，进一步升级互动体验。

案例二　京东——《红色寄托》

年，是什么颜色？在中国传统中，年就是“红色”，红色象征着过年的气氛，红色是情感的寄托。

在2019小年期间,京东春节广告《红的寄托》正式上线。广告以红色为主线,通过8个不同的故事,讲述每个人和红色物品间的故事,并进一步描述了这些红色物品对于他们所蕴含的意义。

送母亲一支口红,希望帮她留住风华;父亲久久不愿按下的红色挂断电话标识,是对儿子的思念和不舍;送爱宠一条红绳,作为重逢的信物;送孩子一双红鞋垫,寄予踏实的期许……

案例三 有道词典——英文春联

过春节贴对联是中国民间春节的传统习俗。年年贴,家家贴,内容上千篇一律,很难玩出颠覆性的花样。不对,是没人玩过。终于,今年有人出手了,看起来很难和中国传统文化产生关系的APP——网易有道词典推出2019英文春联(见图10-1)。这彻彻底底打破春联无新意这一局面……

完整地看完这16对春联,不得不说,网易有道词典无论是文案还是创意,都改变了人们对于春联的传统印象。它的内容构成十分丰富,是以英文为外壳,但基本没什么语法可言,是一看就明白是什么,十分接地气;内含流行梗、社会热点、追星等等,让用户感受到了独特的新年祝福。

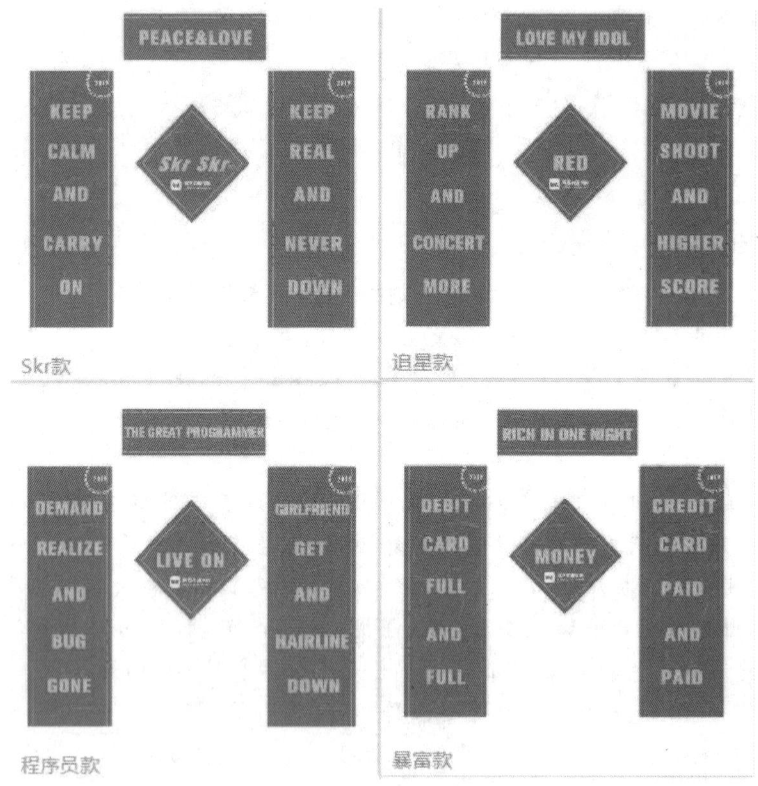

图10-1 英文春联

案例四 好丽友——《奇遇新年》

说起“过年”的由来,自然绕不开年兽,这次好丽友便从年兽上做文章,推出新年广告

《奇遇新年》，用温馨与梦幻打造一场充满惊喜的奇妙新年。在广告片中，年兽一改过去的凶恶、残暴的形象，化身为"小萌宠"，吃零食，做鬼脸，萌得不要不要的。而年兽的身体之所以越变越小，是因为年味太淡了。为了拯救年兽，小男孩召集全家人一起出门迎新年。在热闹的气氛中，年兽终于恢复"真身"。

案例五 支付宝集五福

2019 年支付宝集五福红包总额和去年持平，仍然为 5 亿，没有变，略有不同的是：增添一张花花卡，全年帮你还花呗；点击福卡背面就能获得一次刮奖机会，刮开有惊喜；从 1 月 28 日起，用户可以在"答答星球"小程序里答题，来获取福卡；还有一个很有特色的彩蛋卡，融入各个地方的具有代表性的符号，比如陕西的兵马俑、四川的熊猫、江苏的茉莉花等。

正如支付宝文案中所说的"五福来了就是年"，与去年相比，今年参与集支付宝五福的人数同比增长了 40%。1 月 25 日至除夕当天，全国超过 4.5 亿人参与了集支付宝五福，相当于每 3 个中国人就有 1 个人在参与集福和送福，说明越来越多的人将集五福的开始，当作春节临近的一种信号。支付宝的集五福从新年爆款到全民狂欢，逐渐成为一种新年俗。

案例六 电影《小猪佩奇过大年》——《啥是佩奇》

电影《小猪佩奇过大年》为了给贺岁档预热，在 1 月 17 日下午推出一支名为《啥是佩奇》的短视频，一经发布迅速引爆社交媒体，强势刷屏朋友圈。

该广告讲述一位爷爷为了给他城里的孙子准备新年礼物，问遍全村啥是佩奇的故事，从神秘，到喜感，到动情，毫不拖泥带水，一气呵成。短短几分钟的视频让人感到心酸之余还有"温暖、和泪目"，而倔强的爷爷打造出的硬核佩奇更是让很多人觉得很酷。

视频中巨大的差异化，带来了强势的刷屏效果。毕竟，小猪佩奇作为一个来自于欧洲的动画形象，向来都是和各大时尚潮牌合作，电影制作团队反其道而行之，用最乡土的亲情进行引爆，反而收获意想不到的成功。

资料来源：盒子菌，活动盒子运营社，2019-2-15。

引导问题：

1.从案例材料中寻找不同品牌促销的共同点。

2.从案例材料中寻找不同品牌促销的不同点。

第一节 促销与沟通概述

一、促销与沟通的含义与目的

企业生产出产品，制定了价格，又通过分销渠道传递到消费者面前，但这并不意味着消费者就能发现企业产品的价值，进而接受该产品并产生现实的购买。这就需要企业通过各种促销手段与消费者进行有效的沟通，引起消费者的注意与兴趣，激发购买欲望，以实现潜在需求向现实需求的转化。

促销的本质是沟通。商品交换活动的实现，要求在买卖双方之间建立信息桥梁，沟通不畅，信息闭塞，交换活动就是一句空话，更无法达成交易。促销扮演了这种角色。促销传递的是信息流，即通过多种有效的沟通方式和沟通工具传递产品及相关信息，以促成交换活动的顺利开展。

在4P营销组合中，促销和营销沟通属于第4个P(promotion)，意即推广策略。推广策略过去被简单地等同为促销，即销售促进，这实际上是狭义上的推广策略；广义上，推广策略是一种营销沟通策略，除了促销之外，也将涉及广告、公共关系、人员推广与直接营销等营销沟通方式。本章所讨论的促销与沟通正是广义的推广策略。

促销与营销沟通的目标主要有两大类，销售目标与非销售目标。销售目标包括增加现场购买量、通过增加使用频率、用途或购买量增加品牌销量等。非销售目标包括建立品牌或公司形象、提高品牌认知水平及促进新品牌成功推出等。

二、促销组合(营销沟通组合)

促销与营销沟通的手段多种多样，我们把这些手段分门别类，形成了五个主要的策略，即广告、公共关系、销售促进、人员推广、直接营销，除人员推广外，其他四种都是非人员推广。这五个策略我们称之为促销组合或营销沟通组合，如图10-2所示。

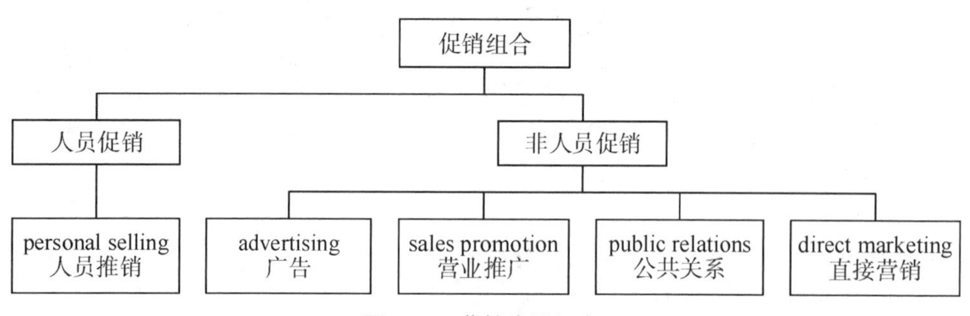

图10-2 营销沟通组合

(一)广告

广告是由明确的主办人发起，通过付费的任何非人员方式来促销其创意商品或服务的行为。广告具有如下鲜明的特点：

(1)公开展示：广告是一种高度公开的信息传播方式。

(2)普及性：广告是一种普及性的媒体，一方面销售者可多次重复这一信息，另一方面购买者便于接受和比较各种竞争者的信息。

(3)夸张的表现力：广告可通过巧妙地应用印刷艺术、声音和颜色，提供将一个公司及其产品戏剧化的展示机会。

(4)非人格化：广告是一种单向沟通行为，受众不会感到有义务去注意或做出反应。

(二)销售促进

销售促进又称营业推广，是指在一个特定时期内采用特殊方法与手段刺激目标顾客、企业采购人员或中间商以产生所期望的反应，如购买兴趣或购买行为。销售促进具有如下特点：

(1)引起注意：销售促进采用的刺激手段能把顾客的注意力直接引向产品。

(2)刺激性：销售促进采取某些让步、诱导或赠送的方法给顾客以某些好处，具有刺激顾客购买的作用。

(3)邀请性：销售促进能够明显地诱导顾客即时地或大量地购买产品。

(三)公共关系

公共关系是一组设计用来推广和保护公司形象或个别产品的计划与行为。与广告相比，它是一种非付费的方式。公共关系具有如下特点：

(1)高度可信性：公共关系不同于广告的自吹自擂，它既可以是新闻媒体对企业的正面宣传与报道，也可以是企业对社会的回报行为，容易被受众所接受和信任。

(2)消除防卫：新闻媒介的报道和企业的公益行为更容易接近目标受众。

(3)戏剧性：公共关系像广告那样，有一种能使公司或产品惹人注目的潜能。

(四)人员推广

人员推广是企业通过销售人员与一个或多个可能的购买者面对面接触以进行介绍、回答问题和获得订单的行为过程。人员推广的主要特点有：

(1)面对面接触：人员推广是一对一或一对多的直接、互动的过程。每一方都能在咫尺之间观察对方的反应和特征，在瞬息之间做出调整。

(2)人际关系培养：有效的销售代表会记录完整的顾客兴趣爱好、特征、对产品的特定要求等信息，有利于建立顾客同销售人员的良好关系。

(3)造成实际销售：人员推广在多数情况下能实现潜在交换，增加实际销售额。

(五)直复营销

直复营销(direct-marketing)，即直接回应的营销，是指一种为了在任何地方产生可度量的反应和达成交易而使用一种或多种广告媒体的互相作用的市场营销体系。具体而言，直复营销是使用邮寄、电话、传真、互联网和其他非人员接触工具与顾客沟通，征求特定顾客和潜在客户的回复，直接导致销售。直复营销伴随着信息技术的发展而大行其道，其主要特点有：

(1)针对性：直复营销的沟通信息一般发送至特定的人，目标受众明确。

(2)个体化：直复营销的相关信息可以根据沟通对象特点而单独设置，可以实现一对一顾客化服务。

(3)及时性：由于借助和采用了先进的技术手段，直复营销中的信息沟通变得非常快捷及时。

营销沟通组合体现了现代市场营销理论的核心思想——整体营销。沟通组合是一种系统化的整体策略，五种基本沟通方式构成了这一整体策略的五个子系统。每个子系统都包括了一些可变因素，即具体的促销手段或工具(见表 10-1)，某一因素的改变意味着组合关系的变化，也就意味着一个新的促销策略。企业需要根据市场和自身实际创造性的整合推广。

表 10-1 常用的促销与沟通工具

广告	销售促进	公共关系	人员推广	直复营销
电视广告	折扣	报刊新闻	销售会议	目录营销
报纸广告	折让	演讲	推广陈述展示	邮寄服务
网络广告	抽奖	研讨会	交易会	电话营销
广播广告	游戏	慈善捐款	展销会	电子信箱
户外广告牌	赠品/赠券	出版物	……	电视购物
包装广告	交易印花	热点事件		传真邮购
邮寄广告	特价包	公益活动		音控邮购
招贴/传单	销售竞赛	游说		……
工商名录	展销会/展览会	……		
销售点陈列	……			
标识和标识语				
……				

三、推式营销与拉式营销

根据促销与沟通手段的出发点与作用的不同,营销沟通组合可以分为推式营销与拉式营销两大类。

推式营销主要通过运用销售人员和贸易促销来推动产品的销售。实施该方式时,制造方向零售商和批发商推广特定产品,并促使他们向终端消费者推广该产品。一般的,该策略适用于以下几种情况:(1)企业经营规模小,或无足够资金用以执行完善的广告计划。(2)市场较集中,分销渠道短,销售队伍大。(3)产品具有很高的单位价值,如特殊品、选购品等。(4)产品的使用、维修、保养方法需要进行示范。

拉式营销则通过广告和客户导向促销,吸引终端消费者购买特定产品。如果拉式营销奏效,消费者将决定从零售商或批发商处购买该产品,从而促使零售商或批发商向制造方订货并销售该产品。一般的,这种策略适用于:(1)市场广大,产品多属便利品。(2)商品信息必须以最快速度告知广大消费者。(3)对产品的初始需求已呈现出有利的趋势,市场需求日渐上升。(4)产品具有独特性能,与其他产品的区别显而易见。(5)能引起消费者某种特殊情感的产品。(6)有充分资金用于广告。

以下为两类营销沟通方式的对比,见图 10-3。

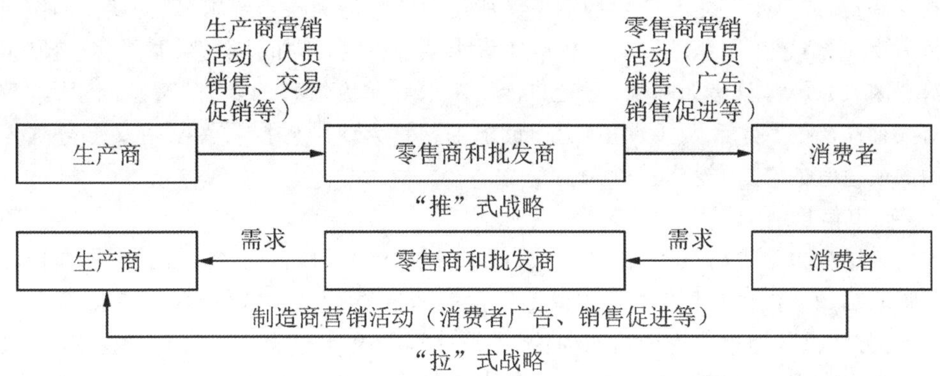

图 10-3 推式营销与拉式营销

四、营销沟通的过程

（一）确认沟通对象

营销沟通过程首先需要进行目标市场选择，意即选定公司的营销沟通对象。通过详细的竞争分析与评估多个细分市场的机会，公司会选择进入一个或多个细分市场。我们通常把具有相同需求、对营销沟通做出相似反应的消费者归为一个类别。选定目标受众是所有营销沟通决策的第一步，针对特定的目标受众，才能更精确地传递讯息，避免对目标市场以外的人群进行无效信息覆盖。

（二）确定沟通目标

营销沟通决策应当包含需要被实现的目标，它是各种营销沟通方式在一段时期内要单独或共同实现的目标。特定目标的选定也影响了后续营销沟通方式的选择。

营销沟通目的一般分为两类，销售目标与非销售目标。销售目标主要包括说服商业企业经销制造商的品牌，通过增加使用频率、用途或购买量增加现有品牌销量，让客户做出立即购买的决定，增强客户忠诚度，增加现场购买量，对抗竞争对手的营销沟通活动及建立销售领先优势。非销售目标主要包括促进新品牌成功推出，让消费者了解新品牌的购买地点，使商业企业和消费者了解品牌的改进情况，建立品牌或公司形象，提高品牌认知水平、接受度和持久度，增进公司与特殊利益群体的关系，消除负面报道给品牌带来的不良影响及促进正面报道。

（三）沟通信息的设计

信息设计是将营销沟通者的意念用有说服力的信息表达方式表现出来的过程。有效的信息设计必须引起消费者注意、提起其兴趣、唤起其欲望，导致其行动。设计营销沟通信息需要解决这样四个问题：

1.确定信息内容

企业在设计沟通信息时，要考虑诉求或构思问题，即企业必须了解对消费者、用户或社会公众说些什么才能产生预期的认识、情感和行为反应。一般来说，信息主题形式有三类，即理性主题、情感主题和道德主题。理性主题是直接向目标顾客或公众诉求某种行为的理性利益,或显示产品能产生的消费者所需要的功能利益与要求,以促使人们做出既定的行为反应;情感主题是试图向目标顾客诉求某种否定(诸如恐惧感、罪恶感、羞耻感等消极情感因素)或肯定(诸如幽默、喜爱、自豪、快乐等积极情感因素)的情感因素,以激起人们对某种产品的兴趣和购买欲望;道德诉求主题是为使广告接收者从道义上分辨什么是正确的或适宜的,进而规范其行为。

2.确定信息结构

信息结构包括提出结论、论证方式以及表达次序三个问题。提出结论,即向接收者提供一个明确的结论,用以诱导消费者做出预期的选择,也可以留待接收者自己去归纳结论;论证方式可分为单向论证与双向论证,采用哪种论证方式使广告更具说服力,取决于信息接收者对产品的既有态度、知识水准和受教育程度;表达次序要求在单向论证时,首先提出最强有力的论点,可以即刻吸引目标顾客注意并引起兴趣。在采用双向论证时,应考虑先提出正面论点还是先提出反面论点。

3.确定信息格式

确定信息格式即选择最有效的信息符号来表达信息内容和信息结构。信息的表达格式通常受到媒体的制约,如有的只能用文字传播,有的则只能用声音传播,而所能传播的又只能是有限的信息内容。信息沟通者必须为信息设计具有吸引力的形式。对于印刷广告,要重点考虑标题、文字、插图、色彩等等;对于广播,则要注意选择字眼、音质、单调、语气、节奏等等;对于电视,则应注意形体语言如表情、举止、姿势、服装等等;如果信息是通过产品本身或外包装来传递,则必须注意色彩、质地、气味、尺寸、外形等等。

4.确定信息来源

营销沟通的信息源是指那些直接或间接传递销售信息的人。直接信息源即是传递信息并展示产品或服务的代言人;间接信息源,并不真正传递信息,只是吸引人们的注意或增加广告出现的频率。信息源要具有可靠性、吸引力和有感染力。有吸引力的信息源发出的信息往往可获得更大的注意与回忆,信息由具有较高信誉的信息源进行沟通时,就更有说服力。

设计信息是营销沟通过程中实践性、操作性极强的一个问题,也是差异性、特殊性、个性极为突出的沟通决策。

(四)选择沟通渠道

传递促销信息的沟通渠道主要有人员沟通渠道与非人员沟通渠道。人员沟通渠道向目标购买者当面推荐,能得到反馈,可利用良好的“口碑”来扩大企业及产品的知名度与美誉度。非人员沟通渠道主要指大众媒体沟通。大众传播沟通与人员沟通的有机结合才能发挥更好的效果。

营销沟通方式应当与营销沟通目的相匹配,下面我们将通过表10-2说明适合于特定沟通目的的营销沟通方式。

表 10-2 沟通目的与营销沟通方式

沟通目的	适用的沟通方式
促进新品牌推出	广告、促销、口碑营销和购买现场广告
说明品牌改进	人员推广与经销商导向的广告
提高品牌知名度	广告、购买现场广告
提升品牌形象	广告、活动赞助、事件营销和营销导向的公共关系
对抗竞争对手的营销沟通活动	广告、促销
改善公司与特殊利益团体的关系	营销导向的公共关系
处理品牌公关危机	营销导向的公共关系
提供消费者立即购买的理由	广告、促销
提高现有品牌的销量	广告、促销
建立销售领先地位	广告
提高消费者忠诚度	广告、促销

(五)确定促销预算

企业应从自己的经济实力和宣传期内受干扰程度大小的状况决定促销组合方式。如果企业促销费用宽裕,则可几种促销方式同时使用;反之,则要考虑选择耗资较少的促销方式。通常有以下几种促销预算的方法:

(1)量入为出法是根据企业财务的承受能力确定沟通预算的方法。在经济繁荣时期,利用量入为出法从事大规模的销售活动,有利于充分利用市场机会,扩展产品市场。由于这种确定预算的方法忽视了沟通对销售量的影响,因而容易导致年度沟通预算的不确定性,给制订长期市场计划带来困难。

(2)销售百分比法是以一定期间的销售额(销售量)或产品销售价的一定比率确定沟通费用数额。使用销售百分比法确定沟通预算的主要优点是:沟通费用可以因企业财务承受能力的差异而变动;促使企业管理者依据销售成本、产品售价和销售利润之间的关系去考虑企业经营管理问题;有利于保持同类企业之间竞争的稳定性。这种方法的不足之处是没有考虑竞争因素。

(3)竞争对等法是以主要竞争对手的沟通费用支出为基准,确定足以与其抗衡的支出额。使用竞争对等法强调企业必须与竞争企业比较。

(4)目标任务法是根据营销计划确定的企业特定目标,确定达到这一目标必须完成的任务以及估计为完成该任务所需费用,以此来决定沟通预算。目标任务法在逻辑程序上具有较强的科学性,在实际操作中则难度较大。

(六)确定沟通的具体组合

企业在确定了促销总费用后,面临的重要问题是如何将促销费用合理分配于不同的促销方式和手段上,也就是要根据不同的情况,将费用在人员推广、广告、营业推广、公共关系和直接营销五种促销方式进行适当搭配,使其发挥整体的促销效果,同时还应考虑的产品的属性、价格、寿命周期、目标市场特点、“推”或“拉”策略等影响因素。

(七)建立信息反馈渠道

营销沟通者把产品信息传播到目标购买者之后,整个传播过程并未结束,还必须通过市场调研,调查这些信息对目标沟通对象的影响,这种调查通常需与目标沟通对象中的一组样本人员接触,询问他们对信息的反应、对产品的态度和购买行为的变化等。营销人员根据反馈的信息,再决定是否需要调整整体营销战略或某个方面的营销策略。为了提高信息传递的效果,企业在传递信息过程中应当防范各种可能发生的干扰或失误。这些干扰或失误有可能导致目标受众的怀疑、困惑甚至反感。

第二节　整合营销沟通

一、整合营销沟通概述

由于促销与沟通手段和工具多种多样,制定与执行促销手段的人员也可能来自不同部门甚至不同企业,为了有效避免促销沟通中可能形成的部门分割、策略分割的局限,实现整体沟通效果的最大化,我们必须重视整合营销沟通。

(一)整合营销沟通的出现

传统上来看,企业和组织几乎都是将广告、促销、销售现场沟通和其他沟通工具完全分开,因为组织内各部门仅在各自的营销沟通领域具备特长,而不具有所有的营销沟通工具方面的知识和经验。外部的供应商,例如广告公司、公关公司等也倾向于在营销沟通的特定领域具备特长。公司和组织不愿意改变单一功能的模式,原因在于各部门的孤立视角或对其控制范围预算、权利和力量削减的恐惧。

20 世纪 80 年代,一些公司从长远的战略性视角出发,意识到整合营销沟通工具的必要性。之后的十年是销售促进、直接营销、公共关系营销沟通方式迅猛发展的时期,他们的发展开始挑战广告在营销沟通组合中的优势地位。于是,仅仅依赖于传统媒体广告的局面被终结,多手段多工具的营销沟通整合开始成为主流。

(二)整合营销沟通的含义

整合营销沟通(integrated marketing communication,简称为 IMC),又称整合营销传播,是指将与企业进行市场营销有关的一切传播活动一元化的过程。整合营销传播一方面把广告、促销、公关、直销、CI、包装、新闻媒体等一切传播活动都涵盖于营销活动的范围之内,另一方面则使企业能够将统一的传播资讯传达给顾客,如图 10-4 所示。其中心思想是以通过企业与顾客的沟通满足顾客需要的价值为取向,确定企业统一的促销策略,协调使用各种不同的传播手段,发挥不同传播工具的优势,从而使企业实现促销宣传的低成本化,以高强冲击力形成促销高潮。

企业通过实施整合营销传播具体来说要达到三个目标:

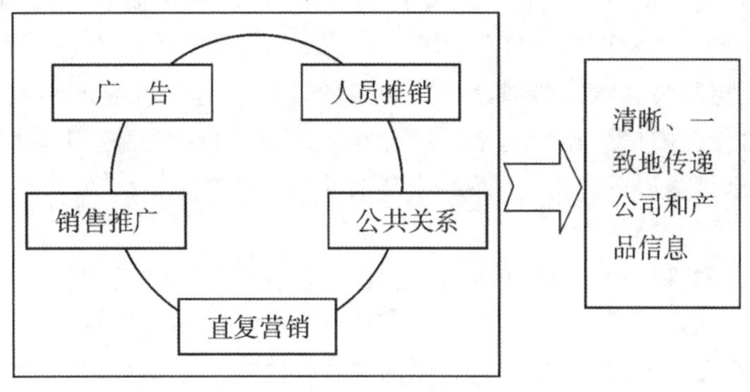

图 10-4　整合营销沟通

第一，以消费者为中心，研究和实施如何抓住消费者，打动消费者，与消费者建立一种“一对一”的互动式的营销关系，不断了解客户和顾客，不断改进产品和服务，满足他们的需要。

第二，整合营销传播要通过各种营销手段建立消费者对品牌的忠诚。

第三，是整合的概念。过去企业习惯于使用广告这一单一的手段来促进产品的销售，但现在的传播手段越来越多，传播本身开始分化和组合。这就要求企业在营销传播过程中，注意整合使用各种载体，达到最有效的传播影响力。

二、整合营销沟通与传统营销沟通的区别

整合营销沟通区别于传统营销沟通的关键在于整个活动的中心由生产商向消费者的转移。严格地说，它改变的不仅仅是传播活动，而是整个营销活动。整合营销传播并不是最终目的，而只是一种手段，其根本就在于以消费者为中心。在整个传播活动中，它具体表现在以下四个方面：

(一)以消费者资料库为运作基础

消费者资料库是整合营销传播活动的起点，也是关系营销中双向交流的保证。现代技术的发展使测量消费者行为成为可能，它具有比态度测量更高的准确性。从资料库的信息中，可以充分掌握消费者、潜在消费者使用产品的历史，了解他们的价值观、生活方式、消费习惯、接触信息的时间、方式等等，分析、预测他们的需求，由此确定传播的目标、渠道、信息等，真正做到针对不同的消费群体采取相应的策略。

(二)整合各种传播手段塑造一致性

这是由消费者处理信息的方式决定的。由于每天需要接收、处理大量的信息，消费者形成了“浅尝”式的信息处理法。他们依赖认知，把搜集的信息限制到在最小的范围内，并由此做判断与决定。对于消费者来说，无论正确与否，他们认知到的就是事实。这就要求生产者提供的产品或服务的信息必须清晰、一致而且易于理解，从而在消费者心中形成一致性的形象。

要做到这一点，必须充分认识消费者对于产品或服务信息的各种接触渠道，它们包括

广告、公关、促销、人员销售、产品包装、在货架上的位置、售后服务等经过计划的接触渠道,也包括新闻报道、相关机构的评价、消费者口碑,办公环境等未纳入计划甚至无法控制的接触渠道。理想的整合营销传播是把消费者的接触渠道尽可能地纳入计划之中,同时把这些接触渠道传递的信息整合起来。这种整合,不是信息的简单叠加,而是发挥不同渠道的优势,使信息传播形成合力,从而形成鲜明的品牌个性。

(三)以关系营销为目的

整合营销传播的核心是使消费者对品牌萌生信任,并且维系这种信任,使其长久地存在消费者心中。然而,你不能单单靠产品本身就建立这种信任,因许多产品实质上是相同的,而与消费者建立和谐、共鸣、对话、沟通的关系,才能使你脱颖而出。

尽管营销并没有改变其根本目的——销售,但达到目的的途径却因消费者中心的营销理论发生了改变。如果说以往只要通过大量的广告、公关、活动等就可以形成产品的差异化,今天的生产商们远没有那么幸运。由于产品、价格乃至销售通路的相似,消费者对于大众传媒的排斥,生产商只有与消费者建立长期良好的关系,才能形成品牌的差异化,整合营销传播正是实现关系营销的有力武器。

(四)以循环为本质

以消费者为中心的营销观念决定了企业不能以满足消费者一次性需求为最终目的,只有随着消费者的变化调整自己的生产经营与销售,才是未来企业的生存发展之道。消费者资料库是整个关系营销以及整合营销传播的基础与起点,因而不断更新、完善的资料库成为一种必需。现代计算机技术以及多种接触控制实现了生产商与消费者之间的双向沟通,由此可以掌握消费者态度与行为的变化情况。一些航空公司、宾馆、大型零售商也建立起消费者资料库,形成固定联系;更有一些企业利用新兴的互联网技术设置虚拟社区,为消费者的信息反馈提供空间,从中了解消费者对产品的满意程度,汲取有价值的信息,为企业的进一步发展寻找新的机会点。

可以说,没有双向交流,就没有不断更新的资料库;没有不断更新的资料库,就失去了整合营销传播的基础。因而建立在双向交流基础上的循环是整合营销传播的必要保证。

三、整合营销沟通的方法

(一)建立消费者资料库

这个方法的起点是建立消费者和潜在消费者的资料库,资料库的内容至少应包括人员统计资料心理统计消费者态度的信息和以往购买记录等等。整合营销传播和传播营销沟通的最大不同在于整合营销传播是将整个焦点置于消费者、潜在消费者身上,因为所有的厂商、营销组织,无论是在销售量或利润上的成果,最终都依赖消费者的购买行为。

(二)研究消费者

这是第二个重要的步骤,就是要尽可能使用消费者及潜在消费者的行为方面的资料作为市场划分的依据,相信消费者"行为"资讯比起其他资料如"态度与意想",测量结果更能够清楚地显现消费者在未来将会采取什么行动,因为用过去的行为推论未来的行为更为直接有效。在整合营销传播中,可以将消费者分为三类:对该品牌的忠诚消费者;他品牌的忠诚消费者和游离不定的消费者。很明显这三类消费者有着各自不同的“品牌网络”而想要了解消费者的品牌网络就必须借助消费者行为资讯才行。

（三）接触管理

所谓接触管理，就是企业可以在某一时间、某一地点或某一场合与消费者进行沟通，这是20世纪90年代市场营销中一个非常重要的课题，在以往消费者自己会主动找寻产品信息的年代里，决定“说什么”要比“什么时候与消费者接触”重要。然而，现在的市场由于资讯超载、媒体繁多，干扰的“噪声”大为增大。目前最重的是决定“如何，何时与消费者接触”，以及采用什么样的方式与消费者接触。

（四）发展传播沟通策略

这意味着什么样的接触管理之下，该传播什么样的信息，而后，为整合营销传播计划制定明确的营销目标，对大多数的企业来说，营销目标必须非常正确同时在本质上也必须是数字化的目标。例如对一个擅长竞争的品牌来说，营销目标就可能是以下三个方面：激发消费者试用该品牌产品；消费者试用过后积极鼓励继续使用并增加用量；促使他牌的忠诚者转换品牌并建立起该品牌的忠诚度。

（五）营销工具的创新

营销目标一旦确定之后，第五步就是决定要用什么营销工具来完成此目标，显而易见，如果我们将产品、价格、通路都视为与消费者沟通的要素，整合营销传播企划人将拥有更多样、广泛的营销工具来完成企划，其关键在于哪些工具、哪种结合最能够协助企业达成传播目标。

（六）传播手段的组合

所以这最后一步就是选择有助于达成营销目标的传播手段，这里所用的传播手段可以无限宽广，除了广告、直销、公关及事件营销以外。事实上产品包装、商品展示、店面促销活动等，只要能协助达成营销及传播目标的方法，都是整合营销传播中的有力手段。

第三节　广告决策

一、广告的作用与形式

广告是由特定广告主出资发布的、非人格化的对观念、商品或服务的各种形式的展示和促销。广告是营销沟通中最大、最快、最广泛的信息传递媒介。

（一）广告的作用

第一，通过广告，企业或公司能把产品与劳务的特性、功能、用途及供应厂家等信息传递给消费者，沟通产需双方的联系，引起消费者的注意与兴趣，促进购买。

第二，广告能激发和诱导消费。消费者对某一产品的需求，往往是一种潜在的需求，这种潜在的需要与现实的购买行动有时是矛盾的。广告造成的视觉、感觉映象以及诱导往往会勾起消费者的现实购买欲望。有些物美价廉、适销对路的新产品，由于不为消费者所知晓，所以很难打开市场，而一旦进行了广告宣传，消费者就纷纷购买。另外，广告的反复渲染、反复刺激，也会扩大产品的知名度，甚至会引起一定的信任感。

第三，广告能较好地介绍产品知识、指导消费。通过广告可以全面介绍产品的性能、质量、用途、维修安装等，并且消除他们的疑虑，消除他们由于维修、保养、安装等问题而产生的后顾之忧，从而产生购买欲望。

第四，广告能促进新产品、新技术的发展。新产品、新技术出来后，靠行政手段推广，既麻烦又缓慢，局限性很大，而通过广告直接与广大的消费者见面，能使新产品、新技术迅速在市场上站稳脚跟，获得成功。

（二）广告的形式

1.媒体广告

任何可以对讯息进行宣布的手段都是潜在的广告媒体，可分为：

（1）传统广告媒体：包含报纸、杂志、广播与电视。

（2）新型广告媒体：近几十年来新型广告媒体层出不穷，其中运用最为广泛的有三种形式——影视作品中的广告植入、电影院广告、微电影广告。

2.户外广告

户外广告是我们日常生活中常见的广告形式。除了繁华交通路段或高速公路边常见的告示牌广告外，户外广告的类型还有候车棚广告、车身广告与商场外部展示等。户外广告不仅在营利性组织中运用普遍，对于非营利组织而言，交通繁华路段的户外广告能够有效接触到大量受众人群。随着时间的推移，除了传统的平面海报外，户外广告的形式还出现了多种创新的形式。

小案例10-1　　小罐茶背后的营销“大玄机”

不管你是否购买过，但你总听说过“小罐茶，大师作”这句广告语。凭借着大量广告文案中对“匠心精神”的渲染，小罐茶征服了无数高消费水平的人群，悄悄成长为中国高端的茶叶品牌。

小罐茶为了进行高质量的广告营销，拍摄了一段很长的广告，隆重介绍了八位制茶大师，均是各个茶叶品类中，制茶技艺在国内顶尖的人物。广告中不乏八位大师采茶、制茶的片段，这比流量明星作为代言人更加具有说服力，更加能够获得观众的认可。

“大师手工制作”的小罐茶，也顺利在消费者心目中建立了高端、上乘的产品形象。成功的营销手段，使得小罐茶成了爆款产品，销量逐年上升。在发展了仅仅三年之后，2018年小罐茶的全年销售额超过了20亿元。

能够取得如此令人数目的销售成绩，得益于小罐茶高昂的定价。一个4克重的金罐，售价就达到了50元，如此计算，金罐的价格为7 500元一斤，而银罐的价格，也达到了金罐的一半，果然是价比黄金。

作为制茶大师亲手制作的小罐茶，即使价格贵一点，消费者们也乐于接受，认为物有所值。并且这种高端的茶叶，用来招待贵宾，或者作为礼品赠送友人，都是一件十分“长脸”的事情，场面撑得足足的。市场普遍接受了小罐茶高昂的价格，不得不承认小罐茶的营销手段，水平非常高。

资料来源：聚富财经原创，2019.1.21

3.购买现场广告

购买现场，或称 POP(point-of-purchase)，为品牌方与销售商提供了影响消费者购买决定前的最后机会，具有不可替代的作用。购买现场决策包括以下三类：第一，进入购买现场之前有计划购买该产品，进店后才选定品牌；第二，进入购买现场之前无计划购买该产品；第三，进入购买现场之后，购买了原计划购买产品的替代品或购买与原计划品牌不同的其他品牌。

常见的购买现场广告形式主要有为三类，第一，永久性广告，以自动贩卖机为例；第二，临时性广告，以纸质展示装置为代表；第三，店内媒介，比如我们经常接触的店内广播、购物车广告、货架上的宣传材料、地面广告等。

4.网络广告

随着网络覆盖越来越立体，企业越来越重视网络广告的投入。网络广告也出现了各种各样的形式，如表 10-3 所示。

表 10-3 网络广告的主要形式

网络广告形式	描述说明
横幅广告	通栏广告，全横幅广告，半横幅广告；垂直旗舰广告
按钮广告	120×90、120×60、120×125 像素按钮广告
文本链接广告	以一排文字作为一个广告，点击都可以进入相应的广告页面
电子邮件广告	利用提供免费的电子邮箱网站，向个人邮箱直接发送电子广告
关键字广告	用户搜索关键字时，结果界面会出现相关的广告内容
弹出式广告	访客在请求登录网页时强制插入一个广告页面或弹出广告窗口
赞助式广告	如某企业赞助搜狐世界杯频道
浮动广告	随着鼠标的移动而移动的图标广告形式
网页广告	企业通过自己的官网发布网页广告，如可口可乐
全屏广告	在用户打开浏览页面时，该广告将以全屏方式出现，3～5 秒后逐渐收缩成顶部横幅/按钮或消失不见的广告形式
画中画广告	大小为 360×300 像素，发布在新闻文本中，面积较大，表现内容较为丰富
摩天大楼广告	普通：120×600；宽幅：160×600
对联广告	出现在主页面两侧的竖幅广告
播客博客广告	在播客视频放映前后出现在画面上的广告/放置在播客上的各种广告
富媒体广告	流媒体广告，指能达到 2D 及 3D 的 Video、Audio、JAVA 等具有复杂视觉效果和交互功能效果的网络广告形式，包括浮层类、视频类等。
背投广告	尺寸大于传统的弹出式广告，在浏览网页的下方，当关闭浏览网页时会看到

续表

网络广告形式	描述说明
BBS广告	一般采取写文章、发帖子和参与讨论的方式发布广告信息
聊天工具广告	放置在即时聊天工具，比如QQ聊天对话框上的链接广告
其他广告	巨幅连播广告、翻页广告、祝贺广告

二、广告决策过程

广告决策与管理工作主要包括以下几个方面的内容：

(一)确定广告受众和广告目标

广告受众和广告目标直接影响到广告媒体的选择和主题信息的表达。广告受众是广告信息传递的对象，与企业的产品、目标市场、竞争策略密切相关，企业需要根据自身实际和竞争要求来确定广告受众。广告目标则是企业在一定时期针对广告受众所要完成的沟通任务。广告目标归纳起来一般有三个方面：

1.告知目标

告知目标主要是向消费者提供新产品的质量、特性、用途、服务以及技术等各方面的情况的介绍。以告知为目标的广告属于宣传广告，主要用于产品的投入期，着重介绍新产品，刺激消费者的潜在需求，促进新产品尽快进入市场。

2.劝导目标

劝导目标主要是通过劝说和引导使消费者建立起对本企业和企业产品的偏爱，以达到提高知名度和产品市场占有率的目的。以劝导为目标的广告属于劝导广告，它适合于产品进入成长期和成熟期时使用。该类广告要突出宣传本企业的优异之处，宣传本企业的产品的特色，以唤起消费者对本企业产品的注意。

3.提示目标

提示目标主要包括两个方面：一是提示消费者现在和将来购买该产品在何处可以购买得到；二是在产品过时或滞销时，提醒消费者不要忘记该产品。以提示为目标的广告属于提醒式广告，它适合产品进入衰退期时使用，其目的是提示消费者产生回忆性的需求，尽可能地保持原有的市场份额。

(二)制定广告预算

企业在确定广告目标之后，就要进行广告预算。所谓的广告预算就是确定在广告活动上应花费多少资金。一般要涉及两个方面的内容：一是预算总额的确定；二是预算的分配，即在不同市场、产品和媒体之间进行合理的安排。可供企业采用的广告预算方法主要有量入为出法、销售额百分比、竞争对等法目标任务法等，与整合沟通中预算决策方法相一致，在此就不另外讨论了。

(三)广告信息决策

广告信息决策的核心问题是制定一个有效的广告信息。广告信息是指以作品为主要载体，旨在推销产品、劳务或观念的符号和消息。有效的广告信息是实现广告活动的目的，获取广告成功的关键，广告信息决策主要包括以下几个方面：

1.广告主题的确定

广告主题是企业通过广告向消费者表达的主要问题，是广告策划成功的关键，直接统帅广告作品的创意、文案及表达形式等其他要素。广告主题贯穿于企业广告策划的整个过程。一则主题鲜明的广告主题非常容易被消费者理解和接受。一般而言，广告主题的确定可以从以下几个方面考虑：

(1)产品的原产地，包括原料的产地、历史与起源、原材料的品质。

(2)产品的效用，包括产品的视觉、听觉、触觉印象、使用方法、产品的特点、售后服务承诺等。

(3)价值，包括与同类商品相比价格的优势、产品的耐用性等。

2.广告信息诉求策略

广告信息的诉求策略是围绕广告主题，通过作用于受众认识的情感层面，促使受众产生购买动机。常用的广告信息诉求策略有两种基本的策略，即理性诉求策略和感性诉求策略。

(1)理性诉求策略

理性诉求策略是指广告诉求定位于消费者的理智动机，通过真实、准确、公正地传达企业和企业产品的客观情况，使消费者经过概念、判断、推理等思维过程理智地做出决定。这种广告信息诉求策略一般用于消费者经过深思熟虑以后才决定购买的产品和服务，如高档耐用品等。

(2)感性诉求策略。感性诉求策略是指广告诉求定位于消费者的情感动机，通过表现企业和企业产品、服务相关的情绪和情感因素来传达广告信息，以此对消费者的情绪和情感带来冲击，诱发其购买动机。

理性诉求策略与感性诉求策略各有优势，也各有缺点。理性诉求能够完整、准确地传达各种有利信息，但由于往往注重事实的传达和道理的阐述，因此，在广告文案上经常显得比较枯燥，很难引起消费者对广告信息的兴趣。感性诉求策略比较贴近消费者的切身感受，容易引起消费者的兴趣，但是由于注重对情绪和情感的描述，往往很难把商品的一些信息传达给受众者。在实际的广告策划中，常常把这两种广告诉求策略结合起来以达到理想的效果。

3.广告信息的表现手法

广告信息要借助于一定的表现形式来传达。作为广告信息形式基本成分的表现手法，经过这么长时间的发展已经非常丰富，在这里只简单介绍常用的几种。

(1)写实。写实是广告信息表现的最基本的手段，它通过逼真、生动的手法真实地表现商品的品质和效用，直观的，具体地把商品介绍给消费者。

(2)比较。这种表现手法是通过广告商品与其他商品的对比来显示本企业产品的独到之处，提高自己的身价，以达到在消费者心目中建立本企业产品超群的形象。

(3)示范。这种方法是通过实物的实际表演、操作、使用、品尝等方式来证实商品品质优良、功效良好，诱发消费者的购买。

(四)广告媒体决策

广告媒体，又称为广告媒介，是广告信息的载体，是把广告信息传达给目标公众的物

质手段。研究媒体特点,科学地选择媒体,直接关系到广告投入产出的效益。影响广告媒体决策的主要因素有:

1.不同媒体的优缺点

广告媒体多种多样,不断发展,各有其优缺点,企业在进行广告媒体决策时必须考虑各种媒体的优缺点,以便做出科学的决策。这里我们主要列举了常见的几种媒体来进行比较,见表 10-4。

表 10-4 主要广告媒体的比较

媒体	优点	缺点
电视	覆盖面大,平均费用低,生动性强,送达率高	绝对费用高,内容庞杂,目标对象不明确,不易保存
报纸	灵活、及时、弹性大,易被接受和被信任	保存性差、时间短,转阅读者少
广播	大众化宣传,地理和人口方面的选择性强,成本低	仅有音响效果,不如电视效果吸引人,展露时间短
杂志	可选择适当的地区和对象,可靠且有名气,时效长,传阅者多	广告购买前置时间长,有些发行量是无效的
户外	灵活,展露重复性强,成本低,竞争少	不能选择对象,创造力受到局限
邮寄	沟通对象选择性强,有灵活性,在同一媒体内没有广告竞争	成本较高,容易造成滥寄"垃圾广告"的印象
网络	非常高的选择性,交流机会多,相对成本低	受到计算机普及的影响,在一些国家用户少

2.产品特性

不同的产品特性对媒体有不同的要求。技术性能高的,可采用报纸、杂志作详细的文字说明,也可以用电视短片作详细介绍。对于特别需要表现外观和质感的商品,如服装、化妆品,就需要借助具有强烈色彩性的宣传媒介,那么广播、报纸等媒介就不宜采用,而电视、杂志则能更好地表现其视觉效果。

3.沟通对象的媒体习惯

有针对性地选择为广告沟通对象所易于接受并到处可见的媒体,是增强广告促销交易的有效措施。例如,若广告信息的传播对象是青年学生,那么互联网的主流视频网站与论坛是比较合适的选择。

4.信息类型

比如,宣布明日的销售活动,必须在电视、报纸等时效性强的媒体上做广告。若信息的传播对象仅仅局限于某一地区,则在地方性媒体上做广告即可,不需动用全国性媒体。以文字为主的信息,选择报纸、杂志等印刷媒体就较适宜;而以画面及动作为主的信息,以电视广告为适宜。

5.媒体成本

不同媒体所需成本不同。电视广告是最昂贵的媒体,而报纸则较便宜。不过,最重要的不是绝对的成本数字的差异,而是目标对象的人数与成本之间的相对关系。如果用每千人成本来计算，可能会出现电视广告比报纸广告更便宜的情形。

6.竞争态势

广告商品竞争对手的有无及其选择媒体的情况和所花费的广告支出的多少，对企业的媒体选择有着显著的影响。如果企业尚无竞争对手，那么它就可以从容地选择自己的媒体和安排广告费用；如果企业竞争对手尚少，还不足以对它产生重大影响，只需在交叉的广告媒体上予以重视；如果竞争对手多而且强大，在企业财力雄厚的情况下，就可以采取正面交锋，以更大的广告开支在竞争媒体上以及非竞争媒体上均压倒对方；在该企业财力有限、无法支付庞大持久的广告开支的情况下，可以采取迂回战术，或采用其他媒体，或在同样的媒体上避免正面交锋而将刊播的日期提前或移后。

(五)广告效果的评估

广告效果的测定主要是通过销售效果和传播效果来测定。

传播效果是指广告的收视率、收看率以及人们对广告的印象和产生的心理效果。目前测量的方法主要有两种：一是直接评价法，即邀请一些广告专家和目标消费者对广告进行评价；二是测试法，即邀请一些看过、听过广告的人，回忆对广告的记忆程度、印象及感想。

销售效果的常用测量方法有两种，一是广告效果比率法，即：销售（利润）效果比率＝本期销售（利润）额增长率/本期广告费用增长率×100％；二是广告效益法，即：单位广告费用销售增加额＝（本期广告后销售或利润总额－上期广告后或未做广告前销售或利润总额）/本期广告费用总额。

一般来讲，广告的销售效果要比传播效果难测定。因为影响产品销售的因素很多，如价格、质量、竞争等，并非只受广告的影响，这在广告效果评估时必须考虑在内。

中国气象频道的最新广告…

中央气象频道这支“2018 开年巨作”，得到网友们一片赞扬。这部小短篇分为三个小故事，用拟人化的手法，气象频道在片中化身黑衣人，虽然有些格格不入，却时刻在我们周围为幸福生活保驾护航。

1.“雨伞啊，yu 伞！”（见图 10-5）

图 10-5　广告 1

准备去上班的男主,推开门惊讶地发现,门口赫然站着一位黑衣人,还被强行塞了一把雨伞。下班时,居然天降大雨,女主举着包在雨中等车,男主过来温柔地为女神撑伞。降雨概率:100%;邂逅概率:100%。

2."风衣啊 hong 衣"(见图 10-6)

这次出门,男主被黑衣人强塞了一件风衣,内心是极度拒绝的。下班后,突然刮起的大风,身着风衣,走路带风的男主,赚足了对面女生的眼光。大风等级:十颗星;耍帅等级:十颗星。

图 10-6　广告 2

3."绿豆汤啊,绿 dou 汤!"(见图 10-7)

这一次推门而出的男主,发现黑衣人居然在门口支起桌子熬绿豆汤,桌子上还贴心地摆好了两瓶已经煮好的绿豆汤。天气热到爆表,把绿豆汤递给等车的女生,so sweet 啊…炎热指数:爆表;心动指数:爆表。

图 10-7　广告 3

来源:天天,营销策划与市场营销,2018.1.8

第四节　人员推广决策

一、人员推广的作用与形式

人员推广指企业的销售人员通过销售展示促成交易并建立客户关系。人员销售的对象除了一般消费者，还有针对企业组织的人员推广活动。

（一）人员推广的作用

人员推广作为一种面对面的促销方式，是最古老的沟通方式，也是现代市场营销活动中不可或缺的重要手段。人员推广提供了营销工作者与消费者面对面培养关系的机会。人员推广的作用主要有三点：首先，维护现有客户关系，发展长期客户关系；其次，影响现有客户，增加其购买量；再次，人员推广对于发展新的客户有明显的促进作用。

（二）人员推广的基本形式

（1）上门推广。上门推广是最常见的人员推广形式。它是由推广人员携带产品样品、说明书和订单等走访顾客，推广产品。这种推广形式可以针对顾客的需要提供有效的服务，方便顾客，故为顾客广泛认可和接受。

（2）柜台推广。又称门市，是指企业在适当地点设置固定门市，由营业员接待进入门市的顾客，推广产品。门市的营业员是广义的推广员。柜台推广与上门推广正好相反，它是等客上门式的推广方式。由于门市里的产品种类齐全，能满足顾客多方面的购买要求，为顾客提供较多的购买方便，并且可以保证产品完好无损，故顾客比较乐于接受这种方式。

（3）会议推广。会议推广是指利用各种会议向与会人员宣传和介绍产品，开展推广活动。譬如，在订货会、交易会、展览会、物资交流会等会议上推广产品。这种推广形式接触面广、推广集中，可以同时向多个推广对象推广产品，成交额较大，推广效果较好。

这句话让星巴克多 6 000 万销售额

你去星巴克时是否曾经遇过这样一件事

我："你好，我要一杯中杯咖啡。"

店员："小姐，中杯是最小杯型哦。"

我："哦……那我要大杯吧。"

星巴克的门店通常只有三种杯型，容量分别是 12、16 和 20 盎司，我们一般会按照杯型的大小将其称为小、中、大杯。然而，星巴克却偏偏不按常理出牌，把杯型分为了中杯、大杯和超大杯。难道星巴克没有小杯吗？据了解，其实在星巴克门店还有一种容量为 8 盎司的杯型，名为"Short"，只是小杯并没有出现在菜单牌上。

星巴克的这种推销方式背后隐藏的却是企业的利益链。据测算，星巴克每家店每天的客人数量在300名左右，推荐成功的比例大约为10%，也就是30名客人会改变初衷，增加消费额。如果按照最少的升杯消费（3元）来计算，一个门店一天的销售额能增加90元，目前星巴克中国的门店超过2 000家，这意味着光升杯这一项，星巴克一年就能增加营业收入6 570万元。

不仅如此，根据日本经济学家吉本佳生的《在星巴克要买大杯咖啡》一书中的分析，从消费者的角度而言，大杯咖啡的性价比的确高于中杯咖啡；但是对于星巴克而言，咖啡豆的成本在其总成本中所占比重极小，通过计算咖啡豆的采购、运输、保管、烘焙等成本，分摊门店装修、运营和人力等其他成本后，算得的大杯型咖啡利润及利润率皆更高，大杯型咖啡的获利能力显而易见。

企业追求利益最大化无可厚非，"中杯问题"本质上是星巴克门店推销方式的问题，店员在询问的过程中其实是带有引导倾向的。但是这样一成不变的、机械的，甚至质疑式的询问对于购买目标明确的顾客而言，容易引起消费者的不适合和反感，若是为了小利而破坏与消费者之间的关系却未必值得。

资料来源：http://www.sohu.com/a/336646711_465378

二、人员推广的流程

人员推广没有固定的模式，只有根据顾客的需求和购买特性进行推广和沟通，才能取得满意的成效。一般的，我们可以把人员推广的流程划分为七个重要步骤：

（一）寻找顾客

推广程序的第一步是寻找顾客，识别潜在顾客。尽管企业可能提供顾客线索，但推广员还是需要有自己开发顾客线索的技能，通常寻找顾客线索可以通过以下方法进行。

（1）向现有顾客询问和寻找潜在顾客的姓名；

（2）培养其他能提供线索的人员，如供应商、非竞争性的推广人员、银行和有关协会负责人；

（3）加入潜在客户所在的组织；

（4）从事能引人注意的演讲和写作活动；

（5）通过细阅各种资料如报纸、指南等寻找顾客；

（6）通过电话和邮件寻找线索等。

推广人员必须懂得如何淘汰那些没有价值的线索。对潜在的顾客，可以通过研究他们的财务能力、业务量、具体的需求、地理位置和连续进行业务的可能性，来衡量他们的资格。推广人员应当给潜在顾客打电话或写信，以便确定是否访问他们。

（二）访问准备

推广人员在访问顾客之前必须做好充分的访问准备工作。

（1）企业及其产品的详细情况、资料或样品等。

（2）竞争者的相关产品的特点、价格、竞争能力和市场定位等。

(3)顾客情况。推广人员应尽可能多地了解潜在客户企业的情况(它需要什么、谁参与购买决策)和购买者的情况(性格特征、购买风格)。可以向熟人或其他人询问该企业的情况。

(4)确定访问目标、时机和方式。走访目标一般有:通过走访考察鉴别目标对象的资格,搜集更多的信息资料,达成交易。走访时间要先征求客户的意见,了解他们在哪个时间段比较合适。走访方式可以是直接面访,也可以是电话访问或者信函访问。

(三)接近顾客

推广人员应该知道初次与客户交往时如何会见、如何问候、如何开场。这包括推广人员仪表、开场白和随后谈论的内容。用户的第一印象常常是促销成功的基础,推广人员必须充分重视。

(四)推广交谈

这一阶段,推广人员可以按照“刺激—反应”模式(AIDA 模式)向顾客进行推广,具体可采用讲解、示范表演等方式,即争取顾客关注产品(attention)—引起兴趣(interest)—激发欲望(desire)—付诸行动(action)。推广人员在该过程中应以产品性能特点为依据,强调产品能给消费者带来的利益(如价格低廉、省力、美的享受或给消费者的更多优惠等)。一般顾客如能看到或自己使用产品时,会更好地记住产品的特点和好处。

(五)异议处理

在产品介绍过程中或要求他订货时,消费者几乎都会表现出抵触情绪。这些抵触有心理上的也有逻辑上的。心理抵触包括:对外来干扰的抵触;喜欢已建立的供应来源或品牌;生性淡漠;不愿放弃某些东西;不喜欢做决定;对别人的不愉快联想;对金钱的过敏。逻辑上的抵触包括:对价格、交货安排或某些产品或公司特征的抵触。推广人员应采取积极应对措施,一一化解,如请顾客说出反对的原因,或将对方的反对意见转化为购买理由。在推广员的谈判技巧培训中,如何化解或应对反对意见就是重要内容之一。

(六)达成交易

推广人员必须懂得如何从顾客那里发现可以达成交易的信号,包括顾客的动作、语言、评论和提出的问题。达成交易有几种方法。推广人员可以要求顾客订货,重新强调一下协议的要点,帮助秘书填写订单,询问顾客是要产品 A 还是产品 B,让顾客对颜色、尺寸等次要内容进行选择,或者告诉顾客如果现在不订货将会遭到什么损失。推广人员也可以给予购买者以特定的成交劝诱,如特价、免费赠送额外数量,或是赠送一件礼物等等。

(七)跟踪服务

推广人员要想保证顾客感到满意并能继续订购,这最后一步是必不可少的。交易达成之后,推广人员就应着手履约的各项具体工作:交货时间、购买条件及其他事项。推广人员接到第一张订单后,就应制定一个后续工作访问日程表,以保证为顾客提供及时的指导和服务。这种访问还可以发现可能存在的问题,使顾客相信推广人员的关心,并减少可能出现的任何认识上的不一致。推广人员还应该制订一个客户维持计划,以确保客户不会被遗忘或丢失。

第五节　销售促进

一、销售促进作用与形式

销售促进是一种适宜于短期推广的促销方法，又称营业推广，是企业为鼓励购买、销售商品和劳务而采取的除广告、公关和人员推广之外的所有企业营销活动的总称。

(一)销售促进的作用

(1)可以吸引消费者购买。这是营业推广的首要目的，尤其是在推出新产品或吸引新顾客方面，由于营业推广的刺激比较强，较易吸引顾客的注意力，使顾客在了解产品的基础上采取购买行为，也可能使顾客追求某些方面的优惠而使用产品。

(2)可以奖励品牌忠实者。因为营业推广的很多手段，譬如销售奖励、赠券等通常都附带价格上的让步，其直接受惠者大多是经常使用本品牌产品的顾客，从而使他们更乐于购买和使用本企业产品，以巩固企业的市场占有率。

(3)可以实现企业营销目标。这是企业的最终目的。营业推广实际上是企业让利于购买者，它可以使广告宣传的效果得到有力的增强，破坏消费者对其他企业产品的品牌忠实度，从而达到本企业产品销售的目的。

(二)销售促进形式

一般我们可以根据对象差别分为三大类的销售促进，每类销售促进各有不同的形式。

1.针对企业组织的贸易促销

贸易促销的形式主要有交易折让、合作广告和卖方支持计划、商业竞争和激励措施、特殊品广告与行业博览会。一个成功的贸易促销计划通常具备以下特征：金钱激励、准确的时间选择、减少零售商的人力和财力耗费、见效快并有效改善零售商的业绩。

贸易促销的主要目的有推出新产品或改进产品、增加新包装形式或新包装尺寸的分销量、增加零售库存量、保持或增加制造商对货架空间的占有率、在正常货架位置之外获得其他展示位置、减少库存加快周转、促使零售商在自己的广告中介绍产品、对抗竞争对手的营销活动与提高终端消费者的购买量。

2.针对客户的促销

客户导向促销的目标一般分为三大类：促使试用性购买、鼓励重复购买及改善品牌形象。实现三类目标的具体形式如下：

(1)促使试用性购买，有效形式包括免费试用、兑换券、邮寄赠品等。

(2)鼓励重复购买，一般通过降价、加大包装容量、赠品、兑换券、部分返款的形式。

(3)改善品牌形象，常见的方式一般有举办竞赛与抽奖活动。

3.针对员工的促销

这主要是针对企业内部的销售人员，鼓励他们热情推广产品或处理某些老产品，或促使他们积极开拓新市场。一般可采用的方法有：销售竞赛、免费提供人员培训、技术指导等形式。

2018 天猫双十一活动玩法攻略

天猫双十一活动是年终最后一次的购物狂欢活动了，2018 年更是天猫十周年的店庆，发红包、降价优惠、满减秒杀活动更是玩法多样化的吸引万千的剁手党。小编整理了 2018 天猫双十一活动玩法数条攻略，咱们定能玩转双十一购物狂欢节！

01　超级红包天天领

10 月 20 日—11 月 11 日，天猫超级红包天天领，每人每天领取 3 次，另外通过裂变分享给好友可以增加机会，一次点击增加一次机会红包双 11 当天可抵扣现金。注意 20 号还有双 11 当天 11 点 11 分红包特别大，定好闹钟准时领取！

02　签到红包

11 月 1 日—11 月 11 日，用户每日进入天猫手机 APP 领取天猫红包，即默认签到成功，累计签到次数越多，双 11 当天拆到的红包越大，所以要每天签到哦！

03　心愿清单

11 月 1 日—11 月 10 日，大家可以创建自己的心愿清单，把心仪的商品放入心愿清单，发给好友助力获取心愿值，心愿值可以兑换商品专属红包。

04　金钱树

11 月 1 日—11 月 11 日，活动说明：活动期间，参与用户都可拥有自己的金钱树，可通过互抢金叶子、分享助力抢金叶子等方式获得，所获得的金叶子将在双 11 当天兑换淘礼金。

05　淘礼金

10 月 20 日—11 月 10 日，淘礼金是 2018 年新增的玩法，它是指定单品的红包，仅可使用在购买指定的单个商品上，不可叠加使用，仅限双 11 当天可用。

06　密令红包、猫超红包、淘口令红包

淘密令应该都不会陌生，就是在手淘或者天猫里输入关键词搜索就能出现大红包，一般每天的 0 点、12 点是放水的时候，0 点有很多大包的出现。活动期间，用户打开手淘搜索密令，可领取到红包（非必中），全天多时段可参与。

07　定时红包

定时红包也叫红包雨红包、整点红包，就是商家或者天猫官方某个会场、店铺的入口发放的红包。活动时间：11 月 11 日指定时段、双十一期间某天整点时段。11 月 11 日 11 点 11 分可领取定时红包，红包膨胀，同时还有宝箱红包、签到红包、多轮定时红包等，让你最后一天，买到爽！

资料来源：白领网，2018-10-20

二、销售促进决策

销售促进决策与管理工作主要有以下几个方面的内容：

（一）确定销售促进对象与目标

同样的，销售促进决策也必须从明确对象和目标开始，销售促进对象大致可以分为三类：一是面向消费者，二是面向中间商，三是面向销售队伍。而这不同的类别中又可以细分出更多的类别，如消费者有区域、年龄、收入、忠诚度等等的差别。只有明确销售促进对象，才能进行有针对性地进行销售促进方案的制订。

销售促进目标与销售对象紧密相关。就消费者而言，目标包括鼓励消费者更多地购买和使用本企业的产品，以及争取未使用者使用，并能够吸引竞争者品牌的使用者购买本企业的产品；就中间商而言，目标包括吸引中间商经营新的商品和维持较高水平的存货，鼓励他们购买积压商品，鼓励储存相关产品，建立中间商的品牌忠诚和获得进入新的零售网点的机会；就销售队伍而言，目标包括鼓励他们积极销售新产品，开拓新市场，激励他们寻找更多的潜在顾客和刺激他们推销积压商品。

（二）选择销售促进的手段

在明确目标之后，就要考虑选择合适的手段进行销售促进。而影响销售促进手段选择的因素，除了销售促进对象和目标外，还要考虑到另外两个重要方面：一是销售促进费用，二是时间期限。

1.费用

通过营业推广可以使销售额增加，但同时也增加了营销费用。企业应当权衡推销费用与营业收益的得失，把握好费用与所得的正确比值，从而确定营业推广的规模和程度。

2.期限

营业推广的时间选择必须符合整体营销策略，并与其他经营活动相协调，如果时间太短，可能收效甚微；如果营业推广时间过长，又会给消费者造成一种印象，好像销售促进是变相降价，从而失去吸引力。因而在营业推广的时间上要恰到好处地把握，给消费者制造“欲购从速”的吸引力。

（三）制定销售促进方案

制订销售促进方案就是要具体安排企业的销售促进活动。在制订方案时应包括这样几个方面：

（1）诱因的大小。企业必须确定所提供的诱因的大小。如果要使销售促进取得成功，最低限度的刺激是必不可少的，较高的刺激程度会产生较高的销售反应，但是随着刺激因素的提高，刺激的增加率是递减的，因而企业必须把握好诱因的程度。

（2）参与者的条件。在制订推广方案时，必须考虑本次营业推广参与者的条件，如任何人都可以参加，或需持券、提供身份年龄或是必须有一定的产品购买量等等。

（3）销售促进媒体的选择。在进行销售促进时，必须考虑本次营业推广的信息如何传达给目标消费群体，例如，一张价值 20 元的优惠券是在商店里分发，还是通过邮寄或附在广告媒体上送达给消费者，每一种方式所取得的效果、花费的成本都是不同的。

(4)营业推广时机的选择。企业还应制定出在何时、花费多长时间开展营业推广。有关专家认为,企业最有效的营业推广活动大约是在每个季度搞三周左右,每次的持续时间以平均购买周期的长度为宜。

(5)营业推广预算的分配。

(四)销售促进的实施与效果评估

销售促进实施计划必须包括前置时间和销售延续时间。前置时间是开始这种方案前所必需的准备时间,包括的:最初的计划工作、设计工作,以及包装修改的批准或者材料的邮寄、通知现场的销售人员、购买或印刷包装材料、预算存货的生产等等一系列工作。销售延续时间是指从开始实施优待办法起到大约95%的采取此优待办法的商品已经在消费者手里的结果为止的时间。

效果评估一般可以从市场占有率的变化、产品知名度的提高、分销渠道的扩展与稳固等方面进行评价,另外还要看与其他促销活动相配合的程度。

第六节　公共关系决策

一、公共关系的作用与形式

公共关系一词的英文为 public relations,简称 PR。所谓公共关系,就是指企业运用现代传播手段,为创造与公众和相关社会环境间的和谐发展而采取的一种独特的管理活动。企业的公共关系活动,应以公众利益为前提,以服务社会为方针,以交流宣传为手段,以谅解、信任和事业发展为目的。公共关系被企业广泛用于配合市场营销,尤其是开展促销活动。

(一)公共关系的作用

(1)有助于树立良好的企业形象。通过新颖别致的对外宣传和广泛的交往可以联络公众的感情,通过支持赞助公益事业可以显示企业的社会责任感等。

(2)有助于增进企业之间的交往与合作。企业的生存与发展,需要与其他企业进行交流与合作。

(3)有助于提高企业的经济效益。公共关系通过信息传播、形象竞争、感情联络等手段,可以吸引公众的注意力,赢得大量的消费者,促进产品的销售,提高经济效益。

(二)公共关系的形式

著名营销学者菲力普·科特勒教授曾以“PENCILS”(铅笔)的比喻,形象地提出了公共关系营销所涉及的七个领域:出版物(publication)、事件(event)、新闻(news)、社区关系(community relation)、确定媒体(identify media)、游说(lobby)、社会理念营销(social cause marketing)。

1.出版物

企业出版物是一种由工商企业、公用事业等单位出版的连续出版物或小册子，被称为“商业喉舌”。出版物散发的对象是内部员工、股东和消费者等，其目的是宣传企业的组织、产品和服务项目，是一种促进营销公关的工具。

2.事件

对市场营销人员和公关人员来说，特殊事件无疑可以创造新闻。对不同的企业来说，特殊事件是不同的，可以是一次时装表演，也可以是一次个人电脑讲座及演示，或是筹建一幢玩具博物馆。这样，既制造了新闻，又传递了营销信息。

3.新闻

无论是新产品的新闻发布会，还是在露天场地举行一项工程的揭幕典礼，都提供了引起新闻界注意的极好机会。争取报刊录用新闻稿、参加记者招待会或举行新闻发布会，需要营销技巧和人际交往技巧。与新闻界的交往越多，企业获得较多好新闻的可能性也就越大。

4.确定媒体

媒体的确定是运用科学的方法对不同的媒体进行有计划的选择和优化组合的过程，其基本任务是以较低的投资通过选择的媒体达到预期的目标。媒体选择与确定，必须与企业的营销战略相关，如果企业的营销战略属于进攻性战略，其媒体的选择就应以大众传媒为主。选择适当的媒体与符合媒体性质要求进行宣传极为重要。在收视率高的言情连续剧中插播化妆品及美容知识的广告，其效果远远大于利用其他媒体进行的宣传。

5.社区关系

社区既是国家的缩影也是个体的缩影。社区关系是指企业与所在地政府、社会团体、其他组织以及当地居民之间的睦邻关系。社区关系的好坏，取决于企业的行为和社区居民的意向，这对企业的生存与发展有着十分重要的影响。

6.游说

游说是创造产品与企业知名度的另一种手段，指游说者在特定的情景中，借助语言和体语，面对广大的听众发表意见、抒发情感，从而达到感召听众的一种现实的营销公关活动。

7.社会理念营销

社会理念营销，就是指企业不仅要满足消费者的需要和欲望，并以此获得利润，而且要符合消费者自身和整个社会的长远利益，要正确处理好消费者的欲望和利益，以及社会长远利益之间的矛盾。例如，刊登公益广告呼吁保护野生动物、减少环境污染、劝诫吸烟等等，都是社会理念的推广。除此之外，企业还应采取一些实际行动，这样才能达到社会营销的目标，建立企业长期的良好形象。

小案例 10-5

健康+教育：“伊利模式”创新精准公益扶贫

面对2020年全面脱贫的国家战略目标，面对贫困地区人口对健康生活的新期待，伊利集团率先响应，于2017年2月推出了“伊利营养2020”精准扶贫公益项目：与农业农村部、卫健委、中国红十字基金会、中国奶业协会等国家部委、社会机构进行合作，通过营养调研、健康教育与公益捐赠等多种形式，全面聚焦贫困地区人口的营养改善，不断推进“无贫穷”、“零饥饿”等联合国可持续发展目标的实现。

生活在集中连片特殊困难地区 680 个县的儿童超过 4 000 万，他们在健康和教育等方面的发展水平明显低于全国平均水平。为此，“伊利营养 2020”将牛奶助学公益，作为项目中最重要的行动，积极开展。仅 2017 年一年，“伊利营养 2020”便为中国近 1/3 省份，送去了伊利学生奶 480 万盒，惠及超 12 万名贫困地区学生，实现了总计 1 200 万元的行业最高捐赠规模。

2018 年 9 月 5 日，“伊利营养 2020”战略升级仪式在四川凉山成功举办，为凉山州多所学校捐赠了伊利学生奶 456 000 盒。升级后的项目预计全年总投入 2 100 万元，覆盖全国 25 个省区、1.2 万所学校。与此同时，该项目还将整合多方专家学者资源，通过积极开展培训课程，有效提高贫困地区青少年营养健康意识，培养健康卫生习惯和认知能力。

“立足产业、立体扶贫、精准担当”是伊利公益扶贫模式的独特点。升级后的“伊利营养 2020”将更加精准地关注贫困地区婴幼儿、孤残、老人等特殊群体，深耕“三区三州”(西藏、新疆、四川等地)、青海玉树、四川凉山、陕西蓝田、河北西柏坡等扶贫重点区域，不断探索健康扶贫与教育扶贫、产业扶贫等相结合的专业扶贫机制。

资料来源：门秉谦，半月谈网，2018-9-7。

二、公共关系决策

公共关系是企业整合沟通的重要策略，其决策工作主要有：

(一)公共关系调查

公共关系的调查是开展公共关系工作的起点和基础。通过调研，企业一方面可以了解与实施的政策有关的公众的意见并反馈给管理层，以提高企业决策的正确性；另一方面可以将企业的决策传递给公众，使之加强对本企业的了解。

(二)确定公共关系的目标

一般而言，企业公共关系的目标是促使公众了解企业，改变公众对企业的认识，最终目的是通过传播信息，唤起消费者的需求与购买行为。

(三)编制公共关系计划

公共关系是一项长期性的工作，企业必须有一个长期的、连续的计划。公共关系计划必须依据一定的原则来确定公共关系的目标、工作方案、具体的公关工项目、公关策略等。

(四)公共关系计划的执行

在公共关系的实施过程中，需要依据公共关系的目标、对象、内容和企业自身条件和不同的发展阶段等来选择适当的公共关系媒介和方式。

(五)公共关系的效果评估

公共关系评价的指标通常有三种：

(1)曝光频率，即企业出现在媒体中的次数。

(2)反响，分析由公共关系活动引起公众对产品的知名度、认知、态度前后的变化。

(3)销售与利润贡献，可以通过公关前后的销售额和利润的比较来评估公共关系的效果。

第七节　直接营销

一、直接营销的作用与形式

直接营销,或称直接营销,指不经过中间渠道直接与客户进行沟通。相较于其他沟通方式,直接营销具有私密性强、能够针对目标受众设计沟通信息、实现双向沟通的特征。因此,直接营销适用于针对性强的营销沟通活动,且有利于建立一对一的客户关系。

(一)直接营销的作用

(1)直接营销降低了整体顾客成本。直接营销剔除了中间商加价环节,从而降低了商品价格;同时让顾客无须出门就可购物,使他们的时间、体力和精神成本几乎降为零。

(2)直接营销顺应顾客讲求时间效率的趋势。相比较逛街购物,现代人更愿意把宝贵的时间投入工作、学习、交际、运动、休闲等更有意义的事情中,而直接营销电话(或网络)订货、送货上门的优点为顾客的购物提供了极大的便利。

(3)网络通信技术的推广促进了直接营销的发展。媒体是直接营销成功的关键。今天,发达的通信设施特别是互联网络技术的运用,正使电子购物成为一种趋势。

(4)直接营销顺应顾客个性化需求的趋势。通过直接营销,生产商可根据每位顾客的特殊需要定制产品,从而为顾客提供完全满意的商品。

(二)直接营销的形式

直接营销依赖于各种能够直接面向用户的媒体。常见的直接营销媒体包含直邮、电话营销、搜索引擎与电子邮件营销。

1.直邮

直邮的具体形式包含信件、明信片、价目表、菜单与产品目录等。在技术高速发展的今天,直邮仍是与个体消费者或企业组织进行营销沟通时的重要工具,原因在于以下四点:首先,电视广告的费率不断提升,电视观众分化严重。其次,直邮的针对性较强。再次,与其他营销沟通方式相比,直邮更便于统计沟通对象中有多少人最终购买了广告产品。最后,仍有部分消费者偏好直邮广告。在网络购物普及率不断提升的同时,产品目录仍有其不可替代的重要性;产品目录利于消费者保存、分享,因此具有较为长期的影响。

2.电话营销

电话营销是直接营销的一种方式,销售人员通过致电潜在客户促成产品或服务的销售。通过电话营销的方式,销售人员可能在电话的通话过程中达成交易,也可能在电话中约定的后续面对面或网络会议中达成交易。

3.搜索引擎与电子邮件

搜索引擎与电子邮件广告是互联网广告中占比最高的两种形式。搜索引擎广告一般包括关键词匹配广告与内容导向广告。电子邮件广告的表现方式多种多样,企业可以设计纯文字广告，或包含图片、音频、视频的广告并通过电子邮件传递给目标受众。

4.电视直销

电视直销是指营销者购买一定时段的电视时间，播放某些产品的录像，介绍功能，告示价格，从而使顾客产生购买意向并最终达成交易的行为，其实质是电视广告的延伸。电视营销的优点是：通过画面与声音的结合，使商品由静态转为动态，直观效果强烈；通过商品演示，使顾客注意力集中；接受信息的人数相对较多。电视营销的缺点是：制作成本高，播放费用昂贵；顾客很难将它与一般的电视广告相区分；播放时间和次数有限，稍纵即逝。为了克服上诉弊端，有些经营者创造了一种新的电视营销方式——家庭购物频道（home shopping channels）。

5.网络直销

网络直销是指营销者借助电脑、联网网络、通信和数字交互式媒体而进行的营销活动。它主要是随着信息技术、通信技术、电子交易与支付手段的发展而产生的，特别是国际互联网和移动互联网的出现更是为它的发展提供了广阔的空间。网络直销是直复营销的各种方式中出现最晚的一种，但也是发展最为迅猛、生命力最强的一种。我们将在第十一章探讨网络营销的问题。

10-6 **网红带货有多强**

一个慵懒的周末午后，躺在沙发上，拿起手机，漫不经心地点开抖音，眼前出现的竟然是李佳琦的口红测评。在一句极具魔性的“oh my god”后，“口红一哥”喊出两个有力的字眼——“买它”，一锤定音，成功撩拨了屏幕前你的消费冲动，然后一发不可收拾：从国产大牌到欧美小众，不同价位都基本覆盖到。

李佳琦是谁?

简单来说，他是“网红”；如果更详细一点，他是一个靠直播口红试色而火起来的美妆博主，人称“口红一哥”。

2017 年，李佳琦就进入淘宝直播成为一名主播。同年 12 月，他又以口红试色的短视频形式入驻抖音。两个月内，抖音涨粉 1 300 万，同时也带动了淘宝直播的人气。

但真正让他火起来的还是 2018 年的天猫“双十一”，与马云同框 PK 卖口红，最终战胜马云，做实了“口红一哥”的名号。在那次淘宝直播中，李佳琦卖掉了 32 万件商品，销售额高达 6 700 万元。

如今，在抖音，与超模奚梦瑶去戛纳、打破吉尼斯世界纪录、直播卖口红 K.O 马云，这三个被置顶的视频无一例外都显示着李佳琦的“红”。截至记者发稿时，李佳琦一共有 3 078.8万的粉丝量，获得 1.7 亿的点赞量。入驻抖音一年不到的时间，这个成绩足以傲视同侪。

在今年 6·18 期间，李佳琦在淘宝直播再度刷新战绩：一场直播卖出 15 万支唇釉，3 分钟内卖出了 5 000 单资生堂“红腰子”，1 分钟售罄 4 万口柳宗理铸铁锅。

在社交媒体上随手一搜，就能感受到李佳琦带货能力有多强——“6·18 李佳琦连续直播那几天，我每天都跟着熬到子夜一点”“只要他说出‘买它’两个字，我就像被附体一样,看啥想买啥”……毫不夸张地说,凡是被贴上“李佳琦推荐”、“李佳琦同款”标签的商品,几乎都能成为爆款。

李佳琦是“魔鬼”,并不是说他本人,而是他超强的带货能力。这些年,类似于李佳琦这样具有强大带货能力的当红主播,还包括张大奕、薇娅等。这些人正在以传统零售商们不太懂的方式诠释着另一种消费方式:直播或短视频带货。

这背后,是淘宝直播、快手和抖音等短视频平台关于流量变现的过程。网红的身份除了“红”,更多的还是一门好生意。

资料来源:应琛,新民周刊,2019-8-28。

四、直复营销决策

与传统的非人员沟通方式相比,直复营销沟通是一个互动沟通的体系,营销人员通过多种针对性很强的媒介与目标顾客进行沟通,为他们提供服务,每个目标顾客也可以直接向营销人员反应。直复营销沟通决策需要考虑以下内容:

(一)确定直复营销沟通目标

直复营销的主要目标在于刺激潜在消费者的购买欲望,并采取购买行动。顾客的反应率是一个重要的衡量目标,一般而言,如果有2%的反应就是成功。这并不意味着另外98%的机会是浪费,因为直复营销对产品知名度和日后的购买意图会产生影响。

(二)确定目标顾客

直复营销非常强调目标市场的细分,直复营销人员必须找出现实顾客和潜在顾客的特征,尤其是那些有购买欲望并准备购买的顾客。目标市场一旦确定,直复营销人员就需要获得目标市场上潜在顾客的名单。名单的来源可有不同的方式,可以是过去购买过企业产品的顾客记录,也可以是市场调研所获得的有购买欲望的顾客,还可以直接从名单经纪人或其他竞争企业里获取购买名单。一般认为,较好的名单应包含顾客个人资料、心理特征以及简短的地址。

(三)选择相应的直复营销沟通方式

直复营销沟通方式的选择并不是单一的,企业需要根据目标市场的特性和企业的能力有效地组合运用直复营销的各种方式,甚至创造性地开发直复营销的新手段来加强与消费者的沟通,促进销售。

(四)确定直复营销沟通方案

在确定了沟通目标、顾客和沟通方式之后,直复营销人员需要针对市场制订一套完整的营销方案,也就是也对产品本身、报价、媒体、营销渠道和创新策略等进行详细安排。

(五)绩效衡量

直复营销人员需要估计直复营销的总成本,以及达到保本点所需要的顾客反应率。而这个反应率还必须扣除退货和呆账损失因素。当然,单纯以反应率来衡量直复营销可能会低估这一沟通方式的长期效果。所以许多企业现在采用“欲购买率”、“认知率”等来衡量一次营销活动的效果,而不是单纯的反应率。

第八节 趋势与热点：新媒体环境下的营销沟通

一、新媒体概述

（一）新媒体的界定

新媒体概念是1967年由美国哥伦比亚广播电视网（CBS）技术研究所所长戈尔德马克（P.Goldmark）率先提出的，随着科技的飞速发展，新媒体越来越受到人们的关注，成为人们议论的热门话题。但对于新媒体的界定，可谓众说纷纭，至今没有定论，如表10-5所示。

表10-5 对新媒体概念的不同解读

美国《连线》杂志	所有人对所有人的传播
联合国教科文组织	以数字技术为基础，以网络为载体进行信息传播的媒介
清华大学熊澄宇	在计算机信息处理技术基础之上出现和影响的媒体形态
新传媒产业联盟王斌	新媒体是以数字信息技术为基础，以互动传播为特点、具有创新形态的媒体
BlogBus副总裁魏武挥	受众可以广泛且深入参与（主要通过数字化模式）的媒体形式
中国传媒大学黄升民	构成新媒体的基本要素是基于网络和数字技术所构筑的三个无限，即需求无限、传输无限和生产无限

新媒体并非新兴或者新型媒体的统称，应该有其相对准确的概念。故而，业内经过对媒体的研究、大量市场数据分析，以及纵观业内对新媒体认识看法，结合消费者的观点，总结出新媒体相对准确的定义：新媒体是新的技术支撑体系下出现的媒体形态，如数字杂志、数字报纸、数字广播、手机短信、移动电视、网络、桌面视窗、数字电视、数字电影、触摸媒体、手机网络等。相对于报刊、户外、广播、电视四大传统意义上的媒体，新媒体被形象地称为“第五媒体”。

（二）新媒体特点

以数字技术为代表的新媒体，其最大优势是打破了媒介之间的壁垒，消融了媒体介质之间，地域、行政之间，甚至传播者与接受者之间的边界。相对于传统媒体，新媒体有以下几个方面的特点：

（1）信息呈现的数字性和超文本性：信息内容可与其物质载体相分离，并实现海量存储。

（2）信息传播的复合性和集成性：利用网络技术和移动技术，新媒体终端可以非常便捷地将信息进行跨媒体和跨时空的传播与分享，从而极大地提升信息传播的时效和覆盖面。

（3）信息传播的交互性和及时性：利用新媒体，普通大众可以自发、自由地发表见解、表达诉求、交流思想、传递信息，从而形成双方乃至多方的及时互动、交流与反馈。

新媒体、自媒体、融媒体的区别

新媒体是新的技术支撑体系下出现的媒体形态，是相对于传统媒体（报刊、广播、电视等）而发展起来的一种新的媒体形态。

自媒体又称“公民媒体”或“个人媒体”，是指私人化、平民化、普泛化、自主化的传播者，以现代化、电子化的手段，向不特定的大多数或者特定的单个人传递规范性及非规范性信息的新媒体的总称。

“融媒体”是充分利用媒介载体，把广播、电视、报纸等既有共同点，又存在互补性的不同媒体，在人力、内容、宣传等方面进行全面整合，实现“资源通融、内容兼容、宣传互融、利益共融”的新型媒体。

（三）新媒体的兴趣与发展

新媒体的兴起和发展是20世纪中叶以来人类传播中媒介层面的新突破，它使得信息产业成为社会发展中最为显著的产业，知识、信息成为生产力发展的基本要素和主要资源，人类社会出现了信息化趋势，全球化的出现也与新媒介的产生具有密不可分的联系。

新媒体中，人际传播、群体传播、大众传播三种传播类型呈现出融合趋势和一体多功能的态势，这在互联网中表现最为突出。由于媒介的融合，新媒介的信息传播具有高速、高质、超量、多样化、范围广的特征。信息的传播者与受众的身份不再有明显的差别，每个人都可能既是信息的制造者又是信息的传播者，同时又充当信息接受者的身份。

新媒介是时间上相对的、不断更新的概念。在大众传播历史上，20世纪20年代出现的无线电广播、40年代出现的电视媒介，相对于当时的报纸媒介等而言，就可以称之为“新媒介”。但是，到了20世纪80年代，人们对于一些新出现的电子传播手段赋予“新媒介”的称谓，而将广播、电视等称为传统媒介。

新媒体不是自发地、孤立地出现，而是从旧媒介的形态变化中逐渐脱胎出来的，每一种新媒介都把一种旧媒介作为自己的内容。作为最古老的媒介——语言，几乎存在于一切新媒介中。拼音字母是语音的视觉表达，电报发送的是电子编码的文字，电话、唱机和收音机传递的是言语，电影成为电视的内容，而这一切又都迅速地成为互联网的内容，互联网成为一切媒介的媒介。一切形式的传播媒介都在一个不断扩大的、复杂的自适应系统之中共同相处和共同演进。每当一种新形式出现和发展起来，它就会长久地和不同程度地影响其他每一种现存媒介形式的发展，新的传播媒介会增加原先各种形式的传播媒介的主要特征，并通过语言的传播代码传承和普及。

二、新媒体营销概述

新媒体营销是以新媒体平台为渠道，实现宣传和销售目的的营销活动。通常，企业的新媒体营销有两条基本路径。第一条路径是向新媒体平台或第三方账号投放广告或内容来传播;第二条路径是自建新媒体账号矩阵,并通过自运营来传播。

(一)当前新媒体营销传播的主要平台

新媒体传播主要通过社交、资讯、网络播客、直播、视频等平台为载体,进行内容的精准分发;其传播媒介特点是重新构建人与人之间的沟通方式,实现信息的全网覆盖,按表现形式可以分为社交媒介、资讯媒介、声讯媒介、视频媒介。

1.社交媒介

社交媒介源于社交工具的应用兴起,衍生而成的资讯订阅平台。例如:微信公众号、微博自媒体、博客、qq 空间、微信、qq、微博等,主要建立在订阅与社交传播的基础之上。传播机制是利用六度人脉理论为基础,形成内容的社交化、社会化传播。其明显的特征是,有关注才有内容的订阅,方能形成分享式传播。目前,在微信、微博等社交媒介的应用上,很多企业还是停留在发布信息的阶段。

(1)优势:链接粉丝的黏性比较强,本身带有社交属性传播、分发的打开率会更高;

(2)劣势:需要有一定的基础订阅用户,现在面临阅读及订阅量下降的挑战。

六度理论

六度理论,也称为六度空间理论、六度分割理论、小世界理论,由哈佛大学的心理学教授 Stanley Milgram(1933—1984 年)于 1967 年创立。六度理论,简单地说:"你和任何一个陌生人之间所间隔的人不会超过六个,也就是说,最多通过六个人你就能够认识任何一个陌生人。"按照六度分割理论,每个个体的社交圈都不断放大,最后成为一个大型网络。这是社交网络的早期理解。后来有人根据这种理论,创立了面向社交网络的互联网服务,通过"熟人的熟人"来进行网络社交拓展,比如 ArtComb、Friendster、Wallop、adoreme 等。

2.资讯媒介

资讯媒介源于传统新闻门户的模式,在内容订阅机制上加以创新,通过用户行为轨迹及大数据分析,实现对内容、人群的精准推荐。该领域将会是未来 3～5 年内,企业网络营销拉新、引流、转化、留存用户的主要战场之一。例如:今日头条、一点资讯、搜狐、新浪、网易、百度、知乎、企鹅、UC 等自媒体平台等,主要通过用户行为轨迹,精准实现图文、视频的智能推荐。目前,该领域还是自媒体人的主要战场、大部分中小企业都未及时进入的流量蓝海。

(1)优势:创作者无须一定的用户关注量,通过优质的内容便实现大量推荐量,形成爆文完全凭借文章的内容;

(2)劣势:观点争议性越大的文章,获得曝光的可能性越大,真正干货文章未必有较高的阅读量。

3.声讯媒介

网络播客源于传统广播电台的形式,借力网络平台实现数字化的内容制作,采用订阅机制实现内容的传递。例如:喜马拉雅、荔枝、蜻蜓等,有声传播的形式提供内容输出。

(1)优势:创作成本相对较低,不会受到创作空间的限制,能在开车、乘车等特定环境下收听;

(2)劣势：新人很难获得大量的曝光度，需要依靠原始积累。

4.视频媒介

视频媒介又涉及门户视频及直播视频，利用影像录制的形式制作内容，同样采用订阅机制实现内容的传递。门户视频的自媒体内容创作相对直播视频，无论在制作内容、人员、周期、成本都更高，内容属性要求更强，传播效果也是最佳。

视频媒介分发平台主要有：搜狐、腾讯、优酷、网易、爱奇艺等，提供视频短剧、原创短视频内容的输出，这类视频的传播，更适合用户价值的培养，品牌宣传的打造。

(1)优势是形成持续存在的传播性，借力热门视频的内容植入导流效果好。

(2)劣势是对于普通人无论是题材的创作，编导、录制都有非常高的门槛，传播的机制需要借力推荐机制才能上热门。

直播分发平台主要有：花椒、映客、快手、斗鱼等，提供直播类视屏内容的输出。直播类视频的传播，讲究实时性互动，对主播的个人性格、品牌建立有很大的帮助作用。适合自由度更大的内容输出，进行粉丝互动与情感培养，电商导购等商业模式的变现。优势是简单、方便、快捷的内容输出形式，亲近感更强，互动性更好，容易建立情感链接。

(二)新媒体营销与传统媒体营销对比分析

传统媒体营销与新媒体营销对于企业营销活动的开展各有千秋，企业对于传统营销以及新媒体营销的重视程度并没有固定标准，这需要企业对自身产品及消费者的行为习惯进行调查，以着重发展适合企业自身需要的营销方式。我们可以通过媒体形式、传播者、传播目的、特点、优劣势等方面对两者进行对比，如表 10-6 所示。

表 10-6　传统媒体与新媒体营销对比

	传统媒体营销	新媒体营销
媒体形式	报刊、户外、广播、电视等	社区平台、短视频平台、直播平台、社交平台等
传播者	权威媒体组织	所有人
目的	以交易达成为中心	以用户价值为中心
特点	单向输出、多层级销售、漏斗式获取、反馈周期长	双向互动、直接销售、扩散式获取、反馈周期短
优势	权威性强，资源丰富，机制成熟	信息量大，成本低，传播迅速及时，覆盖面广，交互性强，精准收集用户信息，C端产品营销效果较好
劣势	传递信息延迟，时效性差；单向甚至单一渠道传播；受众被动接受，互动性极弱；受政策与技术的制约，影响力有限	严谨性、深刻性、权威性偏弱；信息较杂乱冗余；有时候会受到网络制约

10-3

新媒体营销发展趋势分析

按照媒介组合模式从低维到高维的演变趋势，未来的新媒体营销必然要求形成全网域的、高密度、立体动态的传播分发体系。以全网统筹、动态分发，应对消费者路径碎片化；以高密度传播渗透，应对消费者触达浅状态。如图 10-8 所示。

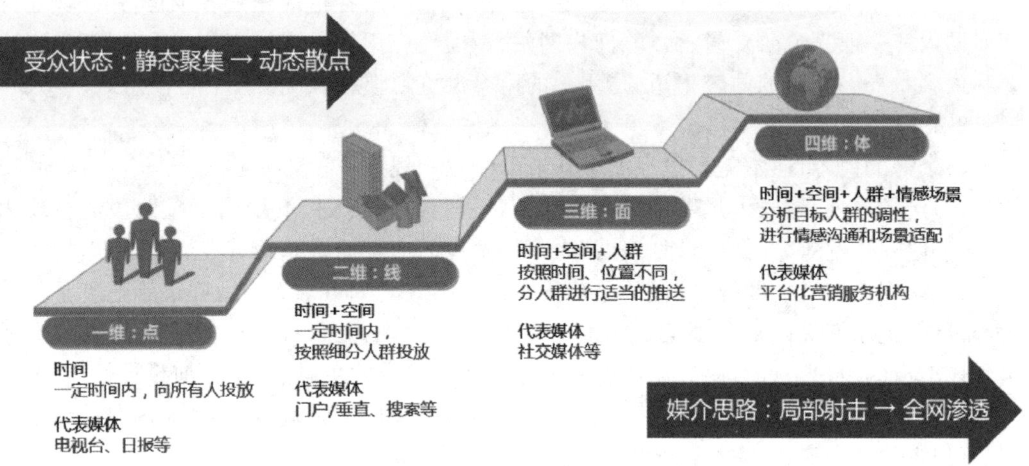

图 10-8　新媒体营销发展趋势

资料来源：中国传媒大学广告学院 & 国家广告研究院《2017 年新营销白皮书》

三、新媒体营销与运营策略

新媒体营销与运营是紧密相关的，他们有交集也有不同。营销重在发现或挖掘准消费者需求，从而创造顾客价值并传递顾客价值，而运营是营销的支撑系统，包括了计划、组织、实施和控制，是与产品生产和服务创造密切相关的各项管理工作的总称。

本质上新媒体营销与运营都是围绕用户展开的，通常包括吸引用户（引流）、维系客户（沟通）、客户转化（成交）、客户口碑（扩散），而为了服务好用户，内容和活动就成为营销与运营的核心工作。所以，我们把新媒体营销与运营的核心工作内容理解为三大块：内容营销与运营、活动营销与运营、用户营销与运营，如图 10-9 所示。

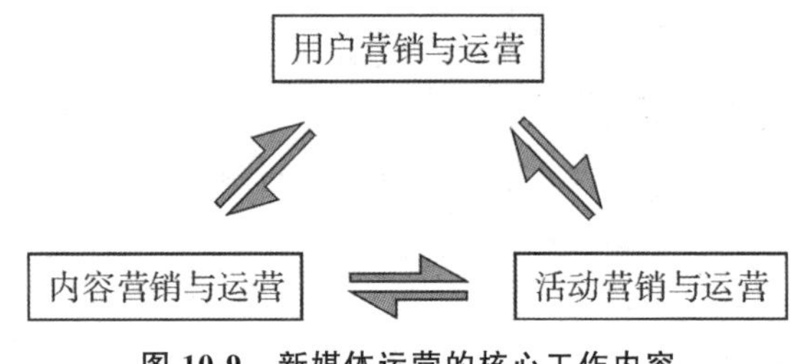

图 10-9　新媒体运营的核心工作内容

（一）内容营销与运营

1.含义

内容营销与运营是指运营者利用新媒体渠道，用文字、图片，或者视频等形式将企业信息友好地呈现在用户面前，并激发用户参与、分享、传播的完整运营过程。

内容运营中内容有两层含义：第一，内容指的是内容形式。用户通过手机或电脑通过网络看到的文章、海报、视频或音频等数字内容。第二,内容指的是内容渠道,用户浏览的互联网内容一般来自公众号、微博、门户网站、新闻类应用等内容渠道。相应的,运营者也要将内容布局在相应的内容渠道,与用户的内容浏览习惯相匹配。

2.策略

一个好的内容,通常需要以下七个环节的流程和规划:

(1)选题规划:新媒体运营的第一个环节是进行选题规划,策划出下一阶段的主要内容形式、内容选题等,并做成计划表,作为下一阶段的内容运营总纲。

(2)内容策划:"选题规划"做的是阶段性的内容设计,而"内容策划"做的是更具体的内容设计,也就解决以下重要问题:制作本次内容的目的是什么?内容投放的渠道在哪里?该渠道的用户是谁?内容制作的周期是多久?内容的主题、风格如何设计?

(3)形式创意:确定内容后,要根据企业调性、用户习惯、渠道特点、竞品内容等设计新颖的、创意的表现形式,完成内容的展现。

(4)素材整理:内容形式敲定后,需要进行素材的收集与整理。素材包括:①内部素材,如产品图、产品理念、活动流程、内部数据等;②行业素材,如行业数据、行业新闻、网民舆论、近期热点等。

(5)内容编辑:根据上面步骤的执行结果,进行文章、海报、H5、视频等内容的创作。

(6)内容优化:内容编辑工作完成后需要进行测试、反馈及优化,如果转化率低或反馈不好,需要对内容进行优化与调整。

(7)内容传播:设计传播模式及便于传播的内容,引导粉丝将内容转发到朋友圈、微信群或更多渠道。

10-7

江小白的内容营销

江小白在2018年从营销的手段到创意都越加多元化,内容也从单方面的情感输出转变为让消费者参与创作的形式。我们就一起去看看江小白在2018年内容营销的"神操作"。

1.文案

江小白的文案不仅犀利而且非常具有情怀,比如说在母亲节发布的海报文案就是"长大后常以嘴馋的名义表达你羞于说出的爱",这些都是消费者在喝酒消费的场景中想要表达情感的话。

2.固定话题

江小白在微博拥有"劝止酒驾"固定话题系列、"简单生活"系列、"我有一瓶酒,有话对你说"系列、话题互动系列,更是拥有秒拍视频的这一个话题系列,固定话题的重复性可以培养用户的互动习惯,通过重复也能让消费者记住品牌所要传播的理念。

3.青年文化节

江小白在2018年举办了属于自己的"YOLO青年文化节",通过青年节上几个小时的现场视听体验表达了年轻人的生活态度,也培养了年轻人的品牌偏好。

4.蹭热点

江小白在2018年更加注重从品牌和产品两方面来表达自己的生活态度，用各种各样的营销热点来表达自我。比如说在《后来的我们》上映期间，就打造了“美好的爱情大都相似，不幸的爱情成了故事”这个瓶身文案。

5.《我是江小白》动漫

江小白携手两点十分动漫制作了一部以江小白酒业品牌形象为原型的动画《我是江小白》，在2018年制作了《我是江小白》第二季，用年轻人更青睐的二次元方式表达自己的观点，拉近和消费者的距离。

江小白正在一步一步地把年轻人的生活方式和情绪与品牌挂钩，好的产品也很需要优质的内容为它服务。

(二)活动营销与运营

1.含义

活动运营指的是围绕企业目标而系统地开展一项或一系列活动，其中完整地包括阶段计划、目标分析、玩法设计、物料制作、活动预热、活动发布、过程执行、活动结束、后期发酵、效果评估等全部过程。

2.活动运营策略

(1)策划阶段：运营者需要在每年年底结合节假日、周年庆等热点，制订第二年的年度活动计划。

(2)目标分析：在每次活动开始前，运营者都要先把活动的目标拆解清楚，根据目标设计活动玩法。

(3)玩法设计：玩法要紧扣活动目标，同时在设计玩法时要充分考虑用户特性、渠道特性、品牌特性。另外玩法设计过程中要进行内部验证，多方挖掘玩法漏洞，规避玩法漏洞带来的风险。在设计玩法的同时，运营者需要将目标数据植入玩法，便于对活动进行监控。

(4)物料制作：活动物料既包括线下物料(易拉宝、宣传单、条幅)，又包括线上物料(如活动海报、活动视频、活动文字)。物料必须在活动发布前制作完成。

(5)活动预热：指在活动正式发布前的一系列宣传、引流、聚客等行为。预热的时间长短不一，但一般不超过一周。一般通过设置悬念、透露细节、发布优惠等手段开展。

(6)活动发布：在方案预定时间准时发布，包括活动的完整玩法、注意事项、规则解释等。

(7)过程执行：按照预定方案逐步执行。过程中密切监控数据，如果没有达到预期目标或出现突发状况，要启动预案，调节活动进程，化解风险。

(8)活动结束：及时发布活动结束信息，同时对活动中涉及的需要对外公布的信息(如中奖名单)等及时发布。如果不能同步发布的，要给出明确的发布时间和渠道。

(9)后期发酵：整理活动照片、视频、留言截图等，进行二次传播，完成活动后期的发酵工作。

(10)效果评估：评估活动效果，并带领团队复盘，把活动经验归档，便于后期活动的持续改进。

(三)用户营销与运营

1.含义

用户运营是指以用户为中心,遵循用户的需求设置运营活动与规则,制定运营战略与运营目标,严格控制实施过程与结果,以达到预期所设置的运营目标与任务。

相对来讲,用户运营是一个很烦琐的过程,运营者要有足够的耐心和细心去整理用户资料和信息,要知道用户从哪边来,是通过什么渠道过来的,做好用户画像,清楚你的用户需要什么。其中了解用户需求是用户运营最重要的一个点。用户运营的目的就是对用户:开源(拉动新客户)、节流(防止用户流失与流失用户挽回)、维持(已有用户的留存)、刺激(促进用户活跃甚至向付费用户转化)。

2.策略

要做好用户运营,必须考虑和抓住以下几个核心要素:

(1)用户群体

对于用户运营来说,发动用户来实现数据增长,优先需要思考的是:这些用户是谁?他们在哪?有哪些特征?目前有哪些方式能够和他们链接?

(2)分享激励

想清晰用户为何要帮你达成运营目的,你可以满足他们"装逼"的需求,还是满足他们的好奇心?如是没有好的方法的话,那就只能给他们送福利,毕竟用户都有逐利心理。

(3)分享工具

进度可视化和个性化是分享工具的开发关键。工具的最大价值在于降低用户参与成本,帮助他们更好地去邀请好友加入产品。

(4)包装传播

对用户来说将活动链接分享到社交媒体,其实是消耗他们个人品牌的,为了减少用户的抵触心理,你需要去把整个活动进行包装。

(5)渠道研究

大部分用户邀请用户的活动流量都来源于社交媒体,所以对于运营来说需要去分析不同社交媒体渠道的特性。比如朋友圈跟QQ空间的用户区别,这决定了分享文案的差异化。针对单纯朋友圈来说,让用户分享到朋友圈的信息,采用图片形式的转化率应该会比图文形式好。

猜一猜,玩转用户互动

经常有人问怎样才能够付费的用户更主动地晒单?其实可以从用户的激励和让晒单的趣味化切入。前者大家都比较容易理解,后者用"猜经典爱情电影"活动来做个说明,如图10-10所示。

小红书的快递盒上的文案一直是被称赞的,在3月5日的白色情人节又玩出了新高度。为了让用户在微博欢乐地晒快递盒,小红书连续6天让小伙伴猜快递盒上方的图案代表的是哪部电影,并表示每天都会从猜对的网友中选出2位幸运儿送护肤套装。整场晒单活动有趣好玩,最终话题阅读量近6 000万。

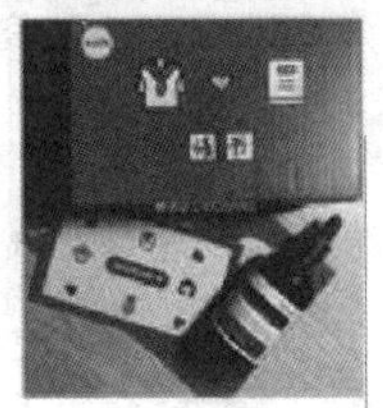

图 10-10　猜经典爱情电影

本章小结

营销沟通是营销活动中的重要组成部分，在很大程度上影响着整体营销活动的成败。营销沟通组合可以分为人员推广与非人员推广，非人员推广包括广告、公共关系、销售促进、直接营销等形式。营销沟通组合按照沟通对象与重点也可以分为推式营销与拉式营销两大类。推式营销主要通过运用销售人员和贸易促销来推动产品的销售。拉式营销则通过广告和客户导向促销，吸引终端消费者购买特定产品。营销沟通组合的选择会受产品类型、推拉策略、促销目标、生命周期阶段、经济发展前景等因素影响。营销沟通的决策过程包括了沟通对象确定、沟通目标确定、沟通信息设计、沟通预算确定、沟通组合确定等步骤。

整合营销沟通是一个沟通过程，针对目标顾客及潜在客户，进行具有时间跨度的计划、创造、整合及执行各种形式的营销沟通工具，实现“一个声音，一个形象”的对外传播。整合营销沟通的目的在于影响目标受众的行为。即便是同一种营销沟通方法，相较于单独使用或是在未充分协调多种沟通方式状态下使用，结合其他方法使用将产生更加积极的沟通效果，充分协调各种营销沟通方式将带来协同效应，尤其是新媒体碎片化的营销沟通环境中，整合营销显得尤为必要。整合营销沟通通常需要通过建立数据资料库、研究消费者、接触点管理、发展沟通策略、营销工具创新、传播手段组合这六个方法来实现。

广告、人员推广、公共关系、销售促进和直复营销各有自己的作用和形式，企业需要根据实际情况来优化组合，进行恰当的决策和管理。

新媒体环境下，营销传播载体发生很大变化，对营销策略也提出了新的要求，内容营销、活动营销与用户营销是新媒体营销传播的三大核心工作。

重要名词

营销沟通　营销沟通组合　推式营销　拉式营销　整合营销沟通　广告　销售促进　公共关系人员推广　直接营销　新媒体　新媒体营销

案例评析

盲盒,如何让人“中毒”1 年花 70 万?

当代“硬核”的烧钱方式,除了买球鞋就是抽盲盒了。

很多盲盒玩家都像着了魔一样,不惜豪掷千金抽盲盒。有网友表示,一旦入坑,便欲罢不能。让人不可思议的是,一对来自北京的夫妇,4 个月花了 20 万元;还有一位 60 岁的玩家,一年花了 70 多万元。

图 10-11 音盒

据各大媒体报道,2018 年 Molly 系列产品(泡泡玛特盲盒品类之一)一年内卖了 400 万个,在中国的销售额超过 2 亿元,今年预计销量至少翻番。闲鱼前段日子发布的报告显示,闲鱼上的盲盒交易已经是一个千万级的市场,过去一年闲鱼上有 30 万盲盒玩家进行交易,最受追捧的盲盒价格狂涨了 39 倍。

有意思的是,前两天笔者在研究盲盒套路时,还一不小心入了坑,从此一发不可收拾……

盲盒是啥?为什么会如此火爆?

(一)盲盒是啥?

顾名思义,盲盒就是看不到里面装的是什么的盒子。当然,盲盒不是幸运盒子啦,它里面装着呆萌可爱的玩具,人们在买的时候不知道里面装的是哪一款,只有拆开的时候才知道。

就拿最近人气爆棚的 Molly 盲盒来说,Molly 每套系列包含 12 个不同造型的娃娃,有固定款、隐藏款(大小隐藏款)以及特别款等,价格一般都是 49 元到 69 元之间不等。值得一提的是,隐藏款出现的概率只有 1/144,有的款出现概率更低,比如 Molly 西游金色特别款,出现概率仅为 1/720。很多玩家为了抽到隐藏款,就会不断地买买买……

问题来了，用盲盒这种玩法售卖潮玩的方式是怎么兴起的呢？

1.盲盒玩法始于“光屁股娃娃”

说到盲盒的起源，就不得不提到火遍日本的超人气娃娃 Sonny Angel，又被叫作“光屁股小天使”(也叫“光屁股娃娃”)。因为 Sonny Angel 第一代娃娃都有着光溜溜的身体，手脚会灵活运动，还有淡淡的婴儿香味。

到了第二代，就有了盲盒玩法的雏形。第二代娃娃不再是清一色，而是戴着可爱的动物帽子，有小鸡、熊猫、青蛙、猴子等 9 种，售卖方式变成了惊喜盒，人们只有拆开后才知道买到了哪一款娃娃。

到了第三代，“光屁股娃娃”终于有衣服穿了。每个娃娃的 T-shirt 颜色都不一样，上面都写着不同的字样，总共有 12 个固定款和一个幸运款。和买 Molly 一样，人们往往会为了抽到幸运款(隐藏款)，就会买一堆娃娃，并且还有很多人专门收集不同款式的娃娃，以此为乐。

Sonny Angel 的火爆，代理公司之一的泡泡玛特深有体会。据说这款娃娃当时销售额增速惊人，曾经占据了整个公司 30%的销售额。和“光屁股娃娃”一样，Molly 会每一季度按时上新，到现在已经推出了很多系列，比如星座系列、昆虫系列、生肖系列、小火车系列等。

2.Molly 火爆的背后：抱大腿、线下展

Molly 的火爆不是偶然，它和很多国内外知名 IP 达成合作，比如 Fluffy House、Labubu 等，还和热播剧、当红综艺做跨界营销，而且会不定期举办线下展。

在去年圣诞节，Molly 还和经典 IP 胡桃夹子合作推出了系列盲盒，全球限量发售 2 万套。在二手交易平台上，胡桃夹子盲盒隐藏款已经卖到近 2 000 元。今年，泡泡玛特还新推出了“非人哉发呆哪吒”系列，有 9 个固定款(每款 69 元)，这个系列有超级隐藏款和隐藏款(俗称大小隐)，这两个隐藏款在二手平台上的溢价已经高达 7 倍。

除了和知名 IP 合作之外，明星们的相继入坑又助推泡泡玛特火了一把，比如范冰冰、彭于晏、林志玲等，都在社交平台晒过和泡泡玛特潮玩的合影。值得一提的是，泡泡玛特在快乐大本营 20 周年的时候，推出了 Molly 快乐大本营限定款，圈了一大波快本粉丝。同年 12 月，杜海涛和淘宝直播一姐@薇娅还在淘宝上直播卖盲盒，更是把泡泡玛特称为快乐大本营的官方衍生品。今年，泡泡玛特还推出综艺《明日之子》合作款 Molly、天猫节日版 Molly，以及与热播剧《我只喜欢你》合作推出婚礼款 Molly 等，合作款一经推出，就受到粉丝们的一致好评，刚刚上架就被抢购一空。

和知名 IP 以及跨界合作，目的就是为了出圈，招揽更多的玩家。除此之外，泡泡玛特经常会举办线下潮玩展会，搞饥饿营销，推出限定版。

比如前段日子的 BTS(北京国际潮流玩具展)上，Molly 的设计师和大久保(日本潮玩设计师)进行合作推出了 Molly 限定版，很多人为了原价买到连夜排队，只为抢到第一时间发售的盲盒。据说展会结束后，原价一千多的限定款已经被想要的玩家竞拍到了一万多元。

(二)盲盒为何能让玩家欲罢不能？

盲盒拥有一批忠实而狂热的粉丝。据调查显示，这些粉丝大多都是 90 后、00 后，女

资料来源:运营研究社公众号,作者套路编辑部,2019.7.12

问题:

1.从整合营销沟通的角度提炼盲盒的核心策略。

2.盲盒为什么会这样流行?这是基于怎样的市场洞察的?

3.盲盒这种模式可能存在的瓶颈是什么?如何解决?

实训专题

任选一个中式快餐连锁品牌,分析其目标消费群体特征和偏好,并根据他们的特征和偏好制定整合营销沟通计划。该计划应包括但不局限于广告设计、促销方案与公关活动。

参考文献

1.(美)菲利普·科特勒,加里·阿姆斯特朗.市场营销原理(第14版)[M].北京:清华大学出版社,2015.

2.(美)菲利普·科特勒,加里·阿姆斯特朗.市场营销:原理与实践:第16版[M].北京:中国人民大学出版社,2015.

3.(美)菲利普·科特勒,加里·阿姆斯特朗,洪瑞云,梁绍明,陈振忠,游汉明.市场营销原理(亚洲版第3版)[M].李季,赵占波译.北京:机械工业出版社,2013.

4.(美)菲利普·科特勒,凯文·莱恩·凯特.营销管理[M].第14版.北京:人民出版社,2012.

5.(美)菲利普·科特勒,凯文·莱恩·凯勒.营销管理[M].上海:格致出版社,2016.

6.郭国庆.市场营销学通论[M].第6版.北京:中国人民大学出版社,2014.

7.郭国庆.营销理论发展史[M]北京:中国人民大学出版社,2009.

8.梁健爱,连漪.市场营销实训教程[M].北京:清华大学出版社,2011.

9.吕一林,陶晓波.市场营销学[M].第5版.北京:中国人民大学出版社,2014.

10.吕一林.市场营销学原理[M].第2版.北京:高等教育出版社,2016.

11.钱旭潮,王龙.市场营销管理:需求的创造与传递[M].第4版.北京:机械工业出版社,2016.

12.吴健安,钟育赣.市场营销学:应用型本科版[M].北京:清华大学出版社,2015.

13.(美)迈克尔·波特.竞争战略[M].北京:华夏出版社,2005.

14.(英)戴维·乔布尔,(爱)约翰·费伊.市场营销学[M].徐瑾,杜丽,李莹等译.大连:东北财经大学出版社,2013.

15.(美)卡尔·麦克丹尼尔,查尔斯·W.兰姆,小约瑟夫·F.海尔.市场营销学[M].时启亮,朱洪兴,金玲慧译.上海:格致出版社,2013.

16.(美)迈克尔·R.所罗门,格雷格·W.马歇尔,埃尔诺·W.斯图尔特.市场营销学:真实的人,真实的选择[M].罗立彬,姚想想等译.北京:电子工业出版社,2013.

17.(英)小威廉·D.佩罗,约瑟夫·P.坎农,E.杰罗姆·麦卡锡.市场营销学基础[M].孙瑾译.北京:中国人民大学出版社,2012.

18.钟旭东.市场营销学:现代的观点[M].上海:格致出版社,2012.

19.陆剑清.消费行为学[M].北京:清华大学出版社,2015.

20.（美）利昂·G.希夫曼（Leon G.Schiffman），（美）莱斯利·拉扎尔·卡纽克（Leslie Lazar Kanuk），（美）约瑟夫·维森布利特（Joseph Wisenblit）著.消费者行为学：全球版[M].张政译.北京：清华大学出版社，2017.

21.赵越.市场营销实训[M].北京：首都经济经贸大学出版社，2007.

22.吕朝晖.市场营销原理[M].北京：化学工业出版社，2008.

23.康德才.现代市场营销学教程[M].第2版.北京：清华大学出版社，2009.

24.（美）迈克尔·埃特泽尔，布鲁斯·沃克，威廉·斯坦顿.市场营销[M].第14版.南京：南京大学出版社，2009.

25.黎开莉，徐大佑.市场营销学[M].大连：东北财经大学出版社，2009.

26.（美）小卡尔·麦克丹尼尔，罗杰·盖茨.当代市场调研[M].第8版.北京：机械工业出版社，2011.

27.（美）弗雷德·R.戴维.战略管理：概念与案例[M].第13版.北京：中国人民出版社，2012.

28.（英）大卫·乔布尔.市场营销学原理与实践[M].第3版.北京：机械工业出版社，2003.

29.胡介埙，周国红，周丽梅.市场营销调研[M].大连：东北财经大学出版社，2015.

30.（美）小吉尔伯特·丘吉尔，汤姆·布朗.营销调研基础[M].第6版.北京：北京大学出版社，2011

31.（美）唐·E.舒尔茨，斯坦利·I.坦纳鲍姆，罗伯特·F.劳特伯恩.整合营销沟通[M].孙斌艺，张丽君译.上海：上海人民出版社，2006.

32.孟韬，华克贵.营销策划[M].第2版.北京：机械工业出版社，2012.

33.郝渊晓.市场营销调研[M].北京：科学出版社，2010.

34.马连福.市场调查与预测[M].北京：机械工业出版社，2016.

35.沈武贤.市场调查：有效决策的最佳工具[M].台北：三明书局股份有限公司，2014.

36.乔瑞中，李冰.市场营销学[M].北京：机械工业出版社，2015.

37.殷博益.市场营销学[M].第2版.南京：东南大学出版社，2012.

38.倪自银.新编市场营销学：理论与实务[M].北京：电子工业出版社，2011.

39.郑艳群，杜春丽，涂洪波.市场营销学[M].上海：上海财经大学出版社，2013.

40.徐飞.战略管理[M].第3版.北京：中国人民大学出版社，2016.

41.王建民.战略管理学[M].北京：北京大学出版社，2013.

42（美）小阿瑟 A.汤普森，玛格丽特 A.彼得拉夫，约翰 E.甘布尔，A.J.斯特里克兰三世.战略管理：概念与案例[M].北京：机械工业出版社，2015.

43.赵玉明，杜鹏.网络营销[M].北京：人民邮电出版社，2013.

44.江坤礼.网络营销推广实战宝典[M].北京：电子工业出版社，2016.

45.冯英健.网络营销基础与实践[M].北京：清华大学出版社，2016.

46.李沂濛.SoLoMo营销下的O2O电子商务商业模式研究[D].哈尔滨：黑龙江大学，2015.

47.姜丽.网络视频营销的模式：类型和策略研究[D].武汉：华中科技大学，2013.

48.孟涛,必可贵.营销策划方法技巧与文案[M].北京:机械工业出版社,2016.

49.冯雪飞,董大海,张瑞雪.互联网思维:中国传统企业实现商业模式创新的捷径[J].当代经济管理,2015.

50.孟韬.市场营销:互联网时代的营销创新.[M]北京:中国人民大学出版社.2018.

51.易点.商品定价中的心理学调研报告——尾数定价对消费者消费行为的影响情况[J].中国商论,2019(05)

52.刘怡伽.浅析拼多多成功上市的原因与现存问题[J].现代营销(经营版),2019(08):72.

53.刘军,邵晓明.消费心理学[M].北京:机械工业出版社,2016.

54.秦星宇.基于顾客导向定价的苹果手机定价策略研究[J].全国流通经济,2017(04):8-9.

55.王锐.团购策略定价的内在机理研究[J].现代商业,2017(18):40-41

56.赵国栋.网络调查研究方法[M].北京:北京大学出版社,2013.

57.皮兴鄂.基于大数据技术的市场调研方法应用[D].广东财经大学,2017.

58.魏玲如.大数据营销的发展现状及其前景展望[J].江苏商论,2014(15).

59.(美)维克托.迈尔一舍恩伯格,肯尼斯·库克耶.大数据时代[M].杭州:浙江人民出版社,2013.

60.孟涛,必可贵.营销策划方法技巧与文案[M].北京:机械工业出版社,2016.

61.Philip Kotler,Gary Armstrong.Swee Hoon Ang,Siew Meng Leong,Chin Tiong Tan,Oliver Yau Hon-Ming.Principles of marketing:an Asian perspective[M]Beijing:Tsinghua University Press,2014.

62.Jeff LeSueur.Marketing automation:practical steps to more effective direct marketing[M].Hoboken,N.J.:John Wiley & Sons,2007.

63.Joseph F. Hair Jr., Robert P. Bush, David J. Ortinau. Marketing research: in a digital information environment[M].Boston:McGraw-Hill Irwin,2009.

64.Philip Kotler,Kevin Lane Keller.Marketing management[M].北京:中国人民大学出版社,2016.

65.Gilbert D. Harrell. Marketing: connecting with customers [M]. Upper Saddle River,NJ:Prentice Hall,2002.

66.Philip Kotler,et al.Marketing management:an Asian perspective[M].Singapore:Pearson Education South Asia Pte Ltd,2013.

67.Charles W.Lamb,Joseph F.Hair,Jr.,Carl McDaniel.Marketing[M].Mason,OH:South-Western/Cengage Learning,2013.